U0440138

生活·讀書·新知 三联书店

李开元 著

从吕后到汉文帝

图书在版编目（CIP）数据

汉兴：从吕后到汉文帝 / 李开元著. —北京：生活 · 读书 · 新知三联书店，2021.7 （2025.1 重印）
ISBN 978－7－108－07171－2

Ⅰ. ①汉…　Ⅱ. ①李…　Ⅲ. ①中国历史－研究－汉代
Ⅳ. ① K234.07

中国版本图书馆 CIP 数据核字（2021）第 116159 号

责任编辑　张　龙
装帧设计　薛　宇
责任校对　张国荣
责任印制　卢　岳
出版发行　生活 · 讀書 · 新知 三联书店
（北京市东城区美术馆东街 22 号 100010）
网　　址　www.sdxjpc.com
经　　销　新华书店
制　　作　北京金舵手世纪图文设计有限公司
印　　刷　北京隆昌伟业印刷有限公司
版　　次　2021 年 7 月北京第 1 版
2025 年 1 月北京第 3 次印刷
开　　本　635 毫米 × 965 毫米　1/16　印张 34.5
字　　数　400 千字　图 90 幅
印　　数　55,001－60,000 册
定　　价　59.00 元
（印装查询：01064002715；邮购查询：01084010542）

序言

历史是人的故事

这些年来，我致力于历史叙事。

一位朋友，惋惜地写道：曾经的一位那么有见地的学者，如今沦落到为大众讲故事，真是可惜了。

我不好意思回答道：为了这种“沦落”，我至少努力了二十年。

在这本书中，我讲了很多个人的故事，多是帝王将相。有萧何曹参、田横吴芮，有陆贾娄敬、陈豨贯高……古来，他们是历史舞台上的主角，史书中的主人公。民间女田南的爱情悲剧，是我从出土史料中挖掘出来的故事，想要展现底层平民被国家政策绑架的无奈命运。医生淳于意的故事，不仅关系到古代的医患关系，也牵涉到中医中药与黄老之学的渊源……

很难想象，没有这些活生生的人的故事，历史还有什么趣味？

在这本书中，我也致力于讲述一些群体人物的故事。燕王臧

荼一家，女皇吕雉一族，都是家族的历史。秦楚汉之际儒生们的生存状况，成为秦始皇没有坑儒的活见证。进入匈奴的汉人群体，是文化交流的使者，也是文明融合的先驱。至于创建汉帝国的刘邦集团，被概括为军功受益阶层，他们的故事，源远流长，影响深远，又是一种讲法……

也很难想象，没有这些活生生的人群的故事，历史还有什么意义？

……

历史学家为什么忘记了人？是英年早逝的《北京青年报》记者尚晓岚女士提出的问题。[1] 延伸出历史叙事与历史研究的分离、历史由谁来书写的种种问题。

人是讲故事的物种，历史是人的故事。故事，是往事，是旧

[1] 尚晓岚（1972—2019），北京大学中文系毕业，《北京青年报》资深记者。著有历史小说《太平鬼记》，历史剧《中书令司马迁》等。该提问和访谈，见《北京青年报》2017年7月21日《青阅读》。

典，是有意味的亲近叙事。故事，伴随人的一生。故事，是人类文明的摇篮。没有故事的历史，宛若没有血肉的骨骸。没有人物的历史，宛若没有魂魄的躯体。

我讲历史故事，不仅讲给大众听，也讲给专家听，喜欢历史的文化人，最是我期待的听众。面对如此广泛的读者，要想将故事讲好，确实很难，我为此立下终身之志的誓言。

这本书，是我尝试复活型历史叙事之三部曲——《秦崩》《楚亡》《汉兴》的终结篇[1]，也是我“终身之志”的完成。其立言的价值，交由读者审判，交给时间审量。

[1] 复活型历史叙事三部曲的全称是：《秦崩：从秦始皇到刘邦》、《楚亡：从项羽到韩信》（生活·读书·新知三联书店，2015年）和《汉兴：从吕后到汉文帝》（生活·读书·新知三联书店）。三部曲的学术底本，是笔者的历史研究专著《汉帝国的建立与刘邦集团——军功受益阶层研究》（生活·读书·新知三联书店，2000年初版，增订版即刊）。四本书的内容，相互映照，前后关联，彼此引用。为简略起见，各书在本书中出现时，分别称为《秦崩》《楚亡》《汉兴》《汉帝国的建立与刘邦集团》，不再标注作者、出版社和出版年份。

目录

第一章

建设汉帝国

一、千年古问

人类是利己争斗的动物，历史是胜利者的记录。胜利者为什么成功，失败者为什么灭亡，是人类永恒的话题、历史不断总结的教训。千百年来，类似的话题，不断被提起，千百年来，相应的解答，不断被演绎。对此永恒的提问，刘邦留下了千古流传的回答：善于用人，善于用在各个领域比自己强的人。这是领袖人物的基本素质，集体伟业因此得以成就。

二、田氏齐国之优生多育

田氏代齐前，苦心经营多年，种种方法无所不用其极。大体说来，一是世代仕于齐国的君主，始终不离权力的核心；二是或暗或明，施惠收买齐国的民心。还有就是优生多育，尽可能繁衍田氏一族的人口。

三、王者田横之死

2009 年 3 月，我去田横岛访古。田横岛离海岸不远，乘船不时可至，涛声海风清冷中，想见当年田氏兄弟。田氏兄弟，是历史的败者，之所以青史留名，在于他们不屈的精神和王者的风范。哪怕是国破家亡，哪怕是退守孤岛，哪怕是身陷囹圄，王者绝不臣服。

四、新统治的根基：军功受益阶层

西汉初年，经过长期战争夺取了天下的刘邦政治军事集团，利用到手的政治权力，对社会总资源实行了彻底的再分配，顺利地转化为一个新的统治阶层。这个新的统治阶层，垄断了当时所有的政治权力、尊显的社会身份和大部分经济财富。这个新的统治阶层，由刘邦政治军事集团转化而来，以尊崇军功为价值导向，史家称为汉初军功受益阶层。

五、成卒娄敬提议：另建新都长安

汉朝定都长安，由娄敬提议，张良附议，刘邦拍板，事在高帝五年。新都长安的选定和建设，由萧何主持，阳城延执行，以长乐宫和未央宫为中心，完成于高帝七年。同年，汉朝的宫廷和政府，皆迁徙到新都长安。长安城墙的完成，是在惠帝五年，主其事者，应当还是阳城延。

六、燕王臧荼一族的吊诡命运

汉初六位异姓诸侯王中，燕王臧荼本是项羽所封，与刘邦关系最疏远，最先锁国反叛，又因为最弱小，最先兵败国破，做了阶下囚。然而，臧荼一家的王者之命，绵绵未曾断绝，到了孙女臧儿的时代，竟然死灰复燃，臧儿的女儿成为汉家国母，养育了世代帝王。最为吊诡的是，命运的转折，竟然出于臧儿的一念之间。古往今来的相命占卜，不可全信，也不可不信，依然神秘而不可言喻 。

七、难以决断的韩信

政治是赌徒的天地、怪物的舞台。政治决断的艰难，往往在于难于算计时，只能投骰押注。算计是理性的行为，投骰是赌徒的直觉。我们生存的世界，是一个不确定的世界。在这个不确定的世界中，不时有直面投骰押注的时刻，踌躇不决的人，难免遭受天予不取、反受其殃的命运。

八、亲贤并举大分封

大家都是共取天下的合伙人，共享天下的同利者，也都是名利场中的明白人。共取天下时，大家同心协力，共享天下时，人人各有算计，不过，最终还是要在一口大锅里分饭吃。

九、秦楚汉间的儒生

在秦楚汉间的这些儒士身上，我们看不到秦时遭受特别的迫害，直至被坑埋的踪影。我们看到的是，他们与诸子百家的其他学派一道，受到焚书禁学的打击，被迫转入地下。秦末乱起，他们又与诸子百家的其他学派一起投入推翻秦王朝的斗争中。其中的道理，正如司马迁所言，“以秦焚其业，积怨而发愤也”。

十、当皇帝的滋味

当过天子的皇帝，生在皇宫的继承者多，生而有之的滋味，怕是说不清楚、道不明白。演过皇帝的倡优，进出于角色之间，恍兮惚兮，总是隔了一层。然而，还有一种如同刘邦这样的人，生为平民，长于乱世，历经千难万险，最终登上社会的顶点，做皇帝接受天下臣民的匍匐欢呼。那种体验，怕又是别有一番滋味。

一、千年古问

汉王国的首都，最初在南郑（今陕西汉中），攻取关中以后，迁移到栎阳（今西安市阎良区东北）。汉五年（前202）正月[1]，刘邦在定陶（今山东定陶）军中即皇帝位，将帝国的首都定在洛阳（今河南洛阳）。

洛阳是东周的都城，保留了不少东周以来的宫殿。洛阳南宫，是其中的一座，在长安的长乐宫落成以前，一直是汉王朝朝廷所在的正宫、施政的中心，重大的政治活动，多在这里举行。

高帝五年五月，刘邦在洛阳南宫举行盛大的酒会，庆祝夺取天下的胜利。酒酣喜庆之余，刘邦放下酒杯，起身环顾满堂的将相大臣，含笑大声问道："诸位列侯，各位将领，不许隐瞒蒙骗我，都给我实话实说。说说我刘邦为什么能够取得天下？也说说项羽为什么失去了天下？"

喧嚣的大厅一时静寂。

---

[1] 秦及西汉初年的年历，以十月为岁首，即以十月为年度的开始之月，十一月为年度的第二月，以此类推，九月为年度的最后一月。高帝五年十二月，即该年度之第三个月，汉取得垓下之战的胜利，西楚灭亡。同年正月，即该年度的第四个月，刘邦在定陶即皇帝位。其详情，参见《楚亡》第五章五"垓下之战"、八"刘邦即位于定陶"。

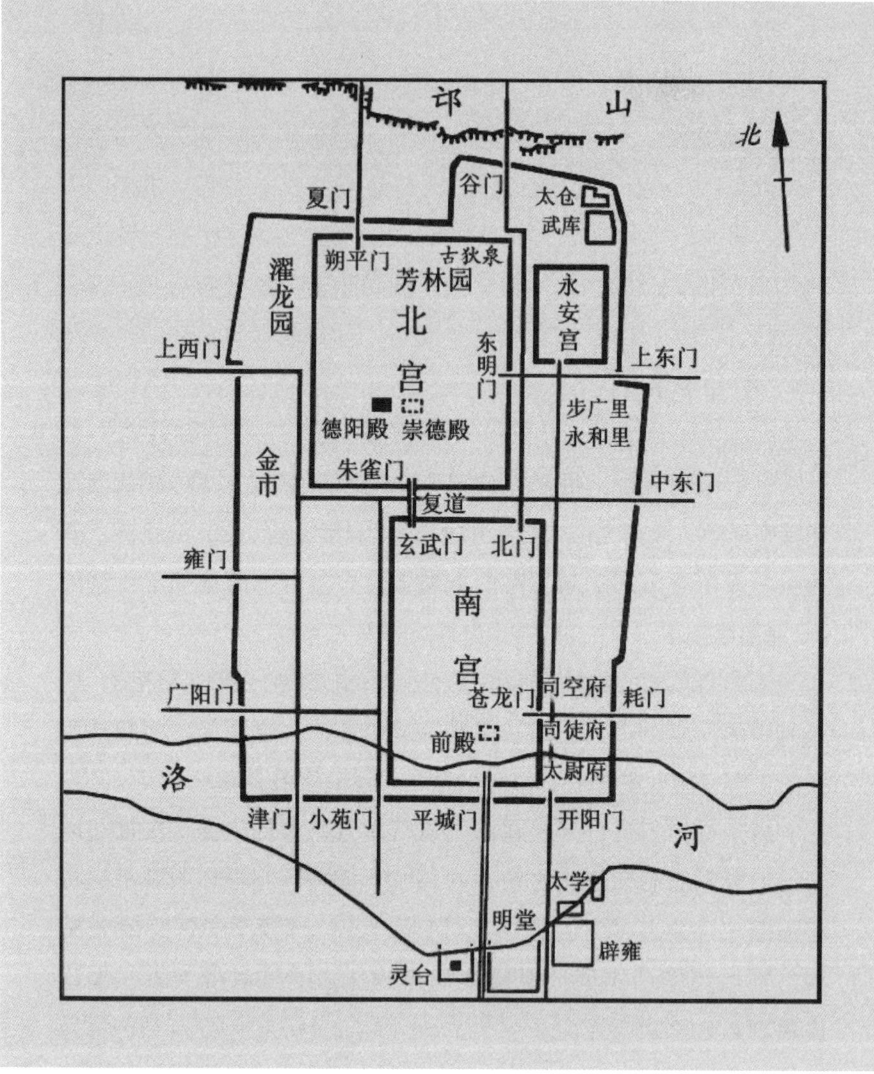

东汉洛阳城复原图 （钱国祥绘制）

西汉洛阳城的面貌，大体保存到东汉时代。两汉的洛阳南宫，当在同一位置。在此，刘邦与功臣们饮酒宴会，君臣间有千年古问。在此，高帝五年诏颁布，新的统治阶层——汉初军功受益阶层诞生。

汉魏洛阳故城东北角城墙遗址（钱国祥摄）

东汉洛阳南宫位置现状图（王向阳摄）

汉魏洛阳故城，在今河南省洛阳市东，洛河从故城南流过。历史上，洛河多次改道。照片前方的村庄，是今偃师市首阳山镇龙虎滩村。村前的河道，是冲毁故城南墙的今洛河。

须臾，元老功臣，沛县人王陵站了起来[1]，直戆戆回答道：“陛下待人傲慢无礼，项羽待人恭敬有礼。但是，陛下用人攻城略地，降下之后就予以封赏，这是与天下同利，与将士利益均沾。项羽嫉贤妒能，功劳者被猜忌，贤明者被怀疑，打了胜仗不予赏赐，占了地盘不予分封，这是项羽之所以失天下的原因。”

王陵的回答，得到将相大臣们的满堂喝彩。刘邦含笑倾身，示意王陵坐下，慢悠悠说出一番意味深长的话：“运筹帷幄之中，决胜千里之外，我不如张良。镇守国家，安抚百姓，保障后勤，畅通粮道，我不如萧何。连百万之军，战必胜，攻必取，我不如韩信。这三个人，都是人中俊杰，我能使用，这才是我能够取得天下的原因。项羽呢，他有范增这样的人才而不能使用，这就是他之所以被我打败的原因。”

群臣一时哑然无语。

片刻沉默后，众人举杯称是，觥筹交错中，君臣俱欢。

洛阳南宫的这番君臣问答，背景深沉而意蕴高远，至今读来依然回味无穷。人类是利己争斗的动物，历史是胜利者的记录。胜利者为什么成功，失败者为什么灭亡，是人类永恒的话题、历史不断总结的教训。千百年来，类似的话题，不断被提起，千百年来，相应的解答，不断被演绎。对此永恒的提问，刘邦留下了

---

[1] 当时回答刘邦千年古问的人，《史记·高祖本纪》和《汉书·高帝纪》皆作“高起、王陵对曰”。关于高起和王陵，历代注家有不同的说法，其详情，可参见王先谦《汉书补注》同条注文。本书取清代学者王鸣盛《十七史商榷》说，高起为衍文，回答刘邦提问者，是后来封为安国侯的王陵。王陵是沛县起兵的元老，功臣列侯中敢言敢当的戆直大佬，不管是从论资排辈的政治环境，还是从直言不讳的个人性格来看，他都是第一个站起来回答提问的最佳人选。关于王陵其人，可参见本书第五章二“戆丞相王陵”。本书中此类问题的详细考证，笔者另著有《秦崩楚亡汉兴考异》，容将来刊布。

千古流传的回答：善于用人，善于用在各个领域比自己强的人。这是领袖人物的基本素质，集体伟业因此得以成就。

回首历史，刘邦战胜项羽，汉取代楚成为天下的主宰，既是军事胜利，也是战略胜利，更是制度胜利。连百万之军，战必胜，攻必取的韩信，是军事胜利的代表。运筹帷幄之中，决胜千里之外的张良，是战略胜利的象征。镇守国家，安抚百姓，保障后勤的萧何，是制度胜利的保证。刘邦的回答，巧妙地借用军事、战略和制度领域内的三位顶尖人物，将楚汉相争的历史，做了形象化的总结。

刘邦的回答，借助对三杰的赞誉，高明地对自己做了最高的褒扬。刘邦集团，宛如韩信、张良、萧何牵引的三驾马车，善于使用三杰的刘邦，正是执辔扬鞭的驭手。他对军事、战略和制度有超群的综合能力，他驾驭群臣部下有高超的技艺，这些卓越的素质和能力，使他成为引领刘邦集团走向胜利的领袖，不可取代而毋庸置疑。

刘邦与大臣之间的这一段对话，见于《史记·高祖本纪》，因其内容深刻，文辞优美，遂成千古名文。两千年后，我重读这段文字，深感刘邦的回答，不可不谓深刻而高明。不过，当我深入整理汉初的历史之后，一种意犹未尽的隐意，一种历史宿命的阴影，一次又一次地浮现出来。

二、田氏齐国之优生多育

在洛阳千年古问中，刘邦自诩善于得人用人而得天下。纵观秦末并起的群雄，以得人用人著称者，除刘邦外，还有齐国的田氏兄弟。不过，与刘邦得人得天下的结果不同，善于得人用人的田氏兄弟的命运，却无一不是国破身亡。就在刘邦君臣饮酒高会洛阳南宫时，田氏兄弟的最后一位幸存者——齐王田横的死讯传来，刘邦为之称贤流涕。

田氏兄弟三人——田儋和堂弟田荣、田横，秦末之乱时，携手共起，复兴齐国，先后称王，皆是叱咤风云的英雄人物。

战国时代，田氏是齐国的王族。齐国的田氏，又称田齐，本姓陈，是陈国的公族。公元前 672 年，苦于陈国的内乱，陈厉公的儿子陈完逃亡到齐国，改姓田，成为齐国田氏一族的始祖。在齐国定居下来的田齐一族，世代仕宦于齐国君主，逐渐繁衍兴旺，成为齐国最强有力的大族。公元前 386 年，齐国丞相田和废黜齐康公姜贷，得到周天子和诸侯各国的承认，得以立为齐侯，史称田氏代齐。

田氏代齐，反映了当时礼崩乐坏、以下克上的时代风气。田氏之所以能够代齐，更与田氏一族世代处心积虑、刻意经营息息相关。想当年，陈完从陈国逃亡到齐国，孤身一人，势单力薄，能够免除肩挑背扛的苦力，已经自称惠幸了。从此以后，如何以羁旅之身，在异国他乡立足，求生存图发展，成了田氏一族世世代代孜孜不懈的努力目标。

史书上说，齐景公（前 547—前 490 年在位）的时候，田武为大夫，征收赋税时使用小斗，发放粮食时使用大斗，暗中施惠于民。田氏由此得到民心，宗族日渐强大，隐然有篡夺齐国政权的趋势。田常是田和（田氏齐国的第一代君主）的曾祖父，仕齐简公为相，为了夺权扩大势力，再次使用家传的手段，用大斗贷出，小斗收回，公开收买齐国民心。当时，齐国民间有歌谣唱道：“妪乎采芑，归乎田常。”[1]意思是说，连采芑菜的老大妈，也归心于田常了。

田氏代齐前，苦心经营多年，种种方法无所不用其极。大体说来，一是世代仕于齐国的君主，始终不离权力的核心；二是或暗或明，施惠收买齐国的民心。还有就是优生多育，尽可能繁衍田氏一族的人口。

史书上说，田常选取身高七尺以上的齐国女子进入后宫，数量在百人以上。为了激励这些高大的妻妾生育的欲望，他不但自己努力，也纵容她们与宾客舍人们交往。到了田常撒手归天的时候，膝下有儿子七十余人。如果算上女儿，田常的子女，当在一百五十人上下，怕又是一项吉尼斯纪录。[2]

古代地广人稀，国家之强弱，势力之大小，往往以人口计算。田氏优生多育的结果，到了田氏齐国的时候，不但将相大臣多出于田氏，田氏的支庶，也几乎遍布齐国各地。秦末战国复活，基于血缘世袭的王政复兴，在齐国得到完整的体现。[3]复兴的七国当中，唯有齐国，政权始终在田氏一族中交替流转，田氏当王的理念，始终支配着齐国人心。齐国的这些历史特点，或许都与田氏优生多育的做法有关。

战国田齐的最后一位君王是田建。田建于公元前265年继位，公元前221年降秦亡国，在位44年。田建在位期间，正是秦国不

---

[1]《史记·田敬仲完世家》原文为“妪乎采芑，归乎田成子”。成子，为田常之谥号。田常在世时之歌谣，不当称田成子，改称田常，似乎更合适，有韵味。

[2] 想来田常的这项举动，一是重视优生，希望生下高大强壮的后代；二是追求田氏人口的数量，哪怕血统混杂也在所不惜。

[3] 参见《汉帝国的建立与刘邦集团》第三章第二节二“怀王之王政复兴与贵族王政”，《秦崩》第六章七“齐楚纠葛”。

断东进蚕食，逐一征服六国的时候。田建实行亲秦自保的外交政策，不整顿军备，不与诸侯各国共同抗秦，苟且偷安于战火之外。秦灭五国后，大军压境，田建不战，开城投降成了俘虏，被迁徙到河内郡的共县（今河南辉县，战国时属于魏国），落得客死他乡的下场。齐国有民谣唱道："松耶柏耶？住建共者客耶。"意思是说，松树啊柏树啊，客死共县的田建啊，听信宾客们的谗言啊。惋恨田建听信奸佞，祸国害身。

田氏代齐，从田和到田建，九世为王，享国165年。如果上溯到田氏的始祖陈完，田氏一族在齐国的苦心经营，足足有450余年，已经繁衍得根深叶茂、遍布齐国各地的田氏支庶，绝非一时的政权更替所能清除剪灭。俗话说，百足之虫死而不僵。秦灭齐国以后，田氏一族，一时从历史舞台上销声匿迹，沉沦潜伏到民间。

田儋、田荣和田横三兄弟是田氏王族的旁支，秦帝国时代，举宗居住在临淄郡狄县（今山东高青县），是当地的强宗大族。史书上说，田氏兄弟"皆豪，宗强，能得人"。用今天的话来说，田氏三兄弟都是人中豪杰，宗族强大，能服众而得人拥护，隐然是狄县民间社会的领袖。

陈胜起兵称楚王后，派遣部将周市攻占旧魏国的领土，乘势深入齐国到了狄县，秦狄县县令闭城坚守，城内人心浮动。早就蠢蠢欲动的田氏兄弟，看准了这个时机，精心策划了夺城的行动。

秦汉时代，奴婢大量存在，作为财产依附于主人，奴婢有过，主人可以打骂责罚甚至处死，不过，处死奴婢，须要申报官府得到认可。于是田氏兄弟捆绑了家中的一个奴隶，前往县廷谒见县令，请求准许处死该奴隶。与此同时，田氏兄弟暗暗布置城中的不轨少年们同行围观，乘势制造混乱，一举杀死县令，夺取了狄县政权。

田氏兄弟夺取狄县政权后，马上召集狄县的政府官吏和父老乡亲，宣布："眼下，诸侯各国皆反秦自立复国。齐国，是久远的古国，田氏，是齐国的王族。齐国今日复国，我田儋当为齐王。"于是狄县吏民一致拥戴田儋为齐王，田荣为丞相，田横为将军，以田氏三兄弟为核心，建立起复兴后的齐国新政权。

齐国，从此进入田氏兄弟称王主政的时代。

三、王者田横之死

田儋为齐王，从秦二世元年九月到二年六月，在位十个月。田儋在主政期间，吸取了战国末年齐国孤立自保的亡国教训，积极参与诸侯各国联合灭秦的大业，派兵支援赵国，亲自领军救助魏国，最终战死于魏国首都临济城下。

田儋死后，田荣拥立田儋的儿子田市为王，自己继续出任丞相，弟弟田横继续为大将，重建了齐国政权。不过，田荣主政的齐国，出于与反秦盟主楚国的矛盾，再一次选择了自我孤立，拒绝参加诸侯各国的联合行动。项羽灭秦，分封天下，建立起以西楚为霸主的新体制。心怀不满的田荣，第一个起来造反，攻灭了项羽所封的齐王田都、济北王田安和徙封的胶东王田市，自称齐王。结果引来项羽军的大规模入侵，兵败身亡。田荣自立为齐王，在汉元年六月，死于汉二年正月，在位八个月。

田氏三兄弟中，田横年纪最小，在两位兄长先后称王主政期间，他作为齐军大将，默默领军支撑着田齐政权。田横高调亮相于历史舞台，是在田荣死后。

田荣死后，田横收集齐军残部，退入城阳地区（今沂蒙山区），继续顽强抵抗，使楚军深陷齐国战场不能自拔。就在这个时候，攻占了关中的刘邦，乘势联合各诸侯国，结成反楚同盟，一举攻入楚都彭城，迫使项羽回师楚国，全力应对刘邦。乘此机会，田横收复齐国，拥立田荣的儿子田广为齐王，自己出任丞相主持国政，如同兄长田荣当年。

彭城之战，项羽以三万楚军精锐大败五十六万联军，以汉为盟主的反楚联盟瓦解，合纵连横的各国，重新洗牌。以此为契机，田横与项羽和解，加入以楚为盟主的反汉同盟。不过，田横在主政期间，专心经营齐国，尽量避免直接卷入楚汉间的殊死争斗。[1]

汉四年十月，韩信攻占魏国、赵国，威服燕国，统领大军渡过黄河，攻占齐国都城临淄。十一月，在潍水大破齐楚联军，齐王田广被俘处死。田横于是自称齐王，收集残部，撤退到嬴县（今山东莱芜）和博阳（今山东泰安）一带继续抵抗，兵败后逃出齐国，躲在老友彭越处避难。[2]汉五年正月，刘邦即皇帝位，彭越被封为梁王。田横无法在彭越处继续躲藏，于是带领心腹部下五百余人，逃亡到黄海中的一座小岛上，后人称该岛为田横岛。

大概是在高帝五年三月，田横岛上迎来了皇帝刘邦的使者。使者携带皇帝的诏书，宣布赦免田横从前的罪行，要他亲自前往洛阳接受召见，云云。见了使者、接受了诏书的田横，感恩之余，委婉辞谢说："臣下烹杀了陛下的使者郦食其先生，罪行不可不谓

[1] 田氏三兄弟的相关事迹，参见《秦崩》第六章七"齐楚纠葛"，《楚亡》第一章八"田荣反楚"、第二章七"联军攻占彭城"。

[2] 参见《楚亡》第五章一"韩信破齐"。

深重。如今，听说郦先生的弟弟身为汉将，贤明而为陛下所亲近。臣下实在是恐惧不安，不敢奉诏前往。只恳请陛下恩准臣下为庶人，为陛下守卫海岛足矣。”

使者回到洛阳，将田横的回信呈送刘邦。刘邦当即下诏书，警告说：“齐王田横即将到来，谁胆敢动田横一行一丝毫毛，族灭无赦。”

刘邦的这道诏令，是专门针对郦食其的弟弟郦商下的。郦食其兄弟两人，弟弟郦商也是秦末之乱中的一条英雄好汉。与读书好辩、自称“狂生”的哥哥不同，郦商勇武豪侠，好结交少年无赖生事。陈胜乱起，郦商带领一帮陈留少年起兵响应，攻略游击，发展到数千人之众，成为称霸一方的独立武装。刘邦抵达陈留，郦食其面见刘邦，彼此交谈中意，从此成为刘邦的亲信谋士。郦商也追随哥哥，带领部下一起加入了刘邦军，部下的陈留兵成为刘邦军的核心部队之一。郦商从此也成为汉军名将，战功卓著，甚为刘邦信任和器重。汉三年九月，郦食其出使齐国，因为韩信的突然攻齐，被愤怒的田横烹杀。失去了哥哥的郦商，对田横恨之入骨，誓言定要生擒田横，剥皮烹杀以报杀兄之仇。[1]

刘邦下了诏书，以死命令镇住郦商后，再次派遣使者，手持出使旌节前往海岛，首先将诏告郦商的事情转告田横，然后宣读诏书说：“田横一行来，大者封王，小者封侯。不来，举兵加以诛灭。”田横无奈，只得奉诏前往洛阳，随身只带了两名亲信门客。

田横藏身的田横岛，在今山东省即墨市东南的横门湾中，以当时的地理而论，在齐国即墨郡东部的海中，距离汉帝国的首都洛阳有近两千里路程。田横主客三人，在汉朝使者的陪同下，乘

[1] 田横烹杀郦食其一事，参见《楚亡》第四章八“郦食其说下齐国”。

坐驿站马车，长途跋涉，来到洛阳郊外的尸乡厩置。尸乡厩置，是汉朝政府设在洛阳城东尸乡的一处驿站，离城三十里，进出洛阳的驿车传马常常在这里歇足休憩，置换马匹。

田横到了尸乡厩置，对陪同的汉朝使者说："人臣朝见天子，应当洗沐。"使者同意了，一行人在尸乡厩置停住下来。田横洗沐完毕，单独面见两位门客感慨地说："想当初，我田横与汉王一样，同是南面称王之人。看如今，汉王为天子号令天下，我田横为亡虏俯首听命，耻辱已经何等深沉。更有甚者，我曾经烹杀人之兄长，如今要与其人比肩而立，一起服侍他们的主子。纵使其人畏惧天子的诏令不敢动我，我岂能不问心有愧呢？"

悲愤之余，田横平静地交代道："想来，汉王之所以召见我，不过是想看一看我的相貌而已。如今汉王在洛阳，你们砍下我的头，疾驰三十里，容貌尚未改变，可供一看。"于是拔剑自刎。两位门客遵从田横的遗言，奉送田横的头，与使者一道疾驰前往洛阳。

身在洛阳的刘邦，一心想见到田横，体验王者匍匐脚下的满足。田横离岛启程、沿途经过、抵达洛阳郊外的消息，源源不断地传送到皇帝行在所。当田横一行抵达尸乡厩置的消息传来时，刘邦已经做好了在洛阳南宫盛礼接见的准备。当门客、使者奉持田横的头抵达时，刘邦惊诧失色。他观睹了田横的容貌，感慨万端地说道："嗟乎，还有这样的事啊！兄弟三人，起自民间，交替称王当国，非贤者岂能有如此伟业！"于是刘邦为田横流涕致哀，当即拜田横的两位门客为都尉，调集两千名士兵修筑陵墓，组织葬仪，以王者的规格将田横埋葬于洛阳郊外。

葬礼结束，两位门客留在田横墓旁，开始挖筑墓穴。最后一次祭祀完毕后，双双拔剑自刎，陪葬在主公的身旁。

偃师商城博物馆（上）

洛阳尸乡沟遗址（右）

田横自杀于洛阳城东的尸乡厩置。尸乡之名，沿用至今，在今洛阳市东偃师市，有著名的商代城址。偃师商城博物馆，就建在这里。

消息传到洛阳，刘邦大惊，对田横门客之忠勇气节深为感铭。他得知田横部下五百人尚在田横岛上，马上派遣使者前往，传达召唤使用的诏令。使者抵达田横岛，五百部下得知田横的死讯后，面向西方跪拜，在遥祭主公的悲恨中集体自杀。

司马迁说："田横之高节，宾客慕义而从横死，岂非至贤！"秦末迎来后战国时代，世代王侯、矜持自重的贵族风复苏，直到太史公著史，轻生重义、崇尚气节的侠风犹在。田横自刎，两门客、五百部下自决，瞩目悲壮中，一一有田氏兄弟得臣心的明证，视野高远里，处处显时代世风的浸润。司马迁又说："不无善画者，莫能图，何哉？"他质疑天下的画家，为何无人为田横及其门客作画，将这一段可歌可泣的历史用图像留存下来。1929年，徐悲鸿先生完成《田横五百壮士图》，用巨幅油画的庄严之美，回复太史公的质疑之声，古今千年呼应。

2009年3月，我去田横岛访古，岛上有齐王庙、田横像与五百义士墓，多是新建的纪念设施。田横岛离海岸不远，乘船不时可至，涛声海风清冷中，想见当年田氏兄弟。田氏兄弟，是历史的败者，之所以青史留名，在于他们不屈的精神和王者的风范。哪怕是国破家亡，哪怕是退守孤岛，哪怕是身陷囹圄，王者绝不臣服。

我曾经感言：古老的中国文化，缺乏对于死后世界的关怀。千百年来，这种精神世界的空白，往往由历史来填补，历史成了我们的宗教。我们没有《圣经》而有古典；我们没有神殿而有宗庙；我们没有神的教喻而有历史的教训；我们没有最后的审判而有历史的裁决；我们没有永遭惩罚的地狱，而有遗臭万年的历史耻辱柱；我们没有进入天堂的永恒至福，而有写入青史的千古留名。

"人生自古谁无死，留取丹心照汗青。"田横及其部下，以其

田横像

田横五百义士墓

田横岛海景

壮烈的死，将生命注入历史，成就不朽的篇章，绘成永恒的图像。嗟乎，留名千古！

四、新统治的根基：军功受益阶层

高帝五年五月，对于刚刚建立的汉帝国来说，是意义非同寻常的一个月。洛阳南宫饮酒高会，君臣间有千年古问，在这个月。田横抵达尸乡厩置，自杀以明志不辱，在这个月。戍卒娄敬求见刘邦，建议迁都关中，在这个月（详后）。更重要的是，也就在这个月，刘邦下令解散军队，发布高帝五年诏，正式宣布国家由战争转向和平，新的统治秩序，以功臣将士为核心和主体。

创建汉帝国的刘邦集团，功臣将士们多出身于社会下层，质朴少文，耿直现实，看重的是一刀一枪，日积月累的功绩，追求的是加官晋爵、一亩一宅的利益。洛阳南宫的庆功宴上，功臣王陵对于刘邦千年古问的回答，不但是他们想法的披露，也是他们意愿的表达。相对于刘邦得人者得天下的华丽解答，功臣将士们笃定地认为，作为集团领袖的刘邦，能够与将士们利益均沾，与功臣们共天下，这才是汉之所以胜楚，刘邦之所以能够打败项羽的原因所在。

聪明机巧的刘邦，对于功臣将士们的想法心愿，何尝不是心知肚明，他之所以能够轻飘飘拨开王陵的话头，笑盈盈另作汉初三杰的解答，获得满堂群臣点头称是，心悦诚服，是因为就在此时此地，他已经颁布了高帝五年诏，对于功臣将士们的利益，做了最大限度的满足。

高帝五年诏，是西汉初年最重要的法令，汉帝国安定天下的纲领性文件。这项法令，广泛涉及战后亟待处理的各类问题，包括流民归家、赦免奴隶、鼓励各诸侯国人留在关中，等等，都是为了安定民生、结束战乱、转入和平建设的重大举措。特别值得注意的是，在高帝五年诏及相关法令中，汉政府做出了一项意义深远的重大决定：按照军功的高低，重新分配包括等级身份、土地财产、政治权力在内的社会总资源，由此建立起一个以将士吏卒为主体的新统治阶层——汉初军功受益阶层。[1]

秦汉社会，是严格的身份社会。身份决定一切，包括法律地位的高低、财产占有的多少、出仕任官的大小等。身份由爵位规定，爵位一共有二十级。第一级最低，称为公士，第二十级最高，称为列侯。

二十级爵位之外，一级的公士之下，是没有爵位的人，在民间者称为庶人，在官府和军队服役者称为公卒、士伍。庶人之下是半自由民的司寇和隐官。司寇是有期刑徒，隐官是服刑期满者，他们都可以立户，但只能享有庶人一半的待遇。其下是奴婢，属于社会最底层，不能立户，只能依附主人生存。而在第二十级爵位的列侯之上，还有诸侯王，身份高于列侯，诸侯王之上，就是帝国身份的顶点——皇帝了。

可以说，以二十等爵为基干，上面加上皇帝和诸侯王，下面加上庶人（公卒、士伍）、司寇和隐官以及奴婢，一共二十五等的身份，构成了等级森严的秦汉身份社会。这二十五等的身份，是秦汉社会结构的基本构成，也是秦汉帝国赖以立国的社会基础。

二十等爵制，起源于秦，最初是为了奖励军功而制定的制度，称为军功爵制，后来推广到全社会，成为秦国国家体制的根本，战胜六国的制度保证。西汉建国，全面继承了秦的各项制度，

---

[1] 参见拙著《汉帝国的建立与刘邦集团》第一章《汉初军功受益阶层之形成》。

包括军功爵制。[1] 在秦代和西汉初年，从军是男儿的义务和出路，军功是获取爵位的唯一途径，因此求取军功爵，得到功名利禄，是从军将士吏卒的追求和梦想。

古书上说，秦军将士离家开赴战场时，一家人前来送行，父母叮嘱，妻子念叨，最殷切的话语，是鼓励儿子丈夫杀敌立功，早日获取军功爵。战士在前线，一旦斩首立功，获得了爵位，通知书当即由军中火速送出，传送到获爵者所在的县，三日之内，以土地田宅为主的各种待遇就要落实到户，否则，地方官将受严厉的处罚。那种雷厉风行的有效治理，那种政策带来的优待实惠，那种光宗耀祖的自满自足，那种法令所生发的激励动力，实为两千年来历朝历代所仅有。

在高帝五年诏中，汉政府宣布：对于刘邦军团的所有将士吏卒，普遍授予第五等爵——大夫，爵位原本在大夫及以上者，一律增加一级。同时，免除所有从军将士吏卒及其家人当年的租税徭役，进而严厉敦促各级政府，务必按照法律的规定，迅速落实将士吏卒们依据爵位应当享有的各项待遇，特别是土地田宅。

这项决定，乍一看似乎平淡无常，不过是例行的法律条文而已。不过，如果我们将这项决定，放在当时的历史背景中，联结相关的法令做综合性解读的话，意义就非同寻常了。

我们已经叙述过，垓下之战，汉及其盟国总动员，约有 60 万联军参战。垓下之战结束，伴随高帝五年诏的颁布而解散归家的军队，其主体正是这支参加垓下之战的大军。按照高帝五年诏的规定，60 万大军的所有将士吏卒，都将获得第五等爵之大夫及以

[1] 关于汉全面继承秦朝制度之改制，参见《楚亡》第一章七“汉中对”。

上的爵位。从而，根据爵位及与各种待遇挂钩的法律规定，[1] 与第五等爵之大夫相应的经济待遇，是授予田地 5 顷（500 亩），宅基地 5 宅（45 亩）。以 60 万人为基数，做一个简单的计算，仅仅由这一条规定，汉政府就需要拿出 3 亿亩土地和 2700 万亩宅基地，授予全军将士吏卒。

西汉时代，政府所掌握的，据以征收租税的土地总量，大约是八亿三千万亩。根据高帝五年诏这一纸令文，以此为基数计算的话，授予 60 万全军将士吏卒的土地数量，将占全国土地数量的 40%。西汉初年的人口数量，大约在 1500 万到 1800 万之间。如果以 1500 万做基数计算的话，60 万将士吏卒，占人口总数的 4%。汉代家庭的平均人数约为 5 人，60 万将士吏卒连同其家庭，约为 300 万人，占人口总数的 20%。也就是说，由于高帝五年诏的颁布，占人口总数 20% 的刘邦军将士吏卒及其家属，将占有汉帝国 40% 以上的土地财富。

按照秦的军功爵制，官职与爵位挂钩，一定等级的爵位相应于一定等级的官职，爵位和官职之间，相通互用。根据学者的统

[1] 二十等爵制规定，伴随爵位的获得和升级，能够占有的耕地和宅基地相应地增加。土地的占有，分为耕地和宅基地两类。耕地以顷计算，1 顷等于 100 亩。1 亩相当于今 0.2881 市亩，约 192 平方米。宅基地以宅计算，一宅为九亩，相当于今 2.57094 市亩。拥有各级不同身份者，能够占有的耕地和宅基地如下：奴婢，不能占有任何耕地和宅基地；司寇和隐官，（耕地）0.5 顷＋（宅基地）0.5 宅；庶人，1 顷＋ 1 宅；一级（爵位的）公士，1.5 顷＋ 1.5 宅；二级上造，2 顷＋ 2 宅；三级簪袅，3 顷＋ 3 宅；四级不更，4 顷＋ 4 宅；五级大夫，5 顷＋ 5 宅；六级官大夫，7 顷＋ 7 宅；七级公大夫，9 顷＋ 9 宅；八级公乘，20 顷＋ 20 宅；九级五大夫，25 顷＋ 25 宅；十级左庶长，74 顷＋ 74 宅；十一级右庶长，76 顷＋ 76 宅；十二级左更，78 顷＋ 78 宅；十三级中更，80 顷＋ 80 宅；十四级右更，82 顷＋ 82 宅；十五级少良造，84 顷＋ 84 宅；十六级大良造，86 顷＋ 86 宅；十七级驷车庶长，88 顷＋ 88 宅；十八级大庶长，90 顷＋ 90 宅；十九级关内侯，95 顷＋ 95 宅；二十级列侯，105 顷＋ 105 宅。参见杨振红著《出土简牍与秦汉社会》第四章一，广西师范大学出版社，2009 年。

计和新近出土的汉简来看，在西汉初年，几乎所有的政府官职，从中央到地方，上自以丞相为首的中央政府阁僚（三公九卿），中到各个郡县长官（郡守县令长），下至乡政府的低级小吏（乡啬夫），都是拥有不同等级爵位的在职或者退役的将士吏卒，他们垄断了几乎所有的政治权力。[1]

爵位，是等级身份；土地田宅，是经济财富；官职，是政治权力，三者合起来，几乎就是当时社会资源的总和。高帝五年诏及相关法令的颁行，是新建立的汉朝政府对社会总资源进行的再分配。

在这个分配过程中，首先根据军功的大小确定军功爵的高低，再根据军功爵的高低确定分配量的多少。就社会身份之分配而言，刘邦集团的成员们依据不同的军功，获得了二十等军功爵中的不同爵位，独占了汉帝国尊显的社会身份。就经济财富之分配而言，刘邦集团的成员们根据以功劳行田宅的原则，按照军功爵制的规定，占有了汉帝国大部分的土地田宅。就政治权力之分配而言，集团的首领刘邦有最高的军功，又有公平主持分配的最厚的德行，获得了最大的权力，做了皇帝。在皇帝之下，依据军功的高低，集团的成员们分别获得了诸侯王、列侯、大臣及各级官僚、官吏之职位，掌握了汉帝国的各级政权。

通过以上的叙述，我们可以清楚地看到，西汉初年，经过长期战争夺取了天下的刘邦政治军事集团，利用到手的政治权力，对社会总资源实行了彻底的再分配，顺利地转化为一个新的统治阶层。这个新的统治阶层，垄断了当时所有的政治权力、尊显

[1] 参见拙著《汉帝国的建立与刘邦集团》第二章《汉初军功受益阶层之兴衰与社会阶层之变动》。

的社会身份和大部分经济财富。这个新的统治阶层，不但是汉帝国立国之初社会构成的厚重基干，也是天下秩序由战乱转向安定的人事基础。这个新的统治阶层，由刘邦政治军事集团转化而来，以尊崇军功为价值导向，史家称为汉初军功受益阶层。本书叙述的所有事情，其后复杂的历史背景中，都有这个新的社会阶层的踪影。

五、戍卒娄敬提议：另建新都长安

汉五年二月，刘邦在定陶即皇帝位后，决定将帝国的首都由关中栎阳迁到洛阳。同年五月，一位名叫娄敬的戍卒来见刘邦，建议在关中另建新都。

娄敬是齐国人，被征调服役，前往陇西郡戍边。史书上说，戍卒娄敬，身着羊皮袄，推拉人力辇车，随同队伍一道，千里迢迢而来。经过洛阳时，他解下拉车的绳套，求见虞将军说："臣下希望见到陛下，言事建议，望将军引荐。"

虞将军也是齐国人，当与娄敬有旧交。他同意了娄敬的请求，拿出鲜亮的衣裳让娄敬换上。娄敬婉言辞谢说："臣下穿丝绸，就穿丝绸见，臣下穿羊皮，就穿羊皮见，不敢变换服装。"

虞将军知道娄敬是有备而来，于是将事情原原本本呈报刘邦。刘邦果然来了兴趣，当即下令召见，设酒宴款待娄敬。定都何处，成了酒席间的主要话题。

娄敬问道："陛下定都洛阳，岂非想以周朝为榜样，求得同等的兴盛？"

刘邦答道："是的，正是如此。"

引入话题后，娄敬遂将早就准备好的整套说辞，层层展开，一一道来。

娄敬首先指出，周朝取得天下，是十余代人长期努力的结果，难以成为汉朝师法的榜样。他阐述说：

周是古老的国家，源远流长。周之建国，始于后稷。后稷有德于民，被尧帝分封于邰。后代辗转迁徙，苦心经营，经历了种种艰苦磨炼，一步一步积累成长起来，可谓积德累善十余世。就其间值得提起的大事而言，公刘修后稷的德政，率领周民迁徙于豳，以躲避夏桀的暴政；古公修后稷、公刘的德政，为了保护周民免遭戎狄的伤害，迁徙于岐。

到了西伯（后来的文王）的时候，继续施行立国以来的德政，各国诸侯纷纷戴德归心。虞国与芮国间有纷争，去周求得解决；姜太公和伯夷，从东海之滨前来归顺。周接受天命的征兆，已经显明。武王伐纣，八百诸侯不期而会于孟津，一致认为应当讨伐纣王。于是武王率领诸侯灭商，分封天下，建立了周朝。

其次，娄敬指出，西周营建洛邑，用来宣示德政，接受东方诸侯国的朝贡。东周迁都洛邑，是无奈之下的选择，没落中的困守。他阐述说：

洛邑（洛阳城）之建立，始于武王。成王即位，周公辅政，继承武王之志，进一步大力营建洛邑。洛邑地处天下之中，四通八达，并非据险阻而威临天下之地。（西周的都城，在关中丰镐。）西周营建洛邑，（并非迁都，）而是出于宣示息兵释旅，以德政招致天下的意图，将洛邑打造成接受各地诸侯朝见纳贡的圣地。诚如周公所言："此天下之中，四方入贡道里均。"意思是说，地处天下之中的洛邑，以其远近适中，利于诸侯朝贡。

古话说："有德则易以王，无德则易以亡"，有德与无德，是国家兴亡之道。要在以德致人，不求据险阻人，是西周营建洛邑的理念和实践。西周隆盛的时候，天下和睦，四夷归心。在礼法德政的感召下，西周不费一兵一卒，招致四面各国、八方诸民相依归顺天子，共同承担贡职，莫不宾服。

到了西周衰亡的时候，（平王将都城从关中迁徙到洛邑，是为东周。东周以来，天下失控，到了末年，王都）洛邑分裂为两部分，东有成周，西有王城，天下已经没有前往洛邑朝觐的诸侯了。如此事态的形成，是形势力量使然，已经与德政之厚薄关系甚远。

娄敬进而指出，汉之取得天下，靠的是武功，而且是短期内频繁战争中的胜利。这种情况下，只能取法于秦，定都关中，是最好的选择。他阐述说：

如今，陛下起兵于丰沛，集结三千子弟兵，据此发展壮大，灭秦建国，席卷蜀汉，攻取三秦。进而东进争夺天下，与项羽拉锯于荥阳（今河南郑州西北），苦战于成皋，大战七十回，小战四十次，使天下之民肝脑涂地，父子兄弟暴骨于野，死亡之人不可胜数，哭泣之声不绝于耳，伤残病患至今未愈。此时此情之下，陛下定都洛阳，想要以西周为榜样，求得成（王）康（王）时代的盛世伟业，臣下以为不妥，因为二者时代境况不同，难以做类似的比较，也不能做仿效的榜样。

当今之日，时代距秦近，境况与秦同。秦国之地，三面环山，一面临河，四方有险阻，中间有沃土，一旦有情况，百万之师可以就地征调集结，进可攻，退可守。所以说，继承秦国的人力物力，利用秦国的险阻、肥沃之地，无异得到天府的恩惠。从而，陛下西入秦地，定都关中，即使山东有动乱，秦中之地也可以安然不动，完整地保有。打个比方说，与人搏斗，如果不能扼住对手的咽喉，抵住对手的脊背，就不能获得全胜。陛下入关定都，以秦为根据地，就是扼住了天下的咽喉，抵住了天下的脊背。

听了娄敬的话，刘邦觉得有道理，就这件事征求大臣们的意见。将相大臣，都出身关东地区，多主张定都洛阳。他们劝谏刘邦说："洛阳东阻成皋，西据崤山，北倚黄河，南临伊水洛水，是四面险固、进退自如之地。况且，周朝国运数百年，秦二世而亡，应当以周为榜样，定都洛阳。"

刘邦拿不定主意，单独请教张良。

张良首先否定了定都洛阳的说法，他说："洛阳固然是四面天险，可以进退之地。不过，洛阳城周围，平野狭小，方圆不过数百里，田地收成有限，难以自立坚持。另一方面，洛阳交通八方，四面受敌，是兵家用武的争夺之地，而非屯聚实力、威临天下的雄武之国。而关中则不一样。关中东面有崤山和函谷关，进退自如；西面有陇西腹地，沃野千里；南面有汉中巴蜀，物产丰饶；北面有草原牧场，牛羊马肥。地形上北西南三面可守，一面东出，可以制服各国诸侯。诸侯各国安定无事时，可以利用黄河渭河水道，漕运各地物资，供给京师地区，一旦诸侯各国有动乱变局，粮草军备又可以顺黄河渭河而下。关中的这种地势，可以说是金城千里，天府之国。比较权衡之下，娄敬的意见是对的。"

听了张良的话后，刘邦不再犹豫，当即决定：定都关中。娄敬也因此受到褒奖，被拜为郎中，赐号奉春君。高兴的刘邦意犹未尽，说："娄"与"刘"，读起来同音，你娄敬干脆姓刘吧。从此以后，娄敬被赐姓刘，称刘敬。[1]

戍卒娄敬之洛阳，脱挽辂，衣羊裘，通过齐人虞将军面见刘邦，建议迁都关中的事情，是司马迁写入《史记·刘敬叔孙通列

---

[1] 本节之后，"娄敬"一律改称"刘敬"。

传》的历史故事。两千年后，当我们重新阅读这段故事时，有些事情，如果不加以补充说明，怕是难以得到完整的理解。

西周的国本，在关中地区，西周的首都，在渭水南岸的丰镐一带。这一点，与秦相似。西周营建洛邑，出于经营东方的需要，标榜的是软实力，也就是娄敬所说的以德政招致天下，作用嘛，便于东方各国纳贡来朝；地位嘛，相当于东汉隋唐的副都。洛阳正式作为周的都城，是在平王东迁以后的东周时代。东周，是周国势衰落、实力丧失的时代。都城洛阳，成了挂名天子的所在，周文化的象征。洛阳城内外，各国诸侯你来我往，贤明者利用，强横者觊觎，完全没有强国大都的功能。

汉高祖刘邦及一帮做将相大臣的弟兄们，多出身下层社会，是些缺少文化的武人，对于西周东周、丰镐洛阳的历史，哪里搞得清楚。娄敬是文化人，两周的历史，他是清楚的。不过，娄敬是策士，知道故事该如何讲，如何对不同的人说不同的话。所以，娄敬举周秦为例做对比，阐述应当建都关中时，有意含含糊糊，将洛邑作为两周的都城来讲述。战国秦汉时代，游士剪裁历史，用作谈资论据，比比皆是。对此，我们今天读史书时，一定要多加留意。我在文中括号里添加的话，就是提醒读者注意，游士娄敬在此处有忽悠。

特别值得注意的是，这个历史故事的结局是“及留侯（张良）明言入关便，即日车驾西都关中”。说是听了张良定都关中好的话，刘邦当即车马西行，迁都关中云云。这种传奇写法，更是易生当即迁都的误解。[1]

---

[1] 刘（娄）敬建议迁都关中的长篇大论，见于《史记·刘敬叔孙通列传》，也见于《汉书·刘敬传》。

汉之都城，有一辗转迁徙的过程。汉元年（前206）二月，项羽分封刘邦为汉王，首都定在南郑。汉二年（前205）十一月，刘邦攻取关中以后，将首都迁移到栎阳。汉五年二月，刘邦在定陶即皇帝位后，将帝国的首都定在洛阳。刘邦接受娄敬和张良的意见，做出定都关中的决定，是在高帝五年五月。

娄敬建议定都关中时，汉朝的首都定在洛阳，政府机构的一部分，尚留在旧都栎阳。由此看来，娄敬的建言，不仅反对定都洛阳，也非主张迁回栎阳，而是主张在关中选址另建新都。否则的话，回到栎阳就万事大吉，何必如此大费周折。

古今中外，都城的选定，是关系国本的大事。西汉建国之初，刘邦君臣极为重视吸取秦崩楚亡的教训。项羽错选彭城为都，四面受敌，成为败亡的重要原因。自韩信明确指出后，这已经成为汉朝君臣的共识。对于新建的汉王朝来说，新都的选定，是慎重讨论后的决定；新都的建设，是漫长持久的过程。娄敬提出的在关中另建新都的建议，无疑是崭新的思路、贤明的方案，所以能够得到张良的赞同，刘邦的认可。

从之后的历史来看，高帝五年五月，汉朝政府决定在关中另建新都，只是最高层的一项决定，从实行的层面上看，尚是一纸空文。新都建在关中的何处，首先是选址的问题；新都规模多大，宫室如何营建，又是设计的问题；新都何时动工，用工用财几何，更是徭役财政的问题……凡此种种，都绝非一年半载可以完成。刘邦接受了定都关中的意见，"即日车驾西都关中"之语，不过是文学性的表述，表达刘邦当即不再犹豫，舍弃定都洛阳的旧案，采用在关中另建首都的新计划而已。在新都选定建成以前，栎阳依然留有部分政府机构，重大的政务，也依然在洛阳南宫处置。

从之后的历史来看，刘邦采纳了娄敬的建议，做出了定都关中的决定以后，其具体执行，交由丞相萧何负责。在萧何的主持之下，新都的建设，由工匠出身的少府阳城延一手操办，耗时多年，逐步建成。梳理下来，汉朝长安新都的建设，大致有以下几个阶段：

一、高帝五年五月，刘邦采纳了娄敬建议、张良附议的提案，决定在关中地区选址另建新都。

二、高帝五年后九月，开始修建兴乐宫。秦都咸阳的渭水之南，有龙首山，北坡上，秦时建有一座规模宏大的离宫——兴乐宫，幸免于战火，保存较好。经过勘测，萧何与阳城延以兴乐宫为基础，作为汉朝的正宫开始整修改建。未来的新都，将以此为中心。

三、高帝六年（前201），“更名咸阳为长安”，正式确定新都名长安，长安地区为新都中心所在。长安，本是乡名，属于秦都咸阳，在渭水之南，兴乐宫就在其境内。从此以后，秦都咸阳的名称，为汉都长安所取代。

四、高帝七年（前200）十月，兴乐宫改建工程完成，改名长乐宫。在叔孙通的主持之下，刘邦在长乐宫举行了第一次朝仪大典。也就是说，汉朝宫廷，率先迁徙到新都长安。此后，直到刘邦去世，长乐宫成为汉朝的正宫，皇帝的居所，朝仪政事的所在。

四个月后，也就是高帝七年二月，未央宫前殿、东阙、北阙、武库、太仓等建筑完成。未央宫在长乐宫西，是在整修长乐宫的同时，完全新建的一座宫殿，武库和太仓等，都是配套首都职能的新建筑。至此，新都长安的建设大体就绪，以丞相府为首的汉朝中央政府的机构和职能，也陆续迁徙到长安。

五、惠帝五年（前190），长安城的城墙完成。古代的都城，以宫城为主。秦都咸阳，是一座不断扩展的开放性城市，有众多的宫墙而没有环绕都城的城墙。新建的汉都长安，也是先建宫室宫城。绕城一周的城墙之修筑，是在刘邦死后，修筑的时间，从惠帝元年到五年。

概括而言，汉朝定都长安，由娄敬提议，张良附议，刘邦拍板，事在高帝五年。新都长安的选定和建设，由萧何主持，阳城延执行，以长乐宫和未央宫为中心，完成于高帝七年。同年，汉朝的宫廷和政府，皆迁徙到新都长安。长安城墙的完成，是在惠帝五年，主其事者，应当还是阳城延。

从此以后，一座高墙环绕的帝国大都，出现在关中平原上，其耀眼的光芒，当与亚平宁半岛上的罗马城交相辉映。

六、燕王臧荼一族的吊诡命运

高帝五年七月，有消息从北边传来，说是燕王臧荼封锁边境，起兵反汉，攻占了汉朝的代郡。刘邦大怒，下令征调兵马，御驾亲征。

臧荼其人，史书无传，事迹零星分散，是诸侯王中不引人注目的异类。

秦末之乱中，顺利进军赵国地区的陈胜部将武臣，在张耳和陈余的策动下，复兴赵国，建立起独立的政权。为了扩大势力，武臣派遣部下韩广北上攻略燕国地区。韩广是燕国人，出身于燕国的上谷郡，曾经做过秦的上谷郡卒史，也就是郡政府的下级官吏。韩广领军顺利进入燕国地区后，得到燕国人的支持，被拥立为燕王，复兴了燕国。[1]

臧荼是韩广的部下，应当也是燕国人。巨鹿之战，各国派兵

[1] 参见《秦崩》第六章一“燕赵复国”。

救援赵国。臧荼受韩广的派遣，领兵南下救赵，参加巨鹿之战，加入了以楚国为盟主的反秦联军，随同项羽转战各地，进入秦都咸阳。项羽分封天下，分燕国为燕和辽东两国，徙封韩广为辽东王，都无终（今天津蓟县），统治燕国的东部地区。封臧荼为燕王，都蓟县（今北京西城区南），统治燕国的西部地区。臧荼领军回到燕国后，乘田荣起兵反楚的乱局，攻杀韩广，吞并了辽东国，统治了整个旧燕国地区。

楚汉相争时，臧荼名义上服从西楚，不过，因为擅自起兵攻灭韩广，也与项羽有了隔阂。楚汉相争中，臧荼统治下的燕国，远在北疆边地，基本方针是锁国自保。对于纷繁起伏的各国争斗，臧荼或者置身事外，作壁上观，或者因应形势，不时从楚，不时依汉。汉三年（前 204）十月，韩信统领汉军攻灭赵国和代国，杀代王陈余，掳赵王赵歇。在大军压境和使者劝诱双重压力下，臧荼宣布背楚归汉，加入了以汉为盟主的反楚联盟，曾经派遣燕国的精锐骑兵南下，支援汉军攻击楚军。

汉五年正月，刘邦在定陶即皇帝位。刘邦做皇帝，得到七位诸侯王的推举，他们分别是：楚王韩信、韩王信、淮南王英布、梁王彭越、长沙王吴芮[1]、赵王张敖和燕王臧荼。七国当中，楚、韩、淮南、梁、长沙、赵六国皆是刘邦所封建，唯有臧荼的燕国，是项羽所封，成为唯一的异类。

史书上对于臧荼起兵造反的原因，只字未提。直观地看，或许正因为臧荼是汉初诸侯王中的异类，与汉关系生分，也难以得

---

[1] 吴芮本是项羽所封的衡山王，受英布背楚归汉的牵连，被褫夺了王位。项羽败亡，刘邦恢复其王位，后改封为长沙王。七位诸侯王上书推举汉王刘邦为皇帝时，吴芮被称为故衡山王。此处，为叙事方便，用改封后的称号。

到刘邦和他的老部下们的信任，难免自感不安。相互猜忌之下，臧荼回到燕国后锁国自保，又援引匈奴，进入代郡，构成了反状。

不过，如果我们将观察历史的视线拓宽放长，将汉朝的诸侯王问题作为一个整体来看的话，脉络就清楚地显现出来了。简要说来，汉初所谓诸侯王谋反问题，基本的原因有两个：一是皇帝制度与王国分封间的制度性矛盾，二者不能兼容；二是汉帝国政权由共天下向家天下转化，进而由家天下向独天下转化的结果，至于各个诸侯王与皇帝间的个人恩怨和远近亲疏，都不过是这种结构性矛盾爆发的诱因而已。

臧荼谋反叛乱，是汉朝诸侯王问题的开端，因为是同类历史的入口处，从而难以看清楚。同样，臧荼造反和刘邦领军攻灭臧荼的详情，史书记载非常简略，更是难以复原。大致说来，臧荼的叛乱，从高帝五年七月开始，到同年九月结束，仅仅持续了三个月，战事主要在燕国境内和汉朝的代郡地区进行。汉军主力，由刘邦亲自统领，部下诸将有卢绾、樊哙、周勃、郦商、灌婴、陈豨等，经赵国境内北上，在易县（今河北雄县）一带击溃燕军主力，乘胜北上，攻克燕国首都蓟县，臧荼被俘，儿子臧衍逃亡到匈奴。

臧荼之乱平定，被俘后的臧荼命运如何，史书上没有交代。不过，根据臧荼的孙女臧儿的事情来看，汉政府似乎并没有严厉惩罚，诛灭臧荼家族，而是做了宽大处理。据《史记·外戚世家》的记载，臧荼的孙女叫作臧儿，平静地在关中过着平民的生活。文帝时，臧儿嫁给长安槐里人王仲为妻，生有一男二女。长男叫王信，长女没有留下名字，史书上称作王夫人，次女叫王儿姁。王仲死后，臧儿再婚，嫁给长陵田氏，又生有两个儿子，大的叫田蚡，小的叫田胜。

臧儿的长女王夫人，先嫁给平民金王孙为妻，生下女儿，生活平平淡淡。臧儿其人，心高气盛，对儿女期待甚高，不满意女儿的这段婚姻。她去算命，得到两位女儿都将大贵的卦语，当即动了心思，硬要将女儿从金家夺回改嫁，引来金家的愤怒和抗拒。这位臧老太太，不但信命运有决断，而且手眼通天，想法儿将长女送进太子宫中，断了金家的念想。为了应验两女皆贵的卦言，她一不做二不休，将二女儿也送进了太子宫中。这位太子，姓刘名启，就是后来的汉景帝。

尔后的事情，不但应了卜师的卦语，更是满满地遂了臧老太太的心意。长女入宫以后，得到太子的宠幸，成为王夫人。王夫人命贵，为太子生有三女一男。这个男孩，就是后来的汉武帝刘彻。刘彻被立为太子时，王夫人也母凭子贵，被立为皇后。她的三个女儿，后来都被封为公主，就是历史上赫赫有名的平阳公主、南宫公主和隆虑公主，皆是权倾一时、富可敌国的贵人。

与王夫人一道入太子宫的妹妹王儿姁，也与姐姐一样命贵，得太子宠幸，先后生下四男，都被封为诸侯王，一位是广川惠王刘越，一位是胶东康王刘寄，一位是清河哀王刘乘，还有一位是常山宪王刘舜。臧老太太的大儿子王信，沾了妹妹们的光，以皇后兄长的关系，被封为盖侯，震动朝野，为天下所瞩目。

眼见儿女们如此大富大贵，臧老太太真是笑得合不拢嘴，乐得闭不了眼。老太太不但命贵，而且命长，到外孙汉武帝即位以后，她为田氏所生的两个儿子也都封了侯，田蚡被封为武安侯，田胜被封为周阳侯。连那位留在金家的外孙女，也就是入宫前的王夫人为金王孙生下的女儿，也被汉武帝从民间找了回来，赏钱千万、奴婢三百、公田百顷、甲邸一座，赐号修成君。修成君有一儿一女，儿子赐号修成子仲，女儿嫁与诸侯王，也都鸡犬升了天。

为臧老太太算笔儿孙富贵账。臧儿生有二女三男，长女皇后，次女贵妃，三男皆为列侯。五位刘姓外孙，一位皇帝，四位诸侯王，其他姓氏的外孙儿女们不可尽数，不可细说，可以道来的是满堂儿孙，都是大富大贵。晚年，在子孙们的簇拥颂寿声中，臧老太太也得了长安君的封号，享尽了人间的荣华富贵。

我整理历史到这里，颇有些感慨。汉初六位异姓诸侯王中，燕王臧荼本是项羽所封，与刘邦关系最疏远，最先锁国反叛，又因为最弱小，最先兵败国破，做了阶下囚。然而，臧荼一家的王者之命，绵绵未曾断绝，到了孙女臧儿的时代，竟然死灰复燃，臧儿的女儿成为汉家国母，养育了世代帝王。最为吊诡的是，命运的转折，竟然在于臧儿的一念之间。古往今来的相命占卜，不可全信，也不可不信，依然神秘而不可言喻 。

臧荼之乱平定后，谁来做燕王统治燕国，成了必须马上处理的问题。我们已经叙述过，王国分封，由项羽开启，基本原则是按照军功大小。刘邦分封异姓诸侯王，承继了西楚，也是按照军功原则，楚王韩信、淮南王英布、梁王彭越，最是典型。

史书上说，刘邦做了皇帝以后，想封卢绾为王，引起大臣们的不满，被迫搁置，怏怏封卢绾为长安侯，破例在首都地区为其建立封国。俘虏臧荼后，刘邦颁布诏书给将相列侯，要他们从功臣中推荐燕王的人选。大臣们都看清了刘邦希望卢绾做燕王的心思，于是顺水推舟，由楚王韩信领衔，联名上书说："太尉长安侯卢绾常从平定天下，功最多，可王燕。"于是刘邦下诏认可，正式册立卢绾为燕王。

刘邦分封韩信、英布、彭越为王，群臣没有意见，大家心悦诚服，为什么？因为他们军功超群，裂土封王理所当然。卢绾则不一样，以军功论，他不但无法与韩信、英布、彭越相提并论，在刘邦集团内，与曹参、樊哙、周勃、灌婴之属相比，也是差距甚大。卢绾之所以封王，是因为在功臣中他与刘邦最亲近。

卢绾是沛县丰邑中阳里人，不但与刘邦同县同乡同里，而且与刘邦同年同月同日生。在丰邑中阳里，刘卢两家是和睦相亲的近邻，刘邦与卢绾是形影不离的挚友。少年时代，两人一起上学，一起成长。青年时代，刘邦任侠乡里，卢绾跟班随从。沛县起兵后，卢绾一直不离刘邦左右。[1]刘邦做了汉王，卢绾先被任命为将军，后被任命为太尉，始终在刘邦身边供职，与刘邦的弟弟刘交一道，出入禁中，充当联系汉王与大臣的内廷枢要，被视为最贴心的心腹。[2]

卢绾是刘邦所封的最后一位异姓诸侯王。这次分封，从表面上看，王国分封的制度并没有变化，仔细体察，王国分封的原则却有了微妙的变化，出现了由因功封王向因亲封王转化的苗头。

七、难以决断的韩信

刘邦领军攻灭臧荼，封卢绾为燕王后，回到洛阳，继续着手安定天下。

高帝六年初，刘邦接到密告，说是被通缉的楚军骁将钟离眛藏匿在韩信处，楚王韩信陈兵巡视各地，准备起兵造反。

刘邦深为焦虑，召集部下商量对策。将领们多主张征调军队，进攻楚国，如同征讨臧荼之燕国。据说，会议当时，将领中有人

---

[1] 参见《秦崩》第一章六“从模范少年到浪荡游侠”、十“刘邦的追星历程”。

[2] 参见本书第三章九“燕王卢绾的苦境”。

高声喊道："马上发兵，捉住那王八蛋活埋了他。"在群情激愤中，刘邦沉默不语。

待到诸将退出以后，刘邦单独召见陈平，要听听他的意见。陈平不敢贸然作答，委婉问道："诸位将领怎么说？"刘邦遂将诸将的意见一一告知。

陈平听后，问刘邦道："有人上书告发韩信谋反这件事，韩信知道吗？"刘邦回答说："不知道。"陈平继续问道："请陛下度量，汉军是否比楚军更精锐？"刘邦答道："并不。"陈平又问道："陛下的各位将领，领军作战有能超过韩信的吗？"刘邦答道："无人能及。"于是陈平说："如今军队不比楚军精锐，将领完全不及韩信。在这样的前提下举兵攻楚，促使韩信迎战，是仓促而无胜算的战争，臣下为陛下深感危险。"

刘邦是有自知之明的人。项羽死后，韩信是他的心病，是他挥之不去的畏惧。我们已经叙述过，刘邦是身经百战的统帅，对自己的军事指挥能力，甚为自负，从来不把部下诸将放在眼里，唯独在韩信面前，底气不足，自知不能及也，彭城之战惨败，垓下之战大胜，都是铁板钉钉的事实，正反两面俱全。诸将情绪高昂的过激言论，反而使他冷静下来，心中暗暗骂道"竖子固不可谋"，坚定了必须与陈平商量的想法。

陈平是何等聪明的人，他是汉的护军中尉，军情机构的首领，掌握着内外的最新情报。不过，陈平不是刘邦集团的核心成员，长期与元功宿将们不和。事关楚王韩信的头等军国大事，刘邦首先与亲信诸将商量，将自己隔了一层。事后单独召见下问，可知意见不一致，刘邦有狐疑。所以，当刘邦征询他的意见时，他非常谨慎，首先询问诸位将领的意见，问得非常小心，听得非常仔细。

听了陈平的慎重意见，刘邦问道："依先生之见，我该怎么办？"

陈平稍作推让，在刘邦的再次追问下，从容道出一套完整的方案来。他说："古来天子巡游四方，大会各地诸侯。南方有云梦大泽，陛下不妨伪称巡游云梦，大会诸侯于陈县（今河南淮阳）。陈县，在楚国西部边境，韩信听说陛下因喜好而巡游，必然心安无事，亲自前来迎谒。如果来了，陛下当即可以擒获他，不过一位力士的事情而已。"

刘邦同意了。当即派遣使者通告诸侯各国，皇帝陛下将南行巡游云梦大泽，诏各地诸侯前往陈县谒见，云云。

身在楚国首都下邳的韩信，接到刘邦将巡游云梦大会诸侯，要自己前往陈县谒见的诏书后，心中益发不安起来。

攻下齐国后，韩信自请为假王镇抚齐国，引来刘邦的愤怒，在张良、陈平的提醒下，不得已封韩信为齐王，君臣间留下了嫌隙的种子。刘邦固陵战败，韩信没有及时前去解救，直到刘邦承诺给予故乡东海郡的新封地后，才领军前往，又增加了一笔新账。垓下之战后，刘邦迅速收回韩信的兵权，改封其为楚王，表面上是满足韩信衣锦还乡、荣归故里的心愿，实际上调虎离山，还报自请为王之恨的心思，不难体会。

韩信的楚国，领有东海、会稽、泗水、薛郡和陈郡，都是旧楚国的领土，是诸侯国中最大的王国。韩信的故乡，在东海郡淮阴县（今江苏淮安），楚国的都城在下邳（今江苏睢宁），也在东海郡境内。项羽的部将钟离眛，家在东海郡朐县（今江苏连云港市西南）伊庐乡。秦二世二年二月，项梁军渡江北上进入东海郡，钟离眛与韩信都在这个时候加入了楚军，算是同期入伍的战友。这位钟离眛，也是一位了不起的英雄人物。

钟离，是古代的国名，历史可以一直追溯到西周，后来被楚国吞并。秦统一天下，成为九江郡钟离县，故址在今安徽省凤阳县一带。钟离，又是钟离国贵族的姓氏，后来的钟姓，就是钟离的省略。

我们已经叙述过，秦汉之际，古来贵族社会的遗风，多有所存留。秦末之乱，六国复国，各国旧王族先后称王，各国旧贵族死而复生。特别是在楚国地区，陈胜是陈国贵族的后裔，项氏是楚国的王公大族，英布是英国贵族的后代，钟离眛是钟离国的族人，独居淮阴的韩信，也是避难的韩国后人，流转的世风中，自有一种连通古今的脉络。俗话说，惺惺惜惺惺。韩信与钟离眛同在楚军中时，因为出身相近，经历类似，年龄相仿，又都是未露头角的青年军事天才，自然成为相互切磋激励、彼此欣赏提携的好友。

到了楚汉相争时，韩信归汉，成为汉军大将，扬名天下。钟离眛一直留在楚国，以其杰出的军事才能，从楚军将领中脱颖而出，成为项羽麾下难得的能够独当一面的战将，极受项羽倚重。陈平为刘邦分析楚国君臣时，将钟离眛与范增、龙且、周殷并举，称其为“骨鲠之臣”，视为国家栋梁。[1]

大致说来，彭城之战，攻取荥阳，钟离眛骁勇善战，军功卓著，成为项羽之外，汉军最为畏惧的楚军将领。汉四年十月，项羽领兵离开荥阳，东去攻击彭越，刘邦趁机攻取成皋、敖仓，楚军几乎全线溃败，唯有钟离眛坚守荥阳不动，宛若定海神针，力挽狂澜。高帝五年十月，刘邦统领汉军主力，追击项羽到陈县地区，被钟离眛阻滞于固陵，大败于城下，气得咬牙切齿，恨不得

---

[1] 参见《楚亡》第四章四“离间楚国的真相”。

活活煮了这厮。垓下战败，钟离眜逃脱，回到故乡东海郡朐县伊庐乡。韩信封楚王，伊庐乡成为楚国的领土，钟离眜前去投奔旧友，隐姓埋名，被韩信收留。

史书上说，刘邦甚为怨恨钟离眜，天下大定后，下令悬赏搜捕。打听到钟离眜藏身韩信处，于是下令韩信捉拿交出。钟离眜的事情，让韩信两难——交出钟离眜，将陷自己于卖友媚上的道德泥潭，为天下所不齿；继续藏匿，又为君臣义务所不容，必将大大加深刘邦对于自己的猜忌。当听到刘邦一行已经巡游到陈县的时候，犹豫不决的韩信益发不安。就在这个时候，有人建议韩信说："如今事情纠结急迫，难以道白转圜，如果斩杀钟离眜，提着他的头去见陛下，陛下一定会释怀高兴，大王也就可以免除祸患了。"

韩信不能决断，去见钟离眜，陈述自己的处境顾虑，也谈及部下的主张建议。钟离眜似乎看穿了韩信的心思，淡淡一笑，平静地说道："眼下，汉之所以没有发兵进攻楚国，不是不想，而是不敢。之所以不敢，是因为我在你这里。如果你打算逮捕我，献媚于汉以求免除自身的祸患，那就大错特错了。一旦我今天死去，随之而来的，就是你的灭亡。"

听了钟离眜这番话，韩信依然迷乱而不知所措，算计不出个结果来。钟离眜深知韩信的个性和为人，当即怒斥韩信道："你绝非长者，更不是厚道人！"于是拔剑自刎。

韩信埋葬了钟离眜，将他的头置于函盒中，前往陈县谒见刘邦。待到皇帝一行的车驾抵达时，韩信将钟离眜的首级献上。车上的刘邦，与身边的陈平相视会意，命令早就准备好的武士将韩信捆绑。长久迷乱的韩信，此时方才醒悟过来，禁不住高声解嘲道："果然如同智者所言，'狡兔死，走狗烹；高鸟尽，良弓藏；

敌国破，谋臣亡。’如今天下已定，我韩信固然应当被烹煮了啊。”

刘邦笑了，嬉皮笑脸地说道：“有人告你造反。”于是下令将捆绑好的韩信装载在早就预备好的一辆空车上，车驾一行，直接回了洛阳。

刘邦到了洛阳以后，当即宣告天下，楚王韩信擅自发兵[1]，已被逮捕归案。紧接着颁布赦令，念及故楚王韩信劳苦功高，皇帝仁心不忍，特赦免其死罪，废为淮阴侯，云云。

韩信其人，与项羽类似，皆是军事天才，政治侏儒。韩信向刘邦说项羽，称项羽有妇人之仁，在权益分配时，踌躇而不能决断。韩信自己又何尝不是如此？灭齐之后，历史将决定天下命运的砝码，交到了韩信手中。韩信加码于汉，刘邦胜，加码于楚，项羽胜。韩信自立，天下三分，楚汉皆听命于齐。韩信困惑而不能决断，失去了主宰历史运转、掌握个人命运的机会。

钟离眛事件，也许是历史给予韩信的另一个机会，维系韩信楚国继续存在下去的机会。钟离眛是楚军名将，韩信的旧友，避难于韩信，看重的是朋友间的信义，带来的是旧楚军将士的归心，于韩信楚国的国势而言，当是多了一份与汉抗衡的砝码。在当时的政治格局中，汉朝与诸侯国难以兼容，皇帝刘邦与楚王韩信不能并存，已经是大家心知肚明的事情。汉朝和诸侯各国，如何在后战国时代的政治平衡中维系久安国运，可谓是至难的历史课题。遗憾的是，韩信的个性素质，不足以承担如此艰难的任务。古来中国的政治智慧，也未能提供解决的方案，无奈之下，留下历史的遗憾和个人命运的不幸。

我读历史，常常有所感慨：政治是赌徒的天地、怪物的舞台。

---

[1] 据《史记·高祖功臣侯者年表》，楚王韩信废为淮阴侯的罪名是“擅发兵，废为侯”。

政治决断的艰难，往往在于难于算计时，只能投骰押注。算计是理性的行为，投骰是赌徒的直觉。我们生存的世界，是一个不确定的世界。在这个不确定的世界中，不时有直面投骰押注的时刻，踌躇不决的人，难免遭受天予不取、反受其殃的命运。

八、亲贤并举大分封

刘邦伪游云梦，逮捕韩信，在高帝六年十二月。得到通报的诸侯各国，震动而不安。

这时候，一位叫作田肯的人前来道贺。他对刘邦说："陛下捕捉了韩信，又立国于关中，可喜可贺。秦国，是形胜之国，东有黄河阻断诸侯，三面有高山环卫腹地，可谓带河阻山，地势便利。秦军得天险悬隔的地势之利，强势倍于诸侯，大军东出加之于各国，犹如建瓴水于房檐，积水乘势而下。而齐国呢，东临大海有琅邪、即墨之地，尽享鱼盐之富饶。南有泰山之险固，西有黄河之阻隔，北有渤海之利益，也是国土广阔，天险悬隔，征兵出战因地势而力量倍增。因此之故，齐国可谓东方的秦国，除非陛下的亲子兄弟，是不可以分封为齐王的。"

田肯的话，切中刘邦的心。他当即称善，以五百斤黄金重赏田肯。

田肯其人，史书上只出现过这一次，如同天上的流云，转瞬即逝。以姓氏情理推断，田肯当为出身齐国田氏一族的游士。他熟悉齐国的国情，忧心齐国的命运，希望刘邦能够妥善处理悬而未决的齐国归属问题。

正如田肯所言，秦国和齐国，在战国以来的天下局势中，处于东西两极的特殊位置。公元前288年，秦昭王称西帝，齐湣王称东帝，联袂上演了东西两极君临天下的闹剧。秦末之乱，战国复活，各国联合反秦，唯有齐国，长期自外于诸侯各国，奉行锁国自主的孤立政策。项羽分封诸侯，建立起新的天下秩序，又是齐国，首先起兵反楚，成为乱首祸根。

楚汉相争时，齐国不时从汉，不时从楚，顽强地保持独立自主。韩信灭齐，称齐国伪诈多变，以镇抚反复之国为由，要挟刘邦封自己为齐王。韩信的要求，正是基于齐国难以管控的特殊地位。垓下之战后，韩信功高震主，由他继续统治齐国，实在让刘邦放心不下。经过谋士们的精心策划，刘邦将韩信从齐国调开，徙封为楚王。齐国的归属，悬置不决。

悬置不决的齐国，一时成了刘邦的心病。他赦免田横的罪行，要他到洛阳接受召见，除了想体验王者匍匐脚下的满足外，更是出于如何安定齐国的忧心：这个悬隔千里，强势而难以管控的东方大国，应当交由谁来统治？他在召见田横的诏书中说："田横一行来，大者封王，小者封侯。"不妨设想，如果田横不死，刘邦能继续让田横统治齐国吗？怕是万万不能的。田横之死，让刘邦真切地感受到田氏一族在齐国根深叶茂，深得人心，更让刘邦深切地感受到齐国问题若处置不当，难免又成乱首祸根。

史书所载，多是只言片语的节录。田肯见刘邦，提出分封同姓子弟为齐王的建议，当也是策士与君王间深议久谈的结语。就后战国时代游士们的风格而言，建言献策常常是说古论今的历史经验谈。近看眼前，秦始皇不行分封，二世而亡，项羽大分封十九国，五年兵败，自刎乌江，一正一反，都是血的教训。放眼历史，周灭商，既分封同姓子弟，又分封异姓功臣，天下安定，国祚延续八百年之久，最是值得师法。从而后的历史进程来看，吸取秦楚的惨痛教训，参照西周的成功经验，确立亲贤并用的原则，以同姓王取代异姓王，最终建立非刘氏不王、非功臣不侯的天下格局，正是从田肯的建言献策开始的。

田肯见刘邦，话从祝贺逮捕韩信开始。韩信被逮捕，楚王被黜免，楚国失王成为郡县。楚国地大物博，民风彪悍，既是韩信的母国，也是刘邦的故乡，在汉初联合帝国的天下格局中，重要性不亚于齐国。田肯见刘邦时，如何处置楚国，由谁来做楚王，也是摆在刘邦面前的大问题，不能不有所触及。合理想来，刘邦接受了田肯的建议，确定齐国不能分封异姓为王，楚国也只能交由刘氏子弟统治。不但齐楚两国如此，从今以后的诸侯各国，怕是都要准此办理了。

刘邦是何等有心的人，听取了田肯的建议后，下令交给群臣议论。大家都是共取天下的合伙人，共享天下的同利者，也都是名利场中的明白人。共取天下时，大家同心协力，共享天下时，人人各有算计，不过，最终还是要在一口大锅里分饭吃。于是，内以丞相萧何为首，外以韩王信领头，领会刘邦的心思，对楚汉相争以来军功分封的原则，做了适应皇权官僚体制的调整，既考虑群臣功劳的高低大小，也顾及与皇帝关系的远近亲疏。这个新的原则，就是亲贤并用，史书上称为亲亲贤贤。在这个重新确立的大原则下，汉政府决定：大封功臣为列侯与大封刘姓为诸侯王同时并举。

高帝六年十二月甲申（28 日），汉政府开始第一次大规模分封功臣。这一次分封，一共有十位功臣受封。他们是平阳侯曹参、信武侯靳歙、清阳侯王吸、汝阴侯夏侯婴、阳陵侯傅宽、广严侯召欧、广平侯薛欧、博阳侯陈濞、曲逆侯陈平和堂邑侯陈婴。

两天之后，也就是正月丙戌（1 日），汉政府开始第一次分封刘氏同姓王。封刘邦的远房堂兄刘贾为荆王，领有东郡、鄣郡、吴郡等五十三县。封刘邦的弟弟刘交为楚王，领有薛郡、东海郡、彭城郡等三十六县。同一天，分封吕后的两位哥哥，也是早年参加革命的功臣吕泽为周吕侯，吕释之为建成侯。

正月丙午（21 日），分封张良为留侯、项伯为射阳侯、萧何为酂侯、郦商为曲周侯、周勃为绛侯、樊哙为舞阳侯、灌婴为颍阴侯、周昌为汾阴侯、武儒为梁邹侯、董渫为成侯、孔聚为蓼侯、陈贺为费侯、陈豨为阳夏侯、周竈为隆虑侯、丁复为阳都侯、吕青为新阳侯、郭蒙为东武侯，一共十七人。

六天之后的正月壬子（27 日），封刘邦的哥哥刘喜为代王，领有云中、雁门、代郡等五十三县。封大儿子刘肥为齐王，领有胶东、胶西、临淄、济北、博阳、城阳郡等七十三县。

亲贤并举的汉朝第一次大分封，从高帝六年十二月甲申开始，持续到同年正月壬子，一共分封了四位同姓王、两位外戚列侯、二十七位功臣列侯。四位诸侯王、两位外戚列侯中，荆王刘贾、周吕侯吕泽和建成侯吕释之，都是战功卓著的功臣，刘交也多年在军中，随刘邦征战南北，只有代王刘喜和齐王刘肥，算是无功因亲受封。

史书上说，刘邦已经封了二十多位列侯，部下的功臣将领，人人期待盼望，个个摩拳擦掌，你不服我，我不服你，评功摆好，争功不下。

刘邦住在洛阳南宫。有一天，他从连接宫内楼阁的复道经过，望见将领们聚坐在殿外庭中的沙地上，有的怏怏不平，相互争论，有的窃窃私语，咬耳交谈。刘邦奇怪不解，询问身边的张良道："哎，这些家伙在干什么？"张良佯作惊奇，半开玩笑地说道："陛下看不出来？他们在相聚谋反。"刘邦一愣，认真说道："天下刚刚安定，为何要谋反？”

张良收起笑容，不慌不忙地说出一番话来：“陛下起自布衣平民，与这批人共同取得天下，可谓是同甘苦，共命运。如今陛下贵为天子，一手行赏一手施罚，受封赏的都是亲近故旧，如同萧何、曹参等人，被诛杀的都是平素不满、有仇怨的人。眼下，这帮人都在观望算计，心中打着小九九，琢磨着按照眼下这种情况，即使把天下的土地都拿出来也不够封赏，若是追究既往，谁都难免有欠缺过失。如此不安之中，有功者担心无法得到封赏，有过者担心被追究诛罚，所以才相聚谋反。”

刘邦是聪明人，听出问题来，感到事态不能掉以轻心，问张良说：“张先生，你看如何是好呢？”

张良成竹在胸，从容问道：“诸位将领中，为陛下平生所憎恨，又为群臣周知的人，谁排第一？”

刘邦几乎不假思索地说道：“雍齿。那家伙与我有旧仇，多次困辱我。我早就想杀了他，劳苦功高的缘故，狠不下心来。”[1]

张良于是说：“那么，请陛下马上封赏雍齿给群臣看，群臣眼见连雍齿都被封赏了，自然人心安定，自信有封无罚了。”

于是，刘邦马上做了安排，然后大摆筵席款待群臣。酒宴上，刘邦宣布封雍齿为汁邡侯，食邑二千五百户。与此同时，当场催促丞相萧何、御史大夫周昌尽快审定功臣们的业绩，及早颁行封赏。

酒宴后，群臣个个喜气洋洋，相互道贺问好，心中都吃下了一颗定心丸：“雍齿尚且封侯，我等自然无须担心了。”

---

[1] 关于雍齿与刘邦的恩怨分合，参见《秦崩》第七章七“刘邦的第一个大挫折”。

九、秦楚汉间的儒生

两千年来，世上盛传秦始皇焚书坑儒的故事，说他下令焚烧各国史书和诸子百家书，又说他下令活活坑埋了颂法孔子的儒生。焚书坑儒，成了秦始皇之所以成为暴君的主要罪行，成了灭绝文化的符号。

近年来，我整理这一段历史，注意到所谓的焚书坑儒，是一段真假参半的历史：焚书是真，坑儒是假。假的坑儒，是一段三重编造的伪史。《说苑·反质》所载的秦始皇坑方士的故事，是这段伪史的第一个版本。这个故事，编造于汉文帝后期。当时，方士们鼓吹文化革命，要将汉朝的国运，从汉承秦制的水德，改变为革秦命的火德。在改制革命的风潮中，方士们编造出受难不屈的悲壮故事，自我美化以博取禄利。

《史记·秦始皇本纪》中所载的秦始皇坑方士的故事，是这段伪史的第二个版本。汉武帝迷信神怪，方士大行其道。司马迁不能公开反对，只能隐喻告诫。为了告诫方士们行欺瞒必将自取灭亡，他采用了《说苑·反质》所载故事的部分内容，加以改造后写进了《史记》，他对于这段故事的真伪，没有做严格的鉴别。

《诏定古文尚书序》所载的秦始皇坑儒生的故事，是这段伪史的第三个版本。东汉王朝建立以后，由光武帝开始，明帝、章帝继续，掀起尊经崇儒的热潮。儒学的经师们，为了将儒生们塑造为殉教的圣徒，为儒学的国教化制造舆论，基于《史记·秦始皇本纪》坑方士的记载，打造出完美的坑儒故事，经官方认定，成为坑儒的定本。

两千年后，我在彻底追查上述三个坑儒故事的过程中注意到：在涉案者的名单中，有名有姓的儒生，一个都没有。有名有姓的五位方士，其中的侯生、卢生、韩众逃亡，从此销声匿迹，石生下落不明。只有一位徐福，故事中曾经被秦始皇指名道姓谴责，罪大恶极。奇怪的是，他没有逃亡，也没有受到法律的制裁，一直逍遥法外，在琅邪台愉快地生活，一边享受着鲜美的海味，一边继续为秦始皇寻找永远找不到的仙药。

根据《史记·秦始皇本纪》的记载，秦始皇三十七年（前210），也就是所谓坑方士事件后的第二年，秦始皇第五次巡游天下，又来到琅邪台，再一次与徐福见面，继续听取他的花言巧语，亲自乘船下海射大鱼，清除妨碍仙人仙药出现的障碍。那件传诵两千年的壮举——派遣徐福带领三千童男童女，驾大船入海寻找仙人仙境仙药的事情，也发生在这一年。

由此看来，秦始皇求仙求药，想要长生不老。一方面，他殷切寄望于方士，慷慨出资，赏赐有加；另一方面，他心存戒备，怕上当受骗，要查验实效。当找不到仙药的方士们逃亡时，他愤怒追究，以法论处，确实定罪处死过方士。不过，秦国没有活埋的律令，秦始皇也不曾坑埋方士，他对方士又恨又爱，至死寄予期待和厚望。[1]

由此看来，侯生、卢生、韩众、石生和徐福，这五位有名有姓的方士的生存经历，不但是秦始皇不曾坑方士的活见证，也是方士们在秦始皇时代生存状况的真实写照。由此生发开去，我们继续远离概念而追求事实，抛弃成见而重新审视历史，一一考察

[1] 关于焚书坑儒的问题，我著有学术论文《焚书坑儒的真伪虚实——半桩伪造的历史》（《史学集刊》2016年第6期），作了专门的讨论，也据此写有公众读物《焚书坑儒——半桩伪造的历史》，以附录的形式，收入我写的一本历史推理作品《秦谜——重新发现秦始皇》（上海人民出版社·世纪文景，2020年）中。有兴趣的读者，可以参看。

秦楚汉间有名有姓、有案可查的儒生，焚书坑儒的真相以及儒生们的生存状况，也将大白于天下。

秦楚汉间，有名有姓，可以确定为儒生，而又见诸史书者，一共有十二人。其中，在朝廷者，有淳于越、伏生和叔孙通三人，他们都是秦博士，在朝廷任职，为秦始皇做顾问；在民间者，有孔鲋、陈余、郦食其、刘交、浮丘伯、申公、穆生、白生、田何九人，他们分散在各地，有种种不同的遭遇。

孔鲋，是孔子的第八代孙，字甲。陈胜吴广起义，他带领鲁国的儒生们前去投奔，成为陈胜楚国的博士，参与张楚政权的文化建设，死于陈胜兵败。陈余和郦食其这两位儒士，都是活跃于秦末之乱的英雄。陈余与张耳齐名，先做赵国的大将，后被封为代王，他反秦、叛楚、抗汉，最终兵败韩信，身亡泜水。郦食其投奔刘邦，出谋划策，游说天下，最终死于齐王田广的沸水鼎镬。

刘交是刘邦的异母弟，年轻的时候，与穆生、白生、申公等，一起在大学者浮丘伯门下学习。浮丘伯是荀子的学生，学识广博，专精于《诗经》之学，算是一位大儒了。秦始皇焚书，诸子之学被禁，师生们不得不散去。秦末之乱中，刘交一直跟随刘邦转战各地。汉帝国建立，刘交被封为楚王，定都徐州，将旧日的同学穆生、白生、申公等人召集到身边，都任命为中大夫，继续谈诗论学。

他们的老师浮丘伯，焚书以来，一直隐居于鲁县地区。高帝十二年，刘邦到鲁县祭祀孔子，浮丘伯在申公的陪同下，在南宫接受过刘邦的召见。吕后当政的时候，浮丘伯在长安讲学，刘交让申公陪同太子刘戊一起前去听课学习。《诗经》之学的鲁诗一派，遂由申公继承浮丘伯而延续开来。

《易经》，被视为儒学的另一分支。战国末年，齐国的田何是重要的传人。秦始皇焚书禁学，《易经》被定为卜筮之书，不在焚禁之列，得以继续传授。汉帝国建立，刘邦迁徙六国豪强大族到长安定居，田何是齐王田氏一族，也被迁徙到邻近长安的杜县，开馆教学，号为杜田生，成为汉朝《易经》之学的鼻祖。

淳于越在秦朝做博士的时候，曾经建议师法周代，分封诸侯，被丞相李斯反对，不但没有被采用，反而引发了焚书的灾难。淳于越的下落，虽然史书没有记载，但没有受处罚遭坑埋，却是不言的事实。

伏生，名胜，齐国人，是《尚书》的传人，秦朝的博士。焚书的法令下来，他将自己的书籍藏在家中的夹墙里。秦二世时，天下大乱，他流亡避祸。汉帝国建立，他回到家乡，从夹墙中取出藏书，在齐鲁地区开馆教授学生，成为一代宗师。伏生活了九十多岁，汉文帝的时候，征召他进京教授《尚书》，因为年纪大，行动不便，文帝专门派遣近臣晁错去伏生家中，当面受教。

伏生的一生，由齐地到咸阳，由地方到中央，由民到官，又回到家乡，由官到民，经历了秦始皇、秦二世，秦末之乱，楚汉之争，一直到西汉初年。他的一生，是儒学儒生在秦楚汉间生存状态的生动写照，他的一生，也是坑儒伪史的活见证。

不过，史书没有给伏生专门立传，只是在叙述《尚书》之学的来龙去脉时，简单地做了追述，缺漏甚多。有幸的是，史书中对于另一位儒生叔孙通，留下了长篇的传记，使我们可以对他在秦楚汉间的经历，做较为周全的追踪。

叔孙通，字何，薛县人。薛县故址在今山东滕州市南。薛县这个地方，战国时属于齐国，是四大公子之一孟尝君田文的封地。薛县地近邹县和鲁县，入秦以来，一同被编入薛郡。

邹县，故址在今山东邹城市东南，西周以来为郑国，战国时改称邹，是孟子的出生地。鲁县，在今山东曲阜，西周以来，是周公的封地，又是孔子的故乡，完整地保留了西周的礼乐制度，民风古朴儒雅，守节重义。邹县和鲁县地区，史称礼义之邦、文化之都，因为儒家两位圣人的缘故，又有孔孟圣地之称。

薛县，虽然距离邹鲁之地不远，古来的传统与民风却迥然不同。薛县，是西周的薛国，后来被齐国吞并。有一种看法，说墨子和鲁班生于此地，由此而来的工匠圣地之说，含含糊糊，没有确切的依据。不过，薛县地区长期是孟尝君一族的根据地，游侠养士之风，深深地浸润了这片土地，却是毫无疑问的事实。

孟尝君死后百余年，司马迁为写《史记》，曾经去齐鲁之地采风，为孟尝君寻访薛县。他叙述其事说："我去过薛县，其间里住民多暴桀子弟，民风习俗，大不同于邹鲁之地。打听原因，说是孟尝君招揽天下游侠术士，入居薛县者，近六万余家。"他感慨甚深，不由赞叹道："世传孟尝君好客，以养客为一己之乐，真是名不虚传。"

叔孙通其人，出生于战国后期，因其出生地邻近邹鲁之地，好儒修文，成为一名文学之士。不过，他也深受出生地薛县民风习俗的熏染，机警灵活，通达圆润，多游士之风。秦始皇时，叔孙通以文学之士身份接受征召，前往咸阳，供职于博士官署，成为宫廷的学术顾问，一晃数年。到了秦二世元年末，陈胜吴广起兵于大泽乡，关东大乱，消息传到咸阳，二世皇帝召集博士官及所属的顾问们，商议咨询。二世问道："楚地戍卒，率众攻占蕲县，眼下已经进入了陈县。请问诸位，你们如何看待这件事？"

当时，博士官以及所属的顾问有三十余人，多数持正议，以为"人臣不得擅自将兵，擅自将兵即是谋反，其罪当诛死而不可赦免"。

二世皇帝胡亥，自即位以来，在老师赵高的诱导下，沉湎于生命苦短、及时行乐的泥沼中，自我封闭，从心理上排斥任何影响享乐的消息。他听了诸位博士、顾问的话，当即变了脸色。

善于察言观色的叔孙通，一看不妙，当即站出来说道："诸生所言，都不对。自天下合为一家，拆除了各地的城池，销毁了民间的兵器，明确昭示天下，不再使用兵器，动用武力。如今上有明主，下有完备的法令，官吏勤劳奉职，百姓听命守法，各地归服朝廷，宛若车辐集于车毂，怎么会有将兵作乱的反叛者？无非是些鸡鸣狗盗之徒而已，根本就不足挂齿。眼下各地郡守郡尉正依法捕捉，不必担心。"

听了这一番话，二世脸上有了喜色。就叔孙通的意见，再次询问博士诸生。博士诸生，机灵的改口附和，说是"群盗"；憨直的据理力争，坚持"反叛"。

廷议不决的争执，由二世皇帝裁决，诏令将坚持"反叛"意见者，以"非所宜言"的罪名，交御史台审理。附和"群盗"意见者，无事无咎。对于叔孙通，则赏赐丝帛二十匹，衣服一件，当即拜为博士。

廷议结束，叔孙通出宫回到博士官舍，同舍的博士诸生，纷纷责难道："先生今日之言，为何如此谄媚阿谀？"叔孙通回答说："大家知其一不知其二，我今天也几乎不免于虎口了！"

越想越怕的叔孙通，打定了主意，不久就想法儿从咸阳逃出，回到了故乡薛县，事在秦二世二年四月前。四月，项梁统领楚军进入薛县，叔孙通投入项梁帐下。九月，项梁败死定陶，楚怀王亲政，叔孙通跟随了怀王。秦亡，项羽分封天下，自封为西楚霸王，定都彭城，尊楚怀王为义帝，迁徙到长沙南部的郴县（今湖南郴州市）。叔孙通随同怀王宫廷的诸多臣属一道，改投了西楚霸王。

汉二年四月，刘邦统领多国联军攻占彭城，叔孙通投降。联军彭城大败，叔孙通随败军西去，从此跟随刘邦，不再改换门庭。汉帝国建立以后，叔孙通开始在政治舞台上显露身手，主持制定各种礼仪制度，先后官任太常、太子太傅，这已经是后话了。

历史是什么？历史是现在与过去的对话。在现在与过去的对话中，历史学家首先基于可靠的史料，用合理的推想，构筑起可信的史实；然后，基于可信的史实，编撰成史书，以此去追求逝去的史真。[1]从严格的意义上说，一切历史都是推想，史书的记载，都需要接受证明或者证伪的检验。所谓焚书坑儒，就是其中之一。

检验史书记载真伪度的标准，第一是史料的可靠度，第二是史实推想的合理度。在这种检验中，抛开固有的成见、概念和笼统的群像，从细节和单独的人像入手，不失为一个可行的方法。我整理历史到秦楚汉间，对于史书上所谓惨遭活埋、殉教就义的儒生，一人一事分别清理下来，大致勾画出了近于史真的图像，更为可信的史实，也由此合理地构筑出来。

统而言之，秦楚汉间的儒生，在江湖者和在庙堂者，经历各不相同。在朝廷供职者，尽管受到焚书禁学的政治影响，依然在博士官中保留了儒学的地位，叔孙通的经历，最具代表性。在民间私授教学者，不管是集中在齐鲁之乡，还是分散在帝国各地，都受到焚书禁学的沉重打击，被迫由公开转入地下，隐逸躲藏在乡间里巷。

反秦叛乱中，儒生们与六国的其他文化人一样，纷纷背秦向

---

[1] 史真，是笔者新近使用的一个概念用语，指代已经过去的往事，也就是通常所说的历史本体，笔者所称的第一历史。参见《汉帝国的建立与刘邦集团》（增订版）序。

楚。其中的入世进取者，直接参加了革命，如孔鲋、陈余、郦食其、刘交、叔孙通之流。一心向学者，继续潜藏观望，直到汉帝国建立，方才应运出山，如田何、浮丘伯、申公、白公、穆公等。

在秦楚汉间的这些儒士身上，我们看不到秦时遭受特别的迫害，直至被坑埋的踪影。我们看到的是，他们与诸子百家的其他学派一道，受到焚书禁学的打击，被迫转入地下。秦末乱起，他们又与诸子百家的其他学派一起投入推翻秦王朝的斗争中。其中的道理，正如司马迁所言，“以秦焚其业，积怨而发愤也”。

秦始皇焚书禁学，打击诸子百家，灭绝思想文化，遭到所有文化人的共同反抗，自是当然的事情。不过，出于一家一派的利益，编造殉难的谎言神话，则又是一种文化专制的变态，也要有所警惕。

十、当皇帝的滋味

当皇帝，究竟是何等滋味，怕只有两种人知道，一种是做过天子的皇帝，一种是演过皇帝的倡优。做过天子的皇帝，生在皇宫的继承者多，生而有之的滋味，怕是说不清楚、道不明白。演过皇帝的倡优，进出于角色之间，恍兮惚兮，总是隔了一层。然而，还有一种如同刘邦这样的人，生为平民，长于乱世，历经千难万险，最终登上社会的顶点，做皇帝接受天下臣民的匍匐欢呼。那种体验，怕又是别有一番滋味。

刘邦即皇帝位，时间在汉五年二月，地点在东郡定陶县城北的汜水北岸，故址在今山东定陶，当是灭楚联军的主力、韩信所统领的齐国军队的屯驻地。[1]

史书上说，垓下之战，项羽战败身亡，天下大定。刘邦在谷城（今山东平阴西南），以鲁公之礼安葬了项羽，迅速抵达韩信军中，接管了韩信的兵权，开始筹划称帝即位的事情。由此，引动一位善于与时进退的人物——通儒叔孙通闪亮登上历史舞台。

前面已经说过，叔孙通做过秦朝的博士，先后奉职于秦始皇和秦二世，后来投奔了项梁，先后奉职于楚怀王和西楚霸王。汉二年四月，刘邦统领多国联军攻占彭城，叔孙通投降，从此跟随刘邦，不再改换门庭。

刘邦不喜欢儒生，看见儒生的高冠宽服就心生厌恶。叔孙通察觉到了，于是变更服饰，改穿楚式的短衣，得到刘邦的欢喜，比照秦楚时的旧职，拜为博士，赐号稷嗣君，留在身边充当顾问。

稷嗣君之号，取继踪稷下学宫之意。稷下学宫，是战国时期最著名的学府，由田氏齐国创建，前后存在一百数十年，因设置于齐都临淄的稷城门外，故有是称。当时，稷下学宫，是天下学士的会聚之地，学者向往的殿堂。稷下学宫之学，也称稷下之学，以黄老之学为根基，兼收并蓄，成为诸子荟萃、百家争鸣的园地。

秦末汉初以来，黄老之学复兴，成为引领时代的显学。刘邦虽然不学无术，但身边的谋士大臣，多信奉黄老，如张良、陈平、曹参之流。想来，刘邦赐儒士叔孙通稷嗣君的称号，也是别有一番用心，希望他不要迂腐守旧，而要与时俱进。

叔孙通知世善变，没有辜负刘邦的希望。史书上说，叔孙通降汉时，随同他一起归降的弟子有百余人。五年楚汉相争中，他

[1] 参见《楚亡》第五章八“刘邦即位于定陶”。

没有举荐过一位弟子，举荐给刘邦的，都是从前的游侠强盗壮士之类。愤愤不满的弟子们，私下纷纷骂道：“跟随先生多年，有幸从入于汉，如今用人之际，先生不举荐我等，专是举荐奸猾无赖，究竟作何打算？”

叔孙通听说后，也不生气，平静地告知弟子们：“如今，汉王正冒着飞石箭雨争夺天下，你等能够争斗其间吗？”见诸生哑然，叔孙通继续说道：“正因为不能，所以我先荐举能够斩将夺旗的争斗之士。大家不必焦急，暂且等待，我是没有忘记大家的。”

汉五年十二月，联军取得垓下之战的胜利，天下大定，刘邦要在定陶军中即皇帝位。皇帝称号，创建于秦始皇。皇帝即位，有其庄严肃穆的仪礼。叔孙通学儒，仪礼之学，正是儒学的重头戏。于是，即位的仪礼，就由叔孙通主持。

秦始皇时，叔孙通供职于博士官署，熟悉秦王朝的仪礼制度。他按照秦的制度，拟订方案，交由刘邦审阅。刘邦是游侠行武之人，孙猴子穿戴不了衣冠，受不得礼仪规矩的约束。他嫌叔孙通的方案烦琐，劈头盖脸一阵大砍大删，只愿意接受最简单的即位礼。精明柔顺的叔孙通，一一照办，只保留了简单的仪式，起台筑坛，告祭天地先祖，以诸侯王领头，将相大臣跟进，奉上皇帝称号，简略如同军中拜大将一般。刘邦接受了。

于是，在叔孙通的主持下，定陶即位，顺利举行，这是叔孙通第一次独步历史舞台，开始崭露头角。

汉帝国建立，汉政府开始大封功臣，评功摆好，分配到手的胜利果实。到了高帝六年正月间，第一批元老功臣得到封赏，二十多位列侯安排就位，余下的更多功臣，人人期待盼望，个个摩拳擦掌，你不服我，我不服你，越发争功抢先。

随同刘邦打天下的功臣，除少数文臣谋士，如萧何、张良等，都是领兵打仗的军人将士，大多如同刘邦一样，出身于草根平民，粗莽尚武，不通文墨礼法。庆功宴上，几杯酒下肚，就开始彼此叽咕，待到酒酣人醉，有的高呼乱叫，有的手脚并用，更有甚者，竟然拔剑击柱，做长铗归来之歌。

草莽时代的粗野习气，挥洒在庄严的皇宫庙堂，实在是般配不起来。萧何、张良、陈平自不待言，粗放如刘邦，也终于看不下去了，心生厌烦，视为一桩心病。

这件事情，早就看在叔孙通眼里，他一直察言观色，待到确认刘邦越发厌恶时，小心进言道："陛下所烦心的，岂非是群臣粗野而没有规矩？"

刘邦怏怏答道："正是如此。"

叔孙通答道："庙堂不同于江湖，皇宫之内，自有礼仪。所谓礼仪，是用来明确上下尊卑秩序的规矩。如今国家新建，礼仪未曾得到整备，群臣多出身草莽，自然是没有规矩。"

刘邦点头问道："那你看如何是好？"

叔孙通胸有成竹，从容答道："承蒙陛下所知，儒者保守尚文，难以进取，却可以守成。典章礼仪，正是儒者之长。鲁国，是儒学之乡、礼仪之国。臣下愿意从鲁国征集儒生，与臣下的弟子们一道，共同草拟群臣朝见皇帝的礼仪。"

即皇帝位时，刘邦已经见识过叔孙通所拟定的即位礼，颇嫌烦琐。他有些不安地问道："会不会很难呢？"

聪明的叔孙通，听出刘邦的心思，马上答道："五帝三皇，时代不同，礼仪制度也不相同。所谓礼仪者，乃是根据时代和人情之不同而制定的典章规范，所以，夏有夏的礼仪，商有商的礼仪，周有周的礼仪。三代之礼，上下有所继承，前后有所改进，并不因循重复。因此，臣下希望参考三代以来的古礼，配合秦朝的礼仪，综合取舍，混合制定。”

刘邦将信将疑，回答道：“那你试试吧。要简单易行，要我能做得到哈。”

于是，叔孙通亲自前往鲁国，征召儒生三十余人随同进京。据说，鲁国有两位儒生不肯应召前往，断然谢绝说：“公所服侍的主人，怕有十位之多，都是当面谄媚，求取亲近富贵。如今天下初定，死者尚未安葬，伤者尚未痊愈，又来兴作礼乐。礼乐之兴作，积德百年方可为之。公之所作所为，不合于古来的传统，公之所作所为，吾等不能接受。请公离去自往吧，不要玷污了我们！”

叔孙通苦笑道：“尔等真是鄙儒，迂腐而不知时变。”

回到长安的叔孙通，率领新召集来的儒生、门下弟子和刘邦身边的学者，组成近二百人的团队，着手制定朝礼制度。朝礼拟定后，叔孙通亲自率领团队在长安郊外做实地演习。他们选定地方，砍树除草，以建设中的长乐宫为式样，拉绳索比照实际的尺寸，竖草人排定文武群臣的位置，实实在在地演习了一个来月，不断地改进，不断地熟悉。

待到演练成熟，有了相当的把握后，叔孙通面见刘邦，请刘邦前往观看。抱着试试看的心理的刘邦，看后觉得不烦。叔孙通又请他按照朝礼演习一番，感觉还好，说道：“这个样子嘛，我还能做到。”于是下诏，命令群臣如法演习，次年十月的朝会大典正式启用。

我们已经叙述过，汉朝的首都，最初定在洛阳，接受刘敬的建议，在秦都咸阳郊区选定地址，开始建设新都长安。新都长安的第一期工程，围绕秦之旧宫——兴乐宫之修复展开。

兴乐宫，是秦时修建的一座规模宏大的离宫，位于秦都咸阳郊外，渭水南的龙首山北坡上。秦末之乱中，兴乐宫幸免于战火，保存较好。新都长安的建设，由丞相萧何主管，具体的工作，由少府阳城延负责。他们选定兴乐宫为汉朝的正宫，以兴乐宫所在的长安乡为新都的中心，取长安为新都之名。

高帝七年十月，兴乐宫修复工程完成，改名为长乐宫，作为汉朝的正宫启用。汉朝宫廷和政府，分时分部迁往新都长安，新年的朝会大典，将在长乐宫举行。

秦汉时代，以十月为岁首，就是新年度的第一个月。新年的朝会大典，在十月举行，是一年一度最盛大的集会，不仅在京的大臣百官、将相列侯出席，各国诸侯王也从各地赶来参加。

史书上说，高帝七年十月初一这一天，长乐宫内外警备森严，肃穆庄重，朝会之与会者，无不早早起身，次第进入宫门，在前殿外等候。天大亮之前，钟声响起，宫官、谒者、司仪，引领与会者有序进入殿门，来到殿前廷中。广阔的廷中，车骑步三军列阵排列，兵器寒光闪闪，旗帜迎风飘扬，与会者无不心生敬畏，肃然雅静。

司仪官一声令下，在高声传呼的“趋”声中，与会者按照地位高低，排定先后，整队成列，小步快走，当他们通过三军间的夹道，来到殿前的台阶之下时，已经是战战兢兢。

由廷中登殿的台阶，称为陛。从廷中上殿，有台阶数十级。台阶之下的位置，称为陛下，是臣下们上殿觐见皇帝的低点，也作为臣下称呼皇帝的尊称。秦汉的宫殿，都建在黄土夯筑的高台上，阶上殿前有彩绘的围栏，阶下两旁有武装的侍卫。当日朝会上，数百名郎中，整整齐齐站立在台阶两侧。这批皇帝的近卫武官，华冠盛服，年轻勇武，光彩照人，高官贵家子弟的风采得意，在晨曦寒风中，益发彰显。

在谒者的引导之下，功臣列侯、诸将军等各色武官，转至陛下西侧，面向东方，整齐站列。以丞相为首的各色文官，转向陛下东侧，面向西方，整齐站列。而皇帝刘邦，已经出寝宫来到前殿，从前殿后面登阶进入东房，停驻休憩。

待到方方面面整饬完毕，各色人等就位待命，司礼官大行署下之九位礼官，依次传呼起驾。于是，皇帝刘邦，乘坐御辇，由内官执旗先行开道，高声传呼驾临，在响彻云霄的欢呼声中，出东房进入殿中就座。[1]

皇帝之下，诸侯王地位最高。在礼官引导之下，以淮南王英布和梁王彭越为首的异姓诸侯王当先，随后是燕王卢绾、赵王张敖、长沙王吴臣。同姓诸侯王，有荆王刘贾、代王刘喜、楚王刘交、齐王刘肥及诸位幼王。将相列侯，以汉相国酂侯萧何为首，其后有齐相国平阳侯曹参、太尉绛侯周勃、将军舞阳侯樊哙、卫尉曲周侯郦商、太仆汝阴侯夏侯婴等跟随，长长的参见拜贺行列，一直延伸到在京的六百石官僚。

礼官引导下的拜贺行列，徐徐进入殿中，依次趋前奉贺。皇帝刘邦，法冠盛装，独坐高堂，庄严肃穆，威风凛凛。趋前拜贺者无不震恐，依次跪拜行礼。朝礼完毕，殿中已经设座，准备了爵酒。入座后，众臣皆俯伏低头，不敢仰望，在礼官引导下，按照地位高低，逐次奉爵酒起身致贺。九次举爵齐饮共贺后，司礼之谒者宣言“罢酒”，任何人不得再饮。

朝会大典上，设有执法御史，受命宣布：有不听从指令者，当场纠劾带出。然而，当天的朝会大典，从进入殿门等候开始，

[1] 关于西汉宫殿的建筑，可参见杨鸿勋《宫殿考古通论》第十四章《非壮丽无以重威——西汉宫殿》，紫禁城出版社，2001 年。最新的更为细致周详的研究，请参见陈苏镇先生一系列论文：《秦汉殿式建筑的布局》，《中国史研究》2016 年第 3 期；《汉未央宫四殿考》，《历史研究》2016 年第 5 期；《汉未央宫“殿中”考》，《文史》2016 年第 2 辑；《“公车司马门”考》，《中华文史论丛》2015 年第 4 期；《东汉的南宫和北宫》，《文史》2018 年第 1 辑；《东汉的“殿中”和“禁中”》，《中华文史论丛》2018 年第 1 期。本书中关于长乐、未央两宫的描述，多基于陈苏镇先生的意见而有所增改。

直到罢酒结束大典，竟然没有一个人违规失礼，敢于高声喧哗。

史书上说，朝会完美结束后，刘邦感叹道："直到今天，我才知道做皇帝的尊贵。"大为高兴的他，当即赏赐黄金五百斤，拜叔孙通为太常，以九卿之任，全权负责朝廷和宗庙的礼仪祭祀。

趁着刘邦高兴，叔孙通进言道："臣下的诸位弟子，已经跟随多年。此次朝会仪礼的制定，皆由他们共同参与，恳愿陛下恩赐，也为他们做合适的安排。"豪爽的刘邦当即诏令，将叔孙通的弟子们，全部委任为郎官，在宫中充当侍从。

叔孙通出来，见到诸位弟子，传达了任官的消息，又将赏金五百斤分给他们。弟子们兴高采烈，喜出望外，齐声颂扬道："叔孙先生，真是圣人。圣人叔孙先生，通晓当今时务。"

司马迁评论说，叔孙通观望世态，忖度实务。他能够根据不同的要求制定相应的礼仪，能够与时进退，善于变通，可谓汉代儒士的宗师。老子说过，道路本是逶迤曲折，循道而行者，自然有弯绕。这些智言慧语，用来观照叔孙通，岂不正好。

第二章

修枝剪叶

一、末代韩王韩信

韩王信其人，长得身材高大。史书上说他“身高八尺五寸”，换算成今天的尺度，就是一米九六，比楚霸王项羽还高了十二厘米。在身材较矮的古代，真可以说是巨人了。这韩王信，不仅长得高，还强壮有力，有韬略，天生是一员战将，被刘邦称为“才武”之人。

二、匈奴帝国

匈奴，本是一支古代北亚游牧族群的族称。后来，以匈奴为核心，聚集多个北方游牧族群，在北亚草原地区，建立起庞大的游牧部落大联盟，也冠以匈奴之称，成为长期与汉帝国分庭抗礼的强大国家，被史家称为匈奴帝国。

三、白登之围

匈奴骑兵军团作战，机动性极强，有利时如同飞鸟翔集，千军万马呼啸而至，不利时如同风吹云散，瞬间不见踪影。骑马的匈奴人，个个长于骑射，人人善于格斗，组建兵团作战时，最擅长先分散诱敌深入，然后大规模快速集结，围困聚歼敌人。

四、和亲匈奴

重新解读白登之围，匈奴的所作所为，完全符合匈奴对于农耕国家支配的要求。一、军事上屈服，承认匈奴的上国地位；二、承诺定期定量缴纳贡赋；三、同意和亲。然而，对于汉朝来说，这些都是屈辱的事情，不便实话实说。不得不说的时候，就不能不有所隐晦。屈服的事情隐隐约约，贡赋的事情含含糊糊，至于和亲的事情，顺应国情演化成美人计的粉红段子，实在是好笑而不难理解。

五、迁徙六国贵族：田南的故事

虽说是百足之虫死而不僵，毕竟是昔日王谢堂前燕，飞入寻常百姓家。田南的境况，等同于平民百姓，她的人生，就是汉朝一普通女子的人生。从田南与阑的故事，我们不但看到一对汉代青年男女的爱情悲剧，更感受到被国家政策绑架的个人的命运，是何等地无助无力无可奈何！

六、废黜赵王张敖：贯高田叔的故事

西汉初年，是后战国时代。当时天下，是汉朝一强主持，与多个王国并立共存之联合帝国。汉朝的皇权，是有限皇权，王国的王权，是独立王权。王国的臣属，是王的臣属而不是皇帝的臣属，他们效忠的对象，是本国之王而不是汉朝的皇帝。封臣的封臣，不是我的封臣，是古今中外通行的封建原则。

七、游侠陈豨的成败人生

自商鞅变法以来，告奸与有功同赏之法成立，由检举揭发所构筑的冤假错案，不绝如缕；由检举揭发所促成的被动罪案，比比皆是；由检举揭发所败坏的伦理道德，流毒汩汩。告奸之法的背后，是有罪推定的思维定式，一旦被指控，被指控者就被推定为有罪，须自己来证明自己的清白。况且，千百年来，中国的法律接受政治权力的左右，君王的意图，不但是检举的风向，也是执法的指南。

八、韩王信之死

汉朝通过和亲，建立起与匈奴直接沟通的渠道，通过外交斡旋和利益输送，成功地使匈奴保持中立，没有派兵直接介入冲突。可以说，与匈奴和亲成功，是汉朝能够平定北方各诸侯王国叛乱的基本条件。

九、从晋阳马邑到平城

我亲临实地，在大同博物馆看到刻有“平城”文字的汉代瓦当，在大同市内寻得汉代城墙的遗迹，一步一步走进了历史现场。当我在方山顶上俯瞰大同，上白登山观望地形时，“高帝先至平城，步兵未尽到，冒顿纵精兵四十万骑围高帝于白登，七日，汉兵中外不得相救饷”之字句浮现，那一段历史，就一一复活于眼前了。

一、末代韩王韩信

高帝六年（前 201）一月，汉政府做出一项重要的决定，将韩国从中原腹地迁徙到太原地区，韩国国王韩信的命运，由此而被改变。

韩国，是战国以来的古国。韩国的先祖姓姬，是周的王族，有一种模糊的看法，说是周武王的儿子。不过，从可以追溯的谱系来看，大概是晋国公族的旁支。晋国是周武王儿子、周成王弟弟姬虞的封国，主要的领土在今天的山西省。晋国的晋，就是山西称晋的由来。

韩本是地名，在今陕西韩城，是司马迁的故乡。晋武公的时候，将韩这个地方封给了韩武子。韩武子是晋武公的叔父，本来姓姬，以所封之国为氏，改称韩氏。韩这个姓氏的起源，就出于这里。

韩厥，是韩武子的第四代孙，活跃于晋景公时期，是晋军的主要将领，执政十二卿之首席大臣，战功卓著，位高权重，甚为景公所看重。韩厥一生中最值得称道的有两件事情，一件是在晋齐两国的鞌（今山东济南长清）之战中，统领晋军大败齐军，几乎生擒了齐顷公。另一件事情是劝谏景公为蒙冤受屈的赵氏家族平反，使赵氏仅存的血脉得以复出。这件事情，辗转演化成赵氏孤儿的故事，流芳千古。司马迁曾经感慨地说道：“此乃感动天下的阴德啊。韩氏一族，在晋国并未有突出的功业，后来能够与赵氏、魏氏并列为诸侯建国，国祚绵延十余代，正是阴德庇佑的结果啊！”

韩厥之后，韩氏一族势力日益强大。到了韩厥第七代孙韩虔的时候，韩氏与赵氏、魏氏一起瓜分了晋国。公元前 403 年，周威烈王赐命韩、赵、魏为诸侯，韩国、赵国、魏国独立建国。这件事情，史称三家分晋，中国历史由此进入战国时代。

韩国建国，首都在阳翟（今河南禹州）。后来，韩国攻灭郑国，将首都迁到了郑（今河南新郑），称新郑，直到为秦所灭。战国时代的韩国，领土主要在今山西省的东南部和河南省的中部，西临秦国，南接楚国，西北东三面与魏国交错相连，困处于周边大国之间。在诸侯各国中，韩国领土小，国力弱，一直受到秦国的攻击蚕食，早早地沦为秦国的附庸之国。公元前 230 年，也就是韩王安九年，秦王政十七年，秦军进入新郑，韩王安被俘，韩国灭亡。从韩虔到韩安，从公元前 403 年到公元前 230 年，韩国共有十一代君主，享国 173 年。

秦末之乱，六国纷纷复国。二世元年（前 209）六月，韩国复国，韩成做了第十二代韩王。韩成的韩国，是六国中最后复国的诸侯国；韩成，是六国中最无能的国王，仅仅在位两年，就被项羽废黜杀害。韩王信，是韩氏王族的最后一代韩王。韩王信的韩国，从汉二年（前 205）十一月复国，到高帝十一年（前 196）冬天兵败身死，在位约有九年。韩国的历史，如果从第一代君主韩虔开始，到最后一代君主韩信结束，共有十三代君主，享国 184 年。从此以后，中国历史上再无韩国，以韩称国的国家，出现在朝鲜半岛，已经是域外的话了。

从秦末之乱到文帝景帝时代，中国历史进入后战国时代。后战国时代的历史特点是，侯国、王国与王朝共存，在汉王朝的主导下组建联合帝国，叙述这一段历史，需要把握战国和帝国两条脉络。从而，我在叙述韩王信的历史之前，先将韩国的历史做一鸟瞰概述，为的是在历史的连续性中考察历史，在韩氏王族的谱系中了解韩王信。

韩信，是韩国第九代王，韩襄王韩仓的旁系苗裔[1]，因为他的姓名与汉军大将、淮阴侯韩信相同，为区别起见，史书上往往称他为韩王信。韩王信其人，长得身材高大。史书上说他“身高八尺五寸”，换算成今天的尺度，就是一米九六，比楚霸王项羽还高了十二厘米。在身材较矮的古代，真可以说是巨人了。这韩王信，不仅长得高，还强壮有力，有韬略，天生是一员战将，被刘邦称为“才武”之人。

秦灭韩，韩王信流落民间成为编户齐民，生活在阳城县，就是今天的河南登封一带。[2]这个地区，战国以来属于韩国，入秦以来，属于颍川郡。秦二世三年四月，刘邦统领楚军进入颍川郡，与一直在这里活动的韩王成的军队会合，开始联合行动。我们已经叙述过，韩成被楚怀王立为韩王后，为了复兴韩国，与司徒张良一道回到韩国旧地展开军事活动。不过，这位韩王成既无能力，时运也不济，尽管有张良的协助，在韩国地区的活动一直举步维艰，打不开局面。

---

[1] 韩襄王韩仓，前311—前296年在位。参见杨宽《战国史》附录三《战国大事年表》，上海人民出版社，2018年。

[2] 这个阳城，曾经有人说是陈胜的故乡，看来是不对的。陈胜是楚国人，他的家乡在秦的淮阳郡阳城县，就是今天的河南商水县。详参《秦崩》第四章四“贵族后裔陈胜”注。

刘邦军的到来，完全改变了颍川郡的局面。楚韩联军一举攻克了颍川郡治阳翟县。攻占阳翟，对于韩国来说，意义非凡，因为这里曾经是韩国的首都。韩成的韩国，应当就把首都定在阳翟了。不过，对于刘邦来说，进军颍川只是路过，战略目的是奉怀王之约，领军西进攻取关中，灭秦称王。

就在这个时候，赵国将领司马印统领一支赵军由上党郡南下，进入三川郡平阴县（今河南孟津）的黄河北岸，有从孟津渡河进入三川郡，西取函谷关抢先进入关中的动向。刘邦察觉到了司马印的意图，与张良一道，迅速领军由颍川郡北上，攻克平阴，封锁了黄河渡口，迫使司马印放弃了渡河入关的打算。在这次军事行动中，刘邦军经过阳城，通过张良得到了韩王信。此时的张良，已经对韩王成失望，劝刘邦将韩王信留在军中，以为将来必有重用。

攻下平阴后，刘邦进而攻击洛阳，军事行动失败，被迫放弃攻取函谷关进入关中的想法，南下经过轩辕道（今河南偃师东）退回颍川郡，留下韩成守护阳翟，自己与张良一道领兵南下，进入了南阳郡，准备攻取南阳郡西部的武关，走商洛道进入关中。从此以后，韩王信就一直留在刘邦军中，成为一名将领。

汉元年二月，进入咸阳的项羽分割天下，封十九王。四月，十九王各自统领自己的部下归国就任。按照项羽分封的规定，诸侯各国人，都应当随同所属的诸侯王回到故国。张良是韩国司徒，不得不跟随韩王成回到韩国去。也许是出于张良的劝告，也许是出于刘邦的挽留，韩王信没有回到韩国，而是选择了继续跟随刘邦。他与三万刘邦军的老战士，数万不想回国的诸侯各国人一道，前往汉中就国。经过这次共患难的考验，韩王信得到了刘邦的信任和认可。

汉元年八月，汉军反攻关中成功，韩王信随同刘邦一道行动。不久，张良也回到了刘邦身边。经过张良的策划和建议，刘邦任命韩王信为将，重新组织韩军，在恢复故国的大义下展开军事行动。原来，项羽杀掉了无能的韩王成后，封自己的旧部郑昌为韩王，在阳城（今河南登封）构筑防线，阻止刘邦军东进。韩王信不负所望，迅速攻下旧韩国的十几座城池，在刘邦军主力的支援下，围困阳城，迫使郑昌投降。

汉二年十一月，刘邦封韩王信为韩王，韩王信成为刘邦所封的第一位诸侯王。从此以后，韩王信统领韩军，始终不渝地跟随刘邦作战，韩王信治下的韩国，也成为汉国最坚定的盟国。彭城之战，韩王信统领韩军，与联军一道攻下彭城。彭城大败，诸侯各国纷纷反水叛汉，韩王信跟随刘邦，苦战退回荥阳。此时此地，汉王刘邦的盟国友军，仅存常山王张耳与韩王信。

从汉二年六月开始，楚汉对峙于荥阳，长期拉锯作战。韩王信与刘邦一道，坚守被楚军包围的荥阳。汉三年五月，在楚军的猛攻之下，荥阳城危在旦夕，刘邦与陈平等人只身脱出。不久，荥阳城被项羽攻陷，困守在城中的韩王信被俘，在项羽的威逼利诱之下，不得已归降了楚国。

史书上说，韩王信投降楚国，后来又逃了回来，刘邦继续让他做韩王，统领部下随汉军作战，击败项羽，取得了天下。汉五年春天，韩王信与其他诸侯王一道，正式接受刘邦的册封，剖符授印，再次确立了韩王的地位，领有颍川郡地区。

查阅史书，荥阳城陷落，韩王信被俘降楚，在汉二年六月。此后，他在楚军中有何活动，史书中没有记载。此后，他又是何时从楚国脱逃归来，史书中也没有记载。想来，汉四年九月，楚汉议和成功，项羽释放了被长期扣留在军中的刘太公、吕雉等人质，双方的被俘人员也都被释放。韩王信离开楚国回到刘邦阵营，或许就在这个时候？

以此计算的话，韩王信的一生中，有两年零三个月是身在楚营，作为项羽军与刘邦军对抗的异类。从以后的历史来看，这一段经历，成为韩王信一生中的一段隐痛，心中的一道阴影。推而广之，功劳簿上的难言空白，当遭到清算的时候，往往成为罪状。

二、匈奴帝国

韩王信的韩国，原本领有颍川郡地区，首都在阳翟。颍川郡地区，北面逼近汉朝的战略要地三川郡的巩县（今河南巩义市西）、洛阳和荥阳、京县（今河南荥阳南），东面邻近陈郡的淮阳县（今河南淮阳），南面连接南阳郡的叶县（今河南叶县西南）和宛县（今河南南阳）。当时，这些地方都是屯军用兵的重要地区，位置居中的颍川郡，各种军事力量交汇于此，被称为“天下劲兵处”，也就是兵家必争之地。对于汉朝而言，颍川郡在肘腋之下，在这个地区插入一个异姓诸侯王国，实在是有些放心不下。刘邦君臣经过慎重商议后，决定将颍川郡收归汉朝直接统治，将韩国迁徙到太原郡。

韩王信领有的太原郡，包括后来归属雁门郡的部分地区，大致在今山西省的中部和北部，本是赵国的领地，其北部边境，直接面对匈奴。汉朝将韩王信迁徙到这个地区来，还有一层考虑，就是韩王信孔武有力，可以利用他的才武，应对强大的匈奴日益频繁的军事侵攻。

匈奴，本是一支古代北亚游牧族群的族称。后来，以匈奴为核心，聚集多个北方游牧族群，在北亚草原地区，建立起庞大的游牧族群大联盟，也冠以匈奴之称，成为长期与汉帝国分庭抗礼的强大国家，被史家称为匈奴帝国。匈奴与古代的众多游牧族群类似，因为没有自己的文字，后来又从历史舞台上消失了，所以，关于其种族、语言和起源的诸多问题，至今仍不清楚。[1]

匈奴帝国的出现，是在公元前3世纪，与汉帝国交往贸易反复，大小军事冲突不断，此起彼落的形势，持续了四百余年。匈奴帝国的衰落，是在公元前1世纪中期，既出于内部的分裂，又受到汉帝国的打击。而后的匈奴，一支南迁中原，归附汉帝国，史称南匈奴。4世纪初，南匈奴首领刘渊灭亡西晋，建立起汉赵政权，揭开了五胡乱华的序幕。另一支被称为北匈奴，1世纪末从汉文典籍中消失，据说辗转西迁去了欧洲，促成欧洲的民族大迁徙。5世纪，西迁的匈奴首领阿提拉攻灭了西罗马帝国，将游牧帝国建立在西欧平原。游牧族群，是马背上的族群，逐水草而居，迁徙不定，所谓来也匆匆，去也匆匆。从6世纪开始，匈奴从历史舞台上消失，再也不见于史书记载。

在中国的史书中，古代的北方游牧族群，有戎、狄、胡等种种称呼。匈奴之名，第一次出现在战国晚期：赵国名将李牧，在长城脚下大败十万匈奴骑兵。[2]秦始皇统一天下，派遣大将蒙恬统领三十万秦军北击匈奴，夺去了匈奴的河南地区（今内

---

[1] 学术界关于这类问题之讨论的综述介绍，可参见马健《匈奴葬仪的考古学探索》，1之1.1“匈奴研究简史”，兰州大学出版社，2011年。

[2] 见于《史记》之《匈奴列传》《廉颇蔺相如列传》《张释之冯唐列传》，可惜没有确切的纪年。《资治通鉴》系其事于秦王政三年（前244），也就是赵悼襄王元年。今从之。

蒙古河套南鄂尔多斯一带），建立九原郡，组建北部军屯驻防守。秦末之乱时，北部军内调镇压叛乱，匈奴乘机收复了河南地，进而统一了北亚地区的众多游牧族群，建立起强大的匈奴帝国。

匈奴帝国的创建者，史称冒顿单于。单于，本是匈奴首领的专称，后来作为匈奴大联盟领袖的称谓，以汉帝国的称谓做比附的话，相当于皇帝。冒顿，是神圣的意思。冒顿单于，就是神圣的大领袖。[1]匈奴的历史，从冒顿单于开始，有了确切的纪年和世系。冒顿的父亲是头曼单于，生年不详，死于秦朝末年。秦始皇三十二年（前215），蒙恬统领三十万秦军攻取匈奴的河南地，迫使匈奴向北迁徙。此时的匈奴首领，就是头曼单于。

冒顿是头曼的儿子，因为是大阏氏所生，成为单于的继承人，也就是太子。匈奴人一夫多妻，单于的妻子们称为阏氏，地位最高的称为大阏氏。头曼单于妻妾成群，儿女众多。古今中外，老夫爱少妇，幺儿最心疼，几乎就是人类的通病，头曼也不能免俗。上了些年纪的头曼，当他宠爱的年轻阏氏生下可爱的小儿子后，起了废黜冒顿，立少子为继承人的心思。

于是，头曼打发冒顿去月氏做人质。这个月氏，是当时活动在从塔里木盆地到鄂尔多斯草原广大地区的游牧民族，其中心地带，当在今东天山。[2]月氏与匈奴之间，有交往结盟。古代中国，不管是中原各国，还是草原各游牧族群，各国各部落间的交

[1] 关于匈奴单于称号的研究及其综述，可参见罗新《匈奴单于号研究》，收入氏著《中古北族名号研究》，北京大学出版社，2009年。

[2] 参见林梅村《祁连与昆仑》，收入《汉唐西域与中国文明》，文物出版社，1998年。氏著《西域文明：考古、民族、语言和宗教新论》第一编一“开拓丝绸之路的先驱——吐火罗人”，东方出版社，1995年。

往，看重结盟订约。结盟订约后，往往相互交换王室子弟做人质。这些互换的人质，被称为质子，既是外交的使节，也是外交的抵押，他们的命运，伴随结盟双方关系的推移而变化。关系友好，被奉为上宾，礼遇有加；关系恶化，则被冷遇羞辱，甚至被杀害。

冒顿到了月氏做人质以后，头曼单于开始制造事端，起兵攻击月氏，使两国关系恶化。伴随匈奴的军事进攻越来越急迫严重，月氏决定处死人质冒顿。冒顿强壮有力，盗取了月氏的良马，逃回了匈奴。马背民族的匈奴人，民风质朴简约，爱良马重骑术，崇尚年轻勇武。冒顿盗马逃回匈奴，令头曼单于另眼相看，将一支万人的骑兵部队，交给他统领。

史书上说，经历苦难的冒顿，有心思远虑。他制作了一种带哨的箭，射出去时会发出响声，称为鸣镝，用来训练部下骑士。冒顿下令说："鸣镝就是命令。我射出鸣镝，鸣镝所指的对象，就是共同射击的目标。凡是不听从鸣镝发箭者，一律斩首。"

冒顿带领部下去狩猎，以鸣镝射向鸟兽，没有跟从鸣镝发箭射击的骑士，立即被斩首。不久，冒顿以鸣镝射向自己的爱马，左右有不敢发箭射击的，也立即被斩首。又过了一段时间，冒顿以鸣镝射向自己的爱妻。左右颇为惶恐，有不敢发箭射击的，又被立即斩首。再过了一段时间，冒顿又以鸣镝射向单于的爱马，部下立即发箭射击，没有犹豫迟疑的。至此，冒顿知道部下已经绝对听从，可以使用了。

这一天，冒顿带领部下随同父亲狩猎，以鸣镝射向头曼单于，部下几乎不假思索，本能地张弓随鸣镝发箭，将头曼单于射死。早有准备的冒顿，随即诛杀头曼所宠爱的后母和年幼的弟弟，不听从的大臣，也悉数被诛杀。冒顿自立为单于，史称冒顿单于。

漠北草原

漠北山原

漠北的蒙古高原，水草肥美，山川湖泊草原错落，是匈奴人进取的基地，退守的后院。

漠北水草

漠北湖泊

冒顿嗣立为单于，大约在秦二世三年，也就是公元前207年。[1]当时，匈奴的东边有东胡。东胡，是古代活动于中国东北地区的游牧族群，战国时期，东胡多次与燕国和赵国发生军事冲突。燕国将军秦开，以击败东胡著名，燕国修筑长城，也是为了防御东胡。后来出现于历史舞台的鲜卑和乌桓，都是东胡的分支。现代的蒙古族、达斡尔族、鄂伦春族和满族，也都与东胡有一定的关系。

史书上说，东胡强大，其王听说冒顿杀父自立为单于，派遣使者前来胁迫交涉，索要头曼单于生前喜爱的千里马。冒顿询问群臣的意见。群臣都表示反对，说："千里马，是匈奴的宝物，不能给。"冒顿却说："何必呢，与人邻国相处，何必爱惜一匹马。"下令将千里马送给东胡。尝到了甜头的东胡王，以为冒顿害怕生畏，不久又派遣使者到匈奴来，指名索要冒顿的一名阏氏。冒顿又征询群臣的意见。群臣都非常愤怒，高声道："东胡无道，竟然索要阏氏，也欺人太甚，请发兵进攻。"冒顿平静地说："何必呢，与人邻国相处，何必爱惜一个女人。"下令将所爱的这名阏氏送给东胡。

东胡王多次胁迫得手，日益傲慢自大，逐步向西扩张，侵入

---

[1] 冒顿单于始立于何时，史无明文。据《史记·匈奴列传》，冒顿之父头曼单于趁秦将蒙恬死，诸侯叛秦，秦军内调时，"复稍渡河，南与中国界于故塞"。也就是说，此时的匈奴势力，已经渡过黄河。匈奴与秦的边界，恢复到了蒙恬进军以前。不久，其子冒顿杀头曼自立，吞并了河套地区的楼烦王和河南王的领地，"与汉关故河南塞，至朝那、肤施"。也就是继续深入到陇西郡北部、上郡中部的秦旧长城一带，逼近汉之北境。考蒙恬死于秦二世元年十月。汉攻占上郡，在汉元年八月。完全攻占陇西郡，"缮治河上塞"，在汉二年十一月。以此度量，冒顿杀头曼自立，在秦二世元年到汉二年之间。今取其中间，暂将冒顿杀头曼自立，定在秦二世二年。由于本书年表用翌年即位标记，故将此事之次年，也就是秦二世三年（前207），定为冒顿单于嗣立之年。

匈奴的领土。本来，在匈奴和东胡之间，有绵延千里的中间地带，称为“瓯脱”，属于两国间的缓冲地，双方都不进入，以避免冲突。得寸进尺的东胡王，又派遣使者来到匈奴，索要这片“瓯脱”地，据为己有。冒顿又询问群臣的意见，群臣以为，不过一块无主地，给也行，不给也行，不是什么大不了的事。无所谓的意识下，意见出现分歧。冒顿大怒，训斥群臣道：“土地，是国家的根本，怎么能割让给他人。”当即处死主张割地的大臣，下令全境火速征兵，迟到者斩。

匈奴举国动员，迅速集结起强大的骑兵兵团，在冒顿单于的统领下，东进突袭东胡。自冒顿自立为单于以来，东胡一直轻视匈奴，视匈奴为有求必应的弱国，松懈了防御。如今，突然面对蜂拥而来的匈奴骑兵，被动仓皇迎战，兵败国亡。经过这一场战争，东胡从历史舞台上消失，一部分并入匈奴，成为匈奴帝国的一部；另一部分，逃亡到鲜卑山，成为后来的鲜卑；还有一部分，逃亡到乌桓山，成为后来的乌桓。这些都是后话了。

冒顿击败并合并了东胡后，益发强大。向北扩张到今俄罗斯境内的鄂毕河和石勒喀河之间的广阔地区，降服了活动于此的多个游牧族群，史称“北服浑庾、屈射、丁零、鬲昆、薪犁之国”。又向南扩张，吞并了活动于今内蒙古河套以南地区的两支游牧族群——楼烦和白羊。

这个时候，正是楚汉相争，刘邦和项羽相持不下的时候。在冒顿单于的强力统领之下，匈奴拥有三十余万骑兵，控制了秦长城之外，东到辽东，西至阿尔泰山，北至贝加尔湖的广大地区，结成北亚大陆最强大的游牧族群联盟——匈奴帝国。这个时候的匈奴帝国，其在河套南部地区的领地，南下与汉帝国的领土相接，已经深入到朝那（今宁夏固原）、肤施（今陕西横山）一带，直接威胁到关中地区。在东面和北面，强大的匈奴骑兵，不时侵入燕国和代国，烧杀劫掠，成为严重的边患。

三、白登之围

将韩国从豫中迁徙到晋中，领有太原郡三十一县，是在高帝六年正月。迁徙之初，韩国的首都定在晋阳（今山西太原西南）。韩王信抵达新都，视察了国土后，深感匈奴威胁严重，于是上书刘邦说："匈奴紧邻北边，数次深入国境。晋阳离边塞远，从防御匈奴着眼，臣下请求将首都迁徙到马邑。"[1] 刘邦同意了。

马邑，在今山西北部的朔州。这个地方，控制着从雁门地区进入太原地区的要道，在汉帝国与匈奴帝国的征战中，多次成为重要的战场。就在韩王信徙都马邑的当年九月，塞北秋高马肥，匈奴骑兵大举侵入韩国，突破长城防线，深入韩国境内，包围了马邑。被围困的韩王信，一边派遣使者请求汉朝救援，一边多次派遣使者与匈奴和谈，请求匈奴退兵。

不久，汉朝的救兵出动，汉朝的使者也前往匈奴交涉。来来往往中，韩王信与匈奴和谈的事情曝光，被报告到洛阳。刘邦非常不悦，写信严厉谴责韩王信说："身为一国之主，坐镇一方，轻生不能称为勇，贪生不能胜任事。敌寇侵攻马邑，君王难道没有力量坚守吗？身处安危存亡之地，朕期待君王的，是竭尽智勇御

---

[1]《汉书·高帝纪》高帝六年正月，"以太原郡三十一县为韩国，徙韩王信都晋阳"。后来归属于雁门郡的马邑、楼烦、埒县的部分晋北地区，也在其中。参见周振鹤主编《中国行政区划通史·秦汉卷》第二编上篇第二章第一节"西汉前期郡国沿革"，复旦大学出版社，2016年，第128页。

明清朔州旧城城楼

明清朔州旧城城墙

马邑古城在朔州市内，以明清旧城为基础，已经建成遗址公园。

北魏古城墙遗址

秦汉魏晋的马邑城址，规模更加宏大，至今仅存的一段北魏城墙，最是辉煌旧日的见证。

敌而不轻生，坚贞不屈守城而不贪生……”

韩王信读了刘邦的信后，大为恐慌。他感到刘邦的谴责，并非空穴来风。我们已经叙述过，楚汉相持荥阳，拉锯苦战多年。汉三年六月，项羽攻克荥阳，韩王信与汉军守将周苛一道被俘。周苛拒不投降，痛斥项羽而被活活煮死，韩王信经受不住项羽的威逼利诱，归顺了项羽，直到汉四年九月，楚汉议和成功，才辗转回到刘邦阵营中来。这一段不光彩的经历，成了韩王信一生的历史污点，不仅自己不安，也难免被刘邦手下那批强悍忠勇的老部下拿来说事。

更让韩王信不安的是，皇帝即位以来，对于诸侯王们的态度，出现了猜忌不信、步步收紧的变化。高帝五年七月，燕王臧荼因为谋反，国破身擒，卢绾被封为燕王。臧荼，本来是项羽分封的诸侯王，不是汉王阵营中的旧臣，不自安造了反，兵败丢了王，不难理解。不过，卢绾这个人啊，哪里有封王的功绩资历，只因为是皇帝少年时代以来的密友，群臣中最亲近的内臣。卢绾封王，似乎是一种预兆，在皇帝的心中，亲情正在取代功绩。

卢绾封燕王，由楚王韩信领衔上书，诸侯大臣们跟进请求。楚王韩信，是功臣的排头兵、诸侯王的领头羊，由他领衔上书，最能代表群臣部下的心意。汉王定陶即位时，皇帝的尊号，也是由他领衔七诸侯王奉献上来的。然而，万万没有想到，仅仅三个月后，皇帝假称巡游云梦，诱捕了前来迎接的楚王韩信，押解至洛阳，以擅发兵的罪名罢黜王位，赦免为淮阴侯，随后软禁于长安，严密监护。

逮捕韩信，诸侯王人人不安。大家都是明白人，你韩信国士无双，功高震主，最让皇帝放心不下，你是领头羊，也是出头鸟，自然成了首先被收拾的对象。

诱捕了韩信以后，皇帝让韩王信领衔上书，奏请分封刘贾为荆王，刘交为楚王，刘喜为代王，刘肥为齐王。他们都是刘氏一族，刘贾是远亲，刘交是弟弟，刘喜是哥哥，刘肥是私生子。这一番分封下来，算是把事挑明了，今后除了姓刘的亲人，都不能再封王了。剩下的话没有挑明，已经封了王的异姓人，不姓刘的诸侯国，还能继续存留下去吗？

长久以来，如此这般的不安，无时不在韩王信心中盘旋。国土被迁徙到边地后，日夜受匈奴的威胁，如今又遭到皇帝的严厉谴责，真可谓上下力压，前后夹击，直面生死存亡的眼下，必须马上做出何去何从的决定。

于是，韩王信将当前的形势和刘邦来信谴责的事情告知群臣，共商对策。经过再三的权衡，韩国君臣一致认为，为了保全韩氏韩国，唯一的出路是与匈奴联合，借助匈奴的力量，抗击来自汉朝的威胁，在汉匈两大敌国之间，求生求存。于是，韩王信与匈奴签订和约，宣布臣服于匈奴。

韩国臣服后，匈奴利用自由出入韩国的便利，开始大规模入侵，西起云中，经雁门，东到代郡和上谷郡，长城内外，到处都是匈奴骑兵出没、攻取劫掠的踪影。韩国与匈奴的联军，南下深入到上党郡境内，汉朝震动。刘邦传檄，大规模征调汉以及燕、赵、齐、梁、楚等国的军队，火速出征。

高帝七年十月，集结起来的刘邦军进入上党郡，在铜鞮（今山西沁县）击败韩王信军，斩杀了韩国将军王喜，韩军溃退，韩王信逃入匈奴军中。汉军收复上党郡，北上进入太原郡。

太原郡地区，战国以来一直是赵国的领土，韩王信被迁徙到这里，是外来的客主，缺乏民意的根基。铜鞮战败后，韩国将军曼丘臣和王黄，拥立赵国王族后裔赵利为赵王，以本土赵王的名义，收拢被打散的韩军吏卒，重新在当地集结，联络韩王信和冒顿单于，继续抗击汉军。

冒顿单于得到刘邦亲征、汉军大举北上、在铜鞮击败韩王信军的消息后，下令举国动员，近三十万精锐骑兵，迅速向代郡和雁门郡一带集结。匈奴的左右贤王，是单于的左膀右臂，分别统治匈奴帝国的东方和西方。冒顿命令他们各自统领骑兵万人，在王黄军的引导下，屯兵于广武（今山西代县[1]）到晋阳一线，设防阻止汉军向北推进。

---

[1] 汉代的代县，在今天的河北蔚县。今天的山西代县，是汉代的广武县。

汉军继续北上，降下太原郡南部六县，在晋阳城下与韩王信、王黄和匈奴左右贤王军接战，大破敌军，攻下晋阳。乘胜追击的汉军，在离石（今山西离石），再破敌军，扩大战果，占领了太原郡的大部分地区。

攻占晋阳，控制了太原郡以后，汉军将指挥部设在晋阳，由刘邦亲自坐镇指挥。

身在晋阳的刘邦得到消息说，匈奴军得到增援，大规模集结于楼烦（今山西宁武）、马邑一带。刘邦下令，集中汉及各诸侯国军中的车骑机动部队，由樊哙、周勃、灌婴等将领统领，先行出击。汉军车骑部队分路并进，降下霍人，攻取了楼烦、马邑及附近地区，兵锋西北向，追击节节败退的匈奴军，一直到云中郡，在武泉（今内蒙古呼和浩特市新城区）再次击败匈奴军，直抵长城脚下。

自开战以来，汉军进展顺利，击破韩军和匈奴军的捷报，源源不断地从前方传来，汉军的前锋，也随之不断向前推进。刘邦久经沙场，有陈平等人参谋，面对匈奴这个从未交过锋的新对手，一开始是相当谨慎小心。在陈平的策划下，刘邦在指挥部将们推进战线的同时，也不断地派遣使者前往匈奴，既是外交交涉，更是虚实打探。

汉朝前往匈奴的使者，前后有十来批。使者们带来的消息相当一致，说是沿途所见，匈奴人困马乏，牛羊孱弱，到处是穷困不振的景象。又说匈奴连战连败，士气低落，冒顿单于躲藏在代谷（今河北阳原县）一带，观望徘徊。使者们的意见，也相当一致，面对如此的匈奴，可以乘胜追击，大军迅速合围代谷，可以一举成功，生擒单于，云云。

刘邦还是有些放心不下，又派遣刘敬出使，再次打探虚实。刘敬是有心人，他走得慢，看得细，想得深。刘敬回来时，刘邦已经北上抵达广武县。刘敬面见刘邦说："两国之间用兵对抗，以常理，应当显示自己的强项长处，震慑敌方。如今臣下前往匈奴，沿途所见，都是老弱贫瘠，必定是有意露短现弱，埋伏奇兵以诱敌深入。臣下以为，眼下不可以进军攻击匈奴。"

刘敬回来得晚。当时，汉军已经出动，大军的前锋已经翻过晋阳和平城之间的勾注山（今山西代县北）。听了刘敬的话，刘邦好不恼怒，爆粗口骂道："齐国的混混，用口舌混得一官半职，竟敢混言妄语，败阻我大军出击。"当即下令将刘敬戴上刑具，就地关押。关押了刘敬，刘邦坚定了集中兵力、一举围歼冒顿单于的决心，指挥大军向平城挺进，又命令追击匈奴到云中的汉军车骑

今雁门关一带山势地形

部队，迅速回师平城，与大军会合。

当时，正值十月严冬，天寒地冻，雨雪交加。三十二万汉军，征发自汉及燕、赵、齐、梁、楚各国，以步兵为主，少有北地严冬作战的经验，缺乏御寒的冬服装备，疾病冻伤者日渐增多，进军的速度也缓慢下来。先头北上的汉军，一路上没有遭遇到匈奴军的攻击，顺利抵达平城南，与快速赶到的车骑部队会合，击破匈奴军，攻占了平城。

攻占平城后，由于始终没有见到匈奴军主力，刘邦君臣难免不安。平城东郊有白登山，数十米高的连绵浅丘，兀立在大同盆地的原野上，是观望周边地形地势的高敞处。这一天，刘邦率领

出雁门关后之河谷山口。山脊上的城墙和烽火台，是明代建筑的遗留

刘邦大军出广武县，翻越勾注山挺进平城。勾注山，即今雁门山，在汉广武县北，山间的河谷道路，古来是连接大同盆地与忻州盆地的重要通道，其间最著名的关口，就是雁门关。

汉军统帅部一帮谋臣武将，在精锐骑兵的护卫下，出城登山瞭望。突然间，匈奴骑兵部队，从白登山北不远的高岗谷地间出现。刘邦君臣还没来得及下山，退路已经被截断[1]，多次试图突围失败。蜂拥而至的匈奴骑兵，源源不断，不但将白登山重重围困，也将平城隔离包围起来。冒顿单于的大旗，摇曳可见。

匈奴骑兵军团作战，机动性极强，有利时如同飞鸟翔集，千军万马呼啸而至，不利时如同风吹云散，瞬间不见踪影。骑马的匈奴人，个个长于骑射，人人善于格斗，组建兵团作战时，最擅长先分散诱敌深入，然后大规模快速集结，围困聚歼敌人。

不久前，左右贤王统领的匈奴骑兵，深入雁门、太原，联合韩军，直接与汉军的车骑和步兵作战，面对汉军的混合军阵和强弩射击，累累吃亏，节节败退。晋阳战败后，在冒顿的指挥下，匈奴军改变了战术，与韩军分离，不固守城池，不与汉军做阵地战，充分发挥骑兵兵团的机动性，有利则进，不利就退，灵活进退，引诱汉军车骑部队深入追击，使他们不得不将步兵部队甩在后面。进而，冒顿单于利用汉朝使者的往来，散布人马孱弱、兵败畏软的假象，引诱刘邦君臣和汉军先锋部队聚集平城，进入匈奴军的包围圈。

待到刘邦进入平城，各路匈奴军已经集结靠拢，隐藏在城北不远的高岗谷地间，密切关注汉军的动向。当刘邦一行出城登上白登山时，冒顿单于一声令下，三十余万骑兵仿佛从天而降，将白登山和平城围了个水泄不通。史书上说，汉军被匈奴骑兵分割成几处，刘邦君臣及其护卫部队在白登山，平城城中是留守部队，

---

[1] 关于平城和白登山的地形位置，及其与白登之围的关系，参见本章九“从晋阳马邑到平城”。

今大同市（上）

平城瓦当 （汉代，大同博物馆藏）（右）

汉代的平城县，在今大同市，刻有“平城”字样的汉代瓦当，出土于市内，是平城所在地的见证。

大量的军队，还在源源不断靠拢平城的途中。

刘邦君臣，被围困在白登山长达七天，粮草断绝，联络中断，突围不成，外援无门，一时陷于绝境。据说，绝望之中，还是陈平想出了办法，秘密派遣使者进入匈奴军中，见到单于宠爱的阏氏，珍宝厚赂取悦，蜜语巧言动心。于是阏氏面见冒顿说："匈奴与汉，各有其主，不相困厄。如今，即使虏获汉主，占领汉地，单于也不能居留统治。以臣妾所见，汉主也自有神佑。如今，汉主愿意以优惠条件请和，望单于留心在意。"

当时，冒顿与韩王信的部将王黄和赵王赵利等有约定，如期会合平城，一起攻击刘邦。王黄、赵利的军队，逾期没有出现，颇使冒顿心生怀疑，怀疑他们与汉朝有勾结，合谋反制匈奴。于是，冒顿接受了阏氏的进言，下令打开包围圈的一角，让出一条通道来。

史书上说，脱走的这一天，有大雾，饥寒交迫的刘邦君臣、护卫一行，在两旁匈奴军的夹道围观中，开始向平城方向移动。脱走前，陈平对刘邦说："匈奴人短兵劲弓，没有盾牌铠甲，畏惧汉军的弩矢。请将军中的强弩集中排在两侧，各装双箭，引满外向，缓缓移动出围。"脱走途中，刘邦心急，下令车骑提速，被夏侯婴阻止，坚定不移地驾车缓缓移动，终于平安出围，进入平城。

四、和亲匈奴

征伐匈奴之战，汉帝国几乎是举国动员，三十二万大军，除了汉军主力外，还有从燕国、齐国、梁国、楚国征调的部队。白登之围，汉朝军队第一次与匈奴军全面对阵，结果是汉军的步兵和车骑无法应对匈奴的骑兵军团，刘邦君臣几乎做了俘虏。从此以后，将近六十年间，汉朝防守退让，不敢再主动攻击匈奴军，转而用和亲纳贡的方式，换取北边的安宁。

史书上说，刘邦君臣被围困在白登山，粮秣断绝七天七夜，绝境之中，“高帝用陈平奇计，使单于阏氏，围得以开。高帝既出，其计秘，世莫得闻”。这个阴谋家陈平，究竟用了何等的奇计妙策，竟然能够解开三十万匈奴骑兵的包围，引领刘邦君臣脱出绝境？千百年来，因为史书不载，成为历史之谜。

西汉后期人桓谭推测说[1]，陈平使用了美人计。他说，汉使面见阏氏，说汉有绝色美女，刘邦已经紧急遣使迎取，用来献给单于求取和平。单于见了美女，必定大加宠爱，而阏氏就会被疏远。不如趁美女未到之时，放刘邦一马。刘邦离去，美女就不会到单于怀中。于是，阏氏出于忌妒，劝说单于放行了刘邦君臣，云云。

这种美人计的段子，出于想当然的编造。编造的灵感，当出于桓谭读过的历史故事。据汉代流传的战国游士故事，秦相张仪被楚怀王拘留，张仪的朋友靳尚面见楚怀王的宠姬郑袖，称说秦国为解救张仪，将送来美人歌女献与楚王，引起郑袖的担心和忌妒，于是说动怀王释放了张仪，云云。[2]

清代著名历史学者梁玉绳先生认为，根据史书的相关记载来看，汉之所以能够通过阏氏说动单于，无非出于物质贿赂，满足匈奴人的物资需要而已，哪有什么奇秘之计。[3]相对于桓谭的粉红段子，梁先生的平和看法，近于情理。不过，要想更合理地解

[1]《新辑本桓谭新论》卷一四《述策篇》，中华书局，2009年。

[2]《战国策·楚策二·楚怀王拘张仪》，上海古籍出版社，1985年。

[3]《史记志疑》卷二六“陈丞相世家”条，中华书局，1981年。

释冒顿单于放生刘邦的缘由，怕是要稍微放长观察历史的眼光。

作为游牧族群的匈奴，生存环境严峻而不安定，武力抢劫欠缺的物质，包括人和财富，是其生活和生存的方式，也是他们引以为荣的价值观。汉文史书中对于他们的记载和评判，出于春耕秋获、安土重迁的农耕文明，出于长幼有序、礼义廉耻的华夏观念，常常是眼光带色，说辞一面，编造的故事，也常常带了自家的色彩。

我们已经叙述过，匈奴帝国是以匈奴族群为主体，支配了众多其他族群的游牧部落大联盟。匈奴对于其他游牧族群的支配方式，首先是武力攻击，彻底征服，然后将其土地和人民一起编入游牧帝国的体制，使其成为骑兵军团的一部。这种支配方式的基础，是共同的游牧生活方式。

我们也知道，在丝绸之路开通之前，西域及中亚已经有众多的农耕城郭国家，有些已经处于匈奴的支配之下。匈奴支配农耕城郭各国的方式，并非武力攻占和编入体制，而是使用军事威胁使其臣服，然后采取间接支配的羁縻方式。具体而言，一是承认匈奴的上国地位，二是定期定量的贡赋租税，三是互通婚姻的和亲。匈奴之所以采用这种支配方式，是由于游牧和农耕这两种不同生活方式间的不兼容。

从这个角度解读白登之围，匈奴的所作所为，完全符合匈奴对于农耕国家支配的要求。一、军事上屈服，承认匈奴的上国地位；二、承诺定期定量缴纳贡赋；三、同意和亲。然而，对于汉朝来说，这些都是屈辱的事情，不便实话实说。不得不说的时候，就不能不有所隐晦。屈服的事情隐隐约约，贡赋的事情含含糊糊，至于和亲的事情，顺应国情演化成美人计的粉红段子，实在是好笑而不难理解。

解除白登之围，冒顿阏氏的言行，至关紧要。据专家们的意见，匈奴帝国的主体，是几个强大的部落，它们互通婚姻，成为统治阶层的核心。这位阏氏，当出于这几个部落，是核心部落的代言人之一，她的地位和言行，有相当的分量和意义，对于她的言行之解读，必须放在这个背景之中。

重读阏氏的简短话语："各有其主，不相困厄。"想来，当时的冒顿宫廷，意见尚未统一。阏氏代表她身后的势力，做出明确的表态，赞成撤围和解。"占领汉地，单于也不能居留统治。"这是提醒冒顿，游牧与农耕，匈奴与汉，是两种不同的文明，只能并存，不能混一。想来，阏氏或许是针对投降匈奴的一些汉人降将，如同韩王信和臧衍一类人的意见而说的[1]，他们出于自己的思路和利益，当然会主张匈奴大举进入中原，恢复自己的故国山河。"汉主也自有神佑。"匈奴人信萨满，拜神灵，这位阏氏或许就是沟通神人的巫师，至少是借神谕说话，更加重了话语的分量。

总而言之，如果站在匈奴的立场，考虑对于白登之围的处理，屈服、贡赋、和亲，可以说是最佳的方案和结果。反之，如果强行攻占白登和平城的话，不善城战的匈奴必将造成重大的伤亡。一旦刘邦君臣死亡，接下来的是与其他汉军的苦战，与汉朝新政权间永无休止的仇恨和抗争。如果刘邦君臣被俘或者投降，匈奴仍然面临着谈和的要求和条件，无非还是回到屈服、贡赋、和亲之处置上来。阏氏的话，无非是促成单于的最后决断。而所谓的陈平秘计，无非是找到了求和的合适入口，通过阏氏说服冒顿单于而已。

---

[1] 臧衍是燕王臧荼的儿子，在臧荼反叛兵败时，亡入匈奴。事见本书第一章六"燕王臧荼一族的吊诡命运"。

……

脱出白登之围的刘邦，开始有序地撤军。经过广武县的时候，刘邦想起刘敬还被关押在狱中，当即下令释放，亲自赔礼道歉说："我不听先生的话，才遭遇平城的困辱。那些妄言匈奴不堪一击的使者，我已经下令一律斩杀。"为了明示功过赏罚，刘邦下令封刘敬为关内侯，食邑二千户，号为建信君。[1]从此以后，刘邦对刘敬另眼相看，非常重视他的意见。

平城之围，汉朝君臣亲历绝境，见识了匈奴的军事实力，清楚地认识到，以步兵和车兵为主的汉朝军队，无法与匈奴的骑兵军团争锋抗衡，接受匈奴的条件，屈服、贡赋与和亲，可以说是现实的选择。

白登之围以后，汉朝君臣不但认识到无力与匈奴争锋抗衡，也逐步失去了控制代北的信心。大概是在高帝七年秋天，匈奴、韩王韩信和赵王赵利的军队再次大举南下，战火重新在华北蔓延开来。汉军无法阻止机动灵活、移动迅速的骑兵军团，只能据城固守，代国地区，大部沦陷。在匈奴军的支援下，赵王赵利的军队，深入到赵国的恒山郡，攻占了东垣县（今河北石家庄市长安区），切断了赵国与代国和燕国间的联系，北方局势岌岌可危。刘邦被迫再次亲征，到东垣前线督战，结果是无功而返，不得不重新考虑北部边疆的安全对策，特别是应对匈奴的方案。

这一次，刘邦主动征询刘敬的意见。刘敬以为，北方问题的关键，在于匈奴。韩王信和赵王利的问题，都起于匈奴，也系于匈奴。他说："方今天下初定，士卒疲敝，以当下汉朝的国力和兵

---

[1]《史记》《汉书》"刘敬传"，皆作"号为建信侯"。刘敬为关内侯，不在列侯之列，疑当号为建信君。

力，无法以武力征服匈奴。冒顿单于杀父自立，收纳父亲的妻妾，他是以力伸威，不顾礼义廉耻，也无法以仁义劝说。以臣下愚见，唯有从长计议，让他的子孙们臣服于我。不过，臣下也有担心，担心陛下不能实行这个方案。”

刘邦不解地说：“如果真是好办法，怎么会不能实行！说来听听，究竟是怎么个办法？”

刘敬回答说：“如果陛下能够将嫡长公主嫁与冒顿，同时送上丰厚的陪嫁。匈奴了解到出嫁的是嫡长公主，又见到如此丰厚的陪嫁，必定倾慕立为（大）阏氏。（大）阏氏生下儿子，必定立为太子，成为单于的继承人。匈奴贪图汉朝的钱财物资，陛下按照季节，赠送汉朝有余而匈奴所缺的东西，与此同时，派遣使者以礼仪伦理教喻匈奴，久而久之，不经意间，自然会受到感化。”

看到刘邦听得入神，刘敬稍微抬高了语调：“如此实行下来，冒顿在，已经成了陛下的女婿。冒顿死，陛下的外孙就是单于了。外孙敢于与外祖父抗衡，难道陛下听说过这样的事情吗？如此方策的这般结果，就是不用武力而使其逐渐臣服啊。”

刘邦的眼睛，轻轻转动了几下。刘敬察觉到了，于是放缓了语气，低声说道：“如果陛下不能遣送长公主出嫁，而是在宗室和后宫中找人替代，冒充长公主的话，冒顿一定会知道，不肯尊贵亲近，那就没有效果了。”

刘邦被忽悠进去了，尽管有些尴尬，还是接受了刘敬的方案，准备将皇后吕雉所生的鲁元长公主下嫁匈奴。据说，吕后得知以后，日夜啼哭，哀求刘邦说：“妾所生男，唯有太子，所生女，唯有鲁元，为何要将女儿扔弃到匈奴去！”吕后哭泣哀求的结果，是刘邦终于不能将长公主出嫁到匈奴，只能选取一名宫女，让她假冒长公主出嫁匈奴。出使交涉的一切事情，还是由刘敬办理。

刘邦召见刘敬，听取和亲方策的事情，见于《史记·刘敬列传》。历代有见识的史家，对此多有疑问。司马光以为，既然冒顿不讲礼义廉耻，怎么会因为和亲而顾及翁婿关系？他说，刘敬的建议，本身就是荒唐不当，况且，这时候的鲁元公主，已经嫁与赵王张敖，岂有夺妻再嫁的道理？清代史学家梁玉绳先生进一步认为，鲁元公主于高帝五年嫁与赵王张敖，至此已经三年了。刘敬的话有悖于常情伦理，刘邦竟然还听进去了，准备将鲁元出嫁到匈奴。这条记事，必定不是历史事实。[1]

我曾经指出，史真、史料和史著，是历史学的三个基础世界。《史记》是历史学的第三世界，是历史学家司马迁根据他所见到的史料编撰的一部史著。司马迁在编撰《史记》的时候，选取了不少战国秦汉以来流传的历史故事编入其中。这些故事，真真假假，需要做可信度的鉴定。这些故事，委婉曲折，需要做合理的解析。刘敬见刘邦呈说和亲之策的故事，当是其中之一。这个故事，要与前述陈平献秘计解白登之围的故事连接起来解读。

已如前述，白登之围，汉朝已经签订城下之盟，屈服、贡赋与和亲。订约撤围之后，汉朝与匈奴之间，避免了直接的大规模军事冲突。但是，围绕着和约的解读执行，双方之间，必定有复杂而曲折的交涉。特别要提起注意的是，在汉朝和匈奴和解的大前提下，韩王韩信、赵王赵利以及后来的代王陈豨、燕王卢绾等，北方诸国诸王的事情都参入其间，更使局势扑朔迷离，前后多变。

正是在这种复杂而多变的外交交涉中，所谓刘敬献和亲之策的故事，不过是白登订约解围的延续。顺着这条延长线看去，刘敬不

[1] 关于鲁元与张敖的婚事，参见本章六“废黜赵王张敖：贯高田叔的故事”。

过是白登之约的积极推进者，他所说的遣送宗室公主与单于联姻，按照季节定期定量输送钱财物资给匈奴，都是和约的内容。故事中的这些内容，当是近于史真。至于刘敬指名嫁鲁元公主，经吕后哀求方才改选民间女子的话，则是言传者的添油加醋。

五、迁徙六国贵族：田南的故事

汉与匈奴和亲，由刘敬提议，刘敬执行。高帝九年冬天，刘敬护送汉公主到匈奴，完成了和亲的使命回到长安，向刘邦提出了另一个意义深远的建议，将六国贵族豪强，迁徙到关中地区。

刘敬首先向刘邦讲述了出使匈奴的所见所闻，他说："匈奴的白羊王和楼烦王，居住在河套地区，离长安最近的地方，不过七百余里，快速的骑兵，一天一夜可以抵达关中平原。关中地区，经历了多次战争的破坏，人口少而土地肥饶，应当移民加以充实。"

陈述到这里，刘敬话锋一转，说道："秦末之乱时，若非六国后人，如齐国的田氏，楚国的昭氏、屈氏、景氏，是难以兴风成事的。如今，陛下虽然定都关中，人力却依然单薄。北方与匈奴邻近，东方有六国的强宗豪族，一方有变，两面受敌，陛下不得高枕无忧。因此之故，臣下建议：请将齐国的田氏，楚国的昭、屈、景氏，以及燕国、赵国、韩国、魏国的王族宗人，连带六国的强宗大族，强行迁徙到关中地区来。国内无事，他们可以作为人力资源以防备匈奴；诸侯有变，他们可以编入军队东征讨伐。这是强本弱枝的方策，请陛下考虑。"

据说，刘邦当即称"善"，拍板采纳，并将实行该项政策的重任，也交由刘敬负责。

根据史书的记载，这次移民迁徙令的颁发，是在高帝九年十一月，这次移民的总数达十余万口，皆由政府分配土地田宅，统一安置定居。从此以后，这些移民在关中繁衍生息，成为新的首都居民，长安周围地区的一些大姓，比如田氏、景氏、屈氏和怀氏，都是这些移民的后裔。

迁徙六国后人以及各国豪强大族到关中的政策，并非刘敬首创。秦始皇二十六年，也就是统一天下的当年，秦始皇下令迁徙天下豪富到首都咸阳等地区，前后共有十二万户，近六十万人，正是这类强制移民政策的开端。

从此以后，刘敬所建议的强制移民政策，逐渐发展为西汉王朝的一项国策，成为徙陵制度。徙陵制度，从高帝、惠帝、文帝、景帝、武帝、昭帝到宣帝，实行了一百五十余年，到汉元帝时方才废止，可谓源远流长，影响深远。

所谓徙陵，就是在修建皇帝陵墓的同时，在近处建设一座新城，移民居住，设置新县，以陵寝之名作为县名，供奉生前死后的皇帝。徙陵制度，开始于秦始皇。秦始皇十三岁即位，开始在骊山修建始皇陵。秦始皇三十五年，在始皇陵北部设置骊邑县，移民三万家，建房修城，安家立户，在首都地区建立起一个繁华的新县。秦的骊邑县，在今西安临潼区东北，高帝七年改名为新丰县。[1]骊邑改名新丰，其间又是一段移民的故事。

刘邦的故乡，在沛县丰邑，是淮河以北一繁华的乡镇城邑。刘邦做了皇帝，父亲刘太公被尊为太上皇，在首都长安享尽人间

---

[1]《史记·高祖本纪》：十年七月“更名骊邑曰新丰”。《汉书·地理志》：“新丰，骊山在南，故骊戎国。秦曰骊邑。高祖七年置。”以事理断，当从汉志。秦汉简牍中，七与十极易混淆。

的荣华富贵。不过，对于质朴年迈的太公而言，这些都是身外之物，生不带来，死不带去，欢喜不起来。刘太公，本是丰邑乡镇上的父老一类人物，农商兼顾，家境殷实，最喜欢沽酒卖饼、斗鸡鞠球之类的市井生活。太公为人豁达，与乡里近邻和气亲睦，在鸡犬之声相闻、欢声笑语问候中，日子过得有滋有味。如今，身居宫苑豪宅，锦衣玉食，衣来伸手，饭来张口，居住进出，都是车马奴仆，被供养服侍得毫无生趣可言。日久生烦，闷闷不乐，日渐深沉；思乡念叨，日渐频繁，一心一意只想回到丰邑故里，与卢大爷、张大妈话家常，唤樊二狗、萧三妞打枣。

刘邦每隔五天，要去朝见太公一次，察觉到太公的不怡，私下打听，明白了太公的心思。做了皇帝的刘邦，对于乡里，也是别有一番魂牵梦萦之情。他一不做二不休，下令在骊邑重建一座新的丰邑城，将丰邑的建筑和居民，悉数搬迁过来。史书上说，城建和移民完成后，新丰城完全如同旧丰邑一般，街巷房屋，乡社廛市，都精心仿建，不仅样式如故，连颜色都做旧如同经年。

沛县丰邑，是刘邦的汤沐地，居民们都是太公昔日的旧邻，也是世世代代享受免除租税徭役的蒙恩皇民；昔日刘邦军团的老兵宿将，当今的列侯将相大臣们，多是他们的子弟。如今，托刘太公的福，举邑搬迁进京，上与皇家亲近，下与亲故相聚，自是个个欢喜，人人高兴。据说，入住当日的新丰，男女老幼，下车相偕街头，不用指引，就进入了自己的家中，连从家乡带来的鸡鸭牛马，也都顺路找到了自己的圈舍，简直是一派乐陶陶的梦幻景象。

据说，刘太公搬到新丰，回到老宅居住，欢喜得不得了，他的幸福晚年，一直持续到高帝十一年去世。值得一提的是，负责这项工程的工匠叫作胡宽，他因新丰仿建工程成名，载入史册。

仿建丰邑城的故事，不过是汉初移民实京国策中的一个花絮，一幅军功受益阶层享受胜利果实的新丰欢乐图。可以想象，对于被强制迁徙的十余万六国贵族和地方豪强而言，怕就是别一番滋味、另一种景象了吧。由于史书失载，我们对此几乎完全缺乏了解。我们只能同情地想象，他们在无情的法令威慑下，不得不拖家带口，背井离乡。扶老携幼的移民们，在胥吏的押送下辗转跋涉，风餐露宿，当是一种何等凄凉的景象。当他们抵达陌生的新居留地后，面对完全生疏的环境，又将如何安家，如何适应？当病痛心伤袭来时，又会是如何地怀念故国故乡？

1983 年，张家山汉墓竹简出土，其中包含了十八件法律审讯的记录，称为《奏谳书》。《奏谳书三》，是一件涉及齐国田氏移民长安的案例，正是填补这一段历史空白的难得史料，为我们窥探这一段苦难的历史提供了一孔宝贵的窗眼。

我们知道，由刘敬负责施行的移民徙陵，是在长陵邑。长陵是刘邦的陵寝，遗址在今陕西省咸阳市东。长陵的修建，应当在高帝五年，刘邦即皇帝位以后。长陵邑的设置，或许在高帝九年刘敬提出移民实陵建议之后。我们所要讲述的涉案故事，发生于高帝十年七月，也就是刘敬开始执行移民实陵政策的第二年。

涉案故事的主角之一，是一位年轻的女子，姓田名南，齐国临淄人，乃是齐国的王族，田氏一族的后裔。汉四年初，临淄被汉军大将韩信攻破，国破家亡的田南，沦落民间。毕竟是盘根错节的王室苗裔，身在临淄的田南，在众多亲族的护罩下，生活还算是安康。高帝六年，刘邦封长子刘肥为齐王，田南成为刘肥齐国的臣民。此时，曹参为丞相，从盖公之言，用黄老之术，清静无为，不扰民乱民，齐国大治，田南与田氏一族，也都平安无事。高帝九年冬，齐人刘敬上迁徙六国后人及强宗大族于关中之策，诏令下来，天下扰动，田南一家，陷入惊恐不安之中。

不久，临淄县的通知抵达，田南一家，在迁徙的名册当中，明令消除齐国临淄籍，著籍汉内史长陵，限日出发，云云。田氏一族，在齐国已经六百余年，田氏王齐，也有二百余年的历史，到如今子孙后代，竟然不得留在家乡。齐人娄（刘）敬，固然可恨，无奈国破家亡，身不由己，只能任由命运摆布。

田南一家，不得不处置老家旧宅，变卖家产，收拾行装，准备远走他乡。临行之前，当是一一告别街坊旧邻，同迁的亲族要联系，不迁的亲族要通知。也许不是没有考虑过逃亡，不过，那是重罪。况且，当局的监控催促，早就编织起严密的法网。

田南一家，宛若服役之人，由临淄县的执法小吏押解护送，千里迢迢，风餐露宿，到了关中，在长陵邑著籍定居。护送的小吏中，有一位叫作阑的狱吏，多情仗义，一路上对田南一家十分关照，与田南之间，滋生了爱情。就在长陵邑，二人私下结为夫妇，山盟海誓，永不分离。

然而，这一对情人的炽热爱情，却触碰到了帝国法律的冷酷面壁。

我们已经叙述过，西汉初年，是后战国时代，西方的汉朝与东方的各诸侯国分治天下，组成以汉朝为宗主的联合帝国。联合帝国之下，汉朝直接统治的领地，大致以旧秦国的领土为边界，齐、楚、吴、淮南、长沙、燕、赵、代、梁、淮阳各国，分别统治旧六国地区。在统一的法制之下，汉朝与诸侯各国划界而治，汉朝与诸侯各国间的关系，是并立的国际关系，汉与各诸侯国间的往来事务，按照王国法处理。按照这套法律，汉与各国之人，如果没有政府发行的“传”，也就是通行护照，就不能离开本国进入他国；各国人之间，不能互相通婚，各国官吏，也不能往来互任。

田南一家，户籍已经从齐国临淄迁出，著籍于汉之长陵邑，不再是齐国人，而是汉朝人。阑，是齐国临淄的狱吏，著籍在临淄，是齐国人。按照法律，二人不能结婚，私下结婚的他们，首先面临无法登记入籍和在何处生活的问题。

田南思念故乡，阑将回国述职，热恋中的二人，商定一起回临淄去。阑是齐国狱吏，通晓法律。他因公出齐国入汉朝，持有完整的通关手续，为了让没有护照的田南过关，他想出一个冒名顶替的办法。过函谷关边检时，阑让田南低戴白色的绢帽，伪装重病，躺卧车中，他盗用另外一个人的出关护照，冒称是田南，想蒙混过关。不幸的是，他的伎俩被边检识破，当即将二人逮捕，交送司法部门处理。

案件由函谷关附近的胡县（今河南灵宝市西）审理，经过诘问审讯，阑承认了所犯罪行。胡县司法当局的结论是：比照类似的案例，阑当以“从诸侯国来汉朝引诱汉朝人罪”定罪。或者，当以“娶妻非法以及藏匿亡人罪”定罪。

高帝十年七月癸巳，胡县司法当局将审理结果上报，八月癸亥，汉朝法务大臣廷尉的批复下来，阑按照“娶妻非法以及藏匿亡人罪”定罪，判处“黥为城旦”，就是刻划肌肤后服劳役。对于田南的处置，该份文件上没有记载，想来，可能以盗用他人符传（通关护照）出关，未出而被捕获之法律定罪，被判处“城旦舂”。夫妇双双，苦役终身。[1]

---

[1] 秦汉法律严密而细致，在大量出土简牍的推动下，研治秦汉法律已成为专精之学。文中律文的解读，承蒙秦汉法制史专家、中国政法大学徐世虹教授教正。阑可能以触犯“诈袭人符传出入塞之津关，未出入而得，皆赎城旦舂”（《张家山汉墓竹简》之《二年律令·津关令》）之法律而定罪的看法，是西北政法大学教师齐伟玲的意见，参见氏著《秦汉刑事法律适用研究》，北京大学出版社，2018年。齐伟玲是徐世虹教授的高足，她的这个意见，也承蒙徐世虹教授教示，在此一并感谢。

古往今来，新政权安定国本，不外两大政策：一是建立新的统治阶层，构筑新建筑的基础；二是清除旧的统治阶层，获取新建筑的空间。一正一反，一友一敌，如何掌握其间的变化，拿捏其间的分寸，最是考验为政者的智慧和能力，国家的长治久安，政权的存亡走向，也往往由此而定。

西汉政权建立以后，通过高帝五年诏等一系列优待军功吏卒的法令，重新分配社会总财富，建立起以军功吏卒为中心的新统治阶层——军功受益阶层，构筑起稳固的政权基础，这是正的一面。其次，通过迁徙六国贵族和豪强到关中，削弱了潜在的反抗势力，这是反的一面。如此双管齐下的政策，奠定了西汉帝国二百年国运的根基，不可不谓成功的卓识远见。

然而，当我读到《奏谳书三》，读到田南与阑的悲惨恋情时，心情为之一变。在这些高大上的方针政策之下，在这些冷酷无情的法律文书背后，庶民百姓的命运，当是何等地无奈而又飘忽。一旦陷入铺天盖地的政令法网之中，被限制，被驱赶，被追逐，被抓捕，几乎没有逃逸容身之处。

可怜的田南，是沦为编户齐民的旧贵族。她的命运，经历了高下贵贱的逆转，最是政权更替、历史变化的映照。虽说是百足之虫死而不僵，毕竟是昔日王谢堂前燕，飞入寻常百姓家。田南的境况，等同于平民百姓，她的人生，就是汉朝一普通女子的人生。从田南与阑的故事，我们不但看到一对汉代青年男女的爱情悲剧，更感受到被国家政策绑架的个人的命运，是何等地无助无力无可奈何！

六、废黜赵王张敖：贯高田叔的故事

汉朝的赵国，本是张耳的封国。

张耳被封为赵王，时在汉四年十一月，他于同年七月去世，享年六十有余。张耳死后，儿子张敖继承了王位。

有关张敖早年的事迹，我们知道得很少。史书上说，秦二世三年，秦军围困巨鹿，赵王赵歇与丞相张耳告急天下，诸侯各国纷纷发兵救赵，张敖统领万余名代郡将士，最早赶赴巨鹿，在城外与秦军对峙相拒。这点零星的记载，几乎就是张敖继嗣赵王以前的唯一记录。

合理地推想，张敖其人其事，始终离不开父亲张耳。秦末乱起，他已经成年，跟随张耳一道加入反秦军，先后从属于楚王陈胜、赵王武臣和赵王赵歇。巨鹿之战前，他活跃于赵国北部地区，负责赵国代郡的军政，得到秦军围困巨鹿的消息后，集结代郡的军队前往巨鹿解围参战。

巨鹿大战胜利后，张敖当与父亲一道，追随联军统帅项羽征战，进入关中灭秦。张耳被封为常山王，张敖成为王太子。常山国被陈余攻破，张敖跟随父亲一道，前往关中依附于刘邦。而后，又跟随父亲，领兵同韩信一道攻破代国和赵国。张耳被刘邦封为赵王，张敖成了赵国的王太子。汉四年七月，张耳去世，张敖继承王位，成为第二代赵王。

在张耳传奇的一生中，有一件影响他命运的大事，就是他浪迹江湖时，娶了魏国外黄县的富家美女为妻。而后，他借助妻家的势力财力，先在江湖上打开局面，将外黄县的张宅，打造成天下游侠向往的高堂。继而进入政界，出任外黄县令，成为贯通官府和民间，黑白两道通吃的要人名士。这位外黄富家美女，或许就是张敖的母亲。[1]

在张敖的一生中，也有一件影响他命运的大事，就是娶了刘邦的女儿，后来的鲁元公主为妻。鲁元公主，是刘邦的长女，她的亲弟弟是汉朝的第二任皇帝，汉惠帝刘盈。鲁元与刘盈，同为吕后所生，都出生在秦末，刘邦发迹以前。刘盈，大概出生于秦始皇三十七年，鲁元还要早些，都在刘邦出任秦的泗水亭长任上时。

刘邦沛县起兵，多年征战在外。鲁元与刘盈，跟随母亲吕雉、祖父刘太公和伯父刘喜，一直留在故乡沛县。楚汉相争，项羽在彭城大败汉与各诸侯国联军，派兵搜捕刘邦家人。逃亡混乱中，鲁元带着刘盈，与家人失散，途中遇见刘邦，被救出一道去了关中。汉四年九月，楚汉和谈成功，被项羽拘留的吕雉、刘太公和刘喜等人被释放，一家人才团聚在一起。

古往今来的政要，子女的婚姻往往是政治结盟的工具。鲁元公主，多次被刘邦作为政治筹码，许配给要拉拢的人家。鸿门宴前，刘邦为了避免项羽的攻击，拜项伯为大哥，套近乎结儿女亲家，曾经将鲁元许配给项伯的儿子。那时的鲁元，还在沛县乡下，那时的刘邦，还是楚国的砀郡长。这件事情，因刘邦与项羽的反目而成泡影。

史书上说，鲁元第二次被作为政治筹码，是在刘邦登上了皇帝宝座以后。高帝七年冬天，刘邦统领大军进攻匈奴，遭遇白登之围，被三十万匈奴骑兵包围，求和解围后，听了刘敬的建议，决定与匈奴和亲，要把鲁元公主送到匈奴，嫁给冒顿单于，被吕后哭泣阻止，换了一位宫女去顶替。

---

[1] 参见《秦崩》第一章九“门客侯嬴、朱亥、张耳”。

不过，刘邦要将鲁元公主嫁给冒顿单于这件事情，颇有些传奇色彩，因为此时的鲁元公主，已经嫁给张敖，是堂堂正正的赵国王后，刘邦再势利眼、算盘心，也不至于做出这种违情失礼、贻笑天下的荒唐事来。所以说，对于史书上这种不合情理的故事，只能存疑，不能轻信。表面上看，这件事情似合乎政治婚姻的逻辑，也合乎刘邦的个性。深入考察，这件事情与鲁元已婚的史实不符，应是汉初的游士们，在汉匈和亲的延长线上，添油加醋编造出来的离奇故事。

因为史书失载，我们不知道鲁元公主是什么时候嫁给张敖的。考察张敖与鲁元的历史，张敖跟随父亲张耳亡归刘邦，是在汉二年十月，常山国被陈余攻破的时候。鲁元从沛县家乡回到刘邦身边，是在汉二年四月，彭城大败的时候。合理地推想，鲁元公主嫁给张敖的时间，肯定是在汉二年四月以后。成婚的时间，或许是在汉四年九月，楚汉议和成功，太公、吕后回到刘邦身边之时。

对于这件事，我不时有些联想，张耳是战国游侠的领袖，乡侠刘邦的大哥，秦末乱起，二人同是反秦的将领，同时因功被项羽封王。两位草莽英雄的交情，历经了战国、秦和楚的时代，难得。楚汉相争，刘邦联合诸侯各国与项羽争夺天下，张耳是第一个前来归附的诸侯王，又是难得。张耳投奔刘邦，事在汉二年十月，地在关中的废丘（今陕西西安西咸新区）。[1] 当时，刘邦由汉

[1] 废丘是章邯雍国的国都，在《楚亡》中，我从谭其骧主编《中国历史地图集》第二册，标注在今陕西兴平县。最新的发掘表明，废丘故址在今陕西西安西咸新区沣西新城东马坊村，是迄今发现的渭河以南最大的城市遗址。该发现和发掘的简况，见载于 2019 年 2 月 25 日中国社会科学网。其详情，承蒙发掘主持者、中国社会科学院考古研究所西安研究室副主任、阿房宫与上林苑考古队队长刘瑞研究员亲告，在此致谢。

中反攻关中成功，正与刚刚回到身边的张良一道谋划，如何联合各个诸侯王国，与项羽争夺天下。[1]不难想象，二人在废丘欢喜相见，情盛酒酣时，热泪盈眶，勾肩搭背的刘邦与张耳，大概当即就结了儿女亲家。鲁元与张敖的婚姻，因汉国与赵国的坚定联盟，刘邦与张耳的终身友谊而成事实，更是难得。

我们已经叙述过，刘邦这个人，多年在游侠社会和下层胥吏中厮混，属于黑道、刁民和猾吏一类的不轨人物。刘邦一生狂妄自大，自以为老子天下第一，对上虽说是能低头会观望，能屈能伸，然而，一有机会就脱轨使坏，骑到头上来。

刘邦的一生，最会使人用人：一方面，他豪侠仗义，手面开阔，有福同享，利益均沾；另一方面，他颐指气使，当工具筹码摆布，当家奴使唤打骂，有难时，使做挡箭牌。待到做了皇帝，更是没有了敬畏，除了对萧何、张良等几位年长的老臣，对张耳、英布、吴芮等几位同期的旧王，还有几分敬重外，待人接物随心任性，上自诸侯王，下至将相大臣，动辄爆粗口，日妈倒娘，乌龟王八蛋地骂，对待亲信近臣，不时还有拳打脚踢，骑上脖子的虐待。

……

高帝七年十二月，逃脱了白登之围的刘邦一行，由代郡南下，经过恒山郡，进入赵国首都信都（今河北邢台）。张敖车前马后伺候，脱掉外衣，戴上袖套，亲奉托盘，为刘邦上酒肴菜饭，以赵王之身，执子婿之礼，谦卑恭敬至极。而刘邦呢，不但仰身伸腿，箕踞斜坐，而且如同用人般使唤张敖，甚是傲慢无礼。

赵国丞相贯高、赵午等人，都是张耳游侠时代的宾客，讲义

[1] 参见《楚亡》第二章二“张耳来归”。

气重名节，对刘邦曾经兄事张耳的往事，也是知根知底。他们对刘邦的傲慢极为愤怒，也不满张敖身为王者竟然如此软蛋。他们一起觐见张敖说：“当今天下，豪杰并起，能者先立，谁有本事谁就称王称帝。眼下，王上伺候皇帝甚为谦卑恭敬，而皇帝如此傲慢无礼，臣等实在不能容忍。为了维护王上的尊严，请准许我们杀了那家伙。”

张敖大惊失色，极力阻止。他咬破自己的手指，以出血表示诚心决意，动情地说道：“诸君之言，大误特误！先父失国亡归，仰赖皇帝得以复国，大恩大德，流布子孙，一丝一毫，都是皇帝的力量。希望这种话不要再从诸君口中吐出。”

听了张敖这一番表白，贯高、赵午等人感慨无语，默默退出后，与贴心者十余人私下商量：“看来是我等的不是了。吾王是长者厚道人，不忘恩不背德。然而，吾等身为赵人，义不受辱。如今皇帝羞辱吾王，吾等激怒杀之，自谋行事而已，何必告知而玷污王上的清白呢！从此以后，吾等自作自受，事情成了，好处归于王上，事情败了，责任吾等自行承担。”

高帝八年冬，刘邦又一次领军北上，攻击侵入恒山郡的韩王信军，由于匈奴军的介入，汉军不得不采取守势，放弃了大举北上的计划。刘邦一行，从恒山郡东垣县南下，经过赵国返回长安。

柏人县，是赵国邯郸郡属县，故城遗址在今河北省隆尧县境内。贯高等人得到皇帝将要到来的消息，策划了刺杀的计划。他们在刘邦一行将要住宿的驿站旁边，埋伏了刺客。据说，刘邦经过柏人县时，突然心血来潮，问左右道：“这是哪一县？”左右答道：“柏人。”刘邦心中一动，喃喃自语道：“柏人，柏人，逼迫于人。”于是下令，不留宿而去。

俗话说，世上没有不透风的墙。第二年，也就是高帝九年，贯高等人图谋刺杀刘邦的事情，被检举揭发。上书告密的人，是与贯高有仇的人家。接到告密书的刘邦，下令对赵国君臣实行大逮捕。逮捕令到达赵国时，赵午等十余人自杀。贯高闻讯，忍不住气愤地骂道："一个个不好生想想，谁指使你们干这件事情了？一个个也不仔细看看，吾王完全不曾与闻，却被牵连逮捕。你等都死了个干净，谁来洗清吾王的清白？"他决心以有罪之身为张敖申冤辩白。

当时，刘邦盛怒，下了诏令说，赵国有敢于继续追随赵王者，一律以灭三族论处。严令恐惧之下，贯高被载入胶封的囚车，与张敖一道被押往长安。田叔和孟舒，是赵王属下的郎中，不在逮捕的名册上，他们与十几位臣下宾客一道，身着囚衣，剃光了头发，脖子上戴铁钳，自称赵王家奴，冒死跟随张敖来到长安。

入狱审讯开始，贯高始终一句话："都是我等独自策划行动，吾王不曾与闻其事。"严酷的刑讯之下，贯高被皮鞭木棍抽打，被锥子刺扎，浑身上下找不到还可以下手的地方，却始终不改口。

吕后劝告刘邦说："张敖是你的女婿，鲁元的丈夫，应当不会参与这件事情。"刘邦尚在愤怒中，破口骂道："如果张敖据有天下，还会缺少你闺女这样的女人？"这个时候的刘邦，疑心越来越重，时时担心有人要害他的性命，夺他的天下。不过，此事毕竟牵涉夫人、女儿、女婿间的亲情，经吕后这么一说，刘邦尽管口头强硬，心中也不能不有所触动。

由于贯高始终不招供，赵王张敖谋反案难以成立。负责此案的廷尉，只得将贯高的事情向刘邦如实汇报。刘邦曾经是游侠社会中人，敬重讲气节重然诺的硬汉，当即赞叹道："是条硬汉子！打听一下，谁认识贯高这些人，私下问问他们相关的事情。"刘邦身边的近臣中大夫泄公说："臣下与贯高是同乡，从前就知道他。他们这类人，属于赵国激昂慷慨的义士，重名节讲义气，信守承诺，至死不移。"

于是，刘邦派遣泄公，持皇帝使节前往狱中，以朋友身份私下询问贯高。遍体鳞伤的贯高，被竹床抬了出来。贯高睁眼仰视，开口问道："是泄公吗？"泄公回答是。二人互相问候，叙及往事旧人，如同老朋友相见一样欢愉。

久谈中，自然涉及谋反案入狱事，泄公直截了当地问道："赵王真的没有参与其事吗？"贯高动情地说："人之常情，岂有不爱父母妻子的道理。如今，我面临灭三族的判决，岂有牺牲亲人以掩饰赵王罪过的道理。实情在于，赵王绝无反心，都是臣下等人独自干的。"话头一开，贯高详详细细地将事情的原委讲了出来。泄公将贯高的供词，一五一十地报告刘邦，刘邦这才信了，下令赦免张敖。

刘邦看重贯高为人讲信义，坚韧而有担当，再次派遣泄公去见他，告知已经赦免赵王张敖的消息，进而传达皇帝也赦免他的旨意。贯高高兴地问道："吾王确实已经放出来了？"泄公说："是的。"接着说道："皇上看重足下，所以也赦免了你。"

听了赦免自己的话，贯高道："我之所以至今不死，已经别无留恋，唯有澄清吾王不反的清白而已。现在，吾王已经出狱，我的责任尽到，死也无所遗憾了。"话说到这里，贯高感叹道："身为人臣而有篡杀的罪名，有何脸面再去臣事皇上啊！纵然皇上不杀我，我岂能不有愧于心？"于是割喉自杀身亡。

死讯传来，刘邦深为感动。消息传开，贯高的声名事迹，天下颂扬。

事后，经张敖举荐，刘邦亲自召见田叔和孟舒等十余位扮作家奴跟随张敖来到长安的臣下宾客。交谈之下，甚为欣慰，深感都是难得的人才，无论才能还是品格，都出类拔萃。于是一一加以重用，有的出任郡守，有的被任命为诸侯王国丞相。

东汉史学家荀悦，作《汉纪》叙述两汉的历史，曾经就此事作评说："贯高是乱谋的祸首、杀主的贼臣，他虽然澄清了赵王的冤屈，小小的亮点不足以填补大逆的深坑，个人的善举不能抵挡国家的公罪。《春秋》的义理，以居正为大，贯高的罪行，断无可赦。"

荀悦的论断，以皇帝为国家，以皇权为天下，以儒教为准绳，是东京汉臣站在本朝庙堂之上的正论。不过，基于如此正论，刘邦感铭恩赦贯高，欣赏重用赵国旧臣的举动，不但不能理解，岂不更有失义违理，断无可取之嫌？

司马光有感于此，在《通鉴》中继续评论此事说："高祖因傲慢而失去臣心，贯高以狠忍而害亡主君。促成贯高谋逆者，是高祖的过失；造成张敖亡国者，是贯高的罪过。"

司马光是宋朝史臣，身处天子与士大夫共治的宽松时代，又与汉朝的历史脱开了相当的距离。他追究事情的前因后果，得出因为刘邦的过失，导致贯高的罪过；因为贯高的罪过，贻害张敖的结论，见识高了一层，不愧是《资治通鉴》的史论。

我每每读到二位先贤的评论，总有隔了一层、未能切中肯綮之感。西汉初年，是后战国时代。当时天下，是汉朝一强主持，与多个王国并立共存之联合帝国。汉朝的皇权，是有限皇权，王国的王权，是独立王权。王国的臣属，是王的臣属而不是皇帝的臣属，他们效忠的对象，是本国之王而不是汉朝的皇帝。封臣的封臣，不是我的封臣，是古今中外通行的封建原则。

贯高、赵午等人，是赵王张耳以来的赵国旧臣，为了维护赵王的尊严，策划了刺杀刘邦的行为。他们的所作所为，并未违背赵国臣属的伦理规范。他们铭心刻骨的罪过，是擅自行动失败，牵累了主君赵王。从而，赵午，选择了以死抵罪；贯高，选择了为赵王辩白而活。真是应了那句名言：脆弱者以死徇事，坚强者为了成事而苟活。

游侠再盛，养士之风又来，是后战国时代的社会风尚。刘邦曾经是游侠，虽然身为皇帝，依然敬重信守承诺、至死不移的侠肝义胆。他赦免贯高，重用田叔、孟舒，不但出于习性喜好，也是世风使然。田叔、孟舒，接受了刘邦的任用，他们的忠贞，转向了皇帝，成为汉朝的一代名臣。

燕赵古多慷慨悲歌之士，华夏昔是质朴刚强之民。时光流逝，世风变易。两千年来，在王朝皇权的磨损中，在儒教伦理的规范下，侠气雄风消散，诸子百家流失，典雅的古风不复存在。我读贯高、赵午，我读田叔、孟舒，感叹人与人之间独立精神的得而复失，感叹后世史臣不识前世的事情。告知先贤，提示后人：后战国时代的精神，在诸子百家复活，养士游侠之风再兴；后战国时代的事情，要放在战国和帝国之间观看。

七、游侠陈豨的成败人生

高帝十年七月，刘邦的父亲，太上皇刘太公去世，下葬于栎阳县北原。依照制度，在首都长安设置太上皇庙，永做祭祀，在葬地设置万年邑，任命官员，移民居住，护卫陵寝。八月，诏令各诸侯王国，比照汉朝首都长安，在各国都城皆设置太上皇庙，作为共同的先祖祭祀。

太上皇的葬礼，盛大而肃穆，各诸侯国王都应诏前往长安凭吊会丧。代国，远在北边冀北晋北一带，本是刘邦的哥哥刘喜的封国。刘喜被废黜后，改封给刘邦的小儿子刘如意。不久前，代王刘如意被徙封为赵王，王位空缺，国政由相国陈豨全权代理。刘邦派遣使者，携带诏书，召唤陈豨参加葬礼。陈豨称病，没有前往长安。

九月，陈豨自立为代王，联合韩王信、赵王利等一直活跃于北方边地的叛军，起兵反汉。一场影响深远的大规模武装叛乱，由此拉开序幕。

陈豨之乱，是西汉初年的一次重大事件，从高帝十年九月陈豨起兵开始，到高帝十二年十月陈豨身死结束，前后持续了一年零两个月。这次叛乱涉及的地域广大，战火从韩国、代国、赵国一直蔓延到齐国，几乎烧及黄河以北的整个华北地区。值得注意的是，陈豨之乱牵连的人事极为复杂，几乎殃及所有的异姓诸侯王。故楚王韩信、梁王彭越、韩王信，都死于陈豨之乱，淮南王英布的反叛和燕王卢绾之乱，也因陈豨之乱而引发。

不可思议的是，对于陈豨这样一位重要的历史人物，我们至今不能知道他早年的经历，也不能明确地知道他要叛乱的原因和背景，特别是他与韩信之死的关联，更是历史上一桩不可言喻的疑案。两千年后的今天，我读这一段历史，深感陈豨其人，须重新搜寻，陈豨之乱的事情，须重新梳理，陈豨之乱所引发的种种事件及其意义，须重新认识。

司马迁在《史记·韩信卢绾列传》所附的《陈豨传》中说："陈豨者，宛朐人也，不知始所以得从。""宛朐"，地名，秦东郡宛朐县，在今山东省菏泽市东南一带。这句话的意思是说，陈豨，是宛朐县人，不知道他是如何加入刘邦集团中来的。一句轻描淡写的无奈话语，真是愁煞了历代的史家、读者。近年来，我有一切历史都是推想的认识，根据现存的零星史料，用合理的推想，去填补历史的空白。对于这位史书多有失载，人生空白太多的陈豨，是否也可以如法炮制，做些填充补白呢？

司马迁在《陈豨传》后的“太史公曰”中说：“陈豨，梁人，其少时数称慕魏公子；及将军守边，招致宾客而下士，名声过实。”难得地提到了陈豨早年的事情。

战国时代，魏国的首都在大梁（今河南开封），故又称为梁国。陈豨的故乡宛朐县，战国时属于魏国，陈豨自然也可以说是梁人了。信陵君魏无忌是魏国公子，战国游侠社会的国际偶像。由陈豨称慕魏公子这句话可以推想，他早年的经历和性情，当与刘邦类似，也是游侠社会中人，仰慕信陵君，好结交宾客，重然诺习用武，是横行民间的一条英雄好汉。[1]可惜的是，这些少年时代所习染的游侠风气，到陈豨出任代国相国后，益发光大，竟然成了引发他起兵叛乱的原因，已经是始所未曾料及的后话了。

《史记·高祖功臣侯者年表》，是记载西汉开国功臣们封侯受赏业绩的档案，属于第一手的原始史料。其中，有关于陈豨的记载，说陈豨“以特将将卒五百人，前元年从起宛朐，至霸上，为侯”，简略地将陈豨加入刘邦集团的经过做了交代。

前元年，就是楚怀王元年，相当于秦二世二年。[2]这一年，项梁联合各路反秦楚军将领，拥立楚怀王。同年八月，刘邦与项羽联合作战，统领楚军攻取定陶，未能成功。转向西南，进攻宛

---

[1] 关于战国时代的游侠风尚，信陵君和刘邦的故事，参见《秦崩》第一章《战国时代的刘邦》。

[2] 秦二世二年（前208），项梁在薛县拥立楚怀王，是为怀王元年。当时，刘邦军为楚军之一部，遵楚制，用怀王年号，称（怀王）元年。次年，也就是秦二世三年，称（怀王）二年。再次年，也就是汉元年（前206），汉王国建立，独立用汉之年号。从而，汉对于楚怀王时代的纪年，追称为前元年、前二年。关于刘邦集团的历法年号等改制问题，可参见《楚亡》第一章七“汉中对”。

朐、济阳、雍丘，连战连胜，大败秦军，斩杀了秦丞相李斯的儿子、秦三川郡守李由。

由此可以推想，秦末乱起，游侠陈豨在故乡纠集少年起兵反秦。当刘邦项羽所统领的楚军进入宛朐县时，他统领部下五百余人，加入了刘邦军。陈豨加入刘邦军的情况，与另一位大名鼎鼎的高祖功臣、曲周侯郦商颇为相似。[1] 从此以后，陈豨跟随刘邦转战南北，战功卓著，成为刘邦集团的元功宿将，刘邦最信任的部将之一。

霸上，地名，在今天西安市临潼区灞水西，是刘邦军攻入关中、灭亡秦国后的驻军地。汉元年十月，陈豨随同刘邦军攻入关中，驻军霸上，成为被封侯的将领。同时封侯的，还有曹参、樊哙、夏侯婴、周勃、靳歙、郦商等人，都是刘邦集团最核心的功臣宿将。

《高祖功臣侯者年表》又记载说："以游击将军别定代，已破臧荼，封豨为阳夏侯。（高帝）六年正月丙午，侯陈豨元年。"这是讲汉帝国建立以后陈豨的经历和功绩。

刘邦即皇帝位，在高帝五年正月。燕王臧荼之乱，在同年七月，刘邦亲自领兵征讨。在这次战事中，陈豨身为游击将军，领军平定了战火波及的代郡地区，战功累累，于高帝六年，在第一次大分封中被封为阳夏侯。

汉帝国建立后，制定统一的标准，按照资历功绩，第一次大规模分封功臣。这次分封的二十七位功臣，都是响当当的人物。其中，项伯是项羽的叔父，吕青是楚怀王时代的老臣，他们的封赏，颇有些统战的意义。除此之外的二十五人，以萧何、曹参为

[1] 关于郦商参加刘邦集团的情况，参见《秦崩》第七章十一"收服郦氏兄弟"。

首，都是西汉建国的头等功臣，刘邦政治军事集团的核心人物。[1]

陈豨的资历功绩，与同时受封的信武侯靳歙最为相近可比。他们是同时从宛朐参加革命的老战友，一起率领五百宛朐少年起兵，一起跟随刘邦入关中灭秦，一起跟随刘邦击败项羽取得天下，又一起受封。吕后时代，正式排排坐，吃果果，将一百三十六位功臣列侯排了座次，靳歙排名第十一位。如果参照这个座次表，以陈豨的资历功绩，他的位次当在前十五位以内。

功臣陈豨，甚得刘邦喜爱和信任，平定臧荼之乱后，被任命为代国相国，总理代国国政，统领屯驻代国的边兵。这支军队，是汉朝用来防御匈奴的精锐部队，被称为天下精兵。前面已经叙述过，陈豨早年是游侠，敬仰魏国公子信陵君无忌，好结交宾客，招贤养士。出任代相，独掌一国军政后，天高皇帝远，遂将旧日的喜好习性，随心所欲地发挥到极致。

史书上说，陈豨曾经告假省亲，宾客随行，车辆超过千乘。前呼后拥经过赵国首都邯郸时，城内外的官舍驿馆，皆人满为患。

陈豨的原籍宛朐县，在今山东菏泽，当时归属于彭越的魏国。他受封为阳夏侯，封国在汉朝的陈郡阳夏县，在今河南太康县。西汉初年，汉朝政府优待功臣，在首都长安为功臣列侯修建有侯邸，第一代列侯多住在长安。阳夏侯陈豨，在长安也有邸宅。代国远在晋冀之北，国都在代县（今河北蔚县）。陈豨归省，不管是去宛朐、阳夏还是长安，邯郸都是必经之地。

当时，赵国的国王是刘邦的幼子如意，相国是周昌。这位周昌，也是刘邦集团的核心人物、元老功臣。周昌的资历，比陈豨还早，他与刘邦的关系，比陈豨更近。周昌多年在刘邦身边供职，

---

[1] 关于这次分封的详细情况，参见本书第一章八“亲贤并举大分封”。

长期出任御史大夫，算是刘邦的心腹。周昌到赵国出任相国，是刘邦的特意安排，出于保护爱子如意的心愿，既是重托，更是委屈。这位周昌，性情直，脑筋方，万分不情愿来到邯郸，憋屈的心中，牵挂的是帝都长安。[1]

周昌看不惯陈豨的铺张做派，特别不满陈豨的排场显摆到自己的地盘上来。他越看越反感，越想越不安，他那方脑筋几经琢磨，觉得陈豨有问题，有生变谋反的危险。待到陈豨返回代国后，周昌上书请求谒见。得到准许后，周昌回到长安面见刘邦，呈说陈豨在外久掌重兵，大招天下宾客游士，恐怕有造反生变的危险。

此时的刘邦，年过六十，拖着伤病的躯体进入晚年。经历了燕王臧荼、楚王韩信、韩王信、赵王张敖等一连串的谋反案后，他疑心重，猜忌强，但凡检举揭发的事情，宁可信其有，不可信其无。听了周昌的小报告，刘邦当即下令有司调查，首先调查陈豨门下的宾客们，从钱财往来着手。

自商鞅变法以来，告奸与有功同赏之法成立，由检举揭发所构筑的冤假错案，不绝如缕；由检举揭发所促成的被动罪案，比比皆是；由检举揭发所败坏的伦理道德，流毒汩汩。告奸之法的背后，是有罪推定的思维定式，一旦被指控，被指控者就被推定为有罪，须自己来证明自己的清白。况且，千百年来，中国的法律接受政治权力的左右，君王的意图，不但是检举的风向，也是执法的指南。

周昌多年出任御史大夫，掌管帝国司法，体察刘邦多疑的心思，检举揭发陈豨。由御史台主持的调查，基于有罪的假设，寻

[1] 关于周昌受委屈到赵国的详细情况，参见本书第三章六“更换太子的风波”。

求的是有罪证明的完成，法网一经撒下，自然步步收紧，不达目的不收手。

陈豨恃宠居功，一手主持代国军政，其权力地位，相当于一国之王。陈豨在代国，虽不能说是无法无天，也近于为所欲为，在朝廷的专案调查之下，岂能找不出违法乱纪的事项。专案组的调查，由经济问题入手，逐渐进入政治，由门客外围入手，逐渐牵连陈豨本人。陈豨曾经是核心层的人物，镇压诸侯王谋反事件的参与者，深知政治权力运行的无理无情，自感难以辩白脱祸，不死也得脱层皮。他开始做万一的打算，秘密派遣宾客前往塞外，与韩王信的旧部王黄和曼丘臣联系，为自己留下一条求活的退路。

八、韩王信之死

陈豨出任代国相国，在高帝七年，被周昌检举揭发，开始接受调查，大概在高帝九年。陈豨与汉朝专案组的攻防，持续到高帝十年。七月，太上皇刘太公去世，当接到前往长安参加葬礼、述职谈事的诏令时，陈豨恐慌了，觉得大难临头。陈豨曾经是游侠，后来是军人，走投无路之下，一不做二不休，干脆举起了反旗，自立为代王，通过王黄、曼丘臣联系韩王信与赵王利，联合举兵，掀起了一场大规模的武装叛乱。

叛军兵分东西两路。东路，代王陈豨与赵王利统领主力部队，攻占了赵国恒山郡的大部分地区，屯驻于恒山郡治所在的东垣县，作为大本营。陈豨与赵利，命令赵将王黄统领骑兵，北上攻占了曲逆（今河北顺平县东南），驻守以防止燕王卢绾的袭击。又命令代国丞相侯敞领军万余，南下进攻赵国的襄国（今河北邢台），再派遣代将张春领军万余，东去攻取了巨鹿郡，进而南下渡过黄河，深入到齐国的聊城县（今山东聊城北）一带。西路，韩王信与旧部将曼丘臣，统领韩军主力进入马邑，挥军南下，攻击太原郡。一时间，太原—邯郸以北、聊城—曲逆以西的华北广大地区，都成了叛军控制的区域。

面对严峻的形势，刘邦再次披挂亲征。出征的汉军，也兵分东西两路。西路，以周勃、柴武为将军，领军由晋阳出动，北上迎击韩王信和曼丘臣军。东路，由刘邦亲自统领部将樊哙、郦商、夏侯婴、灌婴、靳歙等人，集结汉军主力开赴邯郸。同时，传檄天下，征调各诸侯国兵马，会合攻击叛军。

刘邦抵达邯郸，立即召集诸将及赵国大臣，廷议听取事件的原委。赵国丞相周昌上奏说："恒山郡二十五座（县）城，亡失了二十座，臣请诛杀恒山郡守和郡尉，严惩罪过，明确职守。"

刘邦问道："郡守和郡尉，参与谋反了吗？"

周昌答道："没有。"

刘邦干脆地说："他们是力量不足，没有罪。"

赦免了恒山郡守和郡尉以后，刘邦命令周昌在赵人中选拔可以领军作战的将校，亲自召见了其中四人。见面会上，刘邦重演先抑后扬的故技，首先劈头盖脸一阵痛骂，骂赵国失城亡地，骂赵人丢人现眼，骂到停止处，一声问道："你几个孬种也在其中，还能够为将领军？"

四人羞愧得无地自容，久久匍匐在刘邦面前不敢抬头。

早有打算的刘邦，当即宣布，任命四人为赵军将领，皆给予封号，各赏与领地一千户。

廷议结束，大臣将军们议论纷纷，左右近臣都劝谏说："当年跟随陛下，前往蜀汉地区建国的老战士们，后来跟随陛下，与项羽苦战多年的旧部下们，很多至今没有得到封赏。如今封赏这几个人，凭什么功劳？”

刘邦说：“其中的道理，就不是你们能够懂得的了。陈豨反叛，赵国和代国都被陈豨占领。吾以羽檄征调天下兵马，尚未有抵达的。眼下，唯有依靠邯郸的赵国将士。请诸位想想，难道你们要我吝惜区区四千户领地，而不用来安抚赵国的人心，鼓励赵国将士的士气！”

大臣将军们，这才明白了刘邦的用心，一致点头称是，齐声唱喏。

为了安抚赵国人心，求得赵国军民的支持，刘邦下令搜寻战国时代的赵国将军、名将乐毅的后人。找到了乐毅的孙子乐叔，赐号乐成君，封与乐乡之地。同时，刘邦详细询问了叛军主要将领的情况，得知陈豨的部下，多是从前的商人后，马上布置陈平，做大规模的收买活动。

赵国首都邯郸，在漳水以北，控制着纵贯华北平原的主干道——河内广阳道，战略位置非常重要。[1]陈豨和赵利攻下恒山郡和巨鹿郡的大部分地区后，并未乘胜全力攻取邯郸，而是兵分四处，陈豨和赵利屯兵东垣，赵将王黄北上攻占曲逆，代将张春东去攻取巨鹿郡，只派遣代将侯敞统领万余军队南下，攻取了邯郸北部的襄国后，就被阻滞不前。所以，刘邦统领汉军进入邯郸后，曾经在部下面前高兴地说：“陈豨这小子，他不全力攻占邯

[1] 河内广阳道，是秦始皇修建的北方交通要道，从河内郡通到广阳郡，故有是称。战国以来，魏国、赵国、燕国之间的往来，多由该道。详参《秦崩》第四章二“直道和驰道”。

郸，利用漳水天险阻断我军北上，真他妈的愚蠢。此人之无能，我算是看清了。”

首先守住邯郸，稳定局势。继而安定赵国军民的不安情绪，以奖励激发赵国军民的斗志，以金钱收买经商起家的叛军将领，待到征调的各国军队会集以后，逐个击破分兵多处的叛军，正是刘邦君臣平定陈豨之乱的策略。切切不能忘记的是，汉朝通过和亲，建立起与匈奴直接沟通的渠道，通过外交斡旋和利益输送，成功地使匈奴保持中立，没有派兵直接介入冲突。可以说，与匈奴和亲成功，是汉朝能够平定北方各诸侯之国叛乱的基本条件。

汉军守住邯郸，安抚赵国军民后，会集各路征兵，开始分路出击反攻。汉军主力，大出邯郸北上，与叛军主力在襄国展开决战。襄国之战，汉军大胜。赵王利退守东垣，陈豨退守代县。汉军主力乘胜向北推进，包围了东垣县城。

在汉军主力出邯郸北上的同时，齐国丞相曹参集结齐国军队西进，曹参的部将郭蒙统领的部队，在黄河南岸的聊城地区，击败代将张春，乘胜渡河追击，进入巨鹿郡，向北向西推进，策应东垣主战场。

东垣城，自高帝八年以来，一直被赵王利占领，成为赵王利之赵国的首都和根据地。东垣城内的守军将士，在赵王利的引领下，众志成城，奋勇抵抗。坚守苦战的将士们，不时据城痛骂，指斥刘邦之无耻不当。经过一个多月的强攻，汉军攻克了东垣城。刘邦下令，将参与了痛骂的俘虏，全数斩首处死。同时，下令通告代赵两国，凡是坚守城池拒不投降叛军的县，一律免除三年的租税徭役。

东垣之战，对刘邦刺激颇深，东垣县名，本义是东边的墙，刘邦军被阻滞于墙下，久攻不下，颇为血腥而不吉利。为了压胜，刘邦下令将东垣改名为真定，取真正安定的吉祥寓意。

东垣失守后，叛军分两路撤退。赵王利北上，进入代郡与陈豨会合。代相侯敞北上东去，往曲逆与王黄军会合。汉军也分兵两路追击，刘邦指挥汉军主力追击赵利，灌婴和靳歙统领车骑部队追击侯敞。灌婴军追击到曲逆，两军在城下展开会战。叛军大败，侯敞及部下五位主要将领战死，王黄率领残余的骑兵逃往代郡。灌婴军乘胜收复了曲逆县，进而扩大战果，顺利攻占了卢奴（今河北定州市）、上曲阳（今河北曲阳县西）、安国（今河北安国市东南）、安平（今河北安平县）等县城，收复了恒山郡东北部的大部分地区，将被一时阻断的燕赵两国，连成一片。

追击赵利的刘邦军主力，进入代郡，在代县南击破陈豨军。陈豨军往代北撤退，在参合（今山西阳高县）与败退到此地的韩王信军会合。

原来，韩王信军进入太原郡后不久，遭到周勃、柴武统率的西路汉军的攻击，节节败退，被迫退回晋北。楼烦一战，韩王信军遭受重创，撤退到马邑，据城固守。周勃、柴武军围城强攻，破城后，对于顽强抵抗的马邑军民施行了屠城。侥幸逃出的韩王信向代北撤退，抵达了参合。

汉代的参合县故城，在今山西省阳高县西南，是平城（今山西大同）东北连接山西、内蒙古、河北的交通要所。陈豨和韩王信进入这里，既可以得到匈奴的支援，也便于不利时退入匈奴所控制的地区。撤退会合于参合的陈豨和韩王信军，与追击会合于此的柴武军和樊哙军展开会战。

会战前，柴武派遣使者送信与韩王信劝降。信中写道："陛下宽厚仁义，诸侯虽然有背叛逃亡的，事后归来，往往恢复原有的王位称号，并不加以诛杀。这些事情，是大王所知道的。如今，大王以兵败亡走匈奴，并非有不可饶恕的大罪，急速归来，方是出路。"

韩王信回信答道："陛下拔擢在下于闾巷民间，从此南面称孤，此乃在下之万幸也。驻守荥阳，在下不能以死殉职，做了项羽的俘虏，此乃在下之第一桩大罪。匈奴围攻马邑，在下不能坚守，开城投降，此乃在下之第二桩大罪。如今叛乱造反，领兵与将军争锋斗命，此乃在下之第三桩大罪。想当年，文种和范蠡，辅佐越王勾践。灭吴成功后，文种滞留被诛杀，范蠡逃亡得幸免，二人皆是有百功而无一罪啊。如今的我，大罪有三，还想求活不死，岂不是又要重演伍子胥愤死于吴国的旧事。如今的我，奔走亡匿于山谷之间，旦夕乞求于蛮夷之君。我之思乡望归，正如风瘫者忘不了站立，盲目者忘不了明视。不是不思归，而是势不可回。"

韩王信回绝了柴武的劝降。与陈豨一道，集结残军与汉军大战，兵败被杀，时在高帝十年正月。汉军攻克参合，屠城而归。陈豨等人，则继续流窜抵抗，直到高帝十二年冬天，方才在代郡灵丘县（今山西灵丘）被樊哙军彻底击溃，国破身亡。

九、从晋阳马邑到平城

代国，是一个古老的国家。有一种看法，说是代国可以一直追溯到商代，是商汤王的儿子相的封国。不过，从可靠的文献记载来看，代国如同众多的古国一样，有灭亡的可靠记录，难以找到建国的确切开端，留下扑朔迷离的历史疑案。

据《史记·赵世家》的记载，公元前475年，晋国权臣赵襄子灭掉了一个被称为"代"的小国，封自己哥哥的儿子赵周为代成君，统治其地。代国，从此成为赵氏所属的一个封国，进入有记载的历史。代国的都城称为代，遗址在今河北蔚县代王镇的代王城。[1]

公元前403年，韩赵魏三家分晋，赵国建国。代国成为赵国领土的一部分，其历史也伴随赵国的历史而起伏涨落，在封国和郡县之间摆动离合，在战争中动荡不安。

大约是在赵惠文王（前298—前266年在位）后期，代国被废除，建立了代郡，成为赵国北方的军事重镇。代郡的郡治代县，就在代国的国都代城，是赵国仅次于首都邯郸的大都市。

公元前228年，秦军攻陷赵国首都邯郸，俘虏赵王迁，赵国灭亡。赵国公子赵嘉逃亡到代县，以代郡为中心，重建代国，自立为代王，继续抵抗秦军。公元前222年，秦军攻入代国，代王赵嘉被俘，代国灭亡，成为秦帝国属下的代郡。

秦末之乱，赵国复活，第一任赵王是陈胜的部下武臣，第二任赵王赵歇，是战国赵王一族的后裔，被赵国丞相张耳、大将军陈余拥立为赵王，代郡重新归属于赵国，时在秦二世元年一月。汉元年二月，项羽灭秦分封天下，赵歇被改封为代王。汉二年十月，陈余叛楚，再次拥立赵歇为赵王，赵歇投桃报李，封陈余为代王。汉三年十月，汉军大将韩信攻灭赵国和代国，代国被废除，成为汉帝国属下的代郡。[2]

汉帝国建立后，刘邦于高帝六年一月，封哥哥刘喜为代王。七年十二月，匈奴骑兵打来，刘喜弃国逃亡，被罢免为合阳侯。刘邦改封儿子刘如意为代王。此时的代国，一直在战乱中，韩王信叛乱、白登之围、赵王利和部将王黄的南侵，征战进出，都在

---

[1] 蔚县博物馆《代王城调查报告》，刊载于杨振红主编，邬文玲、戴卫红副主编《代地历史文化论集》，广西师范大学出版社，2018年。

[2] 有关代国的这一段复杂历史，可以参见《楚亡》第一章八“田荣反楚”，第二章二“张耳来归”，第三章六“韩信开辟北方战场”。

代国及其周边。此时的刘如意，只有六岁，与母亲戚夫人一道，生活在刘邦身边，只是名义上的遥领，代国的军政事务，都由代国相国陈豨一手包揽。高帝九年一月，刘如意改封为赵王。高帝十年九月，代相陈豨叛乱，自立为代王。高帝十一年一月，刘邦立儿子刘恒为代王。从此以后，动荡不安的代国，方才稳定下来。

如果从公元前228年，赵国公子赵嘉自立为代王起算，到公元前196年刘恒为代王结算，三十余年间共有七位代王：赵嘉、赵歇、陈余、刘喜、刘如意、陈豨、刘恒，你方唱罢我登场，如同走马灯般闪过。七位代王，五位国亡身死，一位罢黜逃亡，皆不得善终。只有代王刘恒，先是治理代国安定平稳，后是大富大贵，即位做了汉朝皇帝，即汉文帝，开创了中国历史上难得的盛世——文景之治。

乍一看，七位代王中，刘恒的结局不可不谓独特而神奇。细揣摩，其间自有如此导向的道理。这个道理，既有天时人和之赐，更有地利之惠。

刘恒封代王之前，代国的都城，一直在蔚县。蔚县是一片神奇的土地，地处河北省西北，东邻北京，西接大同，南靠保定，北枕张家口，西南东三面，恒山、太行山和燕山在此交会，宛若高耸的山墙，拱卫着壶流河畔的蔚县谷地。三山交接处，飞狐口穿越太行山，与华北平原相连。

蔚县地处北纬39°到40°之间，正当温带森林与温带草原气候的分界线上，农耕与游牧的生活和文化，也由此划分开来。从石器时代开始，这里就有人类繁衍生息，一直是多族群聚集、交汇、争夺、融合的地区，北狄、胡、汉、匈奴、乌桓、鲜卑等族群，前前后后，进进出出，共同演绎了一段漫长曲折的历史。

在本书中，我所叙述的代王刘喜弃国逃亡、白登之围、陈豨之乱等历史事件，都发生在以蔚县为中心的代国。刘喜的代国，辖有代、雁门和云中三个郡。刘喜代国的领土，其东部，大致以今河北张家口市蔚县和怀安县为界，其北部，如果以秦长城为界的话，大致可以从今张家口市尚义县向西，经过今内蒙古呼和浩特市，一直延伸到包头市以西。代国的西南，大致从今山西大同市灵丘县起，经过今山西忻州市繁峙县、今内蒙古呼和浩特市清水河县，向西北一直延伸到今内蒙古包头市西。在这个广大的地区之中，平城也就是今天的山西大同市，无疑是最为著名的历史名城，冒顿单于围困刘邦君臣的白登山，就在大同城东不远。

2019 年 5 月，我去山西访古，第一站去了太原。[1] 太原，古称晋阳，因建于晋水之北而得名。战国时代，晋阳曾经做过赵国的首都，秦始皇统一天下后，成为太原郡的郡治所在。汉帝国建立，高帝十一年，刘邦封儿子刘恒为代王。鉴于代国旧都代县，始终在匈奴骑兵的直接威胁之下，难以安定自立，汉朝政府做出一项重大的决定，将汉朝的太原郡并入代国，将代国的首都设在晋阳。同时，将代国的云中郡一分为二，其西部，设置新云中郡，归属于汉；其东部，新设为定襄郡，仍属于代国。如此一来，刘恒的代国，就有了太原、定襄、雁门、代四个郡[2]，从此安定下来，新都晋阳，取代旧都代县而熠熠闪光。

---

[1] 这次山西考察之行，我与多年走友、日本爱媛大学荣誉教授、北京大学人文社会科学研究院第六期邀访学者藤田胜久先生同行。这次考察，承蒙山西大学副校长杭侃先生关照，山西省考古研究所韩炳华先生安排，考古所石力同行，曲折圆满，深表感谢。由于体裁和篇幅的限制，这次考察的丰硕收获，本书中只能点到，更多更详细的内容，留待将来另著文叙说。

[2] 参见周振鹤主编《中国行政区划通史 · 秦汉卷》第二编上篇第二章第一节“西汉前期郡国沿革”。

晋阳古城，在今太原市晋源区古城营村一带，遗址面积有二十余平方公里，西城墙之一段，6 米高，11 米宽，绵延 670 米。墙上野草丛中，国家重点文物保护单位之晋阳古城遗址的石碑，隐约闪现。晋阳城，约有 1500 年的历史，先后做过战国赵国、汉朝代国的国都，北魏、东魏、北齐的别都，隋末唐高祖李渊起兵于此，成为唐朝的龙兴之地。五代十国时之北汉，以晋阳为首都。宋太宗赵光义攻灭北汉，为了切断晋阳的龙兴之气，火烧水淹，彻底地毁灭了晋阳，留下伤痛无限的历史记忆。

去太原以前，已经得到消息，太原东郊发现了西汉的大墓，可能是某位代王及其王后的墓葬群，出土的部分文物已经送到北京大学考古文博学院整理。承蒙杭侃教授引领，胡东波教授已经做过介绍，成为牵引我等及时赶来山西的动力。

新发现的西汉大墓，在太原东郊迎泽区郝庄镇店坡村西侧，称为东山恒大悦龙台西汉墓。太原市文物考古研究所的彭娟英女士引领我等参观，南北两座“中”字形大墓，属于诸侯王级别。试作推测，最可能是汉文帝刘恒的儿子、代孝王刘参夫妇的墓。[1]

---

[1] 以晋阳为都的第一位代王是刘恒，高帝十一年（前 196）——高后八年（前 180）在位。第二位代王是刘恒的儿子，代王刘武，文帝二年（前 178）在位，后徙为梁王。第三位代王是刘恒的儿子，代孝王刘参，文帝三年（前 177）——后元二年（前 162）在位。第四位代王为刘参的儿子，代恭王刘登，文帝后元三年（前 161）——武帝元光二年（前 133）在位。第五位代王是刘登的儿子，代王刘义，武帝元光三年（前 132）——元鼎二年（前 115）在位，后徙为清河王，死于武帝太始三年（前 94）。这五位代王中，死后埋葬于晋阳的，只有两位——代孝王刘参、代恭王刘登。1961 年，悦龙台西汉墓东侧有墓葬被破坏，出土文物中有一件铜钟，腹部刻有“清河大后中府钟容五斗重十七斤第六”铭文（《文物》1962 年第 4、5 期合集），专家据此推断为第四位代王刘登的王后，后来的清河王太后墓中的陪葬品，她从清河归葬于晋阳，与夫君刘登同葬。以此推断，如果这座被破坏的墓是刘登夫人，后来的清河太后的墓的话，如今的这两座墓，最可能是代孝王刘参夫妇的，而代恭王刘登的墓，或许还在附近。

晋阳古城墙

太原市晋源区古城营村

晋阳古城的发掘现场

山西是文物大省，古来历史的遗留，遍布全境，特别是古建筑的留存，全国第一。然而，晋中晋南，几乎见不到秦汉时代的遗迹，既是多年来困惑学术界的遗憾，或许也是我迟迟未进山西的隐因。悦龙台西汉大墓的发现，重重地填补了历史的空白，山西文物考古界扬眉吐长气，欢欣又鼓舞。我等来访的秦汉史学者，也与之同庆，流连忘返，久久不愿离去。

这些年来，我为复活秦崩、楚亡、汉兴的历史，足行大地，走进历史现场。去陕西、内蒙古、河北、河南，围绕山西多次环行，却从来没有进入过山西境内。我写《秦崩》，写到秦军大将王

东山恒大悦龙台西汉墓

墓地出土的瓦当

离，统领北部军主力东渡黄河，收复太原郡和上党郡。我写《楚亡》，写到汉军大将韩信，他指挥汉军开辟第二战场，进入晋中攻灭魏国，北上晋北攻占了代国。这些硝烟弥漫的往事，都发生在山西。我写《汉兴》，深刻影响历史进程的白登之围，开始于晋阳，结束于平城，这一段翻山越岭、九死一生的路线，成为我复活这一段历史的心结。这次山西之行，我将沿着刘邦率领三十万大军北上反击匈奴的路线而去。

高帝七年（前 200）初，归降匈奴的韩王信，联合匈奴军南下，入太原走晋阳，深入到上党郡境内，威胁到首都洛阳，汉朝震动。刘邦传檄天下，指挥三十万大军亲征，先后收复上党郡和太原郡，将统帅部设在晋阳，开始北上。

北上进军的第一站，是太原郡广武县。汉代的广武县，在今天的山西代县。出太原城后，我等一行，追随汉军北上的路线，过阳曲、忻州，东望定襄、走原平，穿过太原盆地，抵达滹沱河畔的代县，直奔汉广武城而去。

汉广武城，在代县西南阳明堡古城村，3 到 4 米高的夯土城墙，迎面矗立眼前。登墙眺望，三面残存的墙基，勾勒出一座雄伟的长方形大城。东西约3000米，南北约2000米。墙体中间，道路通过城门的开口，墙边泥路，秦汉绳纹瓦片随处可见。

想当年，刘敬出使匈奴归来，在此见到刘邦。他以自己的所见所闻，断定匈奴有诈，劝阻不要贸然进军。然而，数十万大军已经从广武城出发，前锋已经翻越广武城北的勾注山。怒不可遏的刘邦，以败坏士气的罪名，下令将刘敬戴上枷锁，关押在广武县狱中。直到平城解围返回，从广武县狱中释放刘敬，赔礼道歉，封为关内侯，赐号建信君。

辞别广武城，行路匆匆，过雁门关，经明长城，翻山岭出河谷，去了广武汉墓群，今山阴县新广武村。300多座汉墓，连绵起伏在十余平方公里的原野中，据说是汉朝戍边将士的葬所。1988年被列为全国重点文物保护单位，荒凉寂寞冷清，是盗墓者的天堂。

近晚抵达朔州，汉代的马邑县城，这次考察的第二站。

马邑闻名于历史，有两件大事，都与匈奴有关。高帝六年，韩国由豫中迁到晋中，为了抗击匈奴，韩王信将首都由晋阳迁到马邑。结果被匈奴围困，被迫投降。汉朝与匈奴，由此爆发了第一次大规模的武装冲突，史称白登之围。白登之围，以和亲化解。七十余年后，汉武帝元光二年（前133），三十万汉军埋伏于马邑，偷袭匈奴军臣单于失败，汉朝与匈奴间长达八十年的战争，由此拉开序幕。

马邑古城在朔州市内，以明清旧城为基础，已经建成遗址公园。秦汉魏晋的城址，规模更加宏大，至今仅存的一段北魏城墙，最是辉煌旧日的见证。两座博物馆——马邑博物馆和朔州市博物馆，琳琅满目的出土文物，轻声细语，娓娓述说着朔州这片土地的历史。刻有“马邑市”字样的汉代陶灯、陶壶，印证了汉

汉广武城城墙（上、下）

汉广武城城门豁口（中）

“马邑市”汉代豆形陶灯
（马邑博物馆藏）

“马邑市”汉代铭文壶
（朔州博物馆藏）

代马邑城的所在，国宝青铜雁鱼灯的出土，更是汉代马邑繁荣兴盛的象征。

朔州与大同，都在桑干河畔的大同盆地上。大同盆地，南阻恒山，西靠管涔山，东傍熊耳山，盆地之北，浅丘高岗，连接蒙

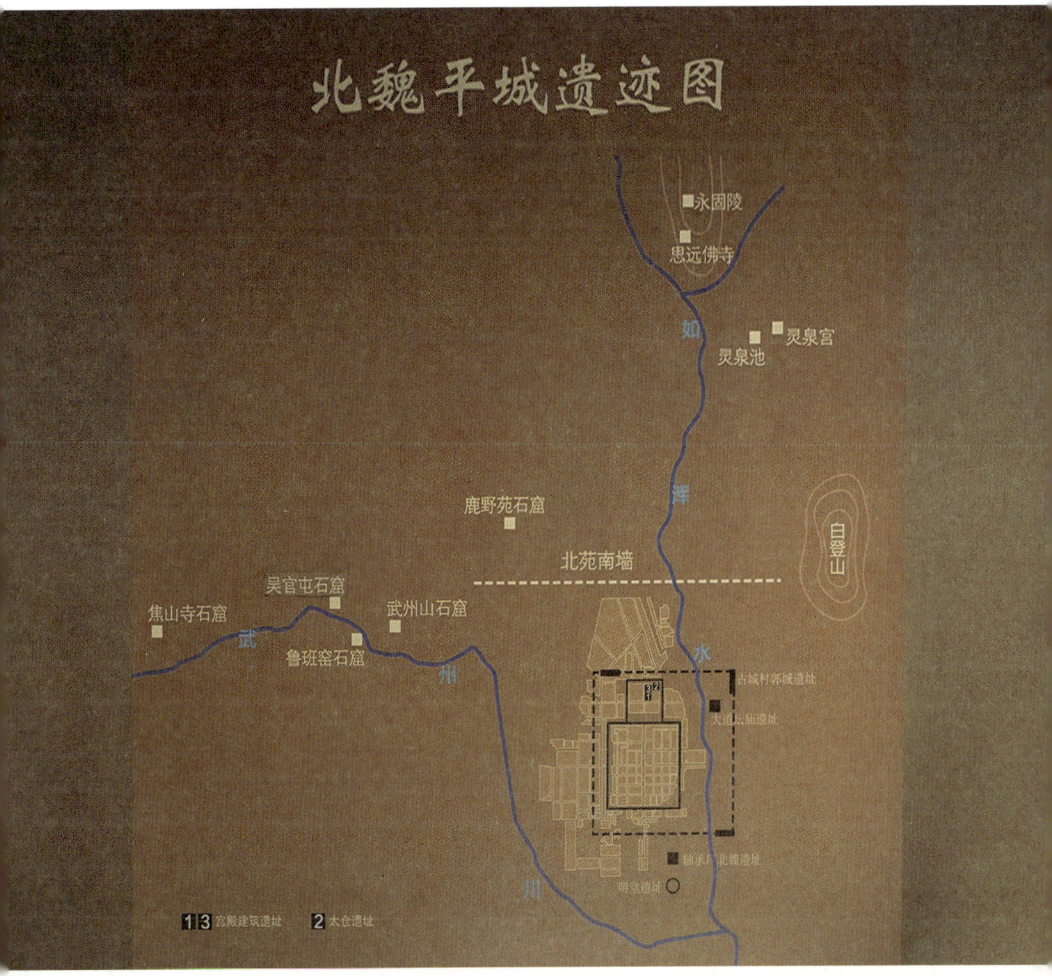

北魏平城遗迹图 （大同博物馆陈列）

北魏以平城为都将近百年，是平城历史上最辉煌的时代。汉代的平城，与北魏平城重叠，都在今大同市。白登山，即今马铺山，在大同东郊约 5 公里处。

马铺山上的白登之战纪念碑

马铺山上的白登之战遗址牌（右）

马铺山上望大同（下）

我等登上白登山，极目四望。大同城在西南，林立的建筑，如在眼前，当年的如浑水，如今的御河流淌，汇集成大同东郊的文瀛湖。北面原野远处，是北魏冯太后陵所在的方山，高岗平缓，北依长城大漠，守卫着通向蒙古高原的通道。

古高原。大同盆地，与蔚县同列，都在北纬 39° 到 40° 之间，在温带森林与温带草原之气候的分界线上，古代历史上，南下的游牧民与北上的农耕民，常常在这里冲突融合。大同，以羊肉鲜美著称。走进大同，朔风强劲，流云压顶，黄土旷野上的古城池，立即将我等带入往事的历史记忆中。

《史记·高祖本纪》说，高帝七年冬天，韩王信投降匈奴谋反，刘邦指挥三十万汉军亲征。大军到了平城，“匈奴围我平城，七日而后罢去”。短短十二个字，将一场决定七十年历史走向的大事，轻描淡写带过，留下了不着边际的历史空白。

刘邦被冒顿单于围困七天，是在白登山，史称白登之围。白登山，今称马铺山，是采凉山的支脉，在大同东北 5 公里处，数十米高的浅丘，已经纳入采凉山森林公园中。山南建有滑雪场，正可以想见冬日积雪的景象。我等一行，绕白登山一周，过草场，穿树林，克服艰难险阻，走北坡登上山顶，来到“白登之战遗址”纪念牌前，晴空万里下，周围数百里，一览无余。

《水经注》说，如浑水在平城分为两支，“一水南经白登山西”。郦道元引用汉代学者如淳的话解释白登山说：“平城旁之高地，若丘陵矣。”正是我等脚下眼前的景象。郦道元又结合自己的观察说：“今平城东十七里有台，即白登台也。”汉代的平城遗址，在今大同市内。汉代的一里，大约为 416 米，十七里，大约相当于 4.5 公里，正与马铺山到大同市内平城遗址的距离相近。郦道元说的台，当指台地，就是如淳所言的，宛若丘陵的高地。

追随先人足迹，登上白登山的我等，极目四望。大同城在西南，林立的建筑，如在眼前，当年的如浑水，如今的御河流淌，汇集成大同东郊的文瀛湖。东南方向，平野尽头遥远处，山峦起伏，当是晋冀间的熊耳山，为恒山东延之北支余脉。熊耳山南，是今山西广灵县和河北蔚县相连的谷地，古称代谷。北面原野远处，是北魏冯太后陵所在的方山，高岗平缓，北依长城大漠，守卫着通向蒙古高原的通道。

白登山上遥想当年，三十万汉军分部一路征战，先后进入大同盆地，向平城集中靠拢。刘邦率领汉军进入平城，始终没有见到匈奴军主力的踪影。有消息说，慑于汉军威力，不敢与汉军决战的冒顿单于，隐藏在代谷一带。那一天，或许也是如此的晴朗天气，疑虑不安的刘邦，带领统帅部的一帮谋臣武将，在精锐骑兵警卫下，登上了白登山观望地形，搜寻单于的身影。

自升战以来，匈奴示弱施诈，不显山不露水，诱使汉军步步深入。与刘邦得到的情报相反，冒顿率领的匈奴军主力，不在平城东南的代谷，而在平城西北的方山一带。方山顶上的高岗，正可将平城周围俯览无余。

善于机动作战的冒顿单于，密切关注着汉军统帅部的动向，待到刘邦君臣进入平城后，他指挥各路匈奴骑兵，迅速向平城北部和西部的山冈谷地隐蔽集结。得到汉军统帅部出城，车骑一行上了白登山的消息，冒顿单于一声令下，整装待发的骑兵军团大出各路山口，一支精锐的轻骑，率先插入白登山和平城之间，将白登山上的刘邦君臣，与屯驻平城的汉军分割开来，分别团团围困。

……

我到大同之日，时在2019年5月19日，当己亥年四月十五，大风骤起，气温剧降，十级强风中，零度气温下，野外几乎不能站立。晋北朔风苦寒，铭刻进我等南来访客的心骨。一时间，耳边回响起白登山上被围困将士的歌声："平城之下祸甚苦，七日不食，不能弯弓弩。"七日不食，正是白登山上被围困的刘邦君臣

“中外不得相救饷”的写照。不能弯弓，正是晋北寒冬，雨雪强风，“士卒坠指者十二三”的印证。

由此时此地、此情此景推想，诚然信哉！

第三章

群雄的末日

一、韩信之死

对于如同樊哙这样久经沙场、马上打天下的汉军将领来说，韩信宛若军神，他那耀眼的光辉，即使是在被猜忌看管中，依然熠熠炫目。这种炫目的光亮，既光彩服人，也闪烁刺人。皇帝刘邦，是曾经被刺痛的人。对于皇后吕雉来说，韩信这样的人，无异于插入眼中的刺，必须拔出方才能够安心。

二、彭越之死

彭越谋反，所谓“反形已具”的罪名，是欲加之罪何患无辞的狱吏舞文，是秉承上意、滥用刑罚的典型。至于吕后算计彭越，指使其舍人再告谋反，完全是有预谋的诬告。更让我们永远不可言喻的是，彭越被枭首示众后，刘邦竟然将他的尸体煮成肉酱，遍赐诸侯，不但直接促成了英布造反，而且跨越了做人的底线，不可不谓丧失人性的暴虐之举。

三、南越建国

南越王赵佗，不但是一位卓越的军人，也是一位杰出的政治家，善于审时度势，有远见卓识。赵佗清楚地认识到，对于新建的外来政权而言，南下的秦军和移民，与当地越人土著的融合，是维持长治久安的关键。五十万秦军和移民，多为男性，娶越女为妻，不但是必然，也是南越国大力推行的政策。

四、陆贾出使南越国

奉命出使的陆贾，携有皇帝刘邦亲署的册封诏书、黄金制作的汉南越王印、紫色的绶带、通关的符节以及锦缎丝绸等赠礼。陆贾这次出使的使命，是要说服已经独立称王的赵佗，接受汉朝的册封，以外臣的名分，加入以汉王朝为中心的联合帝国体系中来。

五、逼反英布

英布其人，是性情中人。他寡言少语，面酷心冷，为人行事刚直少虑。不过，英布坚忍决断，一旦动了心思，就如脱缰之马，万难追回。彭越之死，对他刺激太大，他预感不祥，彭越的今天就是自己的明天。被煮成肉酱的彭越，如同噩梦凶兆一般，昼夜浮现在英布眼前，已经挥之不去了。

六、更换太子的风波

废刘盈立刘如意的事，阻力重重，吕雉一家反对，那是当然的事情，可恨的是大臣们都反对，特别是一同起兵于沛县的那帮元老弟兄，个个都站在刘盈吕雉一边。像周昌那王八蛋，就是你骑在他脖子上，他还是口口声声“期期不奉诏”。这件事情，让刘邦感到沮丧，也加重了他对将相大臣们的不满和不信，愈发陷入孤独和狂躁。

七、亲征英布

刘邦其人，最是自视英雄好汉，听不得他人如何英雄的话，也受不得妇人的哀伤哭求。当他听吕后说起英布勇不可当，太子驾驭不了诸将的话后，随口骂道：“我早就知道这小子派不出去，老子自己去。”吕后心中，一块石头落地。

八、大风歌沛县情

古往今来，开国帝王的家乡，因为是龙兴之地，其地位非同寻常。西汉帝国，是中国历史上第一个依靠地域集团建立的王朝国家，沛县出身的开国功臣，自始至终是刘邦集团核心中的核心、汉政权栋梁中的主干。这批沛县人，不但是刘邦政权的政治支柱，他们共有的丰沛乡情，也是刘邦集团核心的精神家园。

九、燕王卢绾的苦境

祸兮福所倚，福兮祸所伏。卢绾被封为燕王，离开了关中，离开了帝都，千里之外的燕国都城蓟县，成了他的新居。从此以后，卢绾失去了皇帝近臣的个人亲密，他与刘邦间的政治距离，也如同汉朝与燕国、长安与蓟县之间，有了千山万水之隔。从此以后，卢绾与刘邦的关系，就被汉王朝与诸侯王国的关系所左右，这一对同县同乡同里，同年同月同日生的亲交密友，他们未来的命运，走上了二人始所未曾料及的方向。

十、刘邦之死

刘邦一生，豪侠勇武，多情重义，自视为天下英雄，是性情中人。他天性明达，好谋善听，有智慧能醒悟，又是悟性中人。眼下的刘邦，已经认定：既然大限已到，那就坦然承接，在上天的命定面前，不哀泣，不延留，一路英雄而来，一路英雄而去。他拿定了主意，行将离世之前，要与亲人友人、将相列侯、臣下百官，做一次最后的告别。这次告别，史称白马之盟。

十一、鄱阳湖畔寻英布

当我亲临历史现场，走访鄱阳湖畔之鄡阳城时，水边要塞的观感，宛若大江大湖之水泊梁山，满眼都是盗贼英布率领一帮骊山刑徒，舟船出没于湖上的情景。此情此景，怎么也无法与英布之死相连，那一句“番阳人杀布兹乡民田舍”的历史记载，怕要到他处寻访？

一、韩信之死

高帝十年底，陈豨举兵叛乱，刘邦亲自领兵前往征讨，史书上说，韩信“称病不从”，就是自称有病，没有随同前往。

高帝六年十二月，陈平设置圈套，刘邦诈称巡游云梦，在陈县将前来谒见的韩信逮捕，槛车带回长安，以擅自发兵的罪名，褫夺了他的楚王位，又赦免改封为淮阴侯。从此以后，韩信一直居住在长安城内的淮阴侯邸，未曾离开过长安城半步，出行有限制，行动受监视，相当于被就地看管。

与刘邦打了多年交道的韩信，知道刘邦放心不下自己。一是放心不下自己的军事才能，二是放心不下自己的军功业绩。看管中的韩信，在锦衣玉食的列侯生活中打发日子，无所作为而郁郁寡欢。他感到委屈和不平，常常称病，不出席朝会，也不跟随外出。刘邦心知肚明，也不勉强他，还不时召见，一起饮酒聚会，回忆从前的战事，评价诸位将领的本事才能。据说，君臣二人酒席间，刘邦曾经问韩信：“比如像我，能够统领多少兵马？”

韩信答道：“陛下不过能够统领十万人而已。”

刘邦又问：“那你如何呢？”

韩信回答道：“对于臣下来说，是多多益善。”

刘邦笑了，问道：“多多益善，为什么被我擒获了呢？”

韩信答道："陛下不善于将兵，而善于将将，这就是臣下之所以被陛下擒获的原因。况且，陛下的资质是上天所授，而非人力所能及也。"

这一段对话，千百年来脍炙人口，广为流传，不但有种种解说，而且成了汉语成语"韩信将兵，多多益善"的语源。我在写作《楚亡》一书时，注意到这段对话有实实在在的历史背景。这个历史背景，就是楚汉彭城之战。[1]

彭城之战，刘邦不用韩信，亲自指挥五十六万诸侯各国联军，一举攻占了楚国首都彭城，结果被项羽统领三万楚军击溃，惨败而归。其最重要的原因，在于刘邦缺乏指挥大兵团作战的能力。当时，这种超凡出众的能力，唯韩信有。

正是因为此，自负的刘邦，在韩信的军事能力面前，始终不自信，难自安。正是因为此，垓下之战，刘邦不得不将指挥权交给韩信，让韩信指挥六十万联军，一举击败项羽。也正是因为此，刘邦夺得天下，做了皇帝以后，韩信的这种本领，自然被警惕，被猜忌，被提防，被管控。

史书上又记载说，韩信曾经去过樊哙的府邸，樊哙受宠若惊，诚惶诚恐。迎接时碎步小跑前往，交谈时言必称臣。送别韩信时，樊哙跪拜施礼道："大王肯临幸臣下陋舍，实乃臣下之荣幸。"

而韩信呢，在樊哙的匍匐礼送中出得门来，苦笑自嘲道："活到今天，竟然落到与樊哙为伍的地步！""羞与樊哙为伍"，成了汉语的又一常用成语。

樊哙是何等人？他是跟随刘邦上芒砀山的革命元老，又是刘邦的连襟，吕后的妹妹吕媭的夫君，在将相大臣中，与刘邦一家

---

[1] 参见《楚亡》第二章《彭城大战》。

关系最为亲密。这樊哙不但勇猛善战，军功卓著，鸿门宴更有救驾的丰功伟绩，汉初开国功臣排排坐，吃果果，正式排位下来，他名列第五，可谓亲尊权贵。

对于如同樊哙这样久经沙场、马上打天下的汉军将领来说，韩信宛若军神，他那耀眼的光辉，即使是在被猜忌看管中，依然熠熠炫目。这种炫目的光亮，既光彩服人，也闪烁刺人。皇帝刘邦，是曾经被刺痛的人。对于皇后吕雉来说，韩信这样的人，无异于插入眼中的刺，必须拔出方才能够安心。

史书上说，刘邦亲征陈豨期间，吕后与萧何留守长安，分别负责宫廷与政府的政务。就在这个时候，淮阴侯府的小吏，舍人乐某有重大过失。韩信囚禁了乐某，有意处死他。乐某的弟弟乐说，秘密上书吕后，密告韩信勾结陈豨，里应外合，将伪造诏令，赦免长安诸官署的刑徒官奴，趁夜袭击长乐宫，攻击吕后和太子。如今部署已经排定，只待陈豨外应的消息到来，就举兵行动。

据说，吕后得到密告后，打算诏令韩信前往长乐宫，逮捕处置。因担心韩信及其党羽生疑不来，于是先召见相国萧何商量共谋，指使人伪装成刘邦军中的使者，前来报告陈豨被诛杀，叛乱已经平定的喜讯。于是，吕后一声令下，在京的群臣，纷纷前往长乐宫庆贺。萧何特别派人告知韩信说："虽然有病，也要勉强走一趟。"

萧何是韩信的引荐人，忠厚谦恭。韩信信任萧何，打起精神前往长乐宫。进了宫门，早已准备好的武士们，立即逮捕了韩信，捆绑押送到长乐宫钟室。当吕后宣布其谋反罪状，行将斩首处刑时，韩信只留下一句话："我当年不用蒯通的计谋，如今反被女人诈骗，岂非天命使然！"

斩杀韩信后，吕后一不做二不休，立即部署军吏，包围淮阴侯府，将韩信一家悉数逮捕处死，进而，下令逮捕韩信妻家和父母家的亲族，一律处死。以夷灭三族的残酷手段，斩草除根。

吕后诛杀韩信的时候，刘邦在征讨陈豨军中，并不知情。当他领军击破陈豨叛军，回到长安时，方才知道韩信的死讯。对于韩信之死，刘邦的反应是且喜且哀。喜的是，终于了结了一桩多年放心不下的事，也不需脏了自己的手。哀的是，没有韩信的征战，哪里有今日的天下？吕雉啊吕雉，你也真敢下手！从此以后，世上再无对手可以煮酒论英雄了！

且喜且哀的刘邦，追问吕后说："韩信死前，有什么话留下来吗？"

吕后将韩信后悔不用蒯通的话，转告了刘邦。刘邦狠狠说道："我知道那家伙，是齐国的辩士。"当即下诏书到齐国，召蒯通前往长安。

蒯通其人，是活跃于秦末汉初的辩客游士，江湖上传奇的英雄人物。秦末之乱时，他曾经为赵王武臣出谋划策，说动秦之范阳令徐公归顺，和平收复三十余座城池。[1]楚汉相争中，他来到韩信身边，劝韩信接受项羽三分天下的建议，以左右战局的主动，避祸自保。[2]汉帝国建立，他成为齐国相国曹参的门客幕僚，拾遗举过，显贤进能，深得器重。

蒯通奉令来到长安，谒见皇帝刘邦。刘邦已经备下柴火大锅，恨不得马上煮了这王八蛋。行刑前，刘邦问蒯通道："当年，是你教唆韩信谋反？"

蒯通答道："是的。可惜，那小子不用臣下的策划，所以落到

---

[1] 参见《秦崩》第六章二"辩士蒯通登场"。

[2] 参见《楚亡》第五章二"蒯通说韩信"。

如今自灭的境地。当年，如果那小子用了臣下的策划，陛下岂能灭了他？”

刘邦大怒，当即下令：“煮了这王八蛋。”

蒯通高声喊道：“呜呼哀哉，我蒙冤受烹，实在是冤枉啊冤枉！”语调虽然高亢，却毫无惊恐之态。

刘邦感到意外，骂道：“你小子教唆韩信谋反，有什么冤枉？”

蒯通回答道：“秦之纲纪废弛，山东大乱，异姓并起，英豪群集，可谓秦失其鹿，天下共逐。群雄逐鹿，自然是身强腿快者抢先夺得。如此追逐中，臣下不过走狗一头，为主人吼叫奔走而已。尧舜禹的时代，盗跖的狗冲着尧帝吼叫，并非尧帝不仁不义，只因尧帝不是自己的主人。那个时候，在下是韩信的臣下，只知道为齐王尽忠，而不知道为陛下谋事。”

刘邦生于战国，是游侠社会中的人。西汉初年，是后战国时代，列国并立，各国臣民，各属其王，各级侠士，各为其主的道理，他岂能不明白。他听得默默无语。

于是蒯通继续说：“当时的天下，如同陛下一样，持锐争锋，追逐失鹿者多的是。到如今，因为力不足而未能成功者也多有存留，难道可以将他们通通煮杀个干净？”

刘邦听进去了，说道：“放了。”

于是，蒯通得到赦免，得以立命安身，退隐江湖，著书立说。史书上说，蒯通论述战国以来游士们的权变计谋，也叙述自己的策划经历，有八十一篇之多，流传于世间，以《隽永》为书名，取其论说甘美而又意味深长之意。汉代的图书目录《汉书·艺文志》有《蒯子》五篇，分类在纵横家中，是蒯通著作的汉代留存。遗憾的是，今天已经看不到了。

二、彭越之死

陈豨之乱，刘邦亲征，领军进入邯郸，羽檄征召各诸侯国王，领兵前来会合平叛。当时，梁王彭越生病不能出征，由部将卫胠等领兵前往。刘邦非常不满，派遣使者携书严厉谴责彭越。

刘邦下书谴责彭越的内容，史书没有记载，由不久前刘邦下书谴责韩王信的内容来推想，少不了大战在即，君王贪生不能胜任事，尽失朕所期待，云云。甚至少不了老账新账一起算，指责彭越陈下之战前，不立即奉诏领兵前往解救，以观望要挟更大的封赏，如今岂非故技重演，云云。

汉帝国建立以来，彭越对梁王的尊位富贵心满意足，对刘邦感恩戴德，侍奉极为恭谨，昔日纵横游击之枭雄气，已经消融在锦衣玉食、随同朝请出入中。彭越与田氏兄弟关系甚深，曾经接受田荣的将军印，联合反楚。田横兵败，逃亡到彭越处栖身。天下大定，彭越礼送田横出境，回到齐国海岛躲避，回避了如同韩信逼杀钟离眛，遭受卖友求存之谴责的道德尴尬，也表明了对于新王朝的忠诚。

而后，刘邦每有征兵出征，彭越都亲自领军参战。高帝五年，刘邦讨伐臧荼之乱，彭越随从出征。高帝七年，刘邦平定韩王信之乱，彭越也随同出征。高帝八年九月，刘邦到洛阳，彭越前往朝请。高帝九年和十年，彭越皆前往长安，朝见刘邦于未央宫。多年来，可谓遵礼守法，不敢有丝毫怠慢。如今一旦伤病在身，不能领兵随同，就遭皇帝亲书严厉谴责，实在是让彭越惶恐。

更令彭越不安的是，与自己并列，定陶拥戴刘邦即皇帝位的七位异姓诸侯王中，燕王臧荼、楚王韩信、韩王韩信、赵王张敖，一个个都已经被告反废黜，换了刘姓的新主。彭越预感到，类似的厄运，正在降临到自己的头上，几乎无法解脱。

彭越非常恐慌，召集亲近臣下商量。他悲观无奈，准备带病前往邯郸，当面谢罪，以真情诚意求得刘邦的谅解。部将扈辄劝谏说："君王开始不去，如今被谴责而前往，一去必定被逮捕治罪。为梁国和君王的前途计，不如趁乱发兵反汉，与陈豨呼应，或许可以求得一线生机。"

彭越没有听从扈辄的劝谏，也打消了亲自前往邯郸、面见刘邦谢罪的念头，继续称病不出，心中益发不安。

汉军平定陈豨之乱的战事，进展顺利。高帝十一年正月，刘邦统领的东路汉军，与周勃、柴武统领的西路汉军会合，攻入代郡，参合一战，叛军大败，韩王信被杀，陈豨等人逃窜。刘邦留下樊哙和周勃继续领军扫除残敌，班师回到洛阳。

在洛阳，刘邦接到密告，说是彭越与扈辄合谋造反。告密者是梁国的太仆，也就是交通部长。此人有事激怒了彭越，彭越想要杀了他，于是逃亡进入汉朝国境，上书密告。

刘邦怨恨彭越不领兵前来助战，怀疑他另有所谋，得到密告后，立即派遣使者前往梁国都城定陶，携令秘密逮捕彭越。彭越完全没有察觉，被逮捕押送到洛阳。经过审讯，定罪为"反形已具"，意思是说，虽然没有谋反的行动，却已经具备了谋反的形态。案卷送到刘邦手上，刘邦下令废黜梁王彭越，念及旧功，赦免为庶人，流放到蜀郡青衣道（今四川宝兴）。

槛车押送彭越西去，走到郑县（今陕西华州）时，遇见从长安前往洛阳的吕后一行。彭越见到吕后，潸然泪下，自言无辜无罪，不愿到遥远阴湿的蜀中生活，他恳求吕后向刘邦说情，让自己和家人回到故乡昌邑（今山东巨野）度过余生。吕后自有想法，答应了彭越的请求，带着彭越一起回到洛阳。

到了洛阳，吕后面见刘邦说明实情后，建议道："彭越，是壮士枭雄。如今流放他到蜀郡，是给自己留下祸患，不如趁此诛杀为好。臣妾已经将他带回来了。"

刘邦同意了。于是，吕后命令自己的亲信舍人，上书告发彭越再次谋反，交有司审讯。审讯的结果，再次谋反罪成立，廷尉奏请夷灭彭越三族。刘邦同意了，下令立即执行，时在高帝十一年三月。

三月丙午，皇帝刘邦下诏征求可为梁王的人。于是，由燕王卢绾与相国萧何领衔，将相大臣们上书附议，请准立刘邦的儿子刘恢为梁王，领有彭越的梁国故地。

刘邦处死彭越后，余恨未消，下令将其枭首示众于洛阳城，并下诏："有敢于收尸临哭者，一律逮捕。"

……

彭越的不幸遭遇和刘邦的严酷命令，引动一位豪侠人物前来抗命祭奠。这位留名千古的英雄，就是栾布。

栾布，梁国人，与彭越算是老乡。栾布与彭越的交往，可以追溯到秦朝末年。那时候，他们都是编户齐民，彭越是捕捞于巨野泽的渔民，栾布是受雇于酒家的伙计，都穷得叮当响，喜好与游侠交往。栾布年少，视彭越为大哥。往来数年后，栾布被强人劫持，卖到燕国做奴隶，曾经为主人家复仇雪恨，在燕国的游侠社会，名声远扬。

秦末乱起，燕王韩广部下的将军臧荼，看重栾布，推举他做了都尉。项羽灭秦分封天下，臧荼受封为燕王，栾布成为其麾下的重要将领。汉帝国建立，臧荼举兵谋反，栾布随臧荼与汉军作战，兵败被俘。当时，梁王彭越领军随同刘邦作战，念及旧情，用重金将栾布赎买出来，任命他为梁国的大夫，甚是亲近信任。

彭越出事时，栾布正出使齐国。出使结束后，栾布回到定陶，得到彭越被秘密逮捕，送往洛阳的消息。他马不停蹄，赶往洛阳，见到的是梁王彭越被枭首城头的惨景。栾布放声痛哭，跪伏于彭越头下，将奉命出使的结果一一上奏，宛若彭越生前一样。奏事完毕，栾布取出准备好的祭祀用品，哭灵祭祀。

栾布的行为，触犯了诏令。有司当即逮捕了栾布，报告了刘邦。刘邦大怒，备下大锅柴火，下令将栾布带上来，劈头就是一通痛骂："你这王八小子，要与彭越一起谋反？老子下令不准收尸哭灵，你偏偏要来号哭祭祀，明目张胆反叛。马上给老子煮了！"被提解赴刑的栾布，回过头对刘邦说："希望说一句话再死。"

刘邦道："什么话？"

栾布说："当初，陛下败走彭城，困于荥阳、成皋之间，项王之所以不能乘胜一路西进，完全是因为彭王，彭王往来游击于项王身后，在梁国地区为汉攻扰楚国。当时，彭王一回头，与楚联合则汉败，与汉联合则楚破。更何况陈下、垓下会战时，若没有彭王的参战，怕就没有项王的灭亡。"

见刘邦听着，栾布继续说道："天下已定，彭王领取剖符，接受封王，一心一意守成，指望代代相传。而如今，陛下紧急征兵于梁，彭王因病不能出征，就被怀疑谋反。找不到谋反的证据，就苛求寻事予以诛灭。臣下因此惊恐不安，担心功臣们从此人人自危，天下惴惴不得安宁。现在彭王已经死去，臣也生不如死，请赴汤就刑。"

据说，刘邦听了栾布这一番辩白后，下令释放，任命他为汉之都尉。

史书上说，这位豪侠栾布，经此大灾大难后，从此顺风顺水。

汉文帝的时候，他曾经出任燕国丞相。景帝三年，吴楚七国叛乱，栾布以将军领兵参与平叛，因功受封俞侯，再次出任燕国丞相。这位栾布，不仅仕途上一帆风顺，而且声名远扬于江湖里巷。栾布死后，在燕国和齐国民间，出现了不少祭祀栾布的神社，名为“栾公社”，都是景仰栾布的老百姓修建的。他们敬重栾布的侠行厚义，以为他能有后来的功业富贵，都是当年有德于彭越之善行的结果。

这位豪侠栾布，在历史上留下一句有名的话：“穷困时不能忍受屈辱，算不得好汉；富贵时不能随心快意，算不得贤人。”据说，他发达后的为人行事，都以此为准则。接受过的恩德，必定厚重回馈；遭遇过的仇怨，必定设法报复。真真是爱憎分明，公私不分，不愧为名重于游侠社会的枭雄。

彭越与韩信、英布并列，号为灭楚三雄。三位英雄，为刘邦战胜项羽立下了最大的军功，三位英雄，也都因为谋反而被诛杀灭族，留下千古的疑问诘难。

彭越谋反，所谓“反形已具”的罪名，是欲加之罪何患无辞的狱吏舞文，是秉承上意、滥用刑罚的典型。至于吕后算计彭越，指使其舍人再告谋反，完全是有预谋的诬告。更让我们永远不可言喻的是，彭越被枭首示众后，刘邦竟然将他的尸体煮成肉酱，遍赐诸侯，不但直接促成了英布造反，而且跨越了做人的底线，不可不谓丧失人性的暴虐之举。

两千年后，我重读历史，想要对彭越其人其事盖棺定论。灭楚三雄中，彭越与刘邦最为相近。二人都出身于社会下层，没有什么光荣的家世可以凭借，都依靠个人的能力打拼出世。早年，刘邦亡命芒砀山为盗，彭越渔猎巨野泽为贼，都乘着秦末之乱的风云际会，建功立业，称王称帝。汉帝国建立以后，因为皇权官僚集权体制，与王国分封制度的不相容，在汉朝政权由“共天下”到“家天下”的转化过程中，他与其他异姓诸侯王一道，无奈地成了牺牲品。其中的道理和背景，我们将来再来叙说。

不过，避开这些制度结构的内在矛盾，抛开这些成王败寇的功过恩怨，彭越的一生，在中国军事史上另有值得书写的意义。纵观彭越在楚汉相争中的战例，不以攻城略地、会战决胜为目的，而以荒野巨泽为根据地，机动灵活出击，避强击弱奇袭，将楚国的后方搅扰得天翻地覆。一旦强敌来击，他避战撤退，待到强敌离去，他又主动出击。楚汉两军，多年对峙于荥阳地区，项羽之所以不能乘胜西进，强行攻入关中，最重要的原因，就是身后不断地受到彭越的威胁，不得不多次引兵东去。[1]

毛泽东总结游击战争的特点，有十六字诀之说：“敌进我退，敌驻我扰，敌疲我打，敌退我追。”堪称军事理论的经典。以此考察中国历史，彭越其人，正是游击战的第一人，也是游击战之战术的创始人，诚如当代军事史家所言，彭越在敌后开展卓有成效的游击战争，是中国军事史上的一大创举。[2]

诚然信哉，游击将军彭越，彪炳史册！

三、南越建国

越人，是一甚为古老的族群，起源甚早。最新的研究表明，

---

[1] 参见《楚亡》第四章七“刘贾、卢绾开辟第二战场”。

[2] 陈梧桐、李德龙、刘曙光《西汉军事史》(《中国军事通史》第五卷）第一章第四节之五“项羽在正面战场的进攻和刘邦的防守”，军事科学出版社，1998 年。

人类的祖先走出非洲以后，一支沿着印度洋和太平洋海岸，抵达中南半岛，再北上扩展，抵达珠江、长江流域，成为古代越族的先祖。

古代越族，广泛分布在长江以南直到东南亚地区，史书上统称为百越。其中，分布于今浙江绍兴一带者，称为于越；分布于今浙江温州一带者，称为东越；分布于今福建福州一带者，称为闽越；分布于今广东及其以南者，称为南越；分布于今广西及其以南者，称为骆越（又称西瓯）。百越各部，并无严密的国家组织，由各地的氏族首领和部落君长自治，其中的一部分，曾经臣服于楚国，彼此间维系着松散的统属关系。

秦始皇二十六年，秦将王翦灭楚，乘胜攻灭于越，设置会稽郡，开启了武力征服百越的漫长征程。

秦始皇二十七年，秦将屠睢统领近十万秦军，分三路东进南下，攻击越人。东南方面军顺利进军，攻灭了东越和闽越，设置了闽中郡。中南方面军和西南方面军，遭到南越和骆越的顽强抵抗，大将屠睢战死，大量将士阵亡，秦军深陷于越人游击战的泥沼中达三年之久，无法完成攻占南越和骆越的任务。

秦始皇三十三年（前 214），经过周密的准备以后，秦开始第二次对越人用兵。用兵前，秦修通了沟通湘江和漓江的灵渠，使秦军的后勤供应有了保障。这次用兵，秦采用了军事进攻与移民实边同时并进的方式，将近五十万秦军和移民，在秦将任嚣的统一指挥下，步步为营，稳扎稳打，终于攻占了南越和骆越，在骆越地区设置了桂林郡，在南越地区设置了南海郡和象郡，实现了对百越的直接统治。[1]

[1] 参见《秦崩》第五章一“失衡的帝国防务”。

秦末乱起，旧楚国地区的反叛最为激烈，首都咸阳与岭南地区的交通联系完全断绝。当时，任嚣出任南海郡尉，统摄帝国南部军政，患病在身。任嚣密切关注局势的变化，忧虑日渐加深。他忧虑秦王朝的未来，担心二世的幼稚导致帝国的崩溃。他更忧虑岭南地区的未来，担心岭南地区一旦动乱，五十万军民的身家性命，将被战火血海吞噬。

忧患深重的任嚣，病情加重，他自知死期已近，回天无力，再三考虑后，下达了指令，要龙川县令赵佗，火速前往番禺，到郡尉府面见。

赵佗，恒山郡真定县（今河北石家庄）人，姓氏为赵，或为战国赵国王族的苗裔，秦帝国时被征发编入秦军。秦两次进攻南越，赵佗都在军中，以其丰富的经验和不凡的能力，渐露头角，升任南海郡属下的龙川县县令，甚为任嚣所看重，认为是可以嘱托大事的人。

秦之南海郡，大致包括今广东省的大部分地区。郡政府所在之番禺县，就在今天的广州市境内。龙川县，是南海郡下的属县之一，故址在今广东省惠州市龙川县，县西北的佗城镇，据说就是赵佗修筑的秦城旧址。

卧病在床的任嚣，见到赵佗，说："听说陈胜吴广作乱，各地豪杰纷纷聚众兴兵，中土大乱，不知道会出现何等局面。南海地区遥远偏僻，至今还算平静。不过，我担心乱军侵入进来，所以打算发令起兵，断绝北边的关口通道，自卫观望，等待中土局势变化的结果。"

说到这里，任嚣抬起身子，让赵佗靠近些说道："南海地区北阻山险，南有南海屏障，东西数千里，又有数十万中土军民相助，也是一州之主的资本，可以自主立国。赵君啊，我如今病重，怕是起不来了。遍视郡中将校长吏，没有可以商计大事的人。所以，特意招你前来，嘱托后事。”

赵佗涕泣，俯身跪拜，接受了任嚣的嘱托。

于是，任嚣当即签署委任令，移交印信绶带，委任赵佗代行南海郡尉的一切事务。

任嚣死去，赵佗接替了他的职务，马上传檄南海郡北部之横浦关（今广东南雄市与江西大余县交界之大庾岭上）、阳山关（今广东阳山县西北连江岸）、湟溪关（今广东英德市西南）等主要关口：“乱兵将至，紧急封锁道路，闭关聚兵自守。”按照任嚣的遗言，切断了与中土地区的交通往来，自守静观待变。

陈胜吴广起兵反秦，在秦二世元年（前209）九月。汉元年（前206）十月，刘邦军进入秦都咸阳，秦王子婴率百官投降，秦亡。在楚汉相争、中土大乱的五年间，赵佗以南海郡为根据地，先后吞并了桂林郡和象郡，统一了整个岭南地区，于汉三年（前204）建立南越国，自号武王。

赵佗的南越国，赖以建国的基本力量，是秦帝国的南部远征军，数量当在十万人左右。这支唯一完整保存的秦军，成为南越国的新统治阶层，加上随军南下的移民和家属，人数在五十万左右，成为新政权得以立国安身的社会基础。这批南下的军民，都是中土地区的移民，他们所建立的国家，是移民国家，由少数外来的汉人移民，统治多数当地的越人土著。

南越国的疆域，以秦的南海、桂林、象三个郡为基础，其北部边境，大致以五岭为界，沿今广西柳州、桂林、贺州，广东肇庆、韶关，福建漳州一线，与秦洞庭、苍梧、庐江、闽中诸郡相邻；其西境，大致沿今广西百色、河池一线，与后来被称为夜郎和句町的西南夷诸国相邻；其东部和南部临海，南部领土的一部，已达今越南北部。

南越王赵佗，不但是一位卓越的军人，也是一位杰出的政治家，善于审时度势，有远见卓识。赵佗清楚地认识到，对于新建的外来政权而言，南下的秦军和移民，与当地土著越人的融合，是维持长治久安的关键。五十万秦军和移民，多为男性，娶越女为妻，不但是必然，也是南越国大力推行的政策。

赵佗家族，身为表率，选定土著越人之大族——吕氏家族作为联姻对象。吕氏家族的女子，都嫁给赵氏男子，吕氏家族的男子，也都迎娶赵氏的女子，以外戚的身份，出仕南越国政权，成为支持赵氏政权的重要力量。

南越国地区，越语与汉语不通，民风民俗与中原地区差异极大。当地越人，饮食有鼠贝鱼蛇，服饰用断发文身，居住高架木屋，出行舟船木筏，巫祝盛行，不似中原用甲骨蓍草而用鸡骨。

赵佗政权，因地制宜，继续了秦帝国的汉字政令体系，推行缩小版的皇权官僚集权体制，郡县制下，邻近中土的南海郡和桂林郡，依旧由旧秦军用秦制掌控；对于象郡，考虑其远处南海一隅的特殊情况，析分为九真和日南两郡，派遣行政官员前往主持大事，一般的行政事务则交由原来的部落首领自治自理。

在风俗习惯上，赵佗柔和而灵活地处置，采用了入乡随俗的方针。赵佗以身作则，以越人君主、蛮夷大长自居，放弃了中原的冠带之礼，头饰不用中原的束发冠带，宾礼不正襟危坐，而是从越俗，魋髻箕踞，头发在头顶上绾成锥子髻，双腿前伸而坐。由于汉越联姻混血的推行，汉人渐习越语，越人也用汉字，中原的生产技术，如铜铁冶炼、建筑造船、牛耕水利等，也逐渐推广开来。

在赵佗政权的引领下，南下的秦人与土著的越人逐渐融合，北方先进的生产技术南传扩散，南越国的国情，日渐稳定，南越国的根基，日渐巩固。到高帝十一年汉朝使臣陆贾来到南越时，南越国已经立国八年，国泰民丰，政权稳定，巍巍然一南方之强国也。

四、陆贾出使南越国

陆贾出使南越国，在高帝十一年（前196）五月。

奉命出使的陆贾，携有皇帝刘邦亲署的册封诏书、黄金制作的汉南越王印、紫色的绶带、通关的符节以及锦缎丝绸等赠礼。陆贾这次出使的使命，是要说服已经独立称王的赵佗，接受汉朝的册封，以外臣的名分，加入以汉王朝为中心的联合帝国体系中来。

从汉帝国的首都长安（今西安），到南越国的都城番禺（今广州），直线距离大概是1200公里，以古代的曲折道路计算，当在4000公里以上，用汉代的里数计量的话，就是万里行了。

陆贾一行，出长安，走商洛道进入南阳郡，再南下经过南郡进入长沙国，继续一路向南，越过五岭，进入南越国境。

独立建国后的赵佗，始终关注着中土地区的消息。楚汉相争，他置身事外，一心一意融合外来的秦人与土著的越人，建设新国家。汉帝国建立以后，他静观局势，以不变应万变，巩固新政权。作为旧秦军的将领，赵佗很清楚，继承了秦帝国的汉王朝，一旦安定下来，一定会将手伸到自己这里来，只是时间的早晚。

陆贾的到来，赵佗并不诧异，反而有些兴奋，他恨不得马上见到这位名扬天下的使者，打听道传途说的万般事情。自秦末之乱以来，已经与中土隔绝了十几年，家乡如何，故人安在？汉朝新立，能否长久？刘邦有何德何能，竟然能够击败群雄，一统天下？……自然，他最关心的是陆贾这次前来，究竟带着何种使命？

赵佗下令，不在南越王宫的正殿，而在偏殿接见汉朝使者。当陆贾被引进来时，赵佗一身越人装束，将头发绾在头顶，结成锥子状，两腿前伸而坐，一副放任傲慢的姿态，也不招呼陆贾，不为陆贾设座。赵佗是赵国王族后裔、秦军高级将领，对于中土习俗和朝廷礼仪，自然是清楚明白。今天，他是有意要以蛮夷君长的非礼，折煞汉朝使者的威风。

陆贾是外交场上的高手，见的世面多。他见赵佗摆出“魋髻箕踞”的样子，已经将赵佗的心思看出几分。他不卑不亢，以汉朝使者拜见诸侯王的礼数，长揖参拜了赵佗，然后开口，劈头就是一番提醒和告诫：“足下是中国人，亲戚、家族的坟墓都在真定。如今，足下违背天性习俗，抛弃冠带之礼，其意图，岂非是想以区区一隅的南越，与大汉天子抗衡匹敌？如果是这样的话，那就是大祸将临了。”

听了陆贾的话，赵佗一愣。陆贾继续说道：“秦失其政，诸侯并起，群雄竞逐中，唯汉王先攻入关中，降下咸阳。项羽入关，违背怀王之约，自立为西楚霸王，威服诸侯，可谓至大至强。然而，汉王龙起巴蜀，鞭笞天下，号令诸侯，终于诛灭了项羽。区区五年时间，一举平定海内。如此功德，绝非人力所能完成，乃是上天的安排。足下是秦人，对这些年来的天下大事，不会不有所耳闻吧。”

箕踞而坐的赵佗，伸开的双腿开始回收，神情也开始凝重起来。陆贾看在眼里，抬高了语调说：“天子与诸侯各国，协力同诛暴虐，足下独自称王南越，不协助，不参与，不与天下同心协力。

如今，天下大定，将相大臣们愤愤不平，纷纷要求移兵南下，诛灭南越。天子仁慈，怜悯百姓们刚刚经历了长期战乱的劳苦，希望避免战火，与民休息。所以才派遣臣下出使，携带诏书印绶，册封足下为南越王，交付关防符节，便利交通往来。”

听到这里，赵佗凝重的神情松弛下来，眼光柔和而现期待。陆贾心中有了数，将足下之称换成君王，竟然声色俱厉地指责起赵佗来：“天子使者到来，君王应当出城郊迎，北面俯首称臣。结果呢，竟然凭借新建未安的南越，倔强无礼到这种地步。如果汉朝知道了，掘烧君王先人的坟墓，夷灭君王先人的宗族，派遣一员偏将，统领十万之众兵临南越，南越之人杀君王归降汉朝，岂非易如反掌的事情。”

听到这里，赵佗迅速收起双腿，整齐衣裳，双膝着地，正坐向陆贾道歉说：“在蛮夷中住得久了，丢失了中国的礼仪，尚望先生见谅。”

于是，赵佗请陆贾入座，从容交谈起来。谈话中，赵佗关心中国的人物，特别是对汉朝的将相大臣，打听得最是详细。他问道：“你看我，与萧何、曹参、韩信相比，谁更贤明？”

陆贾笑了，眨眨眼答道：“似乎，君王更贤明。”

赵佗来了兴致，高兴地问道：“那我再问你，我与皇帝比呢？”

陆贾当即挺直身子正襟危坐，神情肃穆地答道：“皇帝起于丰沛，讨暴秦，诛强楚，为天下兴利除害，继承了三皇五帝的功业，统治了中国。如今的中国，人口众多，数以亿计，地大物博，方圆万里。如今的中国，殷实富足，人车熙熙，物流攘攘。如今的中国，政由一家，号令一统，这是自开天辟地以来，未曾有过的大事大业。相比之下，如今的南越，人口不过数十万，多是蛮夷，国土崎岖，闭锁在山海之间。若要比较的话，宛如汉朝的一个郡而已，君王贤明，怎么能拿来与汉朝相比呢？”

赵佗听到这里，禁不住哈哈大笑起来，高兴地说道：“我不兴起于中国，所以在这里称王。如果我兴起于中国，又何尝会不如汉朝天子呢？”

经过这一番你来我往的交谈，赵佗大为高兴。他经过权衡，接受了汉朝的册封，以汉南越王的名义，向汉朝称臣，遵行汉朝的相关约定，正式成为汉王朝联合帝国体系中外臣的一员。

赵佗打心底喜欢陆贾这个人，也希望从他那里打听旧事，聆听新闻。他对陆贾说：“久居南国越中，没有可以谈话的对手，先生来了，开眼界，长见识，健言语，真是让我日日闻所未闻。”他挽留陆贾住下来，一起饮酒欢谈，达数月之久。

数月之后，陆贾启程回京，赵佗恋恋不舍，大口袋满装贵重珍宝，价值千金，其他的赠品，也都在千金以上。

辞别赵佗的陆贾，回到长安，面见刘邦，一一陈述了南越之行的所见所闻，汇报了赵佗接受册封，愿以外臣称臣奉约的结果。刘邦大为高兴，拜陆贾为太中大夫，随侍在身边，参与决策议论。

五、逼反英布

英布，与韩信和彭越齐名，是灭楚兴汉的三大名将，被时人称为同功一体之人。

不过，以资历而论，英布与韩、彭，自是不可相提并论。想当年，诸侯灭秦之时，韩信在项羽麾下做郎中，彭越还在巨野泽中当强盗，而勇冠三军，赐号当阳君的楚军骁将英布，已经被项羽封为九江王，与汉王刘邦等列齐名。

楚汉相争中，刘邦彭城大败，众叛亲离时，英布举国从汉反楚，兵败，妻子俱亡，只身来到刘邦身边，收集旧部，重整旗鼓。从此以后，始终与刘邦同心协力，往来奔走于荥阳与武关之间，共同抗击项羽的强攻，并肩挺过了楚汉战争中最艰苦的岁月——荥阳对峙拉锯战的三年。[1]

英布被刘邦封为淮南王，是在汉四年七月，正是荥阳对峙最艰难的时候，以此彰显他不离不弃的忠诚，酬谢他多年以来的功绩，弥补他国破家亡的牺牲。楚汉和谈成功，英布与刘邦一道，毁约攻击撤退的项羽，在固陵吃了大败仗。刘邦用张良之策，以封王增地的允诺招来韩信和彭越，大败项羽军于陈下。此时的英布，无论胜败，始终与刘邦同甘共苦，没有留下稍许的嫌猜。

陈下之战后，英布领军南下，深入故国九江，与汉将刘贾会合，策反楚国大司马周殷成功，取六县克寿春，再渡淮北进，堵截项羽南下的退路，完成了对楚军的战略包围，参加垓下之战，取得了楚汉战争的决定性胜利。[2]

汉五年正月，刘邦即皇帝位，汉帝国建立。从此以后，淮南王英布领有九江、庐江、衡山、豫章四郡的广大国土，定都六县（今安徽六安），舒舒服服地过起荣华富贵的王者生活，心满意足。英布早就厌倦了冰冷铁甲的军旅生活，只想日日醇酒，夜夜美人，要将失去的人生、飞驰的岁月，加倍补偿回来。

高帝六年十二月，刘邦巡游云梦泽，大会诸侯王们于楚国陈县，英布前往朝见。他目睹楚王韩信被就地逮捕，罪名是被密告

---

[1] 参见《楚亡》第三章二“冷面杀手英布”，第四章《荥阳对峙》。

[2] 参见《楚亡》第五章《垓下决战》，特别是其四“陈下之战”。

谋反，让他着实吃了一惊。事后，韩信被押送到洛阳，以擅发兵的罪名褫夺王位，赦免为淮阴侯，从此被看管起来。一种难以名状的不安，开始出现在英布的心底。

高帝七年十月，韩王信投降匈奴谋反，皇帝亲自领军前往征讨。九年一月，赵王张敖谋反，被废黜为宣平侯。十一年正月，软禁于长安的韩信，被吕后诛灭三族，罪名是勾结代相陈豨谋反。一件又一件诸侯王谋反被诛杀、国土被分封给皇子皇亲的事情，一次又一次敲打着英布的心，不断地增添着他的不安。

高帝十一年三月，长安传来消息，梁王彭越被灭三族，罪名又是谋反。英布开始坐立不安。

我们已经叙述过，彭越被枭首示众后，刘邦将他的尸体煮成肉酱，遍赐诸侯。当汉朝的使者将彭越的肉酱送到淮南国时，英布正在野外打猎。引弓驰骋的英布，瞬间感到从未有过的强烈震恐，不祥的预感，使他心烦意乱，当即结束狩猎，回到都城王宫。

几年来，英布几乎年年与彭越一道朝见皇帝。六年，朝见于陈县，八年，朝见于洛阳，九年、十年，朝见于长安。朝会大典，同列并进，皇宫宴会，举杯言欢。二人之间，虽无旧谊私交，因为同功一体，并在诸侯王之列，倒也是惺惺惜惺惺，彼此看重。

在英布看来，自从受封为梁王以后，彭越对刘邦是感恩戴德，恭顺自重。天下初定，他礼送兵败来归的田横潜回齐国，回避了如同钟离昧牵连韩信的困窘。燕王臧荼、韩王信谋反，击匈奴于平城，他都亲自领兵随皇帝出征，未曾留下稍许的嫌隙。想不到的是，今年陈豨之乱，彭越有病不能亲自出征，马上就被猜忌，被告发谋反，定以“反形已具”的莫须有罪名。蒙冤后的彭越，被褫夺王位，流放边境。流放途中，竟然又被吕后诬告，以再次谋反的罪名，枭首灭族。真可谓蒙冤受诬，死得窝囊晦气。

英布其人，是性情中人。他寡言少语，面酷心冷，为人行事刚直少虑。不过，英布坚忍决断，一旦动了心思，就如脱缰之马，万难追回。彭越之死，对他刺激太大，他预感不祥，彭越的今天就是自己的明天。被煮成肉酱的彭越，如同噩梦凶兆一般，昼夜浮现在英布眼前，已经挥之不去了。

于是英布下达命令，隐秘整军备战，严密监视与淮南国接壤的汉朝各郡的动向。他打定主意，一旦汉朝方面有所动作，立即起兵。

英布统治淮南国，拥有自己的军队，政府机构的设置，如同汉朝一样，文武百官，也皆由国王自己任命。中大夫贲赫，是英布手下的一位中级官员，供职于淮南王宫廷，充当政治侍从。贲赫家在城中，对门住的是一户医生，医术高超，甚为有名。英布的一位宠妾，有病常常前往就诊，让贲赫动了心思。他想趁此机会，结交宠妾，让她在英布面前为自己美言谋利。于是，贲赫以钱财开路，通过医生结识了宠妾，陪吃陪喝，赠送珠宝，甚得宠妾的欢心。

听谀辞，得实利，人皆所好。宠妾心情好，每每回到宫中，不时在英布耳边夸奖贲赫的为人。古来的帝王宫廷，寝宫与朝廷分离，后妃与臣下隔别。听了宠妾的话，英布起了疑心。他冷冷地问宠妾："你从哪儿知道贲赫的为人？"宠妾不敢隐瞒，慌忙将事情的原委详细告知英布。英布是好美色忌妒深的人，听了宠妾的辩解，他怀疑宠妾与贲赫在外私通。

深宫高层的情事，永远说不清道不明。英布起疑，宠妾自然不敢再外出就医。消息流传出来，贲赫自知失策，他了解英布的暴烈冷酷，一时惊吓恐惧，称病不敢进宫拜见履职。英布的怀疑，转化为愤怒，准备逮捕贲赫。

这位贲赫，是一位善于察言观色、体察形势的能人，身在淮南王廷任职的他，不但熟悉淮南国内的政情，对于汉帝国天下的局势，特别是汉朝与诸侯王国之间越来越收紧的死结，了解甚深。这位贲赫，绝非省油的灯。他献媚讨好不成，反被冤屈猜忌，干脆一不做二不休，来个鱼死网破。他只身脱逃，进入汉朝境内，申言有密告书呈上。于是乘传车，走驿站，被马不停蹄地送往长安。英布察觉后，马上派人追捕，但已经晚了。

贲赫到了长安，立即前往长乐宫司马门，呈送密告之变书，申言英布谋反之事已经有端倪可见，可以趁其尚未发动之前逮捕诛杀，云云。

病体不安的刘邦，召见相国萧何，告知密告书的内容。萧何说："英布，应当不会有这种事情，恐怕是仇家的怨望诬告。请先将贲赫拘留监禁，然后派人前往淮南国，秘密调查相关事宜。"

贲赫逃亡入汉时，英布已经想到，他一定会效法韩信、彭越案的先例，告自己谋反。当汉朝使者来到淮南国时，英布知道祸患不可避免。人有隐私，国有密谋。非对等的怀疑追查之下，没有不透风的墙，没有不能验证的疑，没有不能罗织的罪。

英布得知汉使正在秘密调查自己后，自知大祸临头。他召集臣下商议举兵反汉的大事。故淮南相国、平原君朱建表示不妥，英布已经听不进去了，他认同部下梁父侯的意见，造反是唯一的出路。此时的英布，血脉偾张，他不想成为韩信，被逮捕软禁处死，他更不想当彭越，被煮成肉酱遍赐诸侯。你不仁，我不义。格老子反了，胜者为王败者寇，痛痛快快赌一把，战场上见。

于是，英布下令逮捕汉朝使者，诛灭贲赫家族，公开举起反旗，声言要为韩信、彭越等蒙冤的诸侯王讨回公道，要与刘邦决一雌雄，也尝尝当皇帝的味道。

淮南国的领土范围，以今江西省和安徽省淮河以南的部分为中心，兼有河南省淮河以南的部分地区和湖北省东部的部分地区。英布起兵时，淮南国的东境，其北部与荆王刘贾的领土相接，其南部与闽越王余摇的领土接壤。淮南国的南境，是赵佗统治的南越国。淮南国的西境，其南部与吴臣的长沙国相接，其北部与汉朝的南郡接壤。淮南国的北境，其东部与楚王刘交的领土相接，其西部与汉朝的陈郡和南阳郡接壤。

公开竖起反旗的英布，召集部下说："皇帝老了，已经厌倦了征战，又有伤病，必定不能亲自领军前来。汉朝的诸位将领中，令人敬畏者，唯有韩信和彭越。如今二人皆已死去，其他人都不在话下。"坚定了必胜的信心后，英布与部下商议战略方针。

经过协商以后，淮南国君臣认为，东面的闽越和南越，独立而偏远，不会主动攻击我国，可以结好。西面的长沙国，是淮南国的姻亲之国，自秦末以来，两国就相亲相邻，兴亡与共，如今的国王吴臣，是英布前妻的兄弟，可以结为盟国。淮南国的北境，有淮河天险屏障，可以先据河防守，我军当集中兵力，东进攻击刘贾的荆国，清除侧后的敌人后，再渡过淮河，攻击刘交的楚国。

……

长乐宫中的刘邦，得到英布起兵造反的确切消息后，当即下令释放贲赫，任命为将军。他召集大臣将领商讨对策，萧何不再说话，诸将群情激愤，一致主张发兵讨伐。

太仆夏侯婴，是刘邦沛县泗水亭长时代的亲友，开国功臣集团的核心人物之一，一直在刘邦身边供事，深得信任。夏侯婴喜好接纳宾客，薛公是其中的一位，曾经做过楚国的令尹。英布举兵的消息传来后，夏侯婴曾就此事问过薛公的看法。

薛公说："英布造反，是当然的事情。"

夏侯婴不解地问："皇上对待英布，裂土封王，恩重贵显，他已经南面君临一国，成为万乘大国之主，为何还要造反？"

薛公说："英布其人，与韩信和彭越类似，皆因功封王，割据一方。三人，可以说是同功一体之人。今年正月，杀韩信；三月，诛彭越。如今英布被告反，自然是疑心同样的灾祸将烧及自己。他已经别无选择，只有造反了。"

说到这里，薛公补充道："不过，依臣之见，英布成不了大事。"

……

夏侯婴看重薛公，他面见刘邦说："臣下的门客薛公，曾经做过楚国的令尹，此人有智慧多计谋，可以听听他的看法。"

英布起兵造反时，正值刘邦有病在身，卧床不起。他在病榻前召见薛公，听取他的意见。

薛公详细地呈述了对英布其人其事的看法，回答说："英布造反，是早晚的事情，不足为怪。英布造反，也是成败之间的事情，要看他在上中下策之间如何选择。假如英布出于上策，太行山以东的广大地区，就不是汉朝的了。假如英布出于中策，战争胜负的概率，那就难以预测了。假如英布出于下策，陛下就可以高枕无忧了。"

刘邦稍微抬起身子，问道："何谓上策？"

薛公答道："首先，东进攻取荆国。然后，西进攻取楚国。进而，北上吞并齐国和鲁国，再传檄燕国和赵国，结成反汉保国同盟，对抗坚守。如此一来，山东各国，皆可能脱离陛下而追随英布，自然就不是汉朝的了。"

刘邦又问："何谓中策？"

薛公答道：“东取荆国，西取楚国，然后吞并韩国和魏国地区，占领敖仓作为粮草基地，在荥阳成皋一带屯集重兵，阻止汉军出关中东进。如此一来，长期拉锯对峙的局面形成，谁胜谁负，就不好说了。”

刘邦点点头，又问道：“何谓下策？”

薛公道：“东取荆国，西取楚国，与长沙国结盟，以东越和南越为后盾，偏居一隅对抗汉朝。如此一来，陛下可以高枕无忧，汉朝可以无事了。”

刘邦继续问道：“以公之见，英布将出于哪种方策？”

薛公肯定地说：“下策。”

刘邦好奇地问道：“为何不用上策而用下策？”

薛公说：“英布其人，本是修筑骊山始皇陵的刑徒，以将才军功，成为万乘之主，观察他的所作所为，都是为了自身一己，既不体恤百姓民心，也不为子孙做长远打算。如此短见近视之人，岂能有远虑深谋，他一定会出于下策。”

刘邦舒展身子，躺下说道：“好的，那我就放心了。”

于是，刘邦下令赐予薛公领地一千户，决定发兵东进，讨伐英布。

六、更换太子的风波

英布起兵造反时，刘邦已经六十一岁了，他的余生，只剩下最后一年的时间，伤病缠身，心理变态。

刘邦的心境，时明时暗。每当回想起提三尺剑，马上打天下的岁月，英雄豪迈之气涌动，辉煌灿烂。一旦病痛袭来，又衰弱得躺倒厌恶见人，眼前一片灰暗。他已经实实在在地感到死亡的临近，却始终放不下两件事情。第一件是君臣间的国事，他放心不下一同打天下的战友兄弟，担心他们居功自大，夺了刘家的皇位。第二件是皇室内的家事，他想废黜太子刘盈，让爱子刘如意做皇位继承人。

晚年的皇帝刘邦，全部心思和精力都耗费在这两件事情上。

从史书的记载来看，他对第一件事情的处理，使阴谋，玩花招，大动干戈，亲征亲讨，大体还算顺利。灭燕王臧荼，捉楚王韩信，攻韩王信，废赵王张敖，捕梁王彭越，一路下来，有惊无险。眼下想要清除的淮南王英布，虽说是块硬石头，他也有扳倒的自信。

相比之下，家事更烦心。废刘盈立刘如意的事，阻力重重，吕雉一家反对，那是当然的事情，可恨的是大臣们都反对，特别是一同起兵于沛县的那帮元老弟兄，个个都站在刘盈吕雉一边。像周昌那王八蛋，就是你骑在他脖子上，他还是口口声声“期期不奉诏”。这件事情，让刘邦感到沮丧，也加重了他对将相大臣们的不满和不信，愈发陷入孤独和狂躁。

刘盈，是刘邦与吕雉所生的儿子，他还有一位姐姐，史称鲁元公主，也是吕雉所生。刘盈生于秦始皇三十八年，当时的刘邦，已经四十七岁，还在泗水亭长任上厮混。中年得子，香火得续，自然是欢喜得很，身边一帮弟兄，也都来贺喜，认了干亲。

自沛县起兵以来，刘邦带着沛县的弟兄们离开了家乡，开始了转战各地的军旅生涯。家人中，只有小弟刘交跟随，还有一位远亲刘贾，也来参加了革命。夫人吕雉，带着一双儿女，与父亲太公、二哥刘喜等一大家子人，都留在了老家丰邑。

吕雉的两个哥哥——吕泽和吕释之，沛县起兵后，回老家单县拉队伍回到军中，从此跟随刘邦。吕雉的妹妹、樊哙的老婆吕媭，同姐姐一样精明强干，二人筹划张罗，再得到同乡审食其的帮助，不但将刘吕两家关系维系得井然有序，也与三千沛县子弟兵的父母妻子同甘共苦，互帮互助，深得老战士及其家眷们的爱戴。

刘邦被项羽封了汉王，去汉中就国前，派遣吕释之东归故乡，将家人接出来，没有成功。反攻关中成功后，又秘密派人东去迎接家眷，也失败了。汉二年四月，刘邦联合各诸侯国东进，攻下了彭城。不久，遭到项羽军奇袭，大败溃逃。逃亡途中，遇到鲁元和刘盈，将他们带回了自己身边。吕公、吕释之、吕雉、吕媭以及刘太公、刘喜等一干亲人，都被项羽捕获，扣押在军中做人质，一直到楚汉讲和成功，才被释放回到刘邦身边。[1]

沛县起兵，在秦二世元年九月，楚汉讲和成功，在汉四年九月，其间整整七年时间，就是刘邦与吕雉分居的岁月。刘邦是好酒好色的人，身强性旺，多情阳刚，身边少不得女人。特别是做了汉王以后，有了制度化的后宫，随着征战的顺利，灭国后宫的美女，源源不断地送到刘邦的面前。在诸多的后宫嫔妃中，戚姬最得刘邦宠爱。

戚姬，秦东郡定陶人，年轻貌美，能歌善舞，让刘邦甚为迷恋。刘邦得到戚姬，还是他任楚国沛县公的时候，时间大概在秦二世二年。当时，他与项羽一起联合作战，领军攻击定陶一带的秦军。从此以后，戚姬就常在军中，随同刘邦征战，宛若常在军中随同项羽的虞姬一般。戚姬生下儿子如意，是在汉元年，刘邦

[1] 参见《楚亡》第二章一“韩王郑昌”，第二章八“项羽的反击”，第五章三“侯公说项羽”。

刚刚做了汉王的时候。

相对于如花似玉的戚姬，糟糠之妻吕雉，年纪渐长，人老色衰。战乱中的长久分离，也自然带来情感疏远。吕雉为人刚毅坚忍，处世有见识，行事有斩杀，绝非等闲的女流之辈。自从她被项羽释放，回到刘邦身边以后，就把精力放在治国安邦的政治上，一门心思都寄托在儿子也就是太子刘盈的身上。她清楚地知道，自己以及吕氏一族的未来命运，都系在刘盈是否能够顺利地继承皇位上。

史书上说，如意随同戚姬，一直在刘邦身边，长大以后，体魄性格，言语举止，和父亲非常相似，甚得刘邦的喜爱。而太子刘盈呢，性格柔弱，完全没有继承父母的基因。刘邦每次出征，都将关中交与太子看守。刘盈随和，事无巨细，都依靠吕后和萧何，让刘邦不甚满意。常在刘邦身边的戚姬，岂能察觉不到，她随时吹枕边风，伺机在刘邦耳边哭泣，让刘邦动了废刘盈、立如意的心思。

刘邦是聪明人，知道太子的废立，不仅是家事，更是关系国本的国事。吕氏一族，姑且不论，将相大臣，接受不接受，最是绕不开的坎儿。他放气球试探，不时流露出换太子的话头。聪明如陈平者不说话，滑头地王顾左右而言他。智慧如张良者，先是委婉地劝说，后来就称病不接话了。柔顺如叔孙通者，也来引经据典讲故事，绕来绕去，就一句话，太子不可易，易则生乱。

最堵心的，是那帮一同从沛县出来的弟兄，几乎是人人反对，个个不以为然，连同他们的父母妻子儿女，都站在吕雉刘盈一边。结巴子周昌，竟然成了他们的炮筒子。

周昌，沛县人。他还有一位表哥周苛，秦时都是泗水郡的下级小吏，出任卒史。与沛县的泗水亭长刘邦，也是圈子里的老相识了。沛县起兵后，两兄弟跟随了刘邦，周昌做了军旗手，周苛以帐下客的身份跟随在刘邦身边，甚是亲信。二人随同刘邦一道征战各地，进入关中灭秦。刘邦被封为汉王后，任命周苛为御史大夫，出任副丞相，周昌被任命为中尉，担当首都地区的防务，都是核心中的核心。

楚汉战争中，周昌出任内史，成为首都地区的最高军政长官。荥阳对峙，周昌守敖仓，周苛守荥阳。荥阳城破，周苛被项羽俘虏，宁死不降，痛骂项羽，被活活煮死，成了元功宿将中最悲壮的烈士。悲痛的刘邦，任命周昌为御史大夫，接任兄长的职位，前仆后继。击败项羽取得天下后，周昌与萧何、曹参等元老一道，成了第一批被封为列侯的功臣，于高帝六年正月被封为汾阴侯。周苛的儿子周成，因为周苛的功绩而被封为高景侯。

这位周昌，为人耿直强项，直言敢当，功臣元老，除了萧何、曹参以外，都对他敬畏三分。

据说，周昌有要事，匆匆入内上奏，正撞见刘邦抱着戚姬亲热，扭头便走。刘邦好不扫兴，尴尬中喊道：你给老子站住。周昌只当没有听见，急急往外走。刘邦一时火起，扔下戚姬追上周昌，按倒就骑在他脖子上，恨恨地问道："我让你跑。你他妈耳朵聋，你当老子是什么人？"周昌挺着脖子，涨红了脸吼道："陛下是是是——是是桀桀桀——桀纣一般的主。"周昌口吃，急了更是前言不搭后语。刘邦忍不住笑了，放了他。不过，从此以后，刘邦对周昌心生敬畏。

对于废刘盈立如意一事，周昌公开反对，朝议时出头强争。刘邦问他理由，他气急地说道："臣下口吃，说说说——说不清楚。不过，臣下期期期——期期知道不可以。陛下要要要——要废太子，臣下期期期——期期不奉接诏书。"听了周昌的结巴话，刘邦实在无奈，忍不住又笑了，从此不再在朝廷上议论废太子的事情。据说当时，吕后正在正殿东边的厢房中听。散朝后，见到周昌，跪下来感谢说："如果没有你，太子几乎被废黜了。"

从此以后，虽说刘邦不再公开议论废太子的事情，不过，他仍然没有放弃立如意的想法。吕后深为忧虑，有人对吕后说："留侯张良善于计谋策划，皇上信而用之，何不请他想想办法？"

于是，吕后让建成侯吕释之挟持张良，请求说："君侯做谋臣常从皇上，如今，皇上想要更换太子，君侯岂能高枕而卧，听之任之？"

张良推辞道："从前，皇上常在困急危难中，不时会用臣下的计策。如今，天下安定，以自己的喜爱想要变更太子，骨肉亲人之间的事情，纵然有一百个张良也没有用处。"

吕释之不达目的不罢休，逼张良说："无论如何，也请为我们出个主意。"

张良自知脱不了身，想了想说道："这件事情，难以用口舌来辩争。皇上网罗天下人才，有四位高人，他招致不来。四人皆年老高寿，认为皇上傲慢轻人，都逃亡隐逸山中，坚守节义不做汉朝的臣子，愈发得到皇上的敬重。"

吕释之问道："请问四人为谁，隐匿于何处？"

张良答道："东园公、角里先生、绮里季和黄夏公，皆隐匿在商洛山中。如果公能够让太子亲自去信，用词谦恭有礼，不惜金玉绸帛，选派一位能说会道的使者，安车厚迎。一迎不来，再迎，再迎不来，三迎。心诚礼敬，一而再，再而三地邀请，应当就会前来。来了以后，任用为身边的门客，时时跟随，有意让皇上见到。皇上见到了，一定会诧异而问起，一问就明白。皇上知道四人贤明难请，如今竟然来辅佐太子，可知支撑太子的力量，怕是难以动摇了。”

吕释之谢过张良，告知吕后。于是，吕后让吕释之按照张良的策划，派人奉持太子的亲书，谦辞厚礼，迎接四人。如张良预想，经过再三的恳请，四人来到了长安，被安顿在吕释之的侯邸，礼遇周全，厚待有加。

不久，按照张良的建议，东园公、角里先生、绮里季和黄夏公四人，皆被礼聘为太子的私人顾问，随时跟随在身边，史称“商山四皓”。

七、亲征英布

英布起兵造反时，刘邦重病在身，卧床不起，在病榻前召见薛公，听取了薛公的意见后，稍为安心。又心思一动，打算让太子刘盈统领诸将，领兵前往征讨。

消息一出来，急煞了商山四皓，他们商量说：“我们之所以来到这里，是为了保护太子。太子一旦领兵作战，事情就危险了。”

他们立即面见吕释之，说道：“臣等听说：‘母爱者子抱。’意思是说，母亲受到宠爱，父亲常常抱着她生的儿子抚爱。如今，戚夫人日夜伺候在皇上身边，赵王如意随时被抱到皇上面前。皇上说过这样的话，‘不肖之子，最终不能让他居于爱子之上。’意图明明白白，就是想要让赵王取代太子。”

说到这里，四人加重语气说：“太子领军出征，即使作战有功，也不能增益太子的地位。如果无功而返，祸患由此而来。明眼人一看就清楚，与太子一同出征的诸位将领，都是曾经与皇上一起打定天下的骁将。如今，皇上让太子统领他们作战，无异于

商洛山中

商山四皓墓

商山四皓，是传说中的历史人物。今陕西省商洛市丹凤县有四皓墓，寄托了后人的思念。

让羊领狼猎食，一定都不肯尽力。如此一来，太子无功而返，几乎就是定局了。定局中的太子，一旦铩羽而归，无能的理由坐实，更换的时机也就来了。”

吕释之听得心惊肉跳，急迫地问道：“怎么办才好呢？”

四人拿出商量好的方案，说道：“君侯何不马上面见皇后，请皇后迅速见到皇上，苦苦哀求，话不妨这样说：‘英布，是名震天下的猛将，善于用兵。如今，奉令出征的诸位将领，都是与陛下一道打天下的前辈宿将，让太子统领他们，无异于让羊统领狼，都不肯听命出力。英布听说了，必定轻视汉军，大张旗鼓西进。陛下虽然有病，还是要强打精神，用缁车卧载前往。有陛下在，哪怕是躺着发令监护，诸将都不敢不听命尽力。知道是辛苦陛下了，为了妻子孩子，还求勉为其难。’云云。”

于是，吕释之当晚就进宫面见吕后，转述了四皓的意见。吕后甚为作难，因为此时的刘邦，病卧禁中寝室，厌恶见人，下了诏令，任何人不得入宫谒见。分居中的吕后，求见也得不到准许。

一连十来天，前方军情紧急，群臣见不到皇帝，太子为出征的事情惶恐，吕后也见不到刘邦，长安城中，宫廷政府里，人心惶惶，惴惴不安。这时候，吕后的妹夫，莽汉子樊哙急了，与吕后、吕媭和吕释之等人商量后，纠结以周勃和灌婴为首的一帮少壮大臣，进入宫中，闯入禁内，不顾宦者的阻拦，一把推开刘邦寝室的门扉，只见刘邦躺在一位宦者的身上，昏昏欲睡。樊哙等人见状痛哭流涕，呼唤刘邦道：“想当年，陛下与臣等一同起兵丰沛，打定天下，是何等地英壮。如今天下已定，陛下又是何等地疲敝啊！陛下病重，大臣们惶恐。陛下不见群臣，国家大事无从计议。眼前陛下卧床，独枕一宦者，岂非要如此离开臣等而去吗？陛下啊陛下，难道你忘了秦末赵高的事情吗？”

经樊哙等人这一番突如其来的刺激，萎靡的刘邦一下子来了精神，他笑出声来，抬起身子，接受群臣的问候，宣称明日上朝视事。

得到消息的吕后，匆匆赶来见到刘邦，关切问候之后，按照四皓的方案，将太子不宜出征的理由一一呈述。呈述之余，忍不住流下泪来，哭泣哀求说："知道是辛苦陛下了，为了妻子孩子，还求勉为其难。"

樊哙闯宫，刘邦的心情已经转换，动了亲征的念头。刘邦其人，最是自视英雄好汉，听不得他人如何英雄的话，也受不得妇人的哀伤哭求。当他听吕后说起英布勇不可当，太子驾驭不了诸将的话后，随口骂道："我早就知道这小子派不出去，老子自己去。"吕后心中，一块石头落地。

刘邦亲自部署诸将，传檄天下，调兵出征。大军出发之日，以萧何为首的群臣都来送行，一直送到灞水西岸。张良病得不轻，强打起精神，渡过灞水到曲邮，扶病到军中面见刘邦说："臣下应当跟从，病重不能。楚人剽悍轻疾，希望皇上不要与他们硬碰硬。"

张良的意见是说，英布起兵北上东进，正在锋刃锐气上，希望刘邦不要急速进军迎击，而要利用汉军的战略优势，步步为营，稳扎稳打，待到英布军锐气受挫以后，再集中兵力击溃之。

在曲邮，张良还建议任命太子刘盈为将军，留守长安，统率军队屯驻关中，保卫首都地区的稳定安全。刘邦一一听取了。当即下令征发上郡、陇西、北地的车骑部队，以及巴郡、蜀郡和长安地区的步兵共三万人，集中屯驻霸上，由太子刘盈指挥。

临行前，刘邦交代张良说："子房啊，你虽然有病卧床，还是要强打起精神，为我辅导太子。"当时，太子刘盈的辅导老师是太傅叔孙通。于是，刘邦下令，任命张良为代理少傅，与叔孙通一道，协力辅佐太子。

经过张良这一番苦心筹划，刘盈不仅躲过了领军出征的厄运，而且收获了领军镇守首都地区的实权。从此以后，太子少傅张良为刘盈出谋划策，也有了名正言顺的名分。

……

淮南王英布，在六县誓师起兵以后，立即挥军东进，进攻刘贾的荆国。

荆国辖有东阳、鄣和会稽三个郡，共有五十三个县，国都在广陵（今江苏扬州），大致领有今江苏省南部、浙江省北部和安徽省东部的部分地区。

荆国的三个郡，本是楚王韩信的领土。高帝六年，刘邦逮捕韩信，废除楚国后，将楚国一分为二，以南部三郡建立荆国，封刘贾为荆王。我们已经叙述过，刘贾是刘邦的远房堂兄，早早从军跟随了刘邦，进关中入蜀汉。楚汉战争中，他领军深入敌后，开辟第二战场。垓下之战前，他配合英布，策反楚国大司马周殷成功，断了项羽南撤的退路，参加合围，击败项羽。刘贾其人，是刘氏家族中，难得的战功累累的亲属。

不过，刘贾毕竟不是骁将英布的对手。面对英布军的猛攻，刘贾无力做有效的抵抗，国都广陵失守，溃退到北部边境的富陵邑（今江苏盱眙东北）时，被英布军杀死。

英布吞并了荆国，重新整编荆国军队，编入淮南国军，军势大振，北上渡过淮河，攻克淮阴西进，直扑楚国都城徐州。

楚王刘交，是刘邦的异母弟，自幼受到良好的教育，好诗书，喜文学，结交的多是文化人。自沛县起兵以来，一直跟随在刘邦身边，进进出出，充当联络内外的机要秘书，最是信任亲密。汉元年，刘邦军攻入关中灭秦，刘交被封为文信侯。

高帝六年，韩信被逮捕，楚国被一分为二，刘交被封为楚王，领有韩信楚国的北部地区，辖薛、东海、彭城（原泗水郡）三郡，共有三十六个县，国都在彭城（今江苏徐州）。刘交的楚国，大致领有今天山东省的西南部、安徽省的北部，以及江苏省的北部地区，刘氏一家的故乡，汉帝国的龙兴之地，丰县和沛县，都在其中。

做了楚王的刘交，沿袭了年轻时候的喜好，将从前的学友穆生、白生、申公等人统统找来，任命他们为中大夫，聚在身边谈诗论学。秦始皇焚书以前，刘交曾经与他们一起师从浮丘伯学习《诗经》。这位浮丘伯，是战国末年的大学者荀子的弟子，诸子百家学风的继承人之一。于是，在刘交的倡导引领之下，彭城成为文化之都。[1]

英布造反，领军攻击荆国。刘交闻讯，举国动员，征调楚军，在楚国南部的徐县（今安徽泗县北）和僮县（今安徽泗县和江苏睢宁）一带集结布防。刘交将部队一分为三，各自驻守一地，构成可以互相支援的犄角之势，力图阻止英布军的快速推进。

有参谋劝谏刘交说："英布勇猛善战，将士们都畏惧他。兵法上说，在本土作战，士兵们容易逃散。如果将部队一分为三,一军战败，另外两军就会逃走。"

刘交不听。果然，英布集中兵力，击溃三支楚军中的一支，其余两支，闻讯散逃，楚军大败。

英布大败楚王刘交的时候，刘邦亲自统领的汉军主力，已经进入楚国的蕲县（今安徽宿州南）地区。汉军远道而来，刘邦记

[1] 参见《秦崩》第一章一"平民世家"，本书第一章九"秦楚汉间的儒生"。

取了张良的意见，并不急于主动出击，在蕲县西南的会甄乡庸邑停军止步，修筑壁垒屯守，等待英布军的进攻。果然，英布军乘胜西进，迅速抵达会甄乡，在庸邑的汉军壁垒之下摆开军阵，要与汉军决战。

刘邦登上壁垒的高处，望见英布军兵精马壮，旗帜鲜明，阵列严整，宛若当年项羽的军队。英布军的如此阵势，唤起刘邦与项羽多年苦斗的回忆，厌恨痛恶，忍不住高声喊道："英布，我刘邦也待你不薄，何苦要造反？"

已经豁出去的英布，高声答道："老子也想当皇帝。"干脆利落。

刘邦愤怒异常，与英布遥相对骂，宛若当年在荥阳，与项羽隔广武涧对骂一般。不过，怒归怒，骂归骂，刘邦是能忍善谋的人，始终没有忘记张良的话，不与楚人争锋。一直等到齐王刘肥与齐相曹参统领的十二万齐军主力抵达后，方才下令对英布军展开总攻击。

庸邑壁垒之下，刘邦亲自指挥汉军郦商部队从正面攻击英布，曹参所统领的齐军从东北方向出击，灌婴所统领的快速部队从西北方向包抄，在优势汉军的合围攻击之下，英布军被彻底击溃。

庸邑战败的英布，从此一蹶不振，率领残部逃亡，先渡淮河，后渡长江，最终死于鄱阳县兹乡，又是一段英雄覆灭的历史，这是后话了。

八、大风歌沛县情

刘邦击败英布的会甄乡，在泗水郡蕲县的西南。蕲县位于泗水郡的中部，在今天的安徽省宿州市南，古往今来，都是古战场。战国末年，秦军大将王翦统领六十万大军，在这里击败楚王熊启与楚军大将项燕，楚国由此灭亡。秦二世元年，陈胜吴广率领九百戍卒，在这里揭竿而起，秦帝国由此走向崩溃。

刘邦的故乡泗水郡沛县，在蕲县北，距离不到四百里。对于刘邦来说，这些熊启项燕、陈胜吴广的往事，近在身边，耳闻目睹，既是历史，也是现实。会甄乡会战结束，刘邦紧绷的神经松弛下来，旧日的回忆，一一涌上心头，多是故国故乡故人，尽是楚语楚歌楚舞。自起兵离开沛县以来，十四年间，只回去过一次。说不得是回去，只是路过。也说不得是路过，只是逃亡经过而已。

那是汉二年四月的事情，彭城大败，六十万大军被项羽打得落花流水，只有警卫的车骑跟在身边。天助神佑，借沙尘暴的掩护，脱出乱军，逃亡经过沛县，大混乱中碰见女儿鲁元和儿子刘盈，同乘负重的马车，被楚军骑兵追击，几乎做了俘虏……[1]至今又是将近十年，车已经不是从前的车，马已经不是从前的马，刘邦还是刘邦，只是已经不是从前的刘邦。不堪望，不堪想，已经须发俱白，伤病卧床……

会甄乡会战，带病指挥汉军的刘邦，被流矢所中。旧创加上新伤，病情愈益加重。此时的刘邦，已经过了六十岁，自感时日无多。他决定暂时不回长安，下令车驾北上，往故乡沛县而去。

先到徐州，接受弟弟、楚王刘交的盛迎。一同到了沛县（国），刘邦一行住了下来。在行宫中大摆酒宴，招待沛县的父老兄弟。酒席宴上，乐舞助兴，沛县儿童一百二十人的童声合唱，最是动人。酒酣的刘邦，难得的好心情，亲自击筑奏乐，和着乐

[1] 参见《楚亡》第二章八“项羽的反击”。

声，自作自歌，当场唱出一阕《大风歌》来：“大风起兮云飞扬，威加海内兮归故乡，安得猛士兮守四方！”大意是说，忆往昔，我如云起，随大风飞扬；看如今，我威临海内，荣归故乡；问将来，岂能得勇士，镇守四方？

兴头上的刘邦，让一百二十位沛县儿童附声同唱，满场欢声中，刘邦情不自禁，起身离席进入场中，高歌起舞。自歌自舞的刘邦，慷慨感怀，盈眶的泪水，忍不住成行成行地流淌下来。

泪流成行的刘邦，动情地对沛县的父老兄弟说道：“游子思念故乡。我虽然定都关中，死后我的魂魄，依然思念乐土沛县。我刘邦以沛公起兵，诛暴虐而有天下。沛县啊沛县，是我的根啊！从今以后，我以沛县做汤沐地，不离不弃；沛县之民，世世代代，免除租税徭役。”

汤沐地，本义是入浴的地方，借用来指称帝王之家的私人领地，其子民，是帝王之家的私属，其赋税，供帝王之家私用。皇帝刘邦，将沛县作为自己的汤沐地，永久免除沛县人的租税徭役，对于沛县人来说，不但是无上的荣耀，也是无上的恩惠。感激不尽的沛县父老兄弟，人人乐极，个个欢喜，举杯痛饮，交觞同庆。畅饮同庆酒宴间，乡亲们与刘邦君臣，絮絮道及彼此的相识，叨叨忆起当年的往事，那种久别重逢后的乡情，历经了大苦大难、大功大业的发酵，浓烈得化不开。

刘邦一行，在沛县住了十多天，准备离去。沛县的父老兄弟苦苦挽留，不让刘邦离去。刘邦也恋恋说道：“我不是不想多留，是我人多消耗大，沛县难以供应。”乡亲们这才勉强放刘邦离去。

刘邦一行离开沛县离宫之日，沛县人民都来送行，屠狗宰羊、牵牛奉酒，相望于道。一时间，整个沛县为之空巷。

乡情浓酽，盛情难却，感动得刘邦，又留下来住了三天，继续与乡亲们痛饮。临行前的刘邦，问及乡亲们还有什么要求和希望。这时候，沛县的父老皆离席顿首，恳求刘邦道："承蒙陛下恩赐，沛县有幸世世代代免除租税徭役，唯有丰邑，没有得到陛下的恩准，还望陛下哀怜。"

刘邦低头不语，踌躇了好久，方才动情地说道："丰邑，是我出生长大的地方，最是没有忘记过。只是想不得那件事，丰邑人竟然跟随雍齿，拔了我的旗帜，倒戈投靠了魏国。"

乡亲们再三苦苦哀求，曹参、樊哙、夏侯婴等一帮沛县出身的大臣，也都为丰邑求情，说是雍齿都已经封了汁邡侯，当年的一时之怨，也就随风吹去了。拗不过众人的请求，刘邦终于同意比照沛县，丰邑也享受同样的待遇，世世代代，免除租税徭役。

我们已经叙述过，刘邦出生于公元前256年，他的出生地丰邑，本是楚国的领土，秦灭楚后，丰邑属于沛县的一部分。刘邦起兵沛县，打的是楚国的旗号，不久，他领军外出作战，委派同乡雍齿留守丰邑。魏国的军队打来，包围了丰邑，雍齿反水，留守的丰邑人也跟着成了魏国臣民，多次武力抗拒刘邦的回归。这件事情，无异于背后一刀，气得刘邦大病一场，成了他终身不能忘怀的仇怨。[1]

沛县这个地方，秦时是泗水郡的属县。汉帝国建立，刘邦分封弟弟刘交为楚王，定都彭城，领有旧秦的薛、东海、彭城三郡，沛县归属于楚国。高帝十一年，刘邦封刘濞为沛侯，沛县从楚国独立出来，建立沛国，成为刘濞的领地。刘邦大风歌沛县行时，在丰沛地方主持接待的，正是沛侯刘濞，当时的沛县父老乡亲，都是刘濞沛国的子民。

---

[1] 参见《秦崩》第七章七"刘邦的第一个大挫折"。

刘濞，是刘邦二哥刘喜的儿子。高帝六年，刘喜被封为代王。刘喜老实巴交，干农活养家糊口是把好手，不是主政当王的料，不久，匈奴骑兵打来，他弃国逃亡，被褫夺了王位，降级为合阳侯，从此心安理得，在长安附近过起锦衣玉食的无忧生活。刘濞与父亲气质完全不同，不仅身强力壮，孔武有力，而且敢做敢当，能出头主事。刘邦亲征英布时，刘濞年方二十，以骑兵将领的职务，随同作战，颇得刘邦赏识。

英布之乱中，荆王刘贾被英布攻杀，荆国失主，由谁来接替刘贾，镇抚荆国地区，是刘邦必须马上解决的事情。当时，刘邦的诸位儿子，不论年纪长幼，都已经封了王，他的视线，自然就落在了刘濞身上。

从时间上看，刘邦大风歌沛县行、改沛国为皇帝汤沐地、分封刘濞为吴王，都在高帝十一年十月。从事理上讲，这三件事情，前后紧密关联。想来，或许就在大风歌的酒席宴上，刘邦废除了刘濞的沛国，将沛国之地作为自己的汤沐地。同时，改荆国为吴国，封刘濞为吴王，领有东阳、鄣、会稽三郡五十三县。如此分封，不但顺理成章，而且皆大欢喜，喜上加喜。

我整理历史到这里，不禁有所感慨。古往今来，开国帝王的家乡，因为是龙兴之地，其地位非同寻常。西汉帝国，是中国历史上第一个依靠地域集团建立的王朝国家，沛县出身的开国功臣，自始至终是刘邦集团核心中的核心、汉政权栋梁中的主干。这批人以萧何和曹参为代表，史称“萧曹故人”，也被史家称为“丰沛元从集团”。[1] 这批沛县人，不但是刘邦政权的政治支柱，他们共

---

[1] 参见《汉帝国的建立与刘邦集团》第五章第一节“前期刘邦集团之地域构成”三“丰沛元从集团”。

有的丰沛乡情，也是刘邦集团核心的精神家园。汉帝国施政行政的种种形态，由他们主持制定，西汉初年历史的种种特点，也由他们主持上演。

掩卷思量开去，大风歌沛县行时，汉朝是刘邦的汉朝，楚国是刘交的楚国，沛县是刘濞的沛国。汉朝、楚国、沛国的君主近臣，都是沛县乡里的邻人。刘邦一行久在沛县停留，沉浸乡情不忍离去，其欢歌笑语，依依不舍的身影背后，是身边的萧曹故人们、沛县子弟兵们以及数万家属乡亲们的集体之情。

九、燕王卢绾的苦境

燕王卢绾，是刘邦所封的最后一位异姓诸侯王，也是功臣宿将中与刘邦关系最亲近的密友。

卢绾与刘邦同乡，都是沛县丰邑人。二人不但同乡，而且同里，比邻而居，鸡犬之声相闻，老死不曾远离。卢绾与刘邦，从小一起长大，一起游玩向学，一起走上游侠的道路。卢绾的一生，宛若刘邦的影子，他终生奉刘邦为大哥，忠心耿耿，心无旁骛，不管刘邦走到哪里，他都跟在身后，如影随形。[1]

卢绾追随刘邦的人生，只有一段空白。秦统一天下，游侠刘邦改邪归正，经过考试，做了泗水亭长，一直到秦末乱起前夜，芒砀山落草为寇，其间约有十三年时间。卢绾的这一段历史，史书不载。我们只能推想，能力不够的他，大概是被纳入秦帝国的新体制，在丰邑耕田种地，娶妻生子，成为编户齐民。每当刘亭

[1] 参见《秦崩》第一章六“从模范少年到浪荡游侠”。

长回家，少不了饮酒聚会，高兴一场。

秦二世元年九月，刘邦起兵沛县，卢绾头一个前去投奔，以宾客的身份参加革命。从此以后，卢绾就不离左右，与刘邦的弟弟刘交一道，成为刘邦最信任的两位近臣，负责沟通上下内外，传递命令消息。

刘邦被封汉王，随同前往汉中就国的卢绾，被任命为将军，仍然侍从在刘邦身边。楚汉战争中，卢绾升任太尉，名列三公，实际上仍然做刘邦的贴心侍从。史书上说，卢绾以太尉的职位，一直侍从在刘邦身边，日常出入刘邦的卧室，不但参与核心机密，也享受衣被饮食的赏赐。刘邦对卢绾的亲近信任，群臣中没有人可以相比。萧何与曹参，是辅佐刘邦创业开国的股肱之臣，丰沛功臣集团的核心人物，刘邦对待他们，信任重用，待之以礼，群臣中也是无人可比。不过，若是论及个人间的亲密，萧何、曹参就不能与卢绾相提并论了。

卢绾被封为燕王以前，爵位是长安侯。卢绾何时被封为长安侯，史书没有明确的记载。合理地推想，是在汉二年左右，刘邦军从汉中攻取了关中之后不久。长安，本是秦都咸阳的乡名，在渭水之南，有龙首山，是一块风水宝地，秦朝的离宫——兴乐宫，比较完好地保存在这里。后来，汉朝建设新首都，就选址在这里。

卢绾被分封为长安侯时，汉朝的首都在栎阳。首都所在的关中地区，称为内史，是王朝的核心地区，按照秦汉王朝的惯例，是不能割裂出去，作为侯国分封的。卢绾被封为长安侯是特例，显示特别的恩宠，让卢绾始终不离刘邦的身边。

卢绾其人，忠诚和顺，谨言守信，当年做跟班，后来做内臣，都是适才适用，合适的料。不过，卢绾其人，能力和业绩有限，虽说是与萧何、曹参同时并起于沛县，同属第一批参加革命的老同志，然而，多年征战奋斗下来，论其行政能力和施政业绩，较之萧何，论其军事能力和功勋业绩，较之曹参，就完全不可同日而语了。

西汉初年，是论资历、讲功绩的时代。在功臣宿将的心目中，卢绾不过是一内廷宠臣，虽然头上戴了一顶太尉的帽子，号称最高军职，却从来不曾单独带兵出征，攻城略地立功，算得上什么东西？

这些不满的二话、怏怏的情绪，刘邦心知肚明。汉五年冬天，汉与诸侯国联军在垓下击败项羽，天下大局已定，唯有临江王共尉，不愿意背楚归汉，还在固守江陵（今湖北荆州）孤城。已经是毫无悬念的战斗，秋风扫落叶的清除，刘邦特意选派两位将领领军前去。其中一位是刘贾，刘邦的远房堂兄，富有军事经验的战将，有军功有战绩，后来被封为荆王，另一位就是卢绾。

这次出战，是卢绾第二次与刘贾合作。第一次合作，是在汉三年八月，刘邦派遣刘贾与卢绾领兵渡过黄河，策应彭越，在项羽军背后进行破坏性骚扰。毕竟是艰苦的敌后战场，考验将领的能力水平，结果是彭越和刘贾战功累累，机动力战之后，各自领军会师垓下，双双成为参战的名将。而卢绾呢，始终平庸而无所建树，处处显得相形见绌。

这次不同，经过刘邦的用心安排，这次军事行动的结果如所期待。卢绾、刘贾所统领的汉军，不费吹灰之力，攻下江陵，俘虏了临江王共尉，得胜凯旋。从此以后，长安侯、太尉卢绾的功劳簿上，被大大地写上一笔：灭临江国，掳王共尉，云云。

同年七月，燕王臧荼谋反，已经回到刘邦身边的卢绾，随从出征。征讨臧荼的战事，前后三个月，臧荼军败投降，做了俘虏。

谁来做燕王统治燕国，成了必须马上处理的问题。于是刘邦颁布诏书给将相列侯们，要他们从功臣中推荐燕王的人选。大臣们都看清了刘邦希望卢绾做燕王的心思，于是顺水推舟，由楚王韩信领衔联名上书："太尉长安侯卢绾常从，平定天下，功最多，可王燕。"于是刘邦下诏书认可，正式册立卢绾为燕王。

宠爱卢绾的刘邦，费尽了心机，终于如愿以偿，封卢绾做了燕王。卢绾也心领神会，千恩万谢，与楚王韩信、梁王彭越、淮南王英布、韩王信、赵王张敖、长沙王吴臣齐肩并列，做了诸侯王，登上了人生的峰巅。

哲人老子说，祸兮福所倚，福兮祸所伏。人生有命，福祸难测。卢绾被封为燕王，自然失去了长安侯的爵位，交出了长安侯国的领地。燕国的首都在蓟县，燕王的宫殿成了卢绾的新居。从此以后，卢绾一家，离开了关中，离开了帝都，远居千里之外。从此以后，刘邦的密友卢绾，失去了皇帝近臣的亲密，他与刘邦间的政治距离，也如同汉朝与燕国、长安与蓟县，中间有了千山万水之隔。从此以后，卢绾与刘邦的关系，就被汉王朝与诸侯王国的关系所左右，这一对同县同乡同里，同年同月同日生的亲交密友，他们未来的命运，走上了二人始所未曾料及的方向。

高帝十一年，代国丞相陈豨称代王，联合韩王信、赵王利，依托匈奴，在华北地区掀起大规模武装叛乱。刘邦征调汉与诸侯各国兵马，御驾亲征。燕国在代国东部，自叛乱以来，被割断了与汉朝的交通，陷于孤立。卢绾统领燕军，坚守上谷和广阳边郡，阻止叛军进入燕国，等待汉军的到来。

汉朝大军集结，顺利进军，襄国一战，大败陈豨，进而攻克东垣，陈豨与赵王利被迫退入代郡。坚守广阳郡一带的卢绾，统领燕军，配合灌婴统领的汉军车骑部队，在曲逆大败叛军王黄部队。王黄率领残军，撤退到代郡与陈豨和赵利会合。兵败陷于穷境的陈豨和赵利，派遣王黄出使匈奴，请求出兵援助。[1]

匈奴出兵，围困刘邦于白登山。后经陈平运作，汉朝与匈奴达成和议。汉朝用认匈奴为兄长上国、出嫁公主、定期供奉物资的代价，换取了匈奴的撤围以及停止入侵的承诺。不久，在刘敬主持下，履约和亲成功，汉朝与匈奴之间的使者往来，也就常态化了。[2]

燕国的北部边境，正当匈奴左贤王部，燕国与匈奴之间，也是使者常来常往。汉军在曲阳击败王黄，燕国的威胁解除以后，卢绾派遣臣下张胜出使匈奴，通告入侵的叛军已经被击破，逃亡代国云云。

燕国使者张胜，当是邻胡近边地区的燕国人，熟悉匈奴的习俗语言。燕王臧荼的时代，他以此专长出仕，到了燕王卢绾的时代，他仍然以此专长任官。史书上说，张胜到了匈奴，遇见旧日的少主，燕王臧荼的儿子臧衍，在臧荼兵败被俘以后，臧衍逃亡到了匈奴。久别重逢，唏嘘话旧，臧衍告诫张胜说："公在燕国，之所以一直被看重，是因为熟悉匈奴的情况。如今的燕国，之所以能够存在，是因为诸侯王们不断反叛，兵火不曾停息。如今，公等为燕国计量，希望急速消灭陈豨。公等却没有计量到，如果陈豨等人被消灭，下一个消灭的对象，就是燕国，下一个做俘虏的人，就是公等人了。"

张胜醒悟，一时哑然无语。

于是，臧衍建议说："公何不劝告燕王，一不要急急进攻陈

[1] 参见本书第二章八"韩王信之死"。
[2] 参见本书第二章三"白登之围"。

豨，二要与匈奴联合。如此，假若事情和缓，汉朝不逼迫，皇帝不猜忌，燕王可以长久统治燕国。如果事情紧急，汉朝逼迫，皇帝猜忌，燕王则可以联合陈豨和匈奴，联盟对抗，保全国家。”

张胜是明白人，前有燕王臧荼、楚王韩信、赵王张敖、梁王彭越、淮南王英布的教训，现有臧衍的忠告，他不得不认同臧衍的看法，为了保全燕国、燕王和自己，只能如此选择了。于是，张胜毅然独断，擅自变更出使的任务，与匈奴秘密联盟，请求匈奴表面支援陈豨与燕国对抗。

匈奴援助陈豨对抗燕国的意外事态，使卢绾怀疑张胜背叛搞鬼，他逮捕了张胜的家人，上书刘邦，报告了局势的突变，请求族灭张胜一家。张胜出使归来，详细地将事情的原委一一向卢绾做了汇报，卢绾也当即醒悟。于是，卢绾找来一些替死鬼，作为张胜的家人处死，秘密释放了张胜的家人，安排他们前往燕国与匈奴的交界地区，充当了解情况、传递消息的情报人员。然后，卢绾又秘密派遣范齐为使者，前往陈豨处联合，支持陈豨抗击汉朝，维持北边混沌不安的局面，希望在不稳定中求得燕国的生存。

张胜出使匈奴，在高帝十一年七八月。当时，淮南王英布反叛，刘邦亲征，北方的局势，由樊哙统领汉军一部，留下来收拾残局。到高帝十二年十月，汉军逐一平定代郡、雁门郡和云中郡，在当城（今河北蔚县东北）击杀了陈豨。投降的陈豨军将领，告发了范齐出使，卢绾与陈豨秘密联合的事情。刘邦派遣使者前往燕国，召唤卢绾来长安询问。卢绾害怕了，称病不敢去。

刘邦愈发生疑，又派遣卢绾的乡里旧识，辟阳侯审食其和新任的御史大夫赵尧，奉旨前往燕国，不但一定要卢绾到长安来，也对卢绾身边的人展开调查。卢绾越发恐慌，闭门不见，私下里对身边的近臣说："非刘氏而王，唯有我卢绾与长沙吴氏。去年春天，汉朝族灭韩信，夏天，诛杀彭越，都是吕后的策划。如今皇帝生病，吕后主事。吕后妇人之见，只为子女及一族计量，一心要诛杀异姓王和大功臣们。"

卢绾躲藏回避，审食其和赵尧紧逼查询，燕国与汉朝间的不信加深，裂隙加大，卢绾身边的一些人感到要出大事，开始逃匿，卢绾与近臣们的一些密语内情，也被泄露出来。见不到卢绾的审食其和赵尧，愤愤而归，将所有搜集到的情报，一一报告给刘邦。病中的刘邦，大为愤怒。

就在这个时候，有投降者从匈奴来到汉朝，提供了张胜没有被处死，被卢绾调了包，派作燕国的使者，至今还在匈奴的消息。得到各方面的消息以后，刘邦做出了最终的判断："卢绾果然反了！"于是命令刚刚平定了代国的樊哙，领兵东进，攻击燕国，讨伐反王卢绾。

汉军大举进攻燕国，采取军事进攻与招降并举的策略。刘邦颁布诏令说："燕王卢绾是我的亲交故友，我对他的厚爱，如同我爱我的儿子。风闻卢绾与陈豨有勾结，我以为没有，所以派人请他来澄清。如今卢绾称病不来，谋反的事情昭然若揭。燕国的吏民并非有罪，六百石以上的官吏，不追随卢绾者，各赏赐一级爵位。曾追随卢绾而归来者，赦免其罪，也赏赐爵位一级。"

力求自保的卢绾本无反意，在汉朝大军压境之下，燕国的将士吏卒纷纷归附投降。汉军迅速攻下燕国首都蓟县，燕国大将抵、丞相宴、太尉弱、御史大夫施屠浑等人，都做了俘虏。走投无路的卢绾，带领宫妃家属以及部下车骑数千人，脱出蓟县城，逃亡到长城脚下避难。他还寄望于刘邦，期待刘邦病愈以后，亲自入朝面见，请罪解释。

汉军大举进攻燕国，在高帝十二年二月。四月，刘邦病死于长安。卢绾闻讯哭泣绝望，只得率领部下进入匈奴投降，被冒顿单于封为东胡卢王。

史书上说，卢绾在匈奴时，水土不服，习性不合，常常被欺负，时时思复归。一年多以后，郁郁死于蛮荒中。吕后当政的末年，卢绾的妻子从东胡亡归汉朝。抵达长安时，正当吕后病重，被安置在燕王的长安府邸中。吕后打算病愈之后，设酒宴召见。然而，事情失遇不偶，吕后病死，她们最终没有相见。不久，卢绾的妻子也病死了。

卢绾的子孙，多留在匈奴。景帝中元五年，卢绾的孙子、匈奴的东胡卢王卢它之，归降了汉朝，被封为亚谷侯，这已经是后话了。

十、刘邦之死

高帝十二年十一月，击破英布的刘邦，回到首都长安，伤病愈益加重，他自感来日无多，加紧了对身后事的安排。

更换太子一事，在大臣们的强烈反对之下，累累受挫，几近于绝望。不过，顽强的刘邦仍然不死心，他还要做最后的努力。

刘邦出征英布，行前委任张良辅佐太子刘盈留守长安，行太子少傅事，算是正式将刘盈托付给他。回到长安后，刘邦找张良，又将改立如意的事提了出来。刘邦不听张良劝说，张良称病不问政事，再也不接易太子的话题，以消极的态度抵抗刘邦的固执。

太子太傅叔孙通，是刘邦亲自为刘盈选定的老师，他通达顺势，阿世取容，被誉为与时俱进、善于调和理想与现实的汉代儒家宗师。刘邦在张良那里碰了软钉子后，转而想从叔孙通处打开缺口。完全没有想到，从来柔顺而善于变通的叔孙通，这次换了个人，不但坚硬不化，竟然还要以死抗争。

史书上说，刘邦以易太子的话试探叔孙通，叔孙通一反常态，当即整齐衣冠，神情庄重，义正词严地说道："从前，晋献公宠爱骊姬，废杀太子申生，改立骊姬的儿子奚齐，晋国的国政，动乱了十多年，为天下所耻笑。秦始皇不早定太子，导致赵高使奸诈立胡亥，二世而亡，这是陛下亲眼见到的事情。如今，太子仁孝，天下皆知，皇后与陛下同甘共苦，艰难与共，难道能够背弃吗？"

说到这里，叔孙通竟然慷慨激昂起来，匍匐在地说道："如果陛下一定要废嫡立少，臣下不惜以身殉职，立即死在陛下面前。"

面对叔孙通寻死觅活的意外表现，刘邦既无奈又哭笑不得，自我解嘲道："先生起来，我不过一句玩笑戏言罢了。"

这下叔孙通，更来了劲头，他接着刘邦的话茬说道："太子，是天下的根本，根本一旦摇晃，天下就要震动。陛下啊陛下，怎么能拿天下的安危玩笑戏言。"[1]

刘邦一时无言以对，只得答应叔孙通说："我听你的，不再提换太子的事情。"

话虽然这么说了，刘邦仍然不死心。

据说，有一天，刘邦在宫中设置酒宴，太子奉命入侍陪同。酒席宴上，刘邦望见太子身后跟随四位老者，年皆八十有余，须

---

[1] 事见《史记·叔孙通列传》，同传《索隐》引《楚汉春秋》曰："叔孙何云：'臣三谏不从，请以身当之。'抚剑将自杀。上离席云：'吾听子计，不易太子。'"别是一种版本。

眉皓白，衣冠甚伟，处处透出奇伟之气。刘邦觉得奇怪，问刘盈道：“身后几位，是些什么人？”

四人上前，一一自我介绍，分别是东园公、角里先生、绮里季和黄夏公。刘邦大惊，说道：“吾寻求公等多年，公等避匿不见，如今公等跟从吾儿进出，究竟是何因由？”

四人回答说：“陛下轻慢士人，动辄辱骂，臣等义不受辱，所以回避逃匿。而太子呢，为人仁孝，恭敬爱人，天下之士，人人引颈仰慕，都愿意为太子献身效力，臣等为此而来。”

刘邦深为触动，谢四人说：“那就烦请公等，调教护持太子，始终不离。”

酒宴结束，四人随太子退去。当时，戚夫人在场，一直目送的刘邦，手指四人，对戚夫人说：“我打算更易太子，如今有此四人辅佐，羽翼已成，难以动摇了。尔后，吕后真是你的主人了。”

可怜戚夫人，当即流泪哭泣。刘邦伤感，对戚夫人说：“你为我楚舞，我为你楚歌。”

戚夫人哀愁起舞，婆娑倩影中，刘邦感怀悲歌：“鸿鹄高飞，一举千里。羽翮已成，横绝四海。横绝四海，当可奈何。虽有矰缴，尚安所施。”歌声雄浑，词句苍凉。烈士暮年，生命苦短，人力所不能及的天限，在高起低落中显露出来。

舞歇歌散，曲终宴罢。刘邦默默离去，从此死了心，不再提更换太子的事情。

……

在征讨英布的战事中，刘邦被流矢击中，伤病愈益加重。回到长安后，吕后为他寻医问药，请来名医为他治病。史书上说，诊断中，刘邦问及病情，医生回答说：“陛下的病，尚可以医治。”不可思议的是，刘邦当即爆粗口骂了开去：“老子布衣草根，提三尺剑取得天下，难道不是天命？老子的命在天，你就是扁鹊在世，也无济于事！”骂完以后，刘邦下令，赏赐医生黄金五十斤，打发出去，从此不再看病就医。

打发了医生的刘邦，对于上天为自己留下的时间，已经心中有数。他一生豪侠勇武，多情重义，自视为天下英雄，是性情中人。他天性明达，好谋善听，有智慧能醒悟，又是悟性中人。眼下的刘邦，已经认定：既然大限已到，那就坦然承接，在上天的命定面前，不哀泣，不延留，一路英雄而来，一路英雄而去。他拿定了主意，行将离世之前，要与亲人友人、将相列侯、臣下百官，做一次最后的告别。这次告别，史称白马之盟。

所谓白马之盟，就是杀白马，在神明之下歃血起誓，结为盟友，共守约规，是古代举行盟会时的一种盛大的仪式。结盟起誓的习俗，春秋战国时代最为盛行，上自国家庙堂，下至江湖民间，由此结成一种拟制的兄弟关系。刘邦本是游侠，习染了游侠社会的风气，汉帝国的天下，是大哥刘邦与手下的众兄弟一起打下来的。到如今，大哥做了皇帝，众兄弟分别做了将相大臣，虽然都被纳入了皇权官僚集权体制的约束规范中，毕竟时日尚浅，战国之风还在，兄弟情义尚存。刘邦临终前，举行白马之盟以托后事，既是时代风气习俗所致，也是个人经历习性使然，可谓历史上难得一见的回光返照。

刘邦举行白马之盟的详情，由于史书失载，我们不得而知。经过专家学者们的努力，我们大致可以推定：白马之盟的时间，是在高帝十二年三月，刘邦死前的一个月。地点，在首都长安，或者是在太上皇庙，或者是在社稷。参加者包括皇帝刘邦、在京的皇族和刘姓诸侯王，在京的列侯将相大臣。内容是召开盟会，刑白马歃血宣誓，制定“非刘氏不得王，非有功不得侯，不如约，天下共击之”的约规。

白马之盟，是以皇帝刘邦为代表的皇族，与以列侯将相大臣为代表的功臣集团间的个人约信。君臣间基于古来的习俗，结盟起誓，内容并不公开，因为并非制定律法，无须强制执行，其守信与否，取决于与盟起誓者的个人信义。[1]白马之盟，约束力虽然有限，意义却非同寻常，对于西汉初年的君臣关系以及皇权性质的演变而言，可谓一种衡量变化的标杆，这一点，我们将来有机会再来细谈。

据史书记载，就在白马之盟举行的同时，刘邦以皇帝诏书的形式，公开发布了一道与白马之盟互为表里的法律文书。在这道诏书中，皇帝刘邦宣称：

我立为天子，作为皇帝统治天下，至今已经有十二年了。十二年间，我与天下的豪士贤大夫们共同打定天下，共同安定天下。其有功劳者，在上的封王，其次的封侯，再下的封爵食邑。诸侯王们，至亲或者封为列侯，女儿皆为公主，皆得自己任命官吏，征收赋税徭役。享受食邑的列侯们，都配有列侯印绶，在长安赐赠有大府邸。二千石以上的官吏，举家迁徙长安，赐赠小府邸。当年，随同我一道进入汉中建国，又一道反攻进入关中的将士，皆世世代代享受免除租税徭役的待遇。对于天下的贤士功臣们，我可以说是无负于心了。从此以后，有背信不义，反叛天子擅自起兵者，天下与共，讨伐诛灭之。

这道诏书，发布于高帝十二年三月，刘邦死前。其内容，是离世前通告天下的遗言。结合时间和内容看，相当于遗诏。这道遗诏，特别强调身为皇帝的刘邦，与功臣们共同打定天下、共同

[1] 参见《汉帝国的建立与刘邦集团》第六章第一节四“白马之盟及其历史背景”。

安定天下、共同享定天下的理念和待遇，从而，我称其为“共天下诏”。“共天下诏”，是汉朝政府正式公布于天下的法律文书，相对于白马之盟的个人约信而言，具有公信的法律效力。“共天下诏”的内容，相对限定于皇帝与诸侯王、列侯高官间的白马之盟而言，几乎涉及整个汉初军功受益阶层，是对白马之盟的强化和补足。临终前的刘邦，希望同时使用当时社会通行的习俗和政府的法律文书，安定君臣关系，安抚整个统治阶层，求得长治久安，不可不谓通情豁达、聪慧贤明。

主持了白马之盟，发布了“共天下诏”之后，刘邦的生命接近尾声。史书上说，四月甲辰，皇帝驾崩于长乐宫，享年六十二岁。

十一、鄱阳湖畔寻英布

英布，是勇冠三军的乱世枭雄，暴烈勇武的性情中人。他行事有勇无谋，好色好酒，爱深恨重，在秦末的英雄人物中，与项羽最是性情相近。英布与项羽，先是惺惺相惜，后来反目成仇。不过，当这两位英雄走到人生末路时，皆是宁折不弯，宁死不屈，又是殊途同归。

项羽之死，司马迁写入《项羽本纪》。浓墨重彩，洋洋洒洒，将盖世英雄的末日，写得惊天地，泣鬼神，留下璀璨的华章，引来永世的念想。

《史记·黥布列传》记载英布之死，只有短短六十余字，说会甄乡败战后“布军败走，渡淮，数止战，不利，与百余人走江南。布故与番君婚，以故长沙成王使人绐布，伪与亡，诱走越，故信而随之番阳。番阳人杀布兹乡民田舍，遂灭黥布”[1]。文字短缺无彩，事情含混不清，不但留下文学的遗憾，也留下史学的疑问。

吟味史书的文字，体察会甀乡之战，“（英）布军败走，渡淮，数止战，不利”。当时，蕲县属于刘交楚国的彭城郡，是淮河北岸的大县。英布在这里战败后，向南撤退渡过淮河，就回到了淮南国。淮南是英布的封国，统治多年的故土，国都六县，更是英布的出生地。英布在这一带重整旗鼓，组织力量做顽强的抵抗，自然在情理当中。

淮南国拥有国土四郡，衡山郡和九江郡在淮河以南，长江以北。其西境，大致在今河南信阳与湖北黄冈一线；其东境，大致在今安徽定远与和县一线。淮南国的首都六县，在九江郡境内。英布渡淮，在这一带再次战败后，不得不继续向南撤退，“与百余人走江南”。

江南，长江之南。淮南国的长江之南，北有庐江郡，南有豫章郡，都在今江西省。渡过长江的英布，进入庐江郡境内，身边仅一百余人跟随，英雄末路的景象，与项羽渡过淮河，“骑能属者百余人”的穷途，何其相似耳。

庐江郡，领有今江西省北部的广大地区，古今皆是湖泊众多、河流密集的水乡卑湿之地。英布本是江洋大盗，鄱阳湖一带的水域，曾经是他落草为盗的老根据地。退入庐江郡的英布，睹物思情，当谋划如何面对又一次降临的厄运。

太史公的文字，写到这里，突然笔锋一转，将长沙国牵扯进

---

[1]《史记·黥布列传》作“长沙哀王”。《集解》引徐广曰：“表云成王臣，吴芮之子也。”开元按：据《史记·汉兴以来诸侯王年表》，第一代长沙王吴芮，于高帝五年去世。高帝六年，吴芮子吴臣即位，惠帝元年去世，谥为成王。英布之死，在高帝十二年，正当长沙成王吴臣在位期间。

来。“布故与番君婚，以故长沙成王使人绐布，伪与亡，诱走越，故信而随之番阳。番阳人杀布兹乡民田舍，遂灭黥布。”说英布是番君（吴芮）的女婿，因此之故，长沙成王吴臣派遣使者欺骗英布，假装与他一起逃亡，劝诱他逃亡到南越去。英布相信了这位使者，随同他一起到了番阳。在番阳县的兹乡，被番阳人杀死于乡间田舍。

我读历史到这里，不禁有所感慨。项羽之死，与秦人紧密关联，乌江斩首分尸项王者，竟然是五位旧秦军将士。英布之死，牵连着长沙国，被长沙王的使者欺骗，黯然被害于饮食睡梦中。在《楚亡》一书中，我追踪斩杀项羽的五位秦军将士，清理出了秦楚之间数百年的联姻结盟关系，将项羽之死的亲历者兼口述者、秦将杨喜发迹发达的家世大白于天下，破解了项羽之死的千古之谜。[1] 我写《汉兴》到这里，面对记载英布之死的寥寥数语，在感慨历史的厚重神奇，痛惜史书的欠缺无力之同时，挥之不去的疑虑，都集中在长沙王吴臣及其使者身上。

英布的丈人故番君吴芮，是一位历秦楚汉三朝而不倒的传奇人物。秦王朝时，吴芮是番阳县令，甚得江湖民间人心，号称“番君”。刑徒英布，从秦始皇骊山陵园工地逃亡，来到彭蠡泽中聚众为盗。古代的彭蠡泽，包括了今天的鄱阳湖，在秦番阳县西。秦末乱起，吴芮起兵反秦，英布率众出彭蠡泽投奔吴芮，大受吴芮赏识，被招为女婿，成为部下第一员大将。

项羽灭秦分封天下，吴芮被封为衡山王，定都邾县（今湖北黄冈），英布被封为九江王，定都六县。衡山国与九江国，互为邻国，衡山王吴芮与九江王英布，互为翁婿，关系亲密。

---

[1] 参见《楚亡》第六章一“谁杀死了项羽”，四“秦将杨喜的故事”。

楚汉相争，英布背楚归汉，兵败失国，从此跟随刘邦征战。吴芮受牵连，被褫夺王位，徙为番君，左迁到番阳旧地。[1]楚亡汉兴，英布受封淮南王，吴芮受封长沙王，翁婿二人，又是同为国王，比邻而居。吴芮死于高帝五年，第二代长沙王吴臣，是吴芮的儿子，英布亡妻的兄弟。

英布起兵反汉，在高帝十一年。关于长沙国在这次叛乱中的动向，史书上完全没有提及，以情理推想，与长沙国结盟，是英布的战略方针。吴臣即使并不情愿，慑于英布军的强大威力，牵连于两国间的多年亲情，决然不敢公开抵抗。吴臣的态度，或许与英布背楚归汉时父亲吴芮类似，消极顺从，暧昧观望？

《史记·高祖本纪》叙述会甄乡会战后汉军的动向时说："汉将别击布军洮水南北，皆大破之，追得斩布鄱阳。"鄱与番字通，鄱阳，也写作番阳。洮水，当为沘水，即今安徽境内的淠河，发源于大别山，流经霍山、六安，汇入淮河。看来，会甄乡战败后，渡过淮河退入淮南国的英布，曾经在淠河一带顽强抗击追击的汉军，再次战败，继续向南逃亡。此时此刻的英布，大势已去，已经无法再做有组织的大规模抵抗，不得不继续逃亡。渡过长江，进入庐江郡时，英布身边，只剩下百余人。

就在这个时候，长沙王吴臣的使者来到英布身边，为英布策划亡走的计划。此时此刻的英布，在汉军穷追不舍的形势下，面临数种选择：一是西走进入长沙国，依附妻兄弟吴臣；二是东走闽越，投靠闽越王无诸[2]；三是南走岭南，投靠南越王赵

[1] 参见《楚亡》所附《楚汉之际列国大事月表》"汉三年十二月楚国"条注。

[2] 闽越王无诸，高帝五年封，卒于惠帝二年。参见杨琮《闽越国文化》第二章《闽越国名称由来及世系论考》二"闽越国世系考"，福建人民出版社，1998年。

佗；四是进入彭蠡泽（鄱阳湖），回到初起的原点，继续做江洋大盗。

经过反复思考，再三权衡之后，英布接受了使者的建议，南下南越国投奔赵佗。得到英布信任的使者，引导英布一道来到番阳，就在他们停留于番阳县兹乡时，英布被杀于乡间民居。

我整理历史到这里，想到两个问题。第一个问题：洴水再次战败后，英布率领百余人渡过长江，藏身于何处？第二个问题：接受长沙王吴臣的使命，前来引领英布南下的使臣是谁，他与英布之死，究竟有何关系？

鄱阳湖，在淮南国都六县正南，是英布做江洋大盗时的老巢。想来，洴水战败后，英布一行当穿越大别山，率领百余人渡过长江，回到鄱阳湖避难躲藏，再随同使者一起走出鄱阳湖。如此自问自答，倒也觉得合情合理，悬疑不大。悬疑较大的是第二个问题。受吴臣派遣，前往鄱阳湖面见英布的使者，肩负着艰难的使命，他要阻止英布进入长沙国，引诱他南下投奔赵佗，从结果来看，更是达到了置英布于死地，使唯一的异姓长沙国得以存续的目的。

由此推想开去，能够担当如此重任，被吴臣以国运相托的这位使者，一定是吴臣极为信任的重臣。他能够说动多疑的英布，与他一起亡走，一定是英布认为可以信任的要人。他与英布一同亡走南越，一定是熟悉越人习俗，了解百越事务的能人……遗憾的是，对于这位神秘的使者，史书中没有留下多余的线索，只有一片茫茫迷雾。

2017 年 10 月，我去南昌参加秦汉史研究会年会暨海昏侯汉墓国际学术研讨会。会议结束后，经老友王子今先生介绍，承蒙江西省考古研究院徐长青院长的厚意，驱车绕行鄱阳湖一周，深入湖边山里，寻找英布之死的踪迹。

英布之死的起点，在会甄乡之战。会甄乡属蕲县，地在县西南。秦汉蕲县故址，在今安徽省宿州市南，与大泽乡、垓下等地相邻相近，都是淮北平原上的古战场。2007年，我追随项羽败走的足迹，曾经考察过这一段往事的山山水水，复活了英雄之死的悲壮历史。[1]

这次鄱阳湖之行，为英布而来。鄱阳湖，古称彭蠡泽，早年是英布落草为盗的江湖，末了是英布被害的荒郊。在南昌期间，阴雨绵绵，鄱阳湖风急浪高，不是野外考察的时机。足足等了两天，终于迎来了好天气。蓝天白云下，车出南昌，经永修、德安，到九江，想到的是琵琶女、白居易，诗人与乐伎，相逢何必曾相识？

"浔阳江头夜送客，枫叶荻花秋瑟瑟。"浔阳江头，当在今九江市境内之长江水岸。心中另有牵挂，未曾在九江停留。进湖口（县），入都昌（县），下国道，走省道、县道、乡道、村道，止于湖堤。汉代的鄡阳县城遗址，已在湖边不远处，为全国重点文物保护单位。长方形的城址，南北500米，东西200米，围绕的夯土城墙，仅存最南端的城头山一段，长20米，高2米，宽4米。

步行前往，荒无人迹的湖畔，一段土墙隆起，正是城头山。土墙筑于崖石上，面临已经没入鄱阳湖的横港河古河道，土墙中有上下贯穿的通道，一直连接到水中，据说是要塞码头的取水口。

鄡阳县，秦代当已经设置，西汉初年属于淮南国之九江郡，是鄱阳湖地区的重要城市，至少有六百年的历史。南朝宋武帝永初二年（421），因地壳下沉而废除，如今涨水季节，眼前的遗址都将

---

[1] 参见《楚亡》第五章七"垓下行"。

汉鄡阳城遗址

淹没于湖水中。

我执念寻访鄡阳城，受两点线索牵引。其一，鄡阳城是鄱阳湖一带仅存的秦汉城市遗址，对于了解赣北地区的历史，考察鄱阳湖的地理变迁，有重要的价值。其二，鄡阳地名之鄡，由枭（梟）+邑而来。枭，鸱鸮也，即猫头鹰，古代被视为凶禽，引申为不驯服的豪杰，枭雄是也。枭之字形，上鸟下木，悬鸱鸮之首于木也，正是枭雄之末路，被斩首示众，高挂木上。由此稍作联想，几乎一幅完整的英布像。冷面杀手之一代枭雄，如同鸱鸮一般凶狠无情，生不驯服，死不屈服，哪怕被悬首示众，高挂于城阙木杆之上。

然而，当我亲临历史现场，走访鄱阳湖畔之鄡阳城时，水边要塞的观感，宛若大江大湖之水泊梁山，满眼都是盗贼英布率领一帮骊山刑徒，舟船出没于湖上的情景。此情此景，怎么也无法与英布之死相连，那一句“番阳人杀布兹乡民田舍”的历史记载，怕是要到他处寻访？

秦汉时代，番阳县是今江西地区的中心，秦九江郡，汉豫章郡的郡治，都在这里。秦汉的番阳县，在今江西省鄱阳县境内，西北与鄡阳城所在的都昌县相邻。今鄱阳县城内有东湖，湖边有“吴芮祠”，纪念番君吴芮深得江湖民心，率众起义反秦的功绩。湖心有“浮舟台”，传说是吴芮训练水军的地方。都是当地百姓的自筹建筑，基于民间的传说，怀念心仪的英雄。

鄱阳县的秦汉遗址，集中在县城东北油墩坊镇一带。于是再走县道、乡道，进入莲花塘村，当街一栋民居，几乎全用汉砖砌成，瞬间将来访者带入两千年前的古代。油墩街莲山汉墓群，大小 170 多座汉墓，散落于稻田山坡间。2006 年，被定为江西省文物保护单位，委托村民看护守候。由如此集中的墓地推想，不远

鄡阳城附近之鄱阳湖

油墩街莲山汉墓群

处当有聚落城址，或许就是秦汉的番阳县城。听当地人讲，英布之死的番阳兹乡，就在这一带。说是西边的某山村，多有英姓村民，是英布的后裔避难藏身的处所，一位已经退休的英姓教师，正在整理英氏一族的历史，云云。

我在鄱阳莲山访古，考察古墓，寻找城址，听取村民口述，搜集民间传说，回想旧时往事，复活已经消失的历史。远古千年，作为史真的往事，已经不可得到，残存的秦砖汉瓦，触发的是历史感。以我考察都昌鄱阳的感受而言，英布死的地方，或许就在油墩街这一带的山丘田地民居中。不过，以英布之勇武，也以他身处番阳的江湖而论，英布之死，怕不是那句“番阳人杀布兹乡民田舍”所描述的，可以简单归凶于番阳县兹乡的当地人。

番阳县属于淮南国，淮南国是英布的封国，番阳人是英布的子民，英布是番阳人敬畏的英雄。番阳县在鄱阳湖边，鄱阳湖一带，是英布做江洋大盗时的老巢，最熟悉的江湖，为何在此翻了船丢了命？英布骁勇多疑，勇冠三军，力敌万人，默默死于乡民之手，也没有留下抵抗的痕迹？

汉砖筑墙的民居（上）

筑墙的汉砖

莲花塘村一带山丘田地

莲花塘村之莲山汉墓群

莲花塘村之汉墓

……

历史啊历史，你遥远，你神秘，你给我留下深不可测的谜底。

我在鄱阳湖畔的山间野地访古，追寻英布之死的踪迹，搜寻杀死英布的真凶，蛛丝马迹，都指向长沙王吴臣，特别是吴臣派遣到英布身边的使者，或许是直接的元凶？

整理长沙国的历史，史书见载的长沙国关系者，不过数人而已。英布之死时，除长沙王吴臣外，有便侯吴浅、阮陵侯吴阳、义陵侯吴程、离侯邓弱和轪侯利苍。其中，吴浅和吴阳，是第一代长沙王吴芮的庶子，吴程当是吴氏一族的功臣。邓弱和利苍，皆是吴芮的部将，以军功封侯。基于有限的史料做可能的推想，受长沙王吴臣之命，前往鄱阳湖见英布的使者，或许在上述五位人物中。

上述五位人物，史书的记载皆残缺不全，唯有轪侯利苍，我为他做了传记的补写，大体复原了他的历史。[1]利苍的经历，与英布最为类似，早年是聚众造反的枭雄，后来是吴芮的部下，先后封王封侯。与英布不同，利苍始终追随吴芮，吴芮死后，他又追随吴臣，出任长沙国丞相，成为协调长沙国与汉朝及其周边王国关系的定海神针。

英布之乱，关系到长沙国的生死存亡，对策的制定，吴氏一族的直接参与，当是必然。然而，吴氏一族，与东越、闽越关系密切，而与南越关系更近者，则是利氏一族。引导英布南走南越的使者，由他来担当，或许也在情理之中。

……

---

[1] 关于利苍，我撰有《轪侯利苍传》一文，考证之下，用文言写出，待刊。其译文，刊载于《国家人文历史》2020年第3期。

凡此种种推想，渐渐远离了基于证据的历史，靠近了文学的想象。有时候，虽然文学比历史更可信，毕竟，眼下还是历史学的笼中鸟。于是就此打住，留待将来。

第四章

无为而治新时代

一、戚夫人母子的悲惨命运

权力腐蚀人性，伤害智力，毁损神经。深陷权斗之人，偏执而失去理性，无视人情而不能自觉，堕为虐待狂而感受快乐。他们在权欲的驱使下，为人行事不惜伤天害理，不但害人害己，也万年流毒遗臭。刘邦肉酱彭越，逼反英布，吕后人彘戚夫人，病害刘盈，都是同类的人性扭曲，相通的因果报应。

二、仁弱的汉惠帝

人之生存，受制于所处的环境。柔弱之人，更不得不受环境的左右。作为政治人物的汉惠帝刘盈，不仅当政时间短，更因为身处强势的制度和人事环境中，被漂流，被席卷，进而被沉溺。因此之故，史书上有关他施政的记载非常少，有关他个人的记载，更是少之又少。

三、万世之功萧相国

萧何的万世之功，有两重意义。其一，建立起巩固的关中根据地，为刘邦军的后勤供应、兵员补充提供了稳定的保障。其二，制定律令法规，建立起有效而灵活的统治制度。用今天的话来说，萧何是汉帝国行政事务的大管家，也是汉帝国制度化建设的设计师和制作人。如果说，马上打天下，可以用刘邦做形象代言的话，马下治天下的最佳代言者，无疑就是萧何了。

四、战战兢兢老丞相

萧何的一生中，与刘邦的关系最为玄妙，互相欣赏，互相信任，互补互助，又互相猜疑提防。一人之下万人之上，到头来入狱受辱，出狱遭讥，那句“我刘邦不过是桀纣主，你萧何是贤明相”的快快自嘲之语，最是皇权官僚集权体制下非情无奈的荒唐话。

五、曹相国黄老治齐

黄老之学，以老子的道论为哲学基础，融入刑名法度思想，成就一兼容并包、经世致用的思想流派。其经世致用的精要，可以概括为：守道、依法、均衡、知变、求无为。也就是说，以道为思想本源，以法为制度架构，以均衡为施行方针，以知变为改进方法，以无为为目标境界。

六、盖公说黄老之学

发生过的历史宛若汪洋大海，记录下来的历史宛若点滴浪花，如何基于有限的史料，以合理的推想去填补巨大的历史空白，成了历史学家永恒的追求。为了探索黄老之学的精髓，彰显曹参礼聘盖公为师的历史意义，我以司马谈《论六家之要旨》为形而上之纲，以新出土的《黄帝四经》和《老子》等黄老文献为形而下之目，草拟“盖公以黄老说曹相国”。

七、萧规曹随

曹参在外为名将，君命有所不受，在内为贤相，自主独立施政，为古今出将入相之楷模。曹参引盖公为师，善用黄老，相齐齐治，相汉汉治，治国全身并举，承前启后两立，真可谓不自满而大成，退一步而大安。黄金时代的文景之治，国政治理的开端，要在萧规曹随。

八、长沙王吴芮

无论是在秦帝国时代，还是楚霸王和汉高祖时代，吴芮能够始终立于不败之地的重要缘由，是他对于江南百越的体察和熟悉，始终得到越人的拥戴和支持。前后相继的新政权，都需要借助他的力量和威望，安抚遍布于长江以南的越人。

九、长沙国里寻故旧

遥想当年，我红色朝圣，从广州步行上井冈山。观望如今，我铜色访古，车行罗霄山东西两麓。在湘赣边境的晓塘楚越古城，依稀寻得轪侯利苍的故乡，仿佛见到利乡叛乱的镜影。当听到友人讲述山地的民风习俗，至今狠勇好斗、重义轻法时，不由得感慨时间有停滞，历史有凝固，浓缩到此时此地，竟然是从古至今，绵延不断。惊叹之余，诚然信哉！

一、戚夫人母子的悲惨命运

刘邦晚年，围绕皇位的继承问题，与吕后的关系日渐乖离，与功臣们的关系愈益紧张，血光之灾的历史惨剧，由外而内，由远而近，一再发生，政权核心的不测危机，随时可能爆发。

刘邦病逝，不管是吕氏一族，还是功臣将相们都暗暗松了一口气，庆幸老天有眼，收放及时。不过，天有眼，远望近看各有相，世上事，有人欢喜有人愁。刘邦病逝后，宠姬戚夫人与爱子刘如意，陷入孤立无助的危险境地。

晚年的刘邦，宠爱戚夫人，执意要废太子刘盈，立戚夫人所生的刘如意，遭到吕氏一族和将相大臣们的联合抵制，不得不死了心。

史书上说，晚年的刘邦，郁郁寡欢，身后爱子如意不得保全之事，最是忧心。这一天，情绪低落的刘邦，竟然失态，独自放声悲歌起来，伺候在身边的近臣们，面面相觑，不知道皇上出了什么事情。这时候，一位机灵的年轻官员站了出来，道破了刘邦的心事。此人姓赵名尧，任符玺御史，在刘邦身边供职。

赵尧，当是赵国人，以其姓氏来看，或为赵国王族赵氏之远族。加入刘邦集团的赵国人士，多是先后追随常山王张耳而来的，时间在汉二年十月以后。这位赵尧，年少机灵，文武双全。他不但在征战中立有军功，而且通晓律法，在武功文治交替并重的西汉初年，脱颖而出，步步高升，得到御史大夫周昌的赏识，提拔为符玺御史，掌管皇帝用的符节印玺。

当时，皇帝的诏令，在宫廷内拟定，由符玺御史盖章，经由御史大夫转送丞相府执行。丞相府，在长安城内、皇宫之外，距离皇帝远。御史寺，是御史大夫的官署，在皇宫之内，距离皇帝近。掌管皇帝符节印玺的赵尧，因职务的关系，常在皇帝身边走动伺候，大内的秘闻机要，多有知晓。

赵尧是机灵人，耳聪目明，手勤嘴紧，好动脑筋。刘邦废太子不成的挫折，他看在眼里；刘邦担忧如意不保的心思，他清楚明白，也有所考虑。当刘邦独自悲歌，群臣不解时，赵尧主动站了出来，小心地问道："陛下闷闷不乐，岂非心中有所忧虑。忧虑赵王（如意）年少，忧虑戚夫人与吕后不和，忧虑万岁后赵王母子不能保全？"

赵尧一语中的。刘邦答道："我私下担忧，想不出办法。"

赵尧建言道："陛下可以考虑为赵王设置一位强相，这位强相，首先，必须地位高能力强；其次，必须为吕后、太子以及群臣所敬畏。"

刘邦点头答道："是这样。我也这样想过，不过，群臣中谁可以担当？"

赵尧答道："御史大夫周昌，为人坚忍强直，从吕后、太子到大臣，没有人不敬畏他。这件事，唯有周昌可以。"

刘邦想了想，答道："好的。"

于是，刘邦召见周昌，俯身请求周昌说："有件事情，我必须烦劳你。烦劳你勉为其难，为我出任赵国相国。"

周昌当即流下泪来，哽咽道："从沛县起兵开始，臣下就一直跟随陛下，没有离开过一天。如今，陛下为何要抛弃臣下，将臣下远放到诸侯国中去？”

刘邦道：“此番安排，纯属外放左迁，我完全知道。不过，我私下忧虑赵王的安危，想来念去，除了你，没有人可以为我分忧。务必委屈你，勉强为我走这一回！”

周昌无奈，万分不情愿地卸任汉朝御史大夫一职，前往邯郸就任赵国相国，好不折煞人。

我们已经叙述过，西汉初年，是后战国时代，天下大势，是战国后期历史的复活，汉帝国的政体，是以汉朝为主导的联合帝国。在汉帝国的国家联合体制下，汉朝是宗主国，直接统治以旧秦国为主的地区，关东的广大地域，沿袭战国六国的习俗，由汉朝分封多个诸侯国。这些诸侯国的国王，先是异姓的功臣，后是刘姓的皇子。从王系来源上看，诸侯国经历了由军功到血缘的变化，不过，从政治关系上看，诸侯国与汉朝之间，始终是从属国与宗主国的关系。彼此之间，并立共存而又敌对抗衡；彼此之间，划界分治，边防阻断；彼此之间，民不能互通婚姻，官不能相互往来。

可怜的周昌，本是汉朝的御史大夫，皇帝亲信的重臣，因倚重而被委任，被打发到赵国去做相国，不但从天朝到了藩国，从中央去了地方，而且从皇帝之臣变成国王之臣，从核心被抛弃到边缘。委屈的周昌，怎能不失落不流泪而无可奈何。

这时候的周昌，方才想起一件往事来。

周昌有一位老朋友，曾经做过楚国薛郡方与县（今山东鱼台）长官，史称方与公，善于观相看人。方与公是赵国人，熟悉赵尧。他对周昌说：“君侯的部下赵尧，虽然年少，却是一位奇才，君侯一定要格外看待。将来，取代君侯之位者，当是他了。”周昌大不以为然，笑道：“赵尧，不过一年轻的刀笔小吏而已，怎么可能？”

果不其然。周昌卸任离京不久，刘邦拿着御史大夫的官印把玩，自言自语道：“谁可以出任御史大夫？”继而环顾四周的近臣，视线落到赵尧身上，说道：“除了赵尧，无人可以胜任。”于是拜赵尧为御史大夫。符玺御史，官秩六百石，属于中级官员。御史大夫，是副丞相，官秩中二千石印，是仅次于丞相的顶级高官。赵尧由符玺御史出任御史大夫，可谓连升三级，超常拔擢。

这位赵尧，本来有军功，爵位在第七级的公大夫以上，享有少量的食邑封户。做了御史大夫以后，跟随刘邦征讨陈豨之乱，又立功受赏，于高帝十一年正月，被封为江邑侯，食邑六百户，跻身于开国功臣列侯之列，一时间，荣耀至极，长久看，也为将来留下了隐患。

刘邦去世后，惠帝刘盈即位，吕后被尊为皇太后，大权在握，开始整治后宫，第一个被收拾者，就是戚夫人。吕后下令，将戚夫人囚禁于长乐宫永巷，剪掉头发，戴上枷锁，穿上囚衣，强使漂洗舂米，等同无期的服刑罪人。可怜的戚夫人，本是集万千宠爱于一身的贵妃，须臾间成了日夜劳作的囚妇，天堂地狱的落差，岂能不屈辱生感慨。

可怜的戚夫人，最深的感慨，是思念远在赵国的儿子，最深的屈辱，是与罪犯同处。戚夫人能歌善舞，足镣手铐下，可怜的她，只能一边舂米劳作，一边轻声吟唱：“儿子为王，母亲成奴，日出舂米到薄暮，常与死囚相为伍！相离三千里，使谁告你知？”

戚夫人的举动被汇报给吕后，吕后大怒道：“她还在妄想，妄想靠儿子翻身。”当即下令征召赵王如意到京，决意加以杀害。

携带吕后命令的使者，数次前往邯郸，都被赵相周昌挡了回来。周昌公然抗旨，让使者转达吕后道：“赵王年少，高皇帝将他委托给臣下。听说太后怨恨戚夫人，想要召回赵王一起诛杀，臣下不敢送赵王回去。如今，赵王有病，不能奉诏。”

吕后知道周昌的犟脾气，对他又恨又气。于是，吕后改变方式，再次派遣使者前往赵国，单独征召赵相周昌到长安述职议事。周昌无奈，惴惴来到长安谒见吕后。吕后见面就是一通发作，痛骂道：“周昌啊周昌，我痛恨姓戚的那个女人，你不是不知道！明明知道我征召赵王，你抗命不遣，究竟想干啥？”

伉直的结巴子周昌，又气又急，涨得满脸通红，一句话也说不出来。

吕后将周昌留在长安，再次派遣使者前往邯郸，赵王如意不得不奉旨前来。

惠帝刘盈天性仁慈，喜爱这位小弟弟，知道母亲痛恨戚夫人，想要加害如意，决意加以保护。待到赵王一行抵近长安时，他亲自到郊外的霸上驿站迎接，直接将如意带到皇帝的居所未央宫内，与自己一同饮食起居，不留下如意独处的空隙。

居住在长乐宫的吕后，一直找不到下手的机会。

几个月后，惠帝的警惕稍微松懈。此时的惠帝，年富力强，不时早起，出外射猎。同室而居的如意，还是年仅十二岁的孩子，贪睡起不了床，只能一个人留在寝室里继续睡。一直密切监视惠帝和如意的吕后，终于等到如意独处的机会，派人进入寝室，将还在睡梦中的如意灌药毒死。射猎归来的惠帝，望见如意幼弟的尸体，哀痛之余，当是一种何等的心理冲击。

毒死如意，吕后断了戚夫人的念想。嫉恨依然不消的吕后，下令砍断戚夫人的手足，挖掉戚夫人的眼睛，用灸熏聋戚夫人的耳朵，灌药破坏戚夫人的嗓子。于是乎，无手无足、又聋又哑又

汉惠帝安陵

赵王如意墓

赵王如意墓，在惠帝安陵旁，是陪葬墓之一。兄弟二人，生前相亲，死后相护，都成了皇权政治的牺牲品。

瞎的戚夫人，被放置于洞窟之中，是为“人彘”。几个月后，吕后让惠帝观望“人彘”。惠帝问起，方才知道是戚夫人，当即大哭，从此生病，近一年不能起床。

史书上说，自如意死后，伉直的周昌，称病不朝，郁郁寡欢，三年后死去。史书上又说，人彘事件以后，惠帝曾经派人回复吕后说：“这种事情，不是人之所为。请太后视事理政，臣请继续为太后的儿子，但不能再治理天下！”从此以后，只是饮酒作乐，不再上朝听政。

我读历史到这里，痛感权力腐蚀人性，伤害智力，毁损神经。深陷权斗之人，偏执而失去理性，无视人情而不能自觉，堕为虐待狂而感受快乐。他们在权欲的驱使下，为人行事不惜伤天害理，不但害人害己，也万年流毒遗臭。刘邦肉酱彭越，逼反英布，吕后人彘戚夫人，病害刘盈，都是同类的人性扭曲，相通的因果报应。

不过，惠帝在位期间，吕后的活动，集中在皇宫，吕后的权力，局限于皇室外戚的关系之内，她久被压抑的仇恨，通过杀害如意、虐待戚夫人得到发泄，并未扩展到国家和政局。从以后的历史来看，惠帝刘盈也并非从此淫乐不理朝政，而是在萧何、曹参的强力主导之下，有节有度地当政七年，开创了黄老治国、文景之治的先河。

二、仁弱的汉惠帝

汉惠帝刘盈，是汉朝的第二位皇帝，十六岁继位，二十三岁病逝，在位七年，是一位仁弱之君。

汉惠帝的仁弱之仁，一是指他天性仁爱，二是指他施行仁政。汉惠帝的仁弱之弱，有正反两方面的含义。从正面而言，他性格柔弱，心理脆弱。从反面而言，他内有一位刚强嗜权的母亲，外有萧何、曹参等一批昔日的同乡长辈，如今的强势元老大臣。这些因素的组合，构成了汉惠帝刘盈生存的人事环境。

更重要的是，刘盈在位期间的汉帝国，是一个分权制的联合帝国，一强的汉朝，与多个诸侯王国和一百多个侯国并立共存。汉朝的中央政治权力，由以皇帝为中心的宫廷，和以丞相为首的政府共同掌管。惠帝在位期间，汉朝的宫廷，尚在生成的初期，权力弱小。以丞相为首的政府，掌握了绝大的政治权力。这些因素的组合，构成了惠帝刘盈施政的制度环境。

人之生存，受制于所处的环境。柔弱之人，更不得不受环境的左右。作为政治人物的汉惠帝刘盈，不仅当政时间短，更因为身处强势的制度和人事环境中，被漂流，被席卷，进而被沉溺。因此之故，史书上有关他施政的记载非常少，有关他个人的记载，更是少之又少。

司马迁著《史记》，对于帝王级的人物，都著有本纪，比如西楚霸王项羽，尽管没有称帝，因为英雄强势，功业堪比帝王，专门为他撰写了《项羽本纪》。刘盈是正式继位做了皇帝的人，司马迁却没有为他撰写本纪，而是将他的寥寥事迹，放到母亲吕雉的《吕太后本纪》中去做陪衬。直到东汉，历史学家班固著《汉书》时，实在是为了史书体例的整齐，才勉强分了出来，撰写了《惠帝纪》，也是短而又短，聊胜于无而已。

今天，我重新撰写汉惠帝的历史，不得不另辟蹊径，努力勾画他所赖以生存的制度和人事环境，希望从环境的镜面，映照出他模糊而仁弱的身影。

秦汉政治体制，被称为皇权官僚集权体制。皇权，以皇帝为中心，以皇宫为空间，由宫廷官员组成，形成宫廷权力系统。以丞相为中心的政府机构，由朝廷官员组成，以所属各个官署为空间，形成政府权力系统。两个系统之间，因时因事因人因地，力量此消彼长，机构交融渗透，名目不断变化，不过，两大权力系统并立的实质始终不曾改变。

西汉一朝，除刘邦时期而外，皆以未央宫为正宫，它既是皇帝居所，也是朝廷所在。巨大的未央宫，位于长安城西南，面积有 463 万平方米，占长安城总面积的七分之一，相当于北京故宫的 6.4 倍。未央宫内，殿堂府寺林立，千门万户开合，国家大典举行，皇帝政务施行，皇后嫔妃居处，宫廷官府机构，皆分布各处。

汉朝中央政府的主要官僚，称为三公九卿。西汉初年，三公指丞相、太尉和御史大夫。九卿的九，并非实指，表示复数，用来指称主要官僚机构的长官们，有郎中令、卫尉、少府、宗正、太常、太仆、廷尉、中尉、典客等。

九卿当中，郎中令和卫尉的官署，在皇宫内，属于宫廷权力系统。郎中令统领宫廷亲卫队，负责皇宫内各殿堂的警卫，担任皇帝的侍从。卫尉统领皇宫警卫队，负责皇宫的守卫。

少府的官署，也在皇宫内，属于宫廷权力系统。少府掌管皇家帝室财政，宫廷内的各种事务和机构，也都在它的掌管之下。此外，太仆主管皇家车舆和马政，宗正主管皇家宗室事务，太常负责皇家陵寝管理和宗庙祭祀，尽管它们官署的所在不明，从职务上可以归属于宫廷权力系统。

西汉的丞相府，在长安城内，皇宫之外，是可以容纳数百人活动的巨大官府。丞相及其家属在府内居住，数百人的属吏也在府署四周的吏舍值宿。丞相府四方有门，日日接收各处各地的文书报告，是并立于宫廷的另一大权力中心。丞相之下，治粟内史主管国家财政，廷尉主管司法，典客主管内外交往，中尉主管首都地区的守备，都属于政府权力系统。

太尉，是名义上的最高军职，相当于总司令，因为属于军事系统，又不是常设官职，名誉成分多，实质内容少，不必放在两大权力系统中。

御史大夫，地位相当于副丞相，官署在皇宫中，属于宫廷权力系统。御史大夫，由帝王秘书机构演变而来，其主要执掌，是统领诸御史，负责监察百官，同时掌管宫中的档案图籍。值得注意的是，在西汉初年，诏书由御史秉承皇帝旨意拟定，经由御史大夫下达丞相府执行。御史大夫，由此成为连接皇帝和丞相、宫廷和政府的中介。

概括而言，在西汉初年，汉朝的中央政治权力系统，由以皇帝为首的宫廷和以丞相为首的政府两大部分组成。宫廷权力系统，以皇帝为中心，由郎中令、卫尉、少府、宗正、太常、太仆等宫廷官僚组成。政府权力系统，以丞相为中心，由廷尉、中尉、治粟内史、典客等朝廷官员组成。副丞相的御史大夫，是连接两大权力系统的中介。

惠帝在位七年，国家和平安定，帝国政务运行，进入制度化时期，他的执政施政，都在这个制度的框架之内，局限在弱势的宫廷之中。

刘盈即位以后，在吕后的监护之下，对于高祖时代的政策人事，基本上是照单接受，不做变更，力求清静无为，休养生息。惠帝即位之初，丞相萧何，御史大夫赵尧，郎中令陈平，卫尉刘泽，少府阳城延，太仆夏侯婴，奉常叔孙通，中尉戚鳃……所有知名的主要大臣，都是随同刘邦打天下的元老功臣。其中，除了郎中令陈平和卫尉刘泽以外，都是留任。

陈平出任郎中令，与一件不实的传闻有关。《史记·高祖本纪》记载，高帝十二年四月甲申，刘邦驾崩于长乐宫。吕后秘不发丧，与幸臣辟阳侯审食其商量道："诸位将领，从前与皇帝同为编户齐民，后来北面俯首为臣，怏怏不服之气，常在心中。要他们来臣事少主，更是难以驾驭。如今，如果不悉数诛杀他们，天下怕是不得安宁。"

据说，吕后与审食其的密谋泄露出来，被人告知元老功臣、曲周侯郦商。郦商急了，马上去见审食其，告诫道："我听说皇帝已经去世四天，太后秘不发丧，有意诛杀诸将，如果真是这样的话，天下就危险了。你看看当今局势，陈平和灌婴，统领十万大军镇守荥阳，樊哙和周勃，统领二十万大军讨伐燕国和代国。如果他们听说皇帝驾崩，太后要诛杀诸将，必定连兵回师，攻打关中。如此一来，大臣们在内反叛，诸侯们在外生乱，汉朝之灭亡，可谓翘首可待。"听了郦商的话，审食其马上进宫面见吕后。经过重新协议，三天之后的丁未之日，正式发丧，大赦天下，云云。

这条记事，肯定是一条虚假不实的记事，是诛吕之变后为了抹黑吕后的编造。[1]因为刘邦去世时，陈平和灌婴，并未共同领兵镇守荥阳，樊哙和周勃，也未一起讨伐燕国、代国，他们在刘邦驾崩前后，处境地位各不相同，特别是陈平和樊哙之间，几乎上演了一场你死我活的博弈。

我们已经叙述过，刘邦晚年，想要废太子刘盈，立幼子如意，遭到几乎所有政治集团成员的反对，包括吕氏一族、将相大

[1] 诛吕之变的真相，可参见本书第五章八"诛吕之变"。关于诛吕之变后，汉朝政府对于历史的篡改和编造，笔者将另外撰文论述。

臣和刘氏皇族，不得不放弃而求其次，也就是保全身后如意与戚夫人母子的安全。刘邦死前，一件突发的事情，再次将刘邦、吕氏一族和将相大臣的关系，推向一触即发的危险点，这就是下令诛杀樊哙。

樊哙，沛县人，是最早跟随刘邦上芒砀山落草的老革命，沛县起兵的联络员，鸿门宴救驾的大英雄，又是身经百战、战功累累的勇将。樊哙与刘邦是连襟，他的夫人吕媭是吕后的妹妹，刘氏远亲刘泽，是他的女婿，可谓亲上加亲。樊哙狗屠出身，忠心耿耿，豪侠鲁莽而有担当，在一些重要的关头，常常被谋士大臣们怂恿出来，充作劝谏刘邦的炮筒子。

当年，刘邦军降下秦都咸阳，进入秦宫的刘邦，沉溺于美女珍宝，销魂落魄不想出来，是张良怂恿樊哙带头，硬将刘邦拖了出来。晚年，刘邦因为废太子事失败，抑郁自闭，拒绝会见群臣，又是樊哙带头，率领大臣们闯入禁中泣下苦谏，让刘邦振作起来。

史书上说，刘邦死前不久，有人在他耳边进了谗言，说是樊哙放了话，一旦皇帝驾崩，将领兵一举诛杀赵王如意和戚夫人。刘邦大怒，骂道："樊哙那厮，敢如此猖狂。他见老子病倒，恨不得老子早死！"当即召见陈平，商谈如何处置。惴惴不安的陈平，无奈中出了诈捕樊哙的主意，类似当年捉拿楚王韩信。此时的樊哙正统领大军出征燕国、代国地区，平定燕王卢绾之乱。

卧床不起的刘邦，已经无法控制自己的怒气。他立即召见绛侯周勃床下受诏，诏令说："陈平乘传车载周勃进入军中，由周勃取代樊哙为将。陈平至军中后，立即斩取樊哙的头。"

陈平周勃，迅速整装出发，乘传车前往燕国前线，途中，二人商量说："樊哙，是皇帝的亲友故人，劳苦功高，又是吕后的妹夫，有亲且贵。皇帝一时愤怒，下令斩杀，恐怕不久会后悔的。稳妥起见，不如将樊哙槛车囚禁，送回长安由皇帝自己处置。”

快到樊哙军大营时，二人止车停驻，设置拜将坛，以使节召樊哙前来。陈平是汉军的军师、皇帝的近臣，周勃是汉军的大将、沛县的同乡故友。樊哙不疑，前来接受皇帝诏书，当即被反绑逮捕，载入囚车，由陈平押送，前往长安。军队由周勃接管，继续平叛。

陈平押送樊哙，到达洛阳时，刘邦驾崩的讣告传来。陈平恐惧不安，担心遭到吕后，特别是吕媭的报复，马上交代手下小心善待，从容送樊哙到长安，自己则乘传车疾驰，直奔长安而去。路上，与使者相遇，接到诏令，令陈平不必回京，与将军灌婴一道屯驻荥阳。接受了诏书的陈平，并不停留，反而加快了步伐，乘传车快速抵达长安，立即进入长乐宫，到刘邦丧前，举哀复命，报告奉命出使经过，呈述已将樊哙完好送回，请陛下息怒宽恕，云云。匍匐丧前的陈平，恸哭悲伤，心竭神失不能自已。

陈平的悲伤，是宠臣失主的伤痛，陈平的丧前复命，听者是新主吕后。陈平的精心演出，打动了吕后。吕后劝陈平节哀，说道：“君侯请起，出外休息吧！”

心思缜密的陈平，深知一旦远离君主的危险，得到吕后的同情之后，他当即输诚表忠，请求不离左右，留在宫中奉职效命。吕后接受了陈平的表忠，任命他为郎中令，在惠帝身边奉职，统领诸郎中辅佐新皇帝。

前面已经叙述过，刘盈保全太子地位，得到几乎所有将相大臣的支持。吕氏一族与将相大臣联手共斗，挫败了刘邦想要更换太子的意图。刘邦之死，惠帝继位，是大家共同庆幸的事情。对于将相大臣，吕后以及吕氏一族，只有感激不尽之情，断无阴谋诛杀之患。这是刘邦驾崩之时，汉朝政局的大背景。

上述陈平的故事，则是如此大背景下的历史细节。我们已经叙述过，陈平多年出任护军都尉，掌管军情机构，对外行间，对内监视诸将群臣，是效忠于君王个人的宠幸类人物。我们也叙述过，陈平是阴谋家，常在不明处。在废太子事件中，他不便也没有明确地表示反对，又被动地卷入了捕杀樊哙事件，使他一时处于吕氏一族的对立面，陷入危险的境地。

陈平其人，毕竟是多谋善舞的智者，他曲命违旨，送还樊哙，留下了转圜的余地。他拒绝留在荥阳的诏令，入宫奔丧复命，直接表白输诚于吕后，不但得到谅解，还得到信任，真可谓是绝处求生，险中求进，化危机为转机。

史书上说，樊哙被押送到长安，当即得到赦令释放，恢复官职爵位。女婿刘泽被任命为卫尉，当也在此时。卫尉负责宫城的警卫，是隔断外人进入两宫，卫护皇帝和太后的要职，非亲信之人不能担任。刘泽是刘氏的远亲、吕氏的女婿，又是立有军功的功臣列侯，他的这种特殊身份，使他在刘邦死后的新政局中，能为方方面面所接受，成为举足轻重的人物，这已经是后话了。

……

惠帝四年（前 191）三月，刘盈年满二十一岁，行冠礼宣告成年亲政。

亲政后的惠帝，下达了两项利国利民的诏令。一是废除挟书律。挟书律是秦朝的法律，当定于秦始皇焚书之时，禁止民间私自持有实用书以外的书籍。挟书律的废除，为汉代的文化复兴，提供了法律上的宽松环境。

二是重新检讨汉朝法律，对于其中苛刻繁杂、妨害吏民者，或者加以简化，或者予以废除。我们知道，汉朝的法律，完整地继承了秦法，在萧何的主持下，根据时政的需要，做过修正和补充。不过，从禁苛除繁的角度，对于汉朝的法律体系做宽松导向的检讨，或许由惠帝开始。据史书记载，惠帝主持这次修改法律的政务，曾经亲自提出废除“(灭)三族罪”和“妖言令”的苛酷法令，体现了他施行仁政的努力。

惠帝在位期间，还做了一件影响深远的事情，就是为首都长安修建了城墙。秦都咸阳，各个皇宫有宫城封闭，各个官署也有围墙保护，整个首都，却并无城墙。[1]西汉在长安建新都，最初也同秦一样，没有城墙。长安城墙之兴建，始于惠帝元年，完成于惠帝五年。从此以后，汉帝国的首都长安，方才有了长安城之称。汉帝国的施政民生，方才有了城内城外之别。

三、万世之功萧相国

汉惠帝刘盈继位的时候，只有十六岁，还不能亲政，当委政于太后与大臣。太后吕雉，身居长乐宫，在吕氏一族的支持下，监临惠帝宫廷，是新政权的一大支柱。新政权的另一大支柱，是以相国萧何为首的大臣们，他们以丞相府为中心，操持着汉帝国的行政运行。

萧何，是汉朝的第一任丞相，如果从汉元年汉王国建立算起，到惠帝二年死于任上结束，他担任丞相达十三年之久。十三年间，汉朝政府的行政由他一手主持，奠定汉帝国根本的律令制度，也

[1] 王学理《咸阳帝都记》第三章第一节“关于‘咸阳城’的辨正”，三秦出版社，1999年。许宏《大都无城：中国古都的动态解读》，生活·读书·新知三联书店，2016年。

由他一手制定。这十几年间，刘邦几乎都在前线军营，骑在马上打天下，而留在后方，马下治天下的人，正是萧何。

马上打天下，马下治天下，是中国政治史上有名的话题，这个话题，来源于《史记·陆贾列传》。

故事说，刘邦做了皇帝以后，外交家陆贾，时时在刘邦面前称说诗书等文献典籍。刘邦骂道："老子骑马打下天下，诗书有啥用？"

陆贾反问道："骑马打下的天下，难道可以骑在马上治理吗？"

刘邦被噎住，沉默了。

陆贾伺机继续说道："从历史上看，商汤王和周武王，以武力取天下，以文治守天下。文武并用，正是长久之术。相反，吴王夫差和智伯瑶，穷兵黩武而灭亡，秦王朝专任用刑法而不加以变通，也招致灭姓亡国。如果秦取得天下后，施行仁义，师法先圣，陛下还能够取得天下吗？"

刘邦有所触动，不快而面露惭愧之色。他对陆贾说："那你给我写写，写写秦为何丢失了天下，写写我为何取得了天下，也将古来的兴亡成败，一并写出来瞧瞧。"

于是，陆贾简要整理历史，将古来国家之兴亡、历代政治之成败的事例和道理，写成文章，共十二篇。他每完成一篇，就上奏刘邦，篇篇受刘邦赞赏，与刘邦共同分享的左右，每每高呼万岁。陆贾的这十二篇文章，编辑成册，名为《新语》。

陆贾所著的《新语》一书，已经亡佚，流传于世的同名著作，是后人编撰的伪书，毫无后战国时代游士纵横捭阖的历史感；刘邦闻奏称善，左右高呼万岁的感动，也是无影无踪。[1]

---

[1] 参见福井重雅《陆贾"新语"之研究》，（东京）汲古书院，平成十四年（2002）。

史书中的这一段故事，在说明一个道理：以武力取天下，以文治守天下，文武并用，才是开创守成、长治久安之道。这个道理，并非陆贾的发明，而是中国古来的政治智慧。陆贾的高明之处，是在为文武并用的道理，找到马上打天下、马下治天下的贴切比喻，打动了刘邦，也打动了历代的有心人。

今天，我重读这个故事，让我深思的是：对话中“文武并用”的武，是指武力，这是没有疑问的。相对于此，“文武并用”的文，究竟何所指？恐怕就需要审视了。

两千年来，受独尊儒术的影响，历代的论客，多以儒家思想、儒家经典、儒学儒生来理解文治之文。我专治秦汉史多年，深不以为然。西汉初年，是后战国时代，汉王朝接替了法家当道的秦王朝，盛行的是黄老思想。陆贾不是儒生，而是辩客游士，刘邦是游侠，平生最讨厌儒生，他摘下儒生的帽子撒尿，最是有名的故事。在如此时代背景之下，如此君臣对话之中，文治之文，怕是与儒学儒生没有什么关系。文治之文，当是相对于武力之武，指的是以法律为基础的文法制度。至于陆贾在刘邦面前称说“诗书”，不过是史书行文中以诗书之名，泛指古来的各种典籍文书而已。

刘邦是杰出的军事家，他出众的军事才能，当时仅次于韩信、项羽和章邯。刘邦又是杰出的政治家，他卓越的政治才能，当时无人可及。沛县起兵以来，他率领刘邦集团，从小到大，从弱到强，以武力取得天下，建立了汉帝国。考察刘邦起兵以来的经历，几乎都是在军营中、马背上度过的，他对于文法制度，不但不熟悉，而且厌烦。不过，知人善任的刘邦，将刘邦集团的法规建设，汉帝国的律令制度，统统委托给一位能人。这位能人，就是萧何。

史书上说，萧何之于汉王朝，有万世之功。萧何的万世之功，有两重意义。其一，建立起巩固的关中根据地，为刘邦军的后勤供应、兵员补充提供了稳定的保障。其二，制定律令法规，建立起有效而灵活的统治制度。用今天的话来说，萧何是汉帝国行政事务的大管家，也是汉帝国制度化建设的设计师和制作人。如果说，马上打天下，可以用刘邦做形象代言的话，马下治天下的最佳代言者，无疑就是萧何了。

萧何是刘邦的同乡，同为沛县丰邑人。秦帝国时代，萧何就以其出色的行政才能崭露头角，一路受上级赏识，升迁至沛县主吏掾，也就是县府办公室主任，主管县府事务和人事考核。秦帝国政府，对于官吏有严格的考核制度。沛县属于泗水郡，是郡府所在地。泗水郡下，辖有二十多个县。萧何曾经考核评定为全郡第一，被推荐去首都咸阳，到中央政府任职。这件事，经萧何再三推辞，没有成行。不过，能吏萧何，在秦沛县时代就已经有了定评。[1]

萧氏一族，是沛县地方的大族，沛县起兵，刘邦被推举为沛县长官沛公，萧何率领萧氏同宗数十人一道参加革命，出任刘邦的文职副手，相当于副县长的沛丞，继续发挥他行政管理的才能，将刘邦集团的钱粮后勤，治理得井井有条。

汉元年十月，刘邦军兵临咸阳，秦王婴开城投降。据说，刘邦进了咸阳宫，被满眼的珠光宝气、椒房美人所吸引，躺倒几乎不想出来。部下也多是乡下人，一窝蜂都去搜寻美女金银。头脑清醒者，唯有清心寡欲的张良、专注治理的萧何二人。聪明的张良，拉动刘邦的连襟樊哙，劝说刘邦离开秦宫，回到霸上军中，

[1] 参见《秦崩》第二章二“泗水亭长和他的哥们儿”。

避免了混乱和腐败。而萧何呢，他径直去了秦帝国的丞相府和御史寺，将收藏于此的律令文书、图册版籍悉数收缴，带回军中整理收藏。[1]

我们知道，秦帝国是法制国家，在皇权官僚集权体制下，基于严密的法律制度、精细的信息数据，率先在世界历史上实现了有效的大型国家统治。秦政府所制定的律令图籍，正是实现这种有效治理的关键所在。萧何是体制内的能吏，多年的行政经验，使他深知律令图籍的重要，感铭秦帝国制度的高效。萧何明白，只要掌握了律令图籍的制定和运用，不管是治理一个县，还是一个郡，不管是治理一个王国，还是一个帝国，都是一个模子的翻版，扩大规模的操作而已。

律令图籍的律令，指的是法律和法令，相当于今天的各种法令法典的汇编；图籍，指的是图册和版籍，相当于今天的各种行政图表、文书。史书上说，正是因为萧何掌握了秦的律令图籍，在而后的楚汉战争中，刘邦方面才能具体地把握天下的地形交通、道路险阻，也才能准确地把握各地户口的多少、钱粮的所在，进而，实现对民情民心的把握。

汉元年二月，刘邦被项羽封为汉王，领有巴、蜀、汉中三郡，建立汉王国，萧何出任汉王国的丞相。出任汉王国丞相的萧何，做了一生中意义最为重大的两件事情，一是保举韩信出任汉军大将，二是制定了汉朝的法规法制。

萧何举荐韩信出任汉军大将，历史上留下了萧何月下追韩信的美丽传说。韩信出任汉军大将，是困境中的刘邦军能够从汉中脱出，顺利攻取关中，进而东进北上，最终战胜项羽，取得天下

[1] 参见《秦崩》第八章四“秦帝国的落幕”。

的关键，在军事上的意义，也就是所谓的马上打天下。我们可以设想，如果没有萧何的极力举荐，没有他快马追回韩信的超常努力，没有韩信的刘邦军，怕是难以脱出汉中，即使有幸脱出，以刘邦的军事才能，怕也不是项羽的对手。所以说，即使论及马上打天下，萧何也有他人不可企及的举人之功。[1]

萧何制定汉朝的法规法制，史称萧何“次律令”，也就是编订律令。萧何“次律令”，是一个时间长久、持续不断的法制建设过程。其起点，在汉元年四月刘邦集团赴汉中建国时，与韩信“申军法”，也就是改定军规军制，同时并举。萧何“次律令”与韩信“申军法”，有一个共同的基础，就是秦王朝的制度。他们将相二人，一致认同秦朝制度的合理高效，在全面继承秦朝制度的基础上，根据新的形势和情况，做必要而细致的改进。俗话说，人事多变，制度长存。多变的人事，难以十年数，长存的制度，可用百年计。萧何为汉王朝制定的法规法制，是汉王朝能够存续四百年的制度保证。

四、战战兢兢老丞相

楚汉战争中，刘邦全力在关东与项羽作战，无暇顾及后方。他让年仅十岁的太子刘盈留在首都栎阳，由萧何扶持辅佐，将国本关中，全权交由萧何管理，所有的政务，由萧何自行处理。萧何的奏请，一概准许，来不及奏请的，由萧何便宜行事，刘邦回来时再追加禀报。君臣之间，信任无以复加。

---

[1] 参见《楚亡》第一章六“萧何截贤追韩信”。

汉三年，刘邦与项羽在荥阳对峙苦战，战况停滞，前景黯淡。苦闷中的刘邦，多次派遣使者到栎阳慰问萧何。萧何身边的策士鲍生告诫萧何说："汉王征战在外，衣不蔽体，伞不遮雨，不断派人慰劳君侯，怕不是什么好事情，当是有猜疑之心。为君侯考虑，最好的办法，莫如召集萧氏一族的昆弟子孙，凡是能够从军上战场的，全部送到前线，到汉王军中效力。如此一来，汉王的疑心消失，必定益发信任君侯。"

萧何接受了鲍生的意见，萧氏一族的青壮年都来到了刘邦军中。刘邦果然十分高兴，不再遣使慰问萧何。

刘邦即皇帝位，汉帝国建立。刘邦极力抬举萧何，在功臣列侯的排位中，将萧何排在第一位，还特别恩赐萧何朝见上殿时，可以佩剑穿鞋，不必小步疾行，荣宠有加，处处盖过群臣一等。

高帝十一年，刘邦北上邯郸，亲自领军平定陈豨之乱。吕后得到萧何的协助，诛杀了韩信。身在军中的刘邦，得到消息后，对于韩信之死，是又高兴又惋惜，对于萧何之功，格外遣使慰问嘉奖。此时的萧何，身为汉朝丞相，位极人臣。使臣带来刘邦的诏令，拜丞相萧何为相国，加尊重享独贵。此时的萧何，爵封酂侯，有万户封邑，使者带来刘邦的诏令，增封五千户。一项新的恩宠，也由使者带来，选拔一位都尉，率领五百将士，作为相国的专属卫队，云云。

无以复加的荣誉恩宠，震动长安官场。大臣阁僚，亲族友好，纷纷前往相国府庆贺，唯有一人，前来致哀警告。

此人姓召名平，秦帝国时代，为东陵侯。秦亡以后，破落在民间为编户齐民，家中贫穷，在长安城东种瓜为生。召平种瓜，瓜甜味美，甚为世间所赞美，被称为"东陵瓜"，誉满京城。

这位召平，以其奇特的身世技艺，为萧相国所知晓。他来到相国府求见萧何说："君侯的灾祸来了。陛下征伐在外，而君侯留守于内。君侯没有从军杀敌之功，而有尊位、加封、添置警卫的赏赐，怕是别有一番深意。新近，淮阴侯谋反于长安，君侯助吕后灭之。淮阴侯之后，陛下依然放心不下者，怕就轮到君侯了。陛下为君侯设置专属的警卫，怕不是用来恩宠君侯的。愿君侯辞退加封，将家中资产送往军中充作军费，陛下必定宽心。"

萧何听从了召平的意见，刘邦果然十分高兴。

老话说，树欲静而风不止。新语曰，君生疑而臣无路。晚年的刘邦，典型的迟暮君王，死亡临近，念生的忧郁加深，权力交接，度人的猜忌加强。病痛老衰中，喜怒无常，愉悦清醒时如同英雄当年，苦痛迷糊时如同魔性附身。

高帝十二年，淮南王英布被告谋反。当时的刘邦，病痛不安，召见萧何征询意见。萧何素来柔顺谨慎，之前，他顺从吕后，协力诛灭了韩信，结果招来刘邦的猜忌。这一次，面对英布被告发，萧何难得地站出来说了话，他回答刘邦说："英布，应当不会有这种事情，恐怕是仇家的怨望诬告。请先将告密者拘留监禁，然后派人前往淮南国，秘密调查相关事宜"，云云。

有罪推定下的单方面秘密调查，结果可想而知，英布被逼反，萧何的辩护落空，刘邦不得不再次领军出征。带病出征的刘邦，念念不忘萧何，不断地派遣使者，直接询问相国在干些什么。无奈的萧何，除了悉心处理政务、尽力抚循百姓、全力调集人力物力支援前线外，再也想不出其他办法来打消刘邦的疑心。

史书上说，正当萧何惶恐不安、无计可施之时，又有高人前来指点说："君侯的处境，离灭族不远了。君侯身为相国，位极人臣；君侯在列侯中排位第一，无以复加。从君侯进入关中算起，至今十有余年，深得民心，百姓拥护。眼下，君侯竟然还在勤勤恳恳施政，孜孜不倦抚民，究竟要走到哪里？陛下之所以不断地问询君侯，了解君侯的所作所为，是担心你左右关中民心，动摇汉朝国本。为君侯算计，不妨低息借贷，贱价强买民田民宅，用自己作践自己、自己污秽自己的方式，让皇上安心。”

惶恐无奈的萧何，不得不听从。据说，刘邦得知后，心中舒坦，一时十分欣慰。

高帝十二年十一月，刘邦击败英布，回到关中。长安郊外，百姓遮道上书，控诉相国萧何低价强买民田民宅，不当赊欠的金额，有数千万之多。

刘邦回到未央宫中，萧何前来谒见。刘邦笑道：“相国真是为民谋利！”遂将百姓控诉萧何的上书，交还与萧何，指示道：“你自己去给百姓做个交代。”

这位萧相国，真是一位缺心眼的老好人，这位萧相国，也真是一位为国为民的实在人。他听刘邦这么一说，忘了苦心，竟然顺着杆儿往上爬，当即向刘邦请求说：“长安人多地少，上林苑广大多空地，愿陛下恩准百姓入内耕种收获，不必成了只是供养野兽的园林。”

刘邦当即大怒，骂道：“你萧相国，不知道收了多少商人的贿赂，竟然来为他们算计我的庭苑。”随即下令，将萧何交司法部廷尉处置，戴上枷锁投入狱中。

将相国萧何戴枷投狱，是震惊朝野的大事。人人惴惴不安中，刘邦也没有好心绪。数天以后，长乐宫的警卫长官、卫尉王氏打破沉默，伺机问刘邦说：“相国有何大罪，陛下突然将他戴枷投狱？”

刘邦答道：“我听说李斯为丞相辅佐秦始皇，有善政都放到主上名下，有坏事都由自己包揽承担。如今，相国背地里接受商人的钱财，打着为民请命的旗号，算计我皇家庭苑，想要献媚讨好于民。我关押他，就为这件事。”

王卫尉说：“任职做事，如果有利于民而有所请求，那就真是相国的作为了，陛下怎么会由此怀疑到相国接受商人的钱财去了呢？想当初，陛下与项王苦战相持数年，而后有陈豨之乱、英布造反，都是陛下亲自领兵在外征战。这些时候，相国镇守关中，一跺脚一挥手，函谷关以西就不是陛下的了。恳请陛下想想，相国没有在这些时候谋大利，而会在如今接受商人的钱财以求小利吗？”

刘邦沉默不语，王卫尉继续说道：“秦王朝亡于壅蔽，下情不能上达，过失不被察觉，李斯身为丞相，仅仅为主上揽责分过，有什么值得师法标榜的？陛下啊，为何如此浅视相国，又为何如此深疑相国啊！”

听了王卫尉的话，刘邦非常郁闷。当天，他派遣使者手持皇帝符节，前往廷尉狱中释放了萧何。

此时的萧何，已经年近古稀，为人处世，素来谦恭谨慎，入宫见刘邦时，赤脚免冠请罪。刘邦十分尴尬，自我解嘲道：“相国，你就别这样了。你为民请命，求开上林苑，我不准许，我成了夏桀王、商纣王一般的恶主，你成了伊尹、傅说一般的贤相。我之所以关押你，是希望让老百姓见闻我的过失罢了。”

出狱后的萧何，继续担任相国，直到惠帝二年去世，享年六十有余，贤相之名，流芳千古。

史书上说，萧何生活简朴，购置田宅，都选在穷荒之处，修建家舍，不筑高大的围墙，为子孙留下解语道：“后代贤明，当效法我的简朴。后代不肖，也不会被权势之家所侵夺。”萧何的处世之道，深得道家守弱全身之精髓。萧家的爵位封邑，一直延续到东汉末年，与汉王朝之国运同始共终。

我整理萧何的历史，以为萧何一生的功绩，可以总结为保证后勤以支撑军用，镇抚关中以稳定后方，改定制度以建设政权，不但是安定汉朝社稷的万世之功者，也是古往今来马下治天下的模范代言人。

马下治天下，要在法令制度。萧何的一生，埋首于文书图籍，致力于以法治国，他制定九章律，继承秦法而有所变通，可谓秦汉时代以文法治理天下的象征。不过，与有才无德的秦相李斯不同，萧何忠于职守而无邪心，谦恭谨慎而忠诚廉朴，以其德才兼备的功业风范，不但当时位冠群臣，名扬两汉，而且超越历史千百年，成为古今治国贤相的楷模。

萧何的一生中，与刘邦的关系最为玄妙，互相欣赏，互相信任，互补互助，又互相猜疑提防。一人之下万人之上，到头来入狱受辱，出狱遭讥，那句“我刘邦不过是桀纣主，你萧何是贤明相”的怏怏自嘲之语，最是皇权官僚集权体制下非情无奈的荒唐话。

人在江湖上，身不由己。身在权力中，无情非理。萧何的一生中，最受赞扬也最受诟病的事情，是他先荐举韩信给刘邦，成就了楚汉战争的胜局，后又协助吕后诱捕了韩信，制造了历史上一桩千古蒙尘的冤案。也许，成也萧何败也萧何的成语典故，道尽了政治的无情，政治人物的无奈。其中的隐情曲折，利害是非，不得不留待后人组建历史法庭，重审历史疑案。

五、曹相国黄老治齐

惠帝二年七月，丞相萧何去世，曹参继任，是为汉朝第二任丞相。

史书上说，萧何病重不起，惠帝亲自前往萧何家中看望，就丞相一职的后任问道："君侯百年以后，谁可以接替？"

萧何答道："知晓臣下者，莫如主上。"

惠帝问道："曹参如何？"

萧何答道："陛下得人，臣死无遗恨了。"

这件事情的时间，在惠帝二年七月左右。这件事情的地点，在汉朝首都长安之萧何邸宅中。这件事情的意义，反映了汉朝宫廷和政府的一种共识：萧何之后，汉朝丞相一职，非曹参莫属。

此时的曹参，身在齐国首都临淄（今山东临淄区），出任齐国丞相。

据说，萧何去世的消息，传到了临淄。曹参知道后，当即告知贴身的随从，马上收拾行李。被问及缘由时，他只丢下一句话："吾将赴任汉朝丞相。"果不其然，不久，长安有使者到来，传达皇帝的诏令，任命曹参为汉朝丞相，云云。

这个历史故事，与前面的历史故事交相呼应，更加意味深长。萧何之后，汉朝丞相一职，非曹参莫属的认识，不仅渗透在首都长安，是汉朝宫廷和政府的共识，而且延伸到诸侯王国，已经是汉帝国整个统治阶层的共识。曹参当仁不让的自信，来源于他是功臣列侯中排名第二的大老，汉初军功受益阶层的顶尖代表。

曹参，沛县人，与刘邦、萧何同乡。秦始皇治下，刘邦还在泗水亭长任上厮混时，曹参已经出任沛县狱掾，也就是司法局长了，与出任主吏掾，也就是办公室主任的萧何并列，成为县令手下的两大部门长官之一，史称"豪吏"。

沛县起兵后，萧何计算管理，成为后勤总管，曹参冲锋陷阵，成为主力战将。从此以后，曹参先是跟随刘邦，后是跟随韩信，身经百战，负七十余创，军功卓著。曹参的资历，属于最早参加革命的丰沛元从集团，是核心中的核心。曹参的战功，除了韩信、英布、彭越而外，在刘邦集团中公认第一。

概述曹参的履历，从秦二世元年九月沛县起兵以来，直到汉元年十月刘邦军攻入关中灭秦，两年之间，曹参跟随刘邦转战各地，攻城杀敌，先后被授予七大夫、五大夫、执帛、执圭等爵位。其间，刘邦做了楚国的砀郡长，曹参被委任为（爰）戚公，即爰戚县长官，授予建成君的封号。[1]

刘邦做了汉王后，曹参跟随至汉中，被封为建成侯，升迁为将军。汉元年八月，曹参领军随韩信反攻关中。不久，升任中尉，领军随刘邦攻取彭城，退守荥阳。汉二年八月，韩信被任命为大将，领军进攻魏王魏豹。曹参被任命为统领步兵的副将，随韩信出征。从此以后，曹参就一直在韩信麾下作战，攻下魏国，活捉魏豹。又随韩信进攻赵国，屡败赵军，斩杀代国相国夏说。韩信进攻齐国，曹参再次作为副将跟从，大破齐楚联军，平定齐国。

垓下之战，曹参没有参加。韩信被立为齐王，领军南下参战时，曹参被留下，镇守抚定齐国。刘邦做了皇帝，韩信被徙封为楚王，曹参继续留在齐国。高帝六年正月，刘邦的儿子刘肥封齐王，曹参被任命为齐国相国，主持齐国军政。

曹参随韩信进攻齐国，在汉四年（前 203）十月，离开齐国赴长安出任汉朝丞相，在惠帝二年（前 193）七月，计算下来，他在齐国待了十年之久，出任齐国丞相九年。九年间，曹参将反

[1]《史记·曹相国世家》《汉书·曹参传》，皆作“戚公”。《史记索隐》注释说：“谓迁参为戚令。”认为曹参为戚县令。《史记正义》注释说：“即爰戚县也，是时属沛郡。”认为曹参为爰戚县令。开元按：秦泗水郡有戚县，故址在今山东微山县。秦砀郡有爰戚县，故址在今山东嘉祥县。刘邦为砀郡长，任命曹参为属下县长，当在砀郡所属的爰戚县。所以说，戚公当为爰戚公。

复易乱的齐国，治理得民富国强，安定祥和，被大大地赞誉为“贤相”。

齐国，是东方的大国，阻河背海，人口众多，与西方的秦国并称为东西两大强国。自田氏代齐以来，田氏一族统治齐国将近170年，源远流长，根深叶茂。秦末之乱以来，齐国政权始终在田氏一族中流转，完全没有外姓人插手其间的余地。韩信攻下齐国后，请求刘邦封自己为代理齐王，在上呈刘邦的请求书中说，齐国诈伪多变，反复无常，稍有风吹草动，就可能出现动乱。韩信对于齐国的认识，应当说是相当准确的。

韩信上书时，齐王田横还在。田横自杀以后，刘邦接受齐人田肯的意见，将齐国分封给自己的儿子刘肥。当时，刘肥年少，毫无军旅政治经历，治理齐国的大任，完全由曹参一手包揽。可以说，在任齐国丞相的九年间，曹参是事实上的齐国最高统治者。

曹参其人，秦时是沛县主管刑法的官吏，熟悉律令法典，且他征战多年，不但善于治军，对于长期战争所带来的民生苦难也深有体验。出任齐国丞相后，他广开言路，邀请齐国的长老和智者，共同探讨安定民生、治理齐国的方策。前前后后，应邀前来参与议论的识者有数百人。齐国，是古代中国的文化之乡，诸子百家的荟萃之地。识者数百人，言人人殊，宛若百家争鸣，各不相同的主张，使曹参困惑而难以选定。

有人告知曹参说，胶西郡地区，有一位被称为盖公的智者，专精于黄老之学，不妨见见。于是曹参派遣使者，携带厚礼前往胶西迎请。盖公接受了邀请，到临淄来见曹参。

盖公对曹参说，治国之道，贵在清静自然，顺应民心天意，不扰民不生事，循规守法，无为而治。曹参深以为然，于是将盖公安置在丞相府邸居住，拜盖公为师，聘请其为自己的政治顾问，用黄老之学治理齐国。数年实践下来，齐国大治，贤相曹参，声名远播，遐迩闻名。贤者盖公，因此成为国师，黄老之学，也因此成为卓有成效的治国之术。

曹参出任汉朝丞相以后，将其在齐国的成功经验，在汉朝全面推广，黄老之学，也从齐国流行到整个汉帝国，成为新的统治思想，支配汉初政治六十余年，成就了中国历史上少有的黄金时代——文景之治。

黄老之学的“黄”，指黄帝，借用古代圣王的名称，做治国治人之术的声张。黄老之学的“老”，指老子，表明其学的思想渊源，来源于老子，特别是老子的道论。所以，黄老之学，又称黄老道。

黄老之学，盛行于战国中后期。当时，齐国首都临淄的稷下学宫，是诸子荟萃的圣地；黄老之学，是百家争鸣的主流。黄老之学，以老子的道论为哲学基础，融入刑名法度思想，成就一兼容并包、经世致用的思想流派。其经世致用的精要，可以概括为：守道、依法、均衡、知变、求无为。也就是说，以道为思想本源，以法为制度架构，以均衡为施行方针，以知变为改进方法，以无为为目标境界。

黄老之学的主张，契合了秦末之乱后恢复民生的需要，有利于缓解新统治阶层内部日益加剧的紧张，言简意赅，便于操作，所以被曹参选中，奉为治国之道，大获成功。

千百年来，由于黄老之学的典籍大多佚失，我们对其内容，基本上不了解，对其学术渊源和师承关系，也是不甚了了，留下了诸多历史空白。1972 年，长沙马王堆汉墓发掘，黄老之学的文献典籍《黄帝四经》与《老子》一同出土，黄老之学的神秘面貌，终于显露出来，其历史意义，也方才一步步展示开来。我结合新出土的史料整理历史到这里，深感别开生路，引领一个时代的黄老之学，不仅在秦汉政治史和思想史上意义非凡，对于延续两千年至今的中华帝国而言，其政治变革和思想转化的努力，似乎也可以从这里找到新的灵感。

整理黄老之学，盖公无疑是承上启下、发扬光大的关键人物。然而，关于盖公其人，史书上没有传记，寥寥数语的记载，宛若写意的水墨，神秘而又高远，模糊在隐隐约约之间。

博闻广识的司马迁，在《史记·乐毅列传》的“太史公曰”中，对盖公的师承关系做了一个简单的梳理，难得地透露出黄老之学的一支学术源流。他说：盖公在齐国的胶西郡高密县教授黄老之学，他的老师是乐臣公，乐臣公的老师是乐瑕公，乐瑕公的老师是毛翕公，毛翕公的老师是安期生，安期生的老师是河上丈人。河上丈人以上，就不清楚了。

在司马迁所罗列的师承关系图，也就是河上丈人—安期生—毛翕公—乐瑕公—乐臣公—盖公的系列中，关于河上丈人和毛翕公，史书中没有其他的可靠记载，大概是隐逸民间的高士学者。至于安期生，完全是一位传说中的神仙人物。传说他曾经见过秦始皇，游说过项羽，又传说他寓居蓬莱仙岛，采仙药炼仙丹，修成不老不死的仙人。五位传人中，只有乐瑕公和乐臣公比较真实，有迹可循。

乐瑕公和乐臣公，大概是同宗的两代人，都是战国名将乐毅的后代。乐毅出生于赵国，长于兵学，善于用兵。公元前284年，乐毅受燕昭王重用，同时挂燕国和赵国两国的相印，率领燕、赵、韩、魏、秦五国联军攻陷齐国首都临淄，占领齐国的大部分地区达五年之久。公元前279年，燕昭王去世，政局生变，乐毅避难回到赵国，他的儿子乐间和族人乐乘，都曾经活跃于赵国政坛。

乐瑕公和乐臣公，是生活在赵国的乐氏一族。秦始皇统一天下，秦军即将攻灭赵国时，乐瑕公和乐臣公避难脱出，来到齐国的高密县，定居隐逸于民间，教授黄老之学，开启尔后的一代新风。

乐毅是智将，家世久远，才智高尚，他攻占齐国，在临淄主政五年，史书上说他“修整燕军，禁止侵掠，求齐之逸民，显而礼之。宽其赋敛，除其暴令，修其旧政，齐民喜之”。在乐毅宽政爱民、礼贤下士之风的治理中，一时衰落的稷下学宫当再度复兴。

乐毅从齐国来到赵国，受赵王器重，受封于关津，号为望诸君。所谓望诸君者，当为彰显赵王招揽人才，盼望诸君到来之意。赵国所招揽的人才，首先是乐毅，然而也不止乐毅一人，更有尾随乐毅而来的一批人才。这批人才中，除了多年跟随乐毅的部将谋士外，也包括稷下学宫的一些学者。他们来到赵国，或者是缘于仰慕乐毅，或者是缘于躲避战乱，或者是缘于寻求新天地。乐瑕公的老师毛翕公，或许就是这个时候从齐国来到赵国的。

黄老之学渊源于齐国，毛翕公当是稷下学宫的黄老学传人之一，他先是活跃于齐湣王时期。乐毅主政齐国，他受乐毅礼遇，乐毅回到赵国，他随之而去，开创了黄老之学在赵国的分支流派。毛翕公在赵国教授黄老之学，从乐氏一族开始，乐瑕公是他的得意弟子；乐瑕公承继师业，成为黄老之学的新传人、再传弟子乐臣公的老师。

如果我的这种推测不误的话，毛翕公的老师安期生，大致活跃于齐宣王时期，安期生的老师河上丈人，大致活跃于齐威王时期，都是稷下学宫的黄老学者。如此清理下来，曹参用来治理齐国和汉朝的黄老之学，其源流脉络就大致清楚了。

大体而言，大行于西汉初年的黄老之学，源于齐威王时期的稷下学宫，河上丈人为其宗师。其后，学统由安期生继往开来，光大于齐宣王时期。到了齐湣王时，稷下学宫衰落，艰难维系学统的传人，是毛翕公。[1]乐毅攻下齐国，入临淄主政，礼贤下士，尊显黄老。乐毅离齐之赵，毛翕公随之前往，将黄老之学带到赵国，首先在乐氏一族中教授传播。乐瑕公和乐臣公，先后成为两代传人。秦灭赵，乐臣公避难迁徙到齐国，在高密教授黄老之学。乐臣公的弟子盖公，成为这支黄老之学的第六代传人，曹相国所师从的国师。

六、盖公说黄老之学

盖公是齐国人，他称曹参为曹相国，当在高帝六年（前201），刘肥被封齐王、曹参出任齐国相国后不久。当时的盖公，已是年迈的长者，他的老师乐臣公，已经不在人世。盖公以黄老之学说曹参一事，在历史上影响甚大，史书的记载却极为简略，竟然只有短短十九个字——“盖公为言，治道贵清静而民自定，推此类，具言之”。意思是说，盖公为曹参讲授治国之道，要在统治者以清静无为为本，自然地使百姓安定下来。于是基于这种精神，逐一为曹参讲解开去。

我整理历史到这里，不禁再次有所感慨，发生过的历史宛若汪洋大海，记录下来的历史宛若点滴浪花，如何基于有限的史料，以合理的推想去填补巨大的历史空白，成了历史学家永恒的追求。为了探索黄老之学的精髓，彰显曹参礼聘盖公为师的历史意义，

---

[1] 关于稷下学宫的概况，可以参见张秉楠辑注《稷下钩沉》，特别是附录一《稷下大事简表》，上海古籍出版社，1991年。

我以司马谈《论六家之要旨》为形而上之纲，以新出土的《黄帝四经》和《老子》等黄老文献为形而下之目，草拟“盖公以黄老说曹相国”如下：

天下初定，齐王刘肥富于春秋，委政于相国曹参。曹参礼聘胶西盖公，求教治齐方略。

曹参道：“我欲依从齐国的习俗，安集百姓，治理国家，不知先生有何见教？”

盖公道：“诸子何言？”

曹参道：“言人人殊，不知所从。”

盖公道：“诸子的学问，思路不同，说法各异，其中的基本道理，是一致的。”

曹参道：“此话怎么讲呢？”

盖公道：“天下的学问，不外乎六家。六家学问，一曰阴阳家，二曰儒家，三曰墨家，四曰名家，五曰法家，六曰道家。来说相国的，都是治六家学问的人。而六家之学，各有优劣，别有异同。”

曹参道：“那么，请先生说说六家之优劣异同。”

盖公道：“简而言之，阴阳家重视祥瑞灾异，多忌讳，让人拘谨而畏惧，这是它的不足。不过，阴阳家顺应四季交替，遵循自然变化，是不可缺失的。”

他进而解释道：“详而叙之，阴阳家所谓的阴阳，就是日月所代表的两大原理：日为阳，月为阴，阳刚阴柔。日月之下，有昼夜，有四季，有八卦，有黄道十二度，有二十四节气……各有各的辖区，各有各的规矩，各有各的禁忌。讲究自然变化的规律、天道运行的法则。

“总而言之，阴阳家之说，虽然难以说是顺之者昌，逆之者亡，不过，如果不顺从，天下万物将会乱纪失序。”

曹参点头称是，请问其二。

盖公道：“简而言之，儒家的学问广博而烦琐，费力多而收效少，难以一一听从。不过，儒家重视秩序和礼节，规范了君臣间、父子间、夫妇间、长幼亲邻间的关系，这是常理常情。”

他进而解释道：“儒家以《诗经》《尚书》《礼记》《乐书》《易经》《春秋》为经典，加上各种解释经典的著作，数量成千上万，耗费几辈子不能通晓其学，穷尽一生不能学会其礼，所以说‘其学广博而烦琐，费力多而收效少’。但是，君为臣纲、父为子纲、夫为妻纲的秩序，君明臣忠、父义母慈、兄友弟恭、子孙孝顺的道理，不论百家各派，都是改变不了的。”

曹参点头称是，请问其三。

盖公答道：“墨家讲究节俭薄葬，兼爱尚贤，如果推行其主张于天下，那是无视尊卑贵贱，难以被接受。不过，墨家主张强本节用，追求人给家足，其开源节流、普惠于民的长处，也是各家各派，都不能废除的。”

曹参点头称是，请问其四。

盖公答道：“法家不辨别亲疏，不区分贵贱，一断于法，这是断绝了对亲者亲的人情，对尊者尊的常理，可以短暂施行，收取一时的功效，不可以长期使用，得到久远的成功。所以说，法家‘严酷而少恩德’。不过，法家尊君卑臣，明确规定名分职责，也是各家各派，都不能废除的。”

曹参点头称是，请问其五。

盖公答道：“名家苛察名物，纠缠于词语，弯弯绕绕，专决于名词而失去了本真，让人迷失，所以说是‘简化而失真’。不过，如果从循名责实、比较对比的角度看，也是有可取之处的。”

曹参点头称是，请问其六。

盖公稍事停顿，正襟危坐说道："道家无为而无不为，其道理深沉难知，其实施简单易行。其学的根本，在于执虚守道；其实行运用，在于因循顺应。因为不拘泥于固有的形态，不执着于得失占有，所以能够体察万物，包容万物，主导万物。从而，道家能够兼收并蓄，采用各家之所长，回避各家之所短，随着时代的迁移而迁移，顺应物事的变化而变化，无所不宜，事少而功多。"

曹参倾身前趋，施礼请求道："愿闻道家的治国之道。"

盖公答道："道家治国，有黄老之学。黄老之学，出于道论，要在守道、依法、讲称、知变、求无为，用之以治理天下。"

曹参问道："请问守道。"

盖公答道："道者，天地之母，万物之理也。就是说，道是创造天地万物的母亲，道是支配天地万物的规律。天地万物，产生于道；天地万物，受制于道。敬畏道的全能，遵守道的规律，循道治理国家，才能有大治天下的前提。"

曹参点头称是，继续问道："请问依法。"

盖公答道："道生法。法，道之理也。已经说过，道，是支配天地万物的规律。而法呢，则是这个规律的成文体现。所以说，有道无法，混沌而不能治。治国无法则乱。"

曹参点头称是，追问道："请问当下有何成法可以治国？"

盖公答道："秦法可以治国治民。然而，秦法过极失当，当讲称而辅以宽柔。"

曹参问道："请问讲称。"

盖公答道："称者，审量以知限度，求均衡也。法生于道，道上法下，道柔法坚，道无穷而法有限，依法治国治民，必须基于道而知晓节度，讲究均衡。所以说，称者，法之衡也。以称审法，知其所极，究极而止，是为有度，有度则久。反之，有法无称，强直失衡，失衡则乱，乱则亡。”

曹参点头称是，继续问道：“请问知变。”

盖公答道：“变者，道之神也。道柔软而无定形，法有形而坚强。法久生变，守法不变则衰。以道变法，乃生生不息，长治久安也。所以说：以道变法者，君子也。君子豹变。如今萧相国用秦法而有变通，若曹相国施汉法而行宽缓，岂非顺应因循，守道求变之谓哉。”

曹参点头称是，继续道：“请问求无为。”

盖公答道：“道正法备，则圣人无事。也就是说，遵循了道的精神，制定了完备的法制，治理者就可以无为而治了。所谓无为，是讲和谐运转，不在对抗中彼此消磨。法制之下，君臣各有职责。君主在上，垂拱自律，臣佐在下，依法行事，此乃君臣无为也。法制之下，官民各有位置，官不扰民，民不抗官，此乃官民无为。君臣官民无为，彼此和谐无扰，国家岂能不治。”

曹参大喜，将盖公迎进丞相府正堂当中就座，避席施礼，正式礼聘盖公为齐相国师，住在丞相府官邸，随时顾问咨询。从此以后，黄老之学，成为曹参治理齐国的方略。曹参用黄老之学治理齐国九年，齐国安定繁荣，贤相曹参，天下闻名。

七、萧规曹随

史书上说，曹参离开齐国去长安赴任前，叮嘱继任的齐国丞相说：“我离任以后，有两个地方的事情拜托君侯，一是监狱，一是市场，慎勿轻易扰动。”

继任者不解道："治理齐国，难道没有更重要的事情了吗？"

曹参答道："不可以这样说的。监狱和市场，是善恶交汇、利害并存的地方，如果峻法苛察，严加清理，各种奸猾人等，岂不失了容身之处？失了容身之处，奸猾必然生乱。我所以先告诫你。"

继曹参出任齐国丞相的人，应当是齐受，也是一位早年参加革命、战功累累的功臣。齐受是泗水郡留县人，秦二世二年参加刘邦集团，做过刘邦的车马吏。楚汉战争中，升任骁骑都尉，作为骑将灌婴的部下，随同韩信攻魏、破赵、下燕、灭齐。占领齐国后，齐受辅佐齐相曹参镇抚齐国。曹参升任汉朝相国，举荐齐受继任，二人间有上述一番谈话。

曹参与齐受之间的这番对话，颇为费解，历代解释甚多，我采用了曹魏时人孟康的解释。这个解释的背景，是秦帝国因严刑峻法而引起天下动乱，曹参以秦为戒，用黄老治国，执法宽柔，不扰民乱民，致力于留下休养生息的宽容空间，所谓"水太清则无鱼，法太紧则生乱"之意也。[1]

史书上又说，曹参做了汉朝相国后，将黄老之学的治国之道推行到汉王朝，因循施政，无为而治。法制制度，一概遵循萧何所制定，不做变更。施政方针，按照治齐的方式，务求宽松简略。这一段故事，史称萧规曹随。这一段历史，我称之为萧曹之治。

曹参用人，喜好稳重厚道、平和少言的人，丞相府的官吏，多从郡县官吏中，按此标准选拔登用。对于那些用法深刻，务声名求升迁，也就是所谓企求有所作为的官吏，一概排斥不用。曹参好酒，从早到晚，酒不离身。大臣官吏以及宾客们，见相国不

[1]《汉书·曹参传》，颜师古注引孟康曰："夫狱市者，兼受善恶，若穷极奸人，奸人无所容窜，久且为乱。秦人极刑而天下畔，孝武峻法而狱繁，此其效也。"

理政务，纷纷来谒见劝说。曹参心知肚明，自有应对的办法。凡有来者，不由分说，首先一起喝酒。两三杯下去，来者刚想要说话，曹参再举杯共饮，堵住来者的嘴。如此周而复始，直到酩酊大醉而归，来者始终得不到说话的机会。据说，如此应对下来，没有人再去丞相府说事了。

西汉的丞相府，在长安城中，是仅次于皇宫的巨大建筑，与宫廷并立的施政重地。丞相府事务繁忙，每天接收朝廷各部门、全国各郡县的报告，再加以汇总处理，下达指令，上报皇帝。丞相府的直属吏员，有二三百人之多，分属诸曹（部）处理事务，一年三百六十五天轮番当值，除了不当值之告假日，都住在府中。所以，汉代的丞相府，除了处理政务的馆阁厅堂外，丞相的官邸和相府官吏的官舍，也都在其中。

史书上说，丞相官邸的后花园，与相府官吏的官舍隔墙相连，官吏们不时在官舍中饮酒高歌，引得曹参身边的亲信从吏们厌恶，又无可奈何。这一天，官舍中又开始饮酒高歌，从吏们请曹参到后花园游览，想让曹参知道这帮王八蛋撒酒疯瞎胡闹，一个个捆起来查办。殊不知，这位曹相国，听见隔壁在饮酒高歌，自己也来了兴致，当即叫从吏们取酒备菜，在后花园里设座铺席，也饮酒高呼，隔墙与官舍群吏们彼此应和。

曹参宽厚待人，部下官员们有小错，他都忽略不计，尽可能藏匿掩盖，偌大一座丞相府，上上下下，一团和气，相安无事。

曹参的儿子曹窋，在惠帝身边任职，出任中大夫。惠帝十六岁继位，曹参出任汉朝相国时，他十八岁，正想有些作为。惠帝对于曹参好饮酒不作为的行为，既迷惑不解，也颇有些不满，觉得曹参似乎有轻视自己的意思。这一天，他对曹窋说："你回家后，找机会问问你父亲，就说：'高皇帝去世未久，皇帝年轻，父亲身为丞相，日日饮酒而无所事事，如何挂念天下大事？'”惠帝对曹窋做了如此委托后，又特别叮嘱说：“你不要说是我让你问的哈。”

汉代的官吏，工作在官厅，居住在官舍，十天一次休假，方可回家，称为洗沐日。受了惠帝嘱托的曹窋，洗沐日回到家中，见到也休假的父亲，找到机会，小心翼翼地将惠帝的嘱托转达出来。结果引来曹参大怒，当即教人鞭打曹窋二百下，骂道：“给老子赶快回去侍从皇帝，天下的事，不是你小子应当插嘴的。”

待到朝议时，惠帝责怪曹参说：“为何如此对待曹窋，那番话是我让曹窋劝谏君侯的。”曹参当即摘下冠冕道歉请罪，然后淡定问道：“请陛下回想自察，英明神武，能否与高皇帝相比？”

惠帝当即道：“我怎么敢与高皇帝比？”

曹参又问道：“再请陛下观望体察，臣下与萧相国谁更贤明？”

惠帝迟疑了一下，答道：“君侯看来是比不上。”

曹参再次施礼致谢道：“陛下说得对。当初，高皇帝与萧相国共定天下，法令明确，制度健全。如今，陛下垂拱守成，曹参等因循奉职，不也就可以了吗？”

惠帝恼火无奈，挥挥手说道：“好了好了，君侯歇了吧。”

从此以后，惠帝再也不在曹参面前提起此类话题。

我整理历史到这里，不禁有所感慨。曹参与惠帝间的这一段话，史家多作萧规曹随、无为而治的解释。然而，仔细思量之下，冒头一句“高皇帝与萧相国共定天下”的语义，怕就不是上述解释所能涵盖的了。

将相国与皇帝齐名，并举二人定天下的言论，以后世之皇权正统论，无疑有僭越犯上之嫌，难免遭遇史家之春秋削笔。曹参之所以能在朝廷上堂正言之，太史公之所以能在史书上堂正书之，当自有其特殊的历史背景、特殊的语境。

我们已经叙述过，自秦末之乱以来，天下进入后战国时代，在以平民为主体的刘邦政治军事集团中，大家一起打天下、一起坐天下的“共天下”观念，已经深入人心，成为权益分配的原则、执政的理念和共识。[1]基于“共天下”观念，以俗语解读曹参对惠帝说的这句话就是：你老子刘邦之所以做皇帝，是因为他功劳最大，你萧大叔之所以做相国，是因为他功劳第二，而我曹参曹大叔之所以接任萧大叔做第二任相国，是因为我功劳第三，都是论功行赏，排排坐，吃果果的自然结果。

进一步解读，在曹参的话中，高皇帝一语，代表的是以刘氏家族为核心的皇权，正如白马之盟所规定，由刘氏家族独享；萧相国一语，代表的是以元老功臣为核心的相权，也如白马之盟所涵盖，限制在功臣列侯中；二者并立共存，彼此制衡，携手共筑汉帝国的新政权。[2]

曹窋是皇帝的近臣，属于宫廷官员，是皇权的爪牙手足。他出宫回到丞相府家中，为惠帝询问政事于父亲，代表宫廷干预政府，皇权干预相权，触犯了当时的政治忌讳，自然惹得曹参愤怒，打他二百下，一来强调相权的独立，二来警示皇权不可恣意扩张。

一句话总结下来，西汉初年之皇权，不是秦始皇所开创的绝对专制皇权，而是汉高祖所接受的相对有限皇权，如此史实，如此理念，治史者不可不深察，读史者不可不留意。

史书上说：“（萧）何素不与曹参相能。”意思是说，萧何与曹

---

[1] 参见《汉帝国的建立与刘邦集团》第四章第三节三“共天下与有限皇权”。

[2] 参见《汉帝国的建立与刘邦集团》第六章第一节四“白马之盟及其历史背景”、第二节三“汉初丞相之选任与汉初军功受益阶层”。

参，从来就你不服我，我不服你，对着看，比着干，总要争一个高低。在秦沛县时代，萧曹二人，分别为县令手下两大豪吏。萧何是主吏掾，负责事务人事，曹参是狱掾，负责刑狱司法。萧何早早出人头地，考核评定为全郡第一。被比下去的曹参，心里不是滋味。

沛县起兵，萧曹二人，同为主谋，成为沛公手下两大干将。萧何主文，负责文法后勤；曹参为武，领兵冲锋陷阵。建国以后，萧何出任丞相，主持政务国本、制度建设，成为君主之下第一人。而曹参呢，作为步兵将领，长期在韩信手下作战，固然是战功卓著，却难与萧何齐名并举，心里始终不是滋味。

打下天下，大封功臣。按照军法的奖赏规定计算，曹参之军功，在诸将中排名第一，却被刘邦以萧何有万世之功为由，被迫屈居于萧何之下，排名第二，自然是咽不下这口气。汉帝国建立后，萧何身在长安，是汉朝丞相，曹参身在临淄，是齐国丞相，又是低了一头，岂能不怏怏不爽。

然而，萧何兢兢业业，恭谨侍主一生，到头来难免牢狱之灾。苍凉晚年，免冠徒跣，惶惶谢罪不安，终归是一人之下被猜忌、被折磨的命。曹参在外为名将，君命有所不受，在内为贤相，自主独立施政，为古今出将入相之楷模。曹参引盖公为师，善用黄老，相齐齐治，相汉汉治，治国全身并举，承前启后两立，真可谓不自满而大成，退一步而大安。黄金时代的文景之治，国政治理的开端，要在萧规曹随。

曹参出任汉朝相国四年，于惠帝五年八月去世，赐谥曰"懿"，为平阳懿侯。曹参之墓，在今咸阳市渭城区之徐家寨，为刘邦陵园长陵的陪葬墓之一。

八、长沙王吴芮

吴芮其人，是一位历三朝而不倒的传奇人物。秦王朝时，他是番阳县令。楚霸王时，他是衡山国王。汉王朝建立，他受封为长沙王，子孙五世相继，国祚四十六年，成为异姓诸侯王中唯一的例外。

吴芮的姓氏，当来源于吴国。吴国，是西周以来的古国。吴国的始祖，据说是周文王的两位叔父——太伯和仲雍。

《史记·吴太伯世家》说，太伯、仲雍和季离，是周太王的三个儿子。三兄弟中，三弟季离最贤，季离的儿子姬昌，也就是未来的周文王，不但贤，而且圣。太王希望将王位传给季离、姬昌一系。于是，大哥太伯和二哥仲雍，为了成全此事，主动流亡到南方的荆蛮之地，遵循当地民风习俗，断发文身，得到当地人的拥戴，自号“句吴”，成为吴国的始祖。

司马迁著《史记》，将《吴太伯世家》列在诸侯世家之首，为的是表彰太伯、仲雍礼让天下的美德。两千年后，我读这一段文字，关心的是如同吴国这样的江南古国之社会构成，特别是外来的统治阶层与被统治的原住民之间的关系。

远古以来，古越族广泛分布在从长江以南直到东南亚的广大地区，史书上称为百越。百越，大体分为五个分支。以今浙江绍兴一带为中心者，称为于越；以温州一带为中心者，称为东越；以今福建福州为中心者，称为闽越；分布于今广东及其以南者，称为南越；分布于今广西及其以南者，称为骆越（又称西瓯）。

秦以前，最著名的越人国家，就是吴越争霸的越国了。越王勾践，大臣文种与范蠡，争霸对手吴王夫差，大臣伍子胥与伯嚭，都是家喻户晓的历史人物，卧薪尝胆一语，已经成为汉字文化的常用成语。

越国，以越作为国名，是越人的国家，这是毫无疑问的。不过，按照《史记》的说法，越王勾践的祖先，是大禹的苗裔，第三代夏王少康的庶子，被封于会稽，奉守大禹的陵墓祭祀。这种说法，未经证实，存疑待考。不过，越国的统治阶层，是外来的移民，却可以由此看出些端倪来。这位外来的移民，也同吴国的先祖一样，遵循当地的民风习俗，断发文身，构筑城邑，成为越国的始祖。

吴越两国，与楚国关系最深。吴国曾经攻下楚国的首都，几乎灭了楚国。后来，楚国支援越国灭了吴国，又将越国吞并，事在公元前 334 年。从此以后，长江以南的百越各部，大都从属于楚国，吴国和越国的历史，都成了楚国历史的分支。秦始皇统一天下，挟灭楚之余威，逐一攻灭于越、东越、闽越、南越和骆越，废黜各国的君长，建立起郡县制的直接统治，楚国和百越，又都成了秦帝国的一部分。

对于先祖的追忆，常常混杂着子孙后代的美好愿望。吴国的先祖是太伯、仲雍之说，学者间持不同意见者不少，至于说越国的先祖是少康之子的看法，学术界更多有否定的意见，认为是太史公采用了不可信的传言。不过，怀疑否定易，确立肯定难。如果没有得到考古证实的肯定结论，《史记》的见解依然是我们的起点和经过点，甚至是有待证实的终点。

今天，我为整理吴氏长沙国的历史，重读《史记》和相关书籍，深感西周以来的各个古国，多是外上内下两重社会结构。所谓外上，是说国家的统治阶层，是外来的移民；所谓内下，是说国家的被统治者，是当地的原住民。这种状态，在本书所述的秦末汉初，依然如故。长江以南的楚国南部地区，北方外来的移民，虽说是不断增多，但其社会的基层民众，越人仍然是主体。这个外上内下的两重构造，是我们理解这个地区这一段历史的基本知识和背景，也是我们解读吴芮和长沙国的前提。

史书上说，秦帝国时，吴芮是番阳县令，深得江湖民心，被尊称为“番君”，番是地名，当是番阳的简称。战国时代，番阳地处吴楚边境，成为两国反复争夺的地区，其下层居民，也当以越人为主。番阳县，故址在今江西鄱阳县东北，秦时属于九江郡。

按照秦汉的官僚制度，县令不用当地人。从吴芮的姓氏以及他深得江南越人的拥戴来看，他可能来自以吴县（今江苏苏州）为中心的旧吴国地区，通越语，晓越俗，是秦时难得的关心下层民生的地方官员。

陈胜吴广大泽乡起义，吴芮起兵响应，番阳成为江南地区反秦的中心，吴芮也成为江南各路反秦军的领袖。鄱阳湖在番阳县西，第一个来投奔吴芮的，是亡命湖中的江洋大盗英布，他不但成了吴芮的部将，也成了吴芮的女婿，吴氏家族与英布，从此结下不解之缘。

番阳县在九江郡的中部，东南与闽中郡相近。闽中郡，本是闽越人居住的地区，自有君王统治，秦始皇统一天下，被秦军攻灭。闽越君王的历史，可以追溯到越国的灭亡。公元前 334 年，越国被楚国攻灭，越王无强被杀。越国贵族臣民零落四散，其中一部分，南下退入浙江南部和福建地区，成为当地土著越人的统治者，或称王，或称君。秦军进入前，闽越地区有越王无诸、越君摇和越君织等，自组政权，自成一统。秦军进入后，越王无诸被废黜，旧有的统治按照秦国的制度改编，建立起郡县制的新秩序。

鄱阳县东湖之吴芮祠

今鄱阳县城内有东湖，湖边有“吴芮祠”，纪念番君吴芮深得江湖民心，率众起义反秦的功绩，是当地百姓的自筹建筑，基于民间的传说，怀念心仪的英雄。

秦末，天下大乱，闽越地区的越人，在无诸和摇、织等人的领导下，也加入了反秦的洪流。当时，会稽郡境内的于越人，伴随项梁、项羽起兵吴县，都北上跟随了项氏，成为项氏楚军的一部分。而无诸和摇、织领导的闽越人，则西去番阳，投奔了吴芮，成为吴氏楚军的一部。

番阳地区的西部，北有长沙郡，南有苍梧郡，入秦以前，都是楚国的领地。这个地区，本来也是越人的居住地，战国初期，楚人扩张南进，逐渐成为当地的统治阶层，其外上内下的社会构成，与吴国颇为相似。

秦朝末年，这个地区曾经爆发过大规模的叛乱，叛乱的领袖，是楚国贵族利苍一族。这位利苍，就是赫赫有名的马王堆二号汉墓的主人，祖上是楚国的王族，被封于利，袭用封地名为姓氏，成为利氏的先祖。利氏的封地利，在秦帝国之苍梧郡攸县利乡，今湖南省攸县一带。

秦始皇二十八年（前 219），利氏一族在利乡发动大规模武装暴动，兵败后逃入湘赣交界的罗霄山中成为群盗，其经历颇与刘邦、英布、彭越类似。秦末乱起，利氏一族起兵响应，出罗霄山投奔了吴芮，从此成为吴芮的得力部下。[1]

在反秦战争中，南楚地区的各支起义军，大都归属于吴芮，从属于复国后的楚国。吴芮的部下，有名者除了英布和利苍，还有一位是梅鋗。

关于梅鋗，史书中没有传记，只有零星的记载。秦二世三年（前 207），刘邦奉怀王之命，领军南下西去，计划从武关攻入关中。六月，降下南阳郡治宛县（今河南南阳），进而南下攻击胡

[1] 关于利乡之乱及其实地考察，参见本章九“长沙国里寻故旧”。

阳县（今河南唐河县），遇见了梅锟统领的楚军。在梅锟军的配合下，刘邦军夺取了郦县（今河南省镇平县东北）和析县（今河南省西陕县），顺利攻入武关，降下咸阳，拔了灭秦的头功。

项羽分封天下，刘邦封汉王，吴芮封衡山王，英布封九江王，梅锟也因为特出的军功封侯，领地十万户，历朝历代难得一见。[1]梅锟，大概死于楚汉相争期间，事迹不再见于史书的记载。高帝五年，刘邦即皇帝位，改封吴芮为长沙王，封状中特别提到，之所以分封你吴芮，也是念及你的部将梅锟，他当年配合我攻入武关灭秦，功不可没。

从史书的有限记载来看，吴芮个人，在反秦战争中并无特别值得书写的功绩，倒是他的两位杰出部下——英布和梅锟，以灿烂的光辉，映照了他知人用人的风采。

不过，无论是在秦帝国时代，还是楚霸王和汉高祖时代，吴芮能够始终立于不败之地的重要缘由，是他对于江南百越的体察和熟悉，始终得到越人的拥戴和支持。前后相继的新政权，都需要借助他的力量和威望，安抚遍布于长江以南的越人。

秦帝国时代，出身吴国地区的吴芮，出任番阳县令，他熟悉越人民俗，体察江南国情民风，成为善于治理边区的名臣。秦末乱起，他体察民情，顺时而动，成为江南地区反秦军的主帅，统领以百越为主体的反秦军，成为楚军主力之一部，先响应陈胜，后归属怀王，再追随项羽，参加巨鹿之战，进入关中灭秦，受封为衡山王。

---

[1] 汉代封侯，最高者如曹参，万户。战国时代，吕不韦曾有十万户之封，非常特别。据贾谊《新书·强藩》，西汉初年，长沙国户口不过两万五千户，梅锟之封十万户，几乎相当于四个长沙国的人口，有些不可思议。

楚汉相争中，吴芮属项羽阵营，统领衡山国军随项王征战。汉三年十二月，女婿英布起兵叛楚兵败，吴芮受牵连，被褫夺王位，进退失据，惶恐不安。[1]项羽败亡，刘邦即皇帝位，念及吴芮灭秦的旧功，也念及他女婿英布的情和部将梅销的功，恢复王位，改封为长沙王，当然也想借助他在越人中的威望，安抚百越，稳定南疆。

吴芮死于高帝五年六月，只做了四个月的长沙王，谥号为文王。吴芮死后，儿子吴臣继承了王位，是为成王。

成王吴臣，是吴芮的嫡长子，当年跟随父亲一道起兵，也是军功卓著的人物。吴臣做了七年长沙王，死于惠帝元年（前194）。吴臣其人，在英布之乱中化解危机，是维系异姓长沙国长存的关键人物。

吴浅，是吴芮的另一个儿子，当年也随父亲一道起兵，有军功，惠帝元年被封为便侯，在长沙国内有两千户的封国，故址在今天的湖南省永兴县。

吴程，是吴芮哥哥的儿子，随吴芮起兵，军功卓著，能力出众，长期担任长沙国的柱国，也就是楚制的国务大臣。于高帝九年九月被封为义陵侯，封国也在长沙国内。一千五百户的封国，故址在今湖南省溆浦县。在汉初开国功臣列侯的排位中，吴程列

---

[1]《汉书·高帝纪》五年，诏曰："故衡山王吴芮与子二人，兄子一人，从百粤之兵，以佐诸侯，诛暴秦，有大功，诸侯立以为王。项羽侵夺之地，谓之番君。其以长沙、豫章、象郡、桂林、南海立番君芮为长沙王。"吴芮为衡山王，为项羽所封，后来被项羽褫夺王号，改称番君，所以被称为"故衡山王"。刘邦即位后，恢复王号，改封为长沙王。吴芮何时何故被褫夺王号改称番君，史书没有记载。考英布是吴芮的女婿，败亡之后，妻子皆被诛杀。合理地推测，吴芮被褫夺王号改称番君，当是受英布叛楚属汉的牵连，时间当在英布兵败的汉三年十二月。楚国灭亡以后，吴芮的罪名自然消失，刘邦念及旧功，恢复其王位也是顺理成章。

第一百三十四位。

利苍，是另一位跟随吴芮的英雄，也是一位军功卓著的人物。利苍于惠帝元年出任长沙国丞相，被封为轪侯。轪国，是一个有七百户的侯国。初封的轪国，在淮南国境内，故址在今湖北浠水县，后来迁徙到河南光山县，在汉朝南郡境内。[1]

九、长沙国里寻故旧

长沙国，始建于高帝五年，也就是公元前202年。长沙国的领土，有长沙、武陵两郡，大致沿袭了秦朝的洞庭、苍梧郡而来。[2]长沙国西，与汉朝之巴郡相邻，大致以今湘渝边境之酉水、湘黔边境之芷江为界。其北，与汉朝之南郡相接，大致到今湖北宜都、松滋、监利、嘉鱼一线以南。其东，与淮南国相连，大致沿今江西高安、宜春、莲花，湖南攸县、永兴、郴州一线。其南，与南越国接壤，大致沿今广西兴安、湖南江永、广东连山，然后东北折向湖南郴州之湘粤边境。[3]

以面积而言，长沙国不算小，几乎包括了整个湖南省，邻近湖南省界的湖北、广西、广东的部分地区，也在长沙国疆域中，特别值得一提的是，江西省赣江以东的大部分地区，都属于长沙国。然而，不可思议的是，汉初长沙国的登记人口，竟然只有两

[1] 参见拙文《西汉轪国所在与文帝的侯国迁移策》，《国学研究》第二卷，北京大学出版社，1994年。

[2] 参见周振鹤主编《中国行政区划通史·秦汉卷》，复旦大学出版社，2016年。

[3] 参见周振鹤《西汉政区地理》第十章《长沙国沿革》，商务印书馆，2017年。

万五千户，不到十五万人。[1]

古代世界，地广人稀，人口之多寡，是国力强弱之标志，汉代封君建国，不以土地，而以人口户数为标准，就是这个道理。以此标准衡量，偌大的长沙国，不过一人口少国力弱的僻远穷国而已。然而，正因为此，吴氏长沙国，能够延续五代，国祚近五十年，躲过了异姓诸侯王被一一消灭的命运。

我与长沙国结缘，始于马王堆汉墓。1992 年，我到长沙参加马王堆汉墓发掘二十周年国际学术会议，第一次在湖南境内停留。不过，往来的足迹，只留在长沙市内的芙蓉宾馆和郊外的马王堆汉墓之间。

2012 年 8 月，我与多年的走友藤田胜久教授结伴，得湖南大学陈松长教授引领，走访湘西，到沅陵、保靖、里耶，沿酉水上行，深入重庆市酉阳县境内，考察秦汉时代的历史遗迹。这些地方，已经是长沙国的西北边境，车船步行游访中，秦之洞庭郡、汉之武陵郡、沈从文先生笔下的边城风土人情，都在秦简汉墓摆渡船中浑然复活。

2016 年 10 月，蒙松长兄再次召唤，邀我到岳麓书院讲学。两个月间，得以从容徜徉于岳麓山下、湘江两岸，访察长沙的山水人文、名胜古迹。

吴氏长沙王的墓葬，多在湘江西岸的浅丘地区，天马山和咸嘉湖一带，最是集中，探明有八座王陵。其中，咸嘉湖地区的三

---

[1] 吴氏长沙国之领土，大致相当于《汉书·地理志》所载的长沙国、桂阳郡、武陵郡、零陵郡，平帝元始二年（2），该地区人口总计为 126858 户，717433 人，平均一户 5.7 人。贾谊《新书》说长沙国人口不过 25000 户，以一户 5.7 人计算，为 142500 人。贾谊为长沙相，在文帝四年到六年（前 176—前 174），到平帝元始年间，经过了 178 年左右，长沙国户数和人口数都增加了 5 倍。考虑到汉初离战乱不久，长沙国地处边远，大量的土著越人不著籍难以统计的情况，贾谊的说法有一定的可信度。关于长沙国的综合性研究，罗庆康先生著有《长沙国研究》，湖南人民出版社，1998 年，可以参考。

沅水

酉水

里耶镇

里耶古城遗址

座已经发掘。象鼻嘴一号墓，可能是第四代长沙王吴恭或者是第五代长沙王吴著的墓。陡壁山“曹娱”王后墓，可能是吴著之王后曹氏的墓。望城坡“渔阳”王后墓，可能是西汉初年某一位长沙王王后的墓。“曹娱”王后墓，出土有“长沙后丞”的封泥，有白玉的印章一枚，鸟篆白文“曹娱”。有人据此推测，或许是那位以黄老之道治国的名相，平阳侯曹参的女儿。

岳麓山一带，有岳麓书院、屈子祠、爱晚亭，有黄兴和蔡锷的墓地。贾谊故居，在长沙城内西区太平街太傅里，又名贾太傅祠，为纪念贾谊左迁长沙国的那一段难忘的历史。两千年来，长沙城的位置没有迁移，历代的遗址，层层叠压。市中心五一广场古代作坊和水井的遗址，文化堆积从战国经秦汉一直到唐宋，大量汉简的出土，最是引人注目。马王堆在长沙城东五里牌，自然是我再次来访的故地。三十年岁月，周围已不复是旧日景观。幸甚至哉，轪侯家族的墓地，因遗址公园的建设而保存下来。

自 1992 年初访长沙以来，轪侯利苍一直盘桓在我心中，如何穿透时间的阻隔，找到利苍的踪迹，为马王堆树碑，为轪侯家立传，成了我的心结。[1]2001 年，《张家山汉墓竹简》公布，一件秦朝的案例吸引了我。秦始皇二十七年（前 220），也就是秦统一天下后第二年，苍梧郡攸县利乡发生了一起大规模的武装叛乱。秦军两次兵败，第三次进攻，方才将叛乱镇压下去。事后追究下来，不仅叛乱者，败退秦军的当地士卒也多逃亡。逃亡者携带武器，进入山中藏匿，当局无法捕获，成为群盗。[2]

[1]《轪侯利苍传》，我用文言写成，待刊。其译文，刊载于《国家人文历史》2020 年第 3 期。

[2] 彭浩、陈伟、工藤元男主编《二年律令与奏谳书》，《奏谳书十八》校释（一），上海古籍出版社，2007 年。

马王堆汉墓

秦苍梧郡攸县，在今湖南攸县一带，叛乱的中心地利乡，尤其引起我的注意，因为“利”这个地名，与轪侯利苍的姓氏相同。在中国古代，姓氏常由地名而来，特别是有封地的贵族，他们的姓氏，往往来自封地的地名，比如陈胜的陈氏，项羽的项氏，都是如此。利苍一族，本是楚国的王族，后来被分封到利这个地方，用利作为姓氏，成为利氏一族的先祖。去攸县，寻利乡，考察湘赣边境，寻找利苍一族踪迹，是促使我这次再来湖南的最大心愿。

秦代的攸县，以今攸县为中心，今湖南醴陵、茶陵，江西莲花的部分地区，当也在其境内。秦灭楚以前，这一带地区，都属于楚国南部。这次攸县之行，经过精心策划，有湘潭大学的李斯驾车，述古书店黎锟护行，株洲文物局文国勋向导，可谓人强马壮，地利人和。

马王堆汉墓 3 号墓坑

先到株洲，聆听文物局席道合先生的介绍。道合先生是松长兄的友人，株洲文物考古界的大家，我们这次考察的顾问。于是去醴陵，访板杉乡古城村，在渌水中游弯转处，有城垣遗址，三面临水，北面依山，2008 年，被列为株洲市文物保护单位，推定为西汉（醴陵侯国）侯城和东汉（醴陵）县城的遗址，不是我们所要寻找的秦汉攸县城址。

顺道去渌江书院，在醴陵城内渌江南岸，左宗棠出世前，曾经是书院的山长，傅熊湘、李立三、陈明仁等人，都曾就读于此。近代史上，湖南人才辈出，遍布全省各地之书院，当是养育的摇篮。

离开醴陵市，走 106 国道，进入攸县地界。网岭镇，在两县市之间，攸水从镇南流过，是攸县秦汉遗址最集中的地区。当晚留住，享用了当地名产——晒肉和血鸭。

早起，一声叹息，人算不如天算，天气预报的云，变成了雨。

网岭附近山坡上，大片秦汉墓葬地，都在细雨泥泞中，上下来去，拖泥带水，烟雨朦胧了古今。又去杨家洲村和罗家坪村，在网岭镇东不远，多座国宝级的大型汉墓，散布村落间，从外观上看，当在列侯等级。如此大数量、高规格的秦汉墓葬，集中于这一地区，不得不使人想到，秦汉的攸县城，应当就在这一带。

网岭镇东约 30 公里，有黄丰桥镇，在连通湘赣的路上，据说得名于黄忠镇守此地的传说。想起秦末之乱的逃亡者们，携带武器进入山中的历史，动了也去看看的念头。黄丰桥镇，在攸水上游，由此进山，穿越罗霄山脉，可抵达江西之莲花萍乡。楚国时代利苍的封邑，秦朝叛乱的利乡，当近似于这一类地区，在县城与罗霄山之间？结果令人失望，狭小的格局，受限于山谷，并无

攸县网岭镇秦汉墓葬地

攸县网岭镇大型汉墓

攸县考察照

攸县博物馆

攸县网岭出土的铜矛和铜剑（攸县博物馆藏）

秦汉时代的遗迹，只是连通湘赣的山间路口之一。

带着疑问，怀着希望，南下到攸县去。今攸县城，在洣水与攸水汇合处，意料之外的文物大县，小小一座县博物馆，藏有一万多件文物，由于场地狭小，仅仅展出了九十余件，网岭出土的战国时代的铜矛铜剑，尤其吸引我们的注意力。

傍洣水，沿 106 国道，南下到茶陵，晚饭后进城投宿，已是深夜。次日早起，观茶陵城。洣水岸边的古风老城，城墙尚存。石条修砌的城墙，建于南宋绍定四年（1231），是湖南境内唯一保存完好的宋代城墙。经明清两代修葺，共约 1500 米的四段城墙，两座城门，一条马道，一座镇堤铁犀，以及 700 米防洪堤和 1500 米护城河，至今犹存，不可不谓珍贵难得。2013 年，被列入全国重点文物保护单位。

茶陵县，西汉初年始设，属长沙国。秦代的这一地区，当属攸县。茶水，是洣水的支流，发源于湘赣边境的罗霄山脉，长 150 里，自东北往西南，在今茶陵县城东汇入洣水。出茶陵县城，走

洣水畔茶陵城

茶陵古城墙

1856省道，沿茶水东北行约30公里，火田镇附近，有东汉古墓，稍作考察，到高陇镇转入县道，去秩堂镇，开始进入湘赣边境之罗霄山地带。农家的新居，散布在浅丘树丛田地间，当地产竹鼠，为一大特色美食。

晓塘村，在镇北十来里处，地处湘赣边界，为罗霄山西麓一重要隘口。晓塘楚越古城，是战国时期遗留下来的一座城址，高耸的夯土城墙，在松林间时隐时现，历史的光影，倒映在残存的护城河水面上。城址大约宽200米，长300米，存留的城墙，宽7米，高处将近4米。1986年发现，2014年发掘，清理出城门、古井，文化堆积层中的筒瓦陶片，随处可见。

古墓群就在城外，多座墓已经发掘，大型楚人墓，高规格贵族级别，当是外来移民统治者的，映照出南下的楚人已经深入到百越的山岳地区。中型的越人贵族墓，当是本地土著首领的。更有混合了楚越两种元素的墓葬，已经是一种文化的融合。大量的青铜器，特别是武器的出土，使专家们推断，晓塘楚越古城，当是一座扼守湘赣边境交通要道的军事要塞。[1]

晓塘村东头，是江西省萍乡市莲花县三板桥乡。我的足迹，右脚留在湖南，左脚踏上江西，横跨湘赣两省。我的思绪，已经深入罗霄山，沿山间古道，东进北上，奔向鄱阳湖方向。一种久念的历史感，挥之不去，苦苦寻觅的利乡，或许就在这片地区。

远离县城，地处罗霄山西麓，有受封的楚国贵族，有当地的越人土著，已经融合多年，自成一体。秦人晚到，尚法强硬，遭到楚人越人的联合反抗。失败的叛军，携带武器逃入山中，成为武装的盗贼集团。天下大乱，他们走出山中，前往鄱阳湖畔。

这一番景象，只要加上简牍史书上留下的人名：领兵镇压利乡之乱的秦攸县令史义和令史駐，参与审理利乡之乱案件的秦攸县守令嬬和县丞魁，发动利乡之乱的利苍，在鄱阳湖中为盗的英布，以及深得江湖民心的秦番阳县令吴芮……一幅秦楚汉之际湘赣地区的历史画面就复活跃动起来。番阳城头竖起的反旗，鄱阳湖中驶出的贼船，罗霄山中走出的盗匪，来自闽浙山地的越蛮，汇聚成滔滔洪流，成为南楚地区复楚反秦的主力。

……

攸县茶陵归来，又去萍乡。江西省的萍乡、宜春、莲花等地，汉初都在长沙国境内，至今其方言习俗，近于长沙。长沙、株洲、醴陵、萍乡一线，古往今来，是湘赣间最大的通道。三田古城，在萍乡市北郊之萍水东岸，为春秋晚期被废弃的一座城池。当是楚国南下东进扩张时，被攻灭的越人修建的城池。残存至今的城墙和护城河，出土的青铜兵器，使我联想到茶陵山中的晓塘楚越

[1] 此次考察顾问席道合先生的意见，可参见《株洲在线网》2014年12月19日。考察同行的文国勋先生是发掘参加者，现场为我们做详细的介绍。一并在此致谢。

晓塘古城址

三田古城墙

古城，都是楚越交汇的历史留下的同类遗存。

萍乡市南的莲花县，在罗霄山东麓，有山间道与西麓的茶陵攸县相通，为古往今来连接湘赣两地的另一条通道，攸莲古道和茶宁古道的遗迹，明清时代以石块铺筑的山道，至今犹存。西汉第一代安成侯刘苍的墓葬，在莲花县升坊镇老虎坳罗汉山，2007年被盗后发掘。安成侯刘苍，是第一代刘姓长沙王刘发的儿子，汉武帝元朔六年（前123），被封为安成侯。一枚“安成侯印”龟纽金印的出土，不但确认了安成侯国的所在，也证明了罗霄山东西两麓，都是汉代长沙国的领土。

这些年来，我行走于神州大地，走进历史现场，去考察遗址，去复活历史。在搜寻先人足迹、追踪往事遗留中，常常来到行政区划交界的荒山野岭、湖泊沼泽。这些地方，因为远离中心城市

西汉安成侯刘苍墓

和交通要道，在时流中变化慢，改变小，保留了古风旧貌。莲花县，在井冈山脚下，当年红军改编于三湾，就在其境内。井冈山武装割据时期的种种事迹，一大批革命英雄的出生成长地，都在这一地区。

遥想当年，我红色朝圣，从广州步行上井冈山。观望如今，我铜色访古，车行罗霄山东西两麓。在湘赣边境的晓塘楚越古城，依稀寻得轪侯利苍的故乡，仿佛见到利乡叛乱的镜影。听到友人讲述山地的民风习俗，至今狠勇好斗，重义轻法时，不由得感慨时间有停滞，历史有凝固，浓缩到此时此地，竟然是从古至今，绵延不断。惊叹之余，诚然信哉！

第五章

吕氏皇权的兴亡

一、女皇吕雉一族

临朝称制的吕后，成为中国历史上第一位女性皇帝。女皇吕雉，既是名分上的，也是事实上的。吕后当政的八年，汉朝的年历年表，用高后纪年，史书的编撰，也将吕后作为皇帝，写成本纪。吕氏皇权，名实相符。

二、戆丞相王陵

沛县乡情和游侠风气，是深刻在汉初政局上的两大烙印。在以沛县人为主的功臣元老中，王陵以其独特的经历和个性，享有极高的威信。王陵的母亲，悲壮地死于项羽军中。这件事情，不但感动了全军将士，更使吕后以及吕氏一族，对王陵有生死与共的亲近信任感。

三、男宠审食其

人性多面。放纵，是人性的又一面，玩友，是人生的另一圈。身在权力峰巅的人，多在紧张中强撑，在沉重中自防。对于他们而言，放松的愉悦，是舒缓身心的刚需，无害的亲切，是内心深处的渴望。作为玩友的佞幸者们，回应了人性背面的呼唤，他们存在的理由，如同游戏一样永久。

四、新分封的政治平衡

吕后在一个月内，新建了四个王国，分封了十位列侯，如此巨大的政治举措，竟然没有引起公开的反对和抵抗，如愿顺利施行，不可不谓相当地成功。在这个成功当中，处处可以看到政治平衡的讲究：刘氏皇族与吕氏外戚并行，开国功臣与皇室姻亲共进。在这种政治平衡的背后，我处处感受到陈平身影的晃动，想起他年轻时主持乡社分肉的往事，记起他那句响亮的名言："如果由我来宰割天下，也会如此公正。"

五、刘吕联姻的成败得失

吕后清楚地知道，汉朝的皇位继承权，在刘氏子孙，这是古来的男系继承传统决定了的，难以变更，她也无意挑战。不过，刘氏子孙旁支甚多，花落谁家，则是不定的，但可以掌控。掌控的关键，在于加强刘吕联姻，保证皇位继承权，始终留在刘吕一系的皇子手中。促进刘吕联姻，是吕后政治的主流和脉络，吕后其人，是开启汉朝外戚政治的鼻祖。

六、陈平之深念

陈平参加革命晚，不是刘邦集团的核心成员，长期被老资格的元功宿将们白眼相看，视为趋炎附势的小人。从历史上看，陈平是阴谋家，多谋善变，长袖善舞。陈平出仕，不拉帮，不结派，不建自己的小圈子，而是凭借机巧谋略，依附权力核心，秉承最高领袖的个人信任，隐秘地出谋划策，周密地行动实施。从这种意义上讲，他属于宠幸近臣。

七、齐王刘襄起兵

吕后病重，刘襄已经蠢蠢欲动。吕后去世，忍耐多年的刘襄长长吐了一口气，觉得有所作为的时机来临。就在这个时候，弟弟刘章和刘兴居从长安送来消息，通报了首都的形势以及与大臣们联盟的内情。说是外有兄长扶义起兵，内有我兄弟二人与大臣们做内应，里应外合，可以一举诛灭吕氏，拥立兄长即皇帝位，云云。

八、诛吕之变

由于吕媭的坚决反对，以梁王吕产和赵王吕禄交出南北两军之国就任，换取齐王刘襄退兵，老臣们继续支持现政权的谈判没有结果。长安城中，以吕产、吕禄为首的吕氏政权为一方，以陈平、周勃为首的功臣宿将们为另一方的政治对立形成，起兵的齐王刘襄与在京的刘章和刘兴居，都站在功臣宿将一边，成为老臣们叫板吕氏政权的筹码。

九、失意的齐王一系

首事起兵的齐王刘襄，不得不放弃昙花一现的对于皇位的期待，退守诸侯王的本分，朱虚侯刘章和东牟侯刘兴居，也都必须听从新政权的指令安排。这些变化，对于他们来说，意味着背信和失意。从以后的历史来看，失意的齐王一系，都郁郁而没有善终。

十、代王刘恒进京继位

以代国郎中令张武为首的多数大臣，都认为不宜进京继位。他们认为，诛吕之变，是将相大臣们制造的血腥政变，这批发动政变的人，都是跟随高皇帝打天下的勋臣宿将，长于用兵，擅于阴谋诡计。太后尸骨未寒，他们就喋血京师，诛杀吕氏一族。如今派人前来，以即皇位为名，迎大王进京，实在是不可测，不可信。希望大王称病不去，以观其变。

十一、长安城未央宫

这些年来，我整理历史，在时间、空间、事件、器物和人之间穿梭游走，力图构筑起一幅立体的往事图景。这时候，细致而准确的空间关系，常常成了另一种追求。深入实地，走进历史现场，用手去触摸，用脚去丈量，融合到考古的江湖中去，接杯酒之欢，连天地之气，绘制出来的图案，近似工笔画卷，力求纤毫毕现。

一、女皇吕雉一族

惠帝七年（前188）八月戊寅，汉惠帝刘盈驾崩于未央宫，年仅二十三岁。儿子英年早逝，事发突然，母亲吕雉，悲痛万分。史书上说，发丧布告天下之日，亲临未央宫前殿会丧的吕后，神情举动异常，她不时哀伤地盯视惠帝的灵柩，有间断的抽泣之声；不时茫然地顾望会丧的群臣，而无一滴泪水流下来。

吕后的异样神情，早早地被一位年轻人捕捉到了，这位年轻人，叫作张辟强。张辟强，是张良的庶子，此时年仅十五岁，聪明早慧，已经在惠帝身边做过几年侍中，不但得惠帝亲信，也甚得吕后喜爱。

会丧之后，张辟强见到丞相陈平说："太后只有孝惠皇帝一个儿子，如今惠帝英年早逝，最是伤痛。今日会丧，太后抽泣而不落泪，哀伤不能尽举，丞相知道是什么缘故吗？"

陈平一听就明白，张辟强有话要说，反问道："你说说看，是什么缘故？"

张辟强说："孝惠皇帝没有成年的儿子，新帝年幼，政事堪忧。太后更放心不下的事情，在于君侯等大臣们。"

陈平沉思片刻，问道："你有什么想法？"

张辟强回答说："请丞相上书建言，拜吕台、吕产、吕禄为将军，统领南北军，同时，请准吕氏子弟皆值宿未央宫，侍卫皇帝，居中用事。如此一来，太后安心，大臣们也得以免除祸患。”

经过慎重考虑，陈平接受了张辟强的意见，按照他的提议上书奏请吕后，吕后一一照准。史书上说，太后由此释怀，放声痛哭，为早失爱子尽哀。史书上又说，吕氏专权，也由此而起。

九月辛丑，孝惠皇帝下葬于安陵，陵寝在高祖长陵的西南，今咸阳市东北。葬礼结束，皇太子与群臣返回长安，晋谒高庙，宣布即皇帝位，是为幼帝。

惠帝刘盈是吕后唯一的亲生儿子，他的皇后张氏，是亲姐姐鲁元公主的女儿，他们的婚姻，是舅甥近亲通婚，完全出于吕后的政治意图。惠帝与张皇后之间，没有生育。不过，惠帝与其他后宫之间，生有七个儿子，他们分别是刘强、刘不疑、刘山（义）、刘朝、刘武、刘太和这位幼帝。遗憾的是，由于政局的不断变化和史书的多次改写，幼帝竟然没有留下名字，我们只能称他为刘某。

史书上说，惠帝病逝前，吕后从七位庶子中选取了刘某，杀掉了他的母亲，诈称是张皇后所生，立为太子。幼帝继位时，年幼不能亲政，太皇太后吕雉临朝称制。

临朝，就是亲临朝廷，主持朝议，接受百官的奏请。称制，就是所有的政令诏书，皆由太皇太后批复，以太皇太后的名义签署发布。临朝称制的吕后，成为中国历史上第一位女性皇帝。女皇吕雉，既是名分上的，也是事实上的。吕后当政的八年，汉朝的年历年表，用高后纪年，史书的编撰，也将吕后作为皇帝，写成本纪。吕氏皇权，名实相符。

吕雉，字娥姁，是刘邦的原配夫人，糟糠之妻。吕雉嫁与刘邦为妻，出于父亲吕公的指定。时间嘛，是在秦始皇统一天下后不久，当时的刘邦，正在秦沛县泗水亭长任上，是一名毫无升迁之望的猾吏。

吕公一家，本来住在秦的泗水郡单县，是有钱有势的大户人家。后来，为了躲避仇家的纠缠，举家迁徙到沛县来。秦汉社会，有严格的户籍管制，没有迁徙的自由。吕公一家之所以能够迁徙到沛县来，是靠了吕公的一位至交好友。这位至交好友，就是当时的沛县县令。吕公一家刚到沛县时，先是依附这位县令朋友做暂时的客居，后来才新建邸宅定居下来。吕公将吕雉许给刘邦的佳话，就发生在新居入住的庆贺宴上。[1]

沛县起兵以后，吕公夫妇与沛县将士的家属一道，留在故乡。汉元年，刘邦做了汉王，吕公被赐予临泗侯的封号。彭城大败，吕公同刘邦的家属一道，被抓到项羽军中做人质，后来大概是死于项羽军中。高后元年，吕公被追尊为吕宣王。在 1983 年出土的张家山汉简中，赫然出现了吕宣王的称号，实实在在地印证了这一段尊显的历史。[2]

吕公夫妇，育有二男三女。长子吕泽，二子吕释之，长女吕长姁，二女吕雉，三女吕嬃。以年龄论，吕雉排行第四，上有两位哥哥一位姐姐，下有一位妹妹。五兄妹中，大姐吕长姁大概早逝，史书上没有留下事迹，只知道她的儿子叫吕平，在吕后临朝称制的这一年，也就是高后元年，被封为扶柳侯，在吕后死去的那一年，也就是高后八年，与吕氏一族一起被诛灭。

除了这位大姐，吕雉的两兄一妹以及他们的姻亲后代，多是了不得的人物，先是创建汉帝国的功臣，后是支撑吕氏皇权的核

[1] 参见《秦崩》第二章三“酒色婚配新生活”。
[2] 参见《张家山汉墓竹简》之《二年律令》，文物出版社，2001 年。

心，史称吕氏一族。不过，吕氏当政的历史，特别是有关吕氏一族的事情，因为吕后去世后政争失败，吕氏一族被灭族的缘故，西汉的历史记载，就已经不得不有所曲笔、删改和隐瞒了。东汉以来的历代史家和史书，出于儒家的正统史观，更多是非难指责，少有客观介绍，至于澄清史实的合理分析，几乎完全欠缺，留下了更多的历史空白和不实的歪曲抹黑。两千年后的今天，帝制及其影响逐渐衰弱，正统史观的根基飘摇，重新澄清和书写这一段历史的条件已经成熟，笔者尝试为之。

下面，我首先对吕雉一家其他成员，一一加以介绍。

吕泽，吕雉的大哥。秦二世元年，刘邦起兵沛县，吕泽率吕氏一族加入。从此以后，吕泽与刘邦同甘共苦，转战南北，成为刘邦集团的核心成员，开国的功臣宿将，刘邦集团中吕氏一族的领军人物。

从吕泽的经历上看，他始终领军随同刘邦作战，攻入关中灭秦，前往汉中就国，反攻关中成功。汉二年，汉与诸侯国联军大举东进，攻取彭城，吕泽领军率先攻占砀县（今河南永城北），屯守下邑（今安徽砀山）。刘邦彭城惨败，全军溃散，逃亡到下邑，有赖于吕泽的临危不乱和稳固坚守，方才镇定下来，开始组织反击，收集败兵，退回荥阳地区稳住阵脚。这件事情，成了吕泽的功绩中最光辉的篇章。[1]

楚汉荥阳对峙，从汉二年六月到汉四年九月。在这两年多的拉锯苦战中，吕泽及其部下坚守敖仓，逃出荥阳，九死一生，始终随同刘邦进退出入。而后的陈下之战、垓下之战、攻克楚国都城彭城的战役，都可以看到吕泽及其部下的身影。

---

[1] 参见《楚亡》第二章八“项羽的反击”。

汉帝国建立后，吕泽的职务和经历，史书都没有记载。不过，以理推之：高帝五年，刘邦亲征燕国，平定燕王臧荼之乱；高帝七年，刘邦再次亲征，有讨伐韩王信之战和平城之围。吕泽是带兵的将领，一直随同刘邦作战，这些征战，他应当都是参加了的。[1]

汉初按照军功的大小分封功臣。第一次大规模分封功臣，是在高帝六年十二月到正月，一共封了二十九位，都是开国功臣中的顶级人物，如曹参、萧何、张良、陈平。吕泽和弟弟吕释之，也在这次分封中，吕泽受封为周吕侯，吕释之受封为建成侯。如果以位次排列的话，应当在二十位以内。

吕泽死于高帝九年。惠帝元年，追谥为令武侯，高后元年，追尊为悼武王。

吕泽死后，嫡长子吕台继承了爵位，改封为郦侯。高后元年，出任将军，统领皇宫警卫部队之南军，位高权重，成为支撑吕氏政权的一大支柱，不久被封为吕王。可惜的是，吕台于高后二年去世，来不及在政坛上有所作为。吕台有三个儿子——吕嘉、吕通和吕庄[2]，似乎都不成器。长子吕嘉继承了王位。这位第二任吕王吕嘉，为人行事骄横任性，高后六年，吕后不得不将他废黜。

---

[1] 吕氏一族的成员，由于诛吕之变，史书中都没有立传。关于他们的事迹，笔者主要根据《史记》和《汉书》之数种王侯表，再结合传世文献和出土文物中一些散见的史料，做尽可能的复原。配合这一工作，笔者专门撰写了《〈史记〉功臣侯表研究》，以《高祖功臣侯者年表》和《惠景间侯者年表》为纲，对照《汉书》的相应侯表，再参考其他资料，做一综合性研究。本书中涉及的诸多人物之经历事迹，都是基于这项研究的成果。在笔者的写作中，研究和叙事同时并举，刊行时，研究和叙事则是互有先后。由于这项研究尚未完成刊布，由此带给读者的不便，笔者深表歉意。

[2] 吕庄之名，《史记·惠景间侯者年表》作“庄”，《汉书·外戚恩泽侯表》随父吕泽，作“庀”。今从《史记》。

吕通，高后六年被封为腄侯，八年封为燕王，九月被杀。吕庄，高后八年五月被封为东平侯，九月被杀。

从史书的记载来看，吕泽的嫡长子吕台一家，除了继承王位和侯位而外，似乎没有留下什么值得书写的事迹。在吕泽的儿子中，政治上有所作为的是吕产。

吕产，是吕泽的小儿子、吕台的弟弟。吕后临朝称制，他被任命为将军，统领京城卫戍部队之北军，也是位高权重，与统领皇宫警卫部队之南军的哥哥吕台并列，成为支撑吕氏政权的另一大支柱，于高后元年四月被封为郊侯。[1]高后六年十月，因为第二任吕王吕嘉被废黜，吕产继承了吕王的地位，成为第三任吕王。

高后二年二月，吕产被吕后任命为太傅。从此以后，吕产不但掌北军控制京城，而且以皇帝太傅的身份，出入宫廷，监护幼帝，成为吕氏一族的顶梁柱。吕后临终前，吕产被任命为相国，统领南军守卫皇宫，诛吕之变中被杀，详情留待将来细说。

以上，就是吕后的大哥吕泽一系的概况。

吕释之，是吕雉的二哥。刘邦沛县起兵，吕释之与大哥吕泽一道，带领吕氏一族参加。反秦战争中，随同刘邦转战各地，进入关中灭秦。汉元年四月，被项羽封为汉王的刘邦，率领旧部赴汉中就国。此时的吕释之，接受一项特殊使命，随楚军回到故乡沛县，护卫刘邦、吕雉及主要将相大臣们的家属。

汉二年九月，刘邦派遣部将薛欧、王吸出武关，与活动在南

---

[1]《史记·惠景间侯者年表》作"郊侯"。《史记·汉兴以来诸侯王年表》作"洨侯"，《汉书·外戚恩泽侯表》作"汶侯"。出土汉封泥有"郊侯邑丞"，故当为郊侯。参见马孟龙《西汉侯国地理》，上海古籍出版社，2013年，第400页。

阳一带的王陵取得联系，秘密前往沛县迎接家属，在沛县负责此事的人，就是吕释之与审食其（关于审食其的事情，我们后面再来叙述）。这次行动，因被项羽察觉而失败。

彭城大战，刘邦惨败，以吕雉以及刘太公、吕太公为首的家属统统被项羽抓捕，扣押在军中做人质，吕释之当也在其中。汉四年九月，楚汉和谈成功，释放俘虏人质，吕释之随同吕雉等家属一道回到了汉军阵营中。

从史书上看，回到汉国的吕释之，似乎不像哥哥吕泽那样，始终在军中领兵作战，而是活动于宫廷。与妹妹吕雉一道，维护刘盈的太子地位，成了吕释之回归后的主要政绩。劫持留侯张良，强求保全太子的方策，亲自前往商洛地区，迎求商山四皓辅佐刘盈，断了刘邦易太子心思的种种活动，都由他一手操持。[1]

吕释之，既是最早参加革命的元老功臣，又是外戚至亲。高帝六年正月，刘邦分封第一批功臣，他在其中，与哥哥吕泽同列，被封为建成侯。吕释之比吕泽多活了五年，死于惠帝二年。高后七年，由于儿子吕禄被封为赵王，吕释之被追尊为赵昭王。

吕则，是吕释之的嫡长子，惠帝三年继承了爵位。惠帝七年，有罪被褫夺了爵位。这位吕则，似乎不成器，史书上没有留下他的事迹。

吕种，是吕则的弟弟，高后元年四月被封为沛侯，奉祀祖父吕太公的寝园，高后七年，改封不其侯，八年，在诛吕之变中被杀。

吕禄，是吕则的另一位弟弟，惠帝在位时，他出任太中大夫，在惠帝身边供职。高后元年五月，他被封为胡陵侯。吕禄当是有

[1] 参见本书第三章六“更换太子的风波”。

能力有作为的人，出入宫廷，积极参与政事，与堂兄吕产并立，成为吕氏二代中的两大支柱。高后七年，吕禄被封为赵王，不之国，留在长安统领北军，掌管京师卫戍部队。诛吕之变中，被亲友郦寄欺骗出卖，交出兵权被杀的，就是他。

以上，是吕雉的二哥吕释之一系的概况。

吕媭，是吕雉的妹妹，她的丈夫，就是大名鼎鼎的开国功臣樊哙。吕媭嫁给樊哙，当在沛县起兵以前，或许还要早些，在芒砀山时期。那时候，樊哙是往来于芒砀山和沛县之间的联络员，自然与刘氏和吕氏家族都有交往，特别是吕后被捕入狱后，他与吕氏家族的联系更为紧密。想来，吕媭与樊哙的婚姻关系，极可能就是定于这段艰难时期，可谓是患难夫妻，革命情感。

吕媭其人，性格与姐姐吕雉相似，刚毅决断有主见。吕后当政时，她被封为临光侯，出入于吕后身边，积极介入政局，奉劝吕后警惕陈平。吕后去世后，她成了吕氏老一辈的代表，基于既往之政治经验，反对以放弃政权的代价来缓和政局的紧张，痛斥吕禄交出北军自取灭亡，诛吕之变中被逮捕处死。

樊哙，是随同刘邦落草芒砀山的老革命，鸿门宴救驾的大英雄，在开国功臣中排第五位。在刘邦晚年的皇位争夺中，樊哙坚定地站在刘盈和吕氏一族一边，被激怒的刘邦下令将其逮捕，几乎被诛杀。刘邦死后，樊哙被释放，重新活跃于政坛，与夫人吕媭一道，成为吕氏政权的重要支柱。

樊哙死于惠帝四年，他与吕媭所生的儿子樊伉继承了爵位，高后八年，在诛吕之变中被杀。文帝继位以后，念及樊哙的功劳，让樊哙的庶子樊市人继承了爵位，樊氏的家系得以延续。鸿门宴的故事之所以得到流传，就是出于这位樊市人的口述，这已经是另外的话题了。[1]

除此之外，吕氏一族的远亲中，活跃于历史舞台者还有几位，简述如下：

赘其侯吕胜、吕成侯吕忿和祝兹侯吕荣。这三位人物，史书都称为吕后的“昆弟子”，就是远房侄子，因为封了侯，史书的侯表中留下了记载。吕胜，曾经做过淮阳国的丞相，先后辅佐过淮阳王刘强和刘武，他们都是惠帝的儿子，年幼不能之国主事，政务由吕胜一手操持。吕胜封侯，是在高后四年四月，诛吕之变中被杀。

吕忿封侯，与吕胜同时，也是在高后四年四月，却没有记载任何事迹，只说他死于诛吕之变。至于吕荣，于高后八年四月封侯，死于诛吕之变。

滕侯吕更始和俞侯吕它，是死于诛吕之变的另外两位吕氏族人。他们与吕后究竟是何种亲戚关系，史书中没有记载。不过，他们都是早年参加革命的高祖功臣，属于军功受益阶层中的上层人物。

吕更始，当是早年随同吕泽、吕释之一道，跟从刘邦沛县起兵的老战士，先后做过舍人、郎中。汉王国建立后，他升任都尉，领军屯驻霸上，成为驻守一方的汉军将领。吕后当政，吕更始先做楚国丞相，辅佐楚王刘交，于高后四年被封为滕侯。后来被召到长安，委以长乐宫卫尉的重任，成为吕氏集团中至关重要的一员，诛吕之变中被杀。

吕它之父吕婴，出身经历与吕更始类似，随吕氏兄弟参加沛县起兵，以连敖之职随军作战，汉王国建立后，升任都尉，战死于楚汉之争中。吕婴死后，儿子吕它继承了爵位，惠帝继位以后，

[1] 参见《秦崩》第八章八“项羽废怀王之约”。

与众多功二代一道，出任太中大夫，进入宫廷仕宦于皇帝。高后四年，承袭父亲的功劳业绩，被封为俞侯，死于诛吕之变。

我读史书，搜寻有关诸吕一族的种种事迹。读到东平侯吕庄和祝兹侯吕荣时，有一种空白茫然之感。他们没有任何功绩资历，默默无闻于世，平平安安生活，高后八年四五月突然封侯，登上人生的顶峰，八月被杀，坠入死亡的深渊。通过他们的身影，仿佛能够看到吕后病重的神情，预感不良，仓促而又紧迫。她自闭于深宫内寝，迫不及待地拔擢身边的吕氏族人，却活生生地将他们都送上了断头台。

二、戆丞相王陵

西汉初年，汉王朝中央政府的政治权力，可以划分为以皇帝为中心的宫廷、以丞相为中心的政府两大部分，它们相互制衡。建国之初，宫廷皇权尚在形成阶段，汉王朝政治权力的重心，长期偏重在以丞相为中心的政府，丞相的人选，往往成了汉王朝政治的焦点所在。

惠帝时期，前后两任相国之萧何和曹参，既是排位第一和第二的功臣领袖，也是沛县乡里的至尊大叔，于公于私，于情于理，都是上自皇帝太后，下至百官群吏敬畏尊重的人物，他们自主施政，宫廷不能插手干预。

惠帝五年，相国曹参去世，政局出现微妙的变化。在吕后的策划下，汉朝废除了相国的官职，将权高位尊的相国一分为二，分别设置左右两位丞相。右丞相，由王陵出任，左丞相，由陈平出任，共同主持汉朝政府事务。

王陵是沛县人，早年是沛县游侠社会的大佬，刘邦的大哥。他秉性戆直，少文饰，好直言，豪侠仗义，深得江湖人心。刘邦与萧何、曹参一道，沛县举兵，其组织的核心，大体为三部分人。一是秦沛县和泗水郡政府的中下级官吏，其领袖人物，就是萧何与曹参。二是跟随刘邦落草芒砀山的兄弟伙，有名者当数樊哙。三是沛县地方的父老豪杰，即民间的政治势力，其代表人物，是王陵和雍齿。

沛县起兵，王陵参与配合。刘邦被推举为领袖，做了沛公后，王陵对于从前的小兄弟刘邦，始终有不服气的执拗。史书上说，当刘邦领军进入关中灭秦时，王陵手下，已经聚集了数千武装，攻占了南阳郡，不愿意继续跟随刘邦，选择了在南阳另立山头的独立路线。

汉元年八月，韩信统领汉军反攻关中成功。汉二年九月，刘邦派遣部将薛欧与王吸，统领一支机动的骑兵部队，秘密出武关，进入已经划归西楚的南阳郡境内，与活动于这一地区的王陵取得联系，准备潜入沛县，将家眷接出来送往关中。这次秘密行动，被项羽方面察觉，以失败告终。王陵及其部下，难以在南阳待下去，遂进入关中，再次跟随了刘邦。

史书上说，项羽抓捕了王陵的母亲，扣留在军中做人质。王陵是孝子，曾经派遣使者前去交涉。项羽安排王陵的母亲就座上位，优待厚遇，希望通过她招抚王陵。会见结束，王母暗自送使者离去，流泪嘱咐使者说："望为我转告王陵，好好地跟随汉王，汉王是宽厚长者，不要因为我的缘故持有二心。今天，我将以死送别你。"说完，王母拔出使者的佩剑，自刎而死。暴烈的项羽，闻讯大怒，竟然将死去的王陵母亲，再次投入大锅中烹煮。

我们已经叙述过，刘邦被项羽封汉王，率领三万老部下前往汉中就国，他们的家属，都留在故乡，沛县地区，最是集中而紧要，时时牵动着刘邦君臣的心。汉二年四月，项羽大败汉与诸侯国联军于彭城，乘机将刘邦及其主要部下的家属一并拘捕，扣押在军中做人质。这批人质，数量不少，史书中提到的，有刘邦的父亲刘太公、哥哥刘喜一家、吕雉、吕雉的父亲吕公、吕雉的妹妹吕媭及二哥吕释之和审食其等。想来，王陵的母亲以及其他一些主要将相大臣的家属，也在其中。

汉四年九月，楚汉议和成功，这批人质，被释放回到汉军阵营中。从汉二年四月到汉四年九月，这批人质，在项羽军中度过了将近两年半的苦难岁月，他们的回归，被汉军将士视为英雄的回归，他们的回归，被刘邦君臣视为九死一生的亲人团聚。据说，当他们从楚军营垒走出，缓缓向汉军营垒移动时，全军将士高呼万岁。响彻云霄的呼声，既有对于和平的期望，更有出于亲情的感动。

沛县出身的将士，在刘邦集团中有至高无上的特殊地位，这批曾经受苦受难的沛县人质，尽管多是老弱妇孺，地位却非同寻常。毫无疑问，坚忍的吕后，正是这批沛县人质的领袖，她通过这批人质，可以从家中身后影响汉朝政局。吕后在汉朝君臣中难以动摇的地位，与这一段经历，与这一批人质，都有密不可分的关系。而王陵的母亲，则是沛县人质中悲壮殉难的烈士，她的死，不但坚定了王陵跟随刘邦的决心，也使他在元老功臣中赢得了极大的尊重，特别是吕后，对他更是另眼相看，信任深厚，恩惠有加。

史书上说，王陵在功臣中受封很晚，一个原因是他“善雍齿”，就是指他始终庇护刘邦的宿仇雍齿，使刘邦想杀又杀不了他。另一个原因是他“本无从汉之意”，就是指他在南阳独立的那一段经历。

刘邦做了皇帝后，第一次大封功臣，在高帝六年十二月，分封了曹参等十位功臣，王陵不在其中。第二次分封，在同年正月，分封了萧何等十七位功臣，王陵也不在其中。王陵被封为安国侯，是在高帝六年八月，雍齿被作为安抚人心的例外封为汁邡侯（同年三月）以后，属于迟来晚到的第八批。想来，王陵晚封这件事情，从一个侧面反映了刘邦在世时，他不受待见的实情。从史书的记载来看，刘邦在世时，王陵没有出任过任何重要的官职，宛若冷藏赋闲之人，与他强力庇护的雍齿很有些类似。

雍齿，沛县人，本是当地游侠社会中亲近王陵的豪侠，地位在刘邦之上。沛县起兵后，与王陵一样，怏怏屈居刘邦手下，带兵留守丰邑。当魏军来袭时，他竖起反旗，举丰邑投靠了魏国，两次击退刘邦的围攻，害得刘邦忧愤交心，几乎大病不起，成为一生之痛。[1] 这场痛恨之深，从雍齿其人一直记恨到丰邑这块自己的出生地，可谓刻骨铭心。刘邦做了皇帝后，感恩故乡的父老乡亲，以沛县作为自己的汤沐地，给予世世代代免除租税徭役的恩惠，却迟迟不给予丰邑，都是因为这件事情，成了史书上一桩有名的故事。[2]

第二次围攻丰邑失败后，刘邦求助于项梁，得到五千楚军和十名楚将的支援，方才攻克了丰邑，雍齿兵败脱逃。从此以后，史书中失去了雍齿的消息，直到汉元年他才重新回到刘邦阵营中来。这一次，雍齿又改换了门庭，他以赵国将领的身份，随同张耳一道投奔了刘邦。

---

[1] 参见《秦崩》第七章七“刘邦的第一个大挫折”。

[2] 参见本书第三章八“大风歌沛县情”。

我们已经叙述过，战国末年，张耳曾经做过国侠信陵君的门客，后来继承其衣钵，成为黑白两道通吃的江湖大哥，各级游侠敬仰的英雄。[1]雍齿与王陵类似，是称霸一方的县侠，他们之间的关系，虽说史书上没有记载，由刘邦曾经跟从张耳，也曾经兄事王陵的事情来推断，应当都在游侠社会的网络中，至少是相互知名，彼此敬慕。[2]

想来，丰邑失败后，雍齿带领一帮弟兄，先逃归魏国。不久，秦将章邯大举进攻魏国，魏相周市兵败战死，魏王魏咎投降自杀。侥幸不死的雍齿，辗转渡河北上，投奔了张耳。此时的张耳，与陈余一道，拥立了赵王赵歇，出任赵国丞相。

从此以后，雍齿就跟随张耳转战南北，参加巨鹿之战，随项羽一道进入关中。张耳被封常山王，他又随张耳之国。汉二年十月，张耳被陈余攻破，率领部下西去关中，投奔了刘邦，雍齿当在其中。[3]刘邦虽然痛恨雍齿，大敌当前，对于友军的将领，怕是下不了黑手。

史书上说，雍齿有力，既指他能力强，也指他势力强。他当与王陵一样，不管是在江湖还是庙堂，都敢做敢当，自成一帮，属于潜在的领袖人物。刘邦曾经对张良说，平生最恨雍齿，以其功多，不忍杀之。雍齿功多，一是指他在灭秦战争中的功劳，二是指他加入刘邦阵营以后，随张耳参与楚汉战争的功劳。高帝六年三月，雍齿被封为汁邡侯，食邑两千户，排第五十七位，成为刘邦用来显示宽容，安抚功臣将士的标志。

---

[1] 参见《秦崩》第一章七、八，特别是九“门客侯嬴、朱亥、张耳”。
[2] 参加《秦崩》第一章十“刘邦的追星历程”。
[3] 参见《楚亡》第二章二“张耳来归”。

刘邦集团，是以沛县人为核心的地域集团，刘邦其人，是横跨黑白两道的人物，沛县乡情和游侠风气，是深刻在汉初政局上的两大烙印。当时，在以沛县人为主的功臣元老中，王陵以其独特的经历和个性，享有极高的威信。王陵善待雍齿，雍齿遭恨不死，还得到格外的封赏，曾经跟随雍齿背叛刘邦的丰邑也得到赦免恩惠，这些互有关联的前后事情，都称了沛县出身的老臣老将士们的心愿。特别是王陵的母亲，悲壮地死于项羽军中，这件事情，不但感动了全军将士，更使吕后以及吕氏一族，对王陵有生死与共的亲近信任感。

想来，正是出于以上的种种因素，相国曹参去世以后，王陵成了继任的首要人选。王陵出任右丞相，不但合于元老功臣集团论资排辈的惯例，也合于吕后惠帝的心意，朝廷上上下下，无人有质疑抱怨。至于陈平出任左丞相，则要微妙得多，如同当年刘邦重用陈平以监督诸将一样，吕后也用他来平衡功臣们过于强大的势力。而出任丞相的陈平，也善用他的平衡之术，维系了汉朝政权多年的稳定。

异类的元老功臣王陵，不仅资历经历特别，而且侠气重，讲义气，重信用，敢言敢担当，做了右丞相后，依然不改平生性情，以其一板一眼的直戆风格，被史家称为“戆丞相”。

高后元年十月，刚刚临朝称制的吕后，在朝会上提出一项议案：希望追尊自己的父亲，故临泗侯吕公，以及自己的大哥，故周吕侯吕泽为王。

右丞相王陵当即表示反对，他说：“高皇帝临终前，与诸侯王、列侯以及将相大臣们定有白马之盟，约誓‘非刘氏不得封王，非有功不得封侯，不守约，天下共击之’。如今议论封吕氏为王，与公约不符。”

吕后当即沉下脸来，非常不悦。于是转而征求左丞相陈平和太尉周勃的意见。

陈平回答道："当年，高皇帝打定天下，封刘姓子弟为王。如今，太后临朝称制，封吕氏为王，也没有什么不可以的。"

吕后转怒为喜。周勃等一帮大臣，也随声附和。

散朝以后，气鼓鼓的王陵，指责陈平和周勃道："想当年，与高皇帝刑白马，歃血而盟，你二人不也在场吗！到如今，太后女主当政，想要封诸吕为王，你们就阿谀逢迎，违约放纵，拿什么脸面见高皇帝于地下？"

陈平、周勃二人知道王陵的戆直脾气，苦笑而不争辩，据说，陈平留下一句意味深长的话："眼下，在朝廷上犯颜强争，臣等不如君侯。将来，保全社稷，安定刘氏之后，君侯怕也不如臣等啊！"

王陵被噎住了，无言以对。

十一月甲子，有诏令下来，任命王陵为太傅，委以教育辅佐幼帝的重任，职在未央宫中。王陵知道吕后怨恨自己，意图在于将自己排斥于决策核心。王陵是不愿意委曲求全的人，他负气称病，辞去了右丞相的职务，从此闭门不朝，再也不问政事，于高后七年去世。

王陵辞去右丞相后，左丞相陈平升任右丞相，全面负责汉朝政府的政务。同时，吕后任命自己的情夫、辟阳侯审食其为左丞相。不过，左丞相审食其不需处理丞相政务，而是常驻宫中，监理宫中事务，执掌如同郎中令。史书上说，从此以后，审食其益发得宠于吕后，需要奏请太后决定的事情，公卿大臣们都要通过审食其的中介。

三、男宠审食其

审食其其人，史书中没有传记，他的事迹，散见于诸本纪和列传中，有关他唯一完整的故事，见于《史记·郦生陆贾列传》所附的《朱建传》中。

太史公著《史记》，开创纪传体史书体例。《史记》的诸种列传中，有佞幸一类，为得幸于帝王的男宠们作传。高祖刘邦时，有籍孺；惠帝刘盈时，有闳孺；文帝刘恒时，有邓通；景帝刘启时，有周仁；武帝刘彻时，则有韩嫣和李延年。唯有吕后时期，空缺不记。大概是困惑于女主男宠，留下遗憾。我整理惠帝、吕后时期的历史，深感审食其其人其事，正可以填补吕后时期佞幸列传之缺。

审食其，沛县人，刘邦起兵以来的老革命，丰沛元从集团的元老故旧。不过，以个人经历而论，审食其在元功宿将中颇有些异类，他参加革命的一生，始终和吕后相伴，饱受女主男宠的非议。

原来，沛县起兵以后不久，刘邦率领部队前往薛县，追随项梁拥立楚怀王，正式成为怀王楚国的属下，时在秦二世二年六月。从此以后，刘邦军团一直转战各地，直到汉帝国建立以前，都没有回过沛县。留在沛县的家属们，以吕雉为首，自然成为一特殊的团体，牵动着沛县老兵们的心。早年审食其为何许人，史书没有记载，我们只知道，审食其参加革命后出任舍人，相当于家臣幕僚一类。刘邦军团离开沛县后，他被委以照管将士家属的任务，留在故乡，长年在吕雉身边做事，日久生情，成了暗通款曲的一对情人。

汉二年四月，刘邦彭城大败，以吕雉、刘太公为首的众多沛县家属，都被楚军拘捕，扣押在军中做人质，审食其也在其中。汉四年九月，楚汉讲和，双方释放战俘人质，审食其与吕雉等人一起回到汉军阵营。回归后的审食其，继续留在吕雉身边，协助她处理宫廷事务，也继续维持着情人关系。

刘邦在世时，吕后比较低调，审食其也没有在官场上抛头露面，二人间的暧昧关系，比较隐秘，没有引起关注和非议。俗话说，人怕出名猪怕壮。惠帝继位，吕后当权，行事逐渐专断自负，审食其也官拜典客，成为国务大臣的九卿之一，负责诸侯王和外国事务。审食其与吕后间的那些事，开始散布开来。不安的审食其，不得不想法儿应对平服。

楚国人朱建，曾经做过淮南王英布的丞相，有罪罢免离去，后来又回到英布身边供事。英布起兵反汉时，曾经征求过朱建的意见，朱建劝谏阻止，英布不听。英布兵败被杀，刘邦得知朱建曾经劝阻，甚为赞赏，赐予其平原君的称号，让他举家迁徙到长安。

朱建其人，能言善辩，为人刚正廉直，行事有原则不苟且，结交讲义理不逢迎，名重当时。审食其想结交朱建，寻求帮助，被拒绝了。朱建在长安，无官无职，生活拮据，母亲去世时，不得不四处借钱以购置棺椁葬具，操办丧事。

辩士陆贾，也是楚国人，与朱建是老朋友，也与审食其关系不错，他当即去见审食其，颇为夸张地说道："平原君的母亲去世了，在下来为君侯道贺。"审食其不解地问道："平原君的母亲去世，你来为我道贺，啥意思？"

陆贾说道："日前，君侯想结交平原君，被婉言谢绝。平原君之所以辞不相见，是因为老母尚在，义不以身许人。如今平原君母亲去世，如果君侯以厚礼馈赠，诚重送丧，平原君将会以死相报了。"于是，审食其以黄金百镒为平原君母亲送丧，朱建收下了。当时，审食其为吕后身边第一大红人，长安城中的列侯贵人知道了，纷纷仿效审食其，朱建收到的馈赠，达黄金五百镒之多，丧事举办得盛大隆重而风光。

不久，审食其担心的事情终于到来了。他与吕后的那些事情，被人直接向惠帝举报了。惠帝大怒，将审食其下狱收监，有意处死他。都是些见不得阳光、摆不上桌面的事情，尤其在儿子面前，吕后羞愧而开不了口，大臣们早就看不惯，多幸灾乐祸，推波助澜。审食其困急，派人去找朱建想办法，朱建回答说："狱事逼急，不敢去见君侯。"表面上回绝了审食其的求助。

背地里，朱建去见惠帝的宠臣闳孺，进言道："君之所以得幸于皇帝的那些事情，天下无人不知。如今，辟阳侯得幸于太后而被皇帝下了监狱，街边路旁的人，都说是君进的谗言，想要除掉他。在下请君思虑，一旦辟阳侯今日被诛杀，明日太后必然含恨报复，也会诛杀君。为保全起见，君何不肉袒见皇帝，为辟阳侯求情化解，如果皇帝听从君的请求释放辟阳侯，太后一定大为欢喜。如此一来，君不但免除了杀身之祸，还会得到皇帝和太后的双重宠信，倍增的富贵，也会随之而来。"

闳孺是惠帝的男宠，没有什么资历才能，因为颜值高容貌好，善于着装打扮，很得惠帝喜欢。与所有的佞幸之臣类似，闳孺性格柔媚，善解人意，懂得讨主子欢心，是随心的玩伴和开心的良友，他与惠帝之间的宠信关系，也多是些不能放到桌面上的事情。惺惺惜惺惺，佞幸懂佞幸。闳孺听了朱建的话，大为惶恐，当即接受了。按照朱建的提议，肉袒面见惠帝，婉转哀哀求情，终于打动了惠帝，释放了审食其。

审食其被关押时，派人求见朱建吃了闭门羹，认为朱建忘恩负义，非常愤怒。待到出狱，了解获释的缘由后，大为惊奇。从此以后，审食其视朱建为上宾挚友，凡有重大事情，都请朱建帮助谋划。史书上说，诛吕之变中，审食其因为与吕氏一族关系太深，处境非常危急，他最终能够逃脱祸患，平安渡过灭族的难关，都是有赖于朱建和陆贾的周全策划。

朱建和陆贾，都是名重当时的谋臣策士，以超群的策划能力和卓越的交际能力著称，审食其得到他们的帮助，两次逃脱杀身之祸，可谓是得救于人情人算。俗话说，人算不如天算，人情不敌非情，冥冥中的因缘，到头来总要回报。又有俗话说，天下事，不怕横，就怕愣。无论是审食其还是朱建，他们都没有预料到，久经风雨、大难不死的人生，竟然会断送在一位冒失鲁莽的年轻人手中。

诛吕之变后的第三年，也就是文帝三年，安居在家的审食其，突然接到淮南王刘长希望会面的请求。这位淮南王刘长，是刘邦的小儿子，文帝唯一健在的弟弟，甚得文帝的爱惜，以身强力壮、骄横妄为著称。此时的审食其，无官无职，与世无争，平静地安度着晚年。此时的审食其，年事已高，多年以来，已经与刘长少有往来，接到会面的请求后，虽说有些意外却也不敢怠慢，亲自到侯邸门外迎接。

刘长一行，车马随从，旗帜服饰，近于天子仪仗，浩浩荡荡而来。抵达辟阳侯府邸门前，刘长跳下车来，二话不说，抽出藏在衣袖中的铁锥，当即将审食其击倒在地，再命令家臣魏敬用剑刺颈，杀死了审食其。

杀死了审食其后，早有准备的刘长，立即乘车奔赴未央宫北门，肉袒跪在阙下，上书请罪。请罪书中写道："臣之母亲，不当坐赵王谋反事，当时，以辟阳侯（审食其）之力，是能够说动吕后得以解脱的。然而，辟阳侯不出力强争，导致母亲自杀，这是他的罪行之一。赵王如意母子无罪，被吕后杀害，辟阳侯不力争阻止，这是他的罪行之二。吕后封诸吕为王，危及刘氏社稷，辟阳侯不力争劝阻，这是他的罪行之三。今天，臣下为天下诛杀贼人，为母亲报仇雪恨，事成愿遂之际，跪伏阙下请罪，听候陛下处置”，云云。

原来，刘长的母亲赵姬，赵国恒山郡真定县人[1]，本是赵王张敖的后宫美人。高帝八年冬，刘邦领军在赵国恒山郡地区攻击韩王信的叛军余部，回来时经过赵国首都邯郸。赵王张敖将赵姬奉送给刘邦侍寝，有了身孕。张敖知道后，不敢再将赵姬留在宫中，专门为她修筑了别宫居住。第二年，赵国丞相贯高等人图谋刺杀刘邦的事情暴露，赵国君臣及其亲属统统被逮捕，赵姬也被牵连下狱。

狱中的赵姬，通过狱吏，将怀有刘邦子嗣的事情上告刘邦。当时，刘邦正在盛怒中，未曾理睬。赵姬的弟弟赵兼，是一位颇有活动能力的人，他找到审食其，请审食其将赵姬怀孕的事情告知吕后，希望通过吕后说情，释放赵姬。殊不知，吕后对于刘邦四处播种的情事颇为嫉恨，不愿意介入。审食其见状，也不敢强求，于是作罢。不久，赵姬在狱中生下了刘长，怨恨苦痛中自杀。

当刘邦得到狱吏的报告，见到襁褓中的刘长时，非常后悔。他以皇妃之礼，将赵姬安葬在她的故乡真定县，将刘长托付给吕后抚养。吕后当政以后，对于刘邦的诸位庶子，多有所迫害，刘长因为由吕后一手抚养长大，安然无恙。吕后抚养刘长期间，审食其常在吕后身边，自然是有所接触，多是些儿时记忆。

刘长被封淮南王，在高帝十一年，不过是四岁的孩子，之淮

---

[1] 真定县，本为恒山郡郡治之东垣县，高帝十一年，改名真定。

南国就国后，一直由严厉的丞相张苍辅佐，未曾过于荒唐。诛吕之变，张苍进京就任御史大夫，已经二十岁的刘长开始恣意妄为。这个时候，多年以来一直在他身边的舅父赵兼，成了他的主事帮手，被汉朝的大臣们视为恶人，认为他凶恶的程度，等同于齐王刘襄的舅父驷钧，如同穿衣戴帽的老虎。赵兼，在文帝元年被封为周阳侯，文帝六年，因为参与刘长的谋反被问罪，夺爵失国。想来，赵兼是当年赵姬事件的当事人，刘长对于审食其的仇恨，使用非常手段进行报复，以及伏阙请罪的演出，都与舅父赵兼脱不开干系。

文帝宠爱唯一的幼弟刘长，也同情他的不幸身世。对于审食其，不但文帝，当政的将相大臣，如丞相灌婴和御史大夫张苍等人，都没有好感。于是，此事不了了之。文帝以亲情有故、伤痛其志的理由，宽恕了刘长，赦免不究。

然而，在调查淮南王杀害审食其的过程中，朱建多次为审食其出谋划策、逃脱祸患、全身自保的事情被牵扯出来，文帝下令逮捕朱建追问。当听到执法官吏已经抵达家门时，朱建已经做好了自杀的准备。朱建的儿子和家吏们都劝谏说：“究竟是怎么一回事，尚不清楚，为何先要自杀？”朱建从容答道：“我死了，这场灾祸就到此为止，再不会牵连到你们。”于是自杀身亡。

果不其然，文帝听到朱建自杀的消息后，甚为惋惜，感慨道：“我并无杀害之意。”于是召见朱建的儿子，任命为中大夫，在宫廷里担任要职。后来，朱建的儿子奉命出使匈奴，因为单于傲慢无礼，当庭怒斥指责，被加害而死。

司马迁著《史记》，首创《佞幸列传》。佞，柔媚善言；幸，亲近宠爱。佞幸者，以柔媚善言而获亲近宠爱者也。孔子曰：“益者三友，损者三友。友直，友谅，友多闻，益矣。友便辟，友善柔，友便佞，损矣。”[1] 意思是说，有益的朋友有三种，有害的朋友也有三种。与正直的人交往，与诚信的人交往，与见多识广的人交往，就会受益；与谄巧奉承的人交往，与柔媚讨欢的人交往，与谀言投好的人交往，就会受害。

然而，人性多面。放纵，是人性的又一面，玩友，是人生的另一圈。考察佞幸们得以受宠的门径，有星气占卜、有能歌善舞、有臂力豪饮、有庖厨美食、有蹴球梳篦……不可不谓林林总总。这些五花八门的技艺，有一个共同的作用，就是愉悦放松，这些千奇百怪的人物，有一个相似的特点，就是亲切无害。身在权力峰巅的人，多在紧张中强撑，在沉重中自防。对于他们而言，放松的愉悦，是舒缓身心的刚需，无害的亲切，是内心深处的渴望。作为玩友的佞幸者们，回应了人性背面的呼唤，他们存在的理由，如同游戏一样永久。

太史公自述作《佞幸列传》之主旨：“夫事人君能说主耳目，和主颜色，而获亲近，非独色爱，能亦各有所长。”意思是说，这些能够获得君主宠爱的佞幸，并非仅仅因为媚行色相，他们各有所长的能力，也是因缘事由。他对于佞幸的存在，最有同情的理解。

四、新分封的政治平衡

接受了王陵的辞职，任命陈平为右丞相主持政府工作，审食其为左丞相主持两宫事务后，吕后还做出了一项重大的人事调整，罢免御史大夫赵尧，任命上党太守任敖为御史大夫。

---

[1]《论语·季氏》。

自高帝十年以来，汉朝的副丞相、御史大夫一职，一直由江邑侯赵尧担任。我们已经叙述过，赵尧本为一员普通御史，他之所以飙升为御史大夫，出于皇帝刘邦的破格提拔。缘由嘛，是因为他为刘邦策划了保护赵王如意的密谋，任命御史大夫周昌为赵国相国，甚得刘邦赏识。[1]

这件事情，吕后一直耿耿于怀，隐忍未发。如今大权在握，功高望重的萧何曹参已经不在，骨鲠戆直的王陵也闭门不出，往事就要放手一一清理了。对于赵尧，不但罢免了他御史大夫的职务，而且交有司追究前罪，褫夺了他的爵位。

新任命的御史大夫任敖，沛县人，本是秦沛县监狱的小吏。刘邦担任泗水亭长时，任敖是县吏朋友圈中的小兄弟之一。刘邦亡命芒砀山，成为被政府通缉的盗贼，妻子吕雉被逮捕入狱，受到不善的待遇，任敖为大哥两肋插刀，出手痛打主管吕雉的狱吏，保护吕雉少吃了不少苦头。[2]这件事情，吕雉一直感激在心，报答之念，在将来早晚。

沛县起兵，任敖也参加了革命。而后，随刘邦军团转战各地，积功积劳，爵封广阿侯，官拜上党太守。御史大夫的官职，不但以副丞相之尊，主管监察和司法，也是沟通宫廷和政府的紧要中介。罢免了赵尧，发泄了仇怨之后，吕雉马上想到了任敖，记起了多年前的旧恩，一道诏令下去，将任敖从上党召进长安，委以御史大夫的重任。真可谓一报还一报，倒也是人情民风。

王陵辞职免相，任命陈平为右丞相、审食其为左丞相、任敖为御史大夫，皆在高后元年十一月。十二月，吕后如愿以偿，颁

---

[1] 参见本书第四章一“戚夫人母子的悲惨命运”。

[2] 参见《秦崩》第二章二“泗水亭长和他的哥们儿”。

布诏令，追封亡父故临泗侯吕公为吕宣王，亡兄故周吕侯吕泽为悼武王。从此以后，“非刘氏不王”的约规被打破，开启了封吕氏为王的端绪，汉帝国政权，进入了女皇吕雉的新时代。

四月，吕后的长女鲁元公主去世。吕后以此为契机，对于王国和侯国，做了一次大规模的分封调整。一个月内，设置了四个王国，分封了四位国王，建立了十个侯国，分封了十位列侯，可谓刘邦去世以来未曾有过的大动作。

鲁元公主的丈夫是赵王张敖。张敖是张耳的儿子。张耳是刘邦游侠时代的大哥，与刘邦同时被项羽封王的战友，楚汉相争中与刘邦结了儿女亲家。[1]我们已经叙述过，高帝九年，第二代赵王张敖被卷入臣下密谋刺杀刘邦的案件，被褫夺了王位，降为宣平侯。鲁元公主，也从赵国王后变成了宣平侯夫人。这件事情，吕后一直耿耿于怀，却也不便于推倒重来。

女儿去世，作为母亲，吕后自然是十分悲痛。不过，吕后是杰出的政治家，在谋臣们的协助之下，她借用这个契机，打出了一组丧事喜事并举的组合拳，既纠正旧过，也开创新篇。

吕后诏令：一、从楚国的领土中分割出薛郡，加上鲁元公主的汤沐地城阳郡，设置鲁国，封张敖与鲁元公主的儿子、外孙张偃为鲁王，赐予刚刚去世的鲁元公主以鲁元太后的谥号。[2]二、

[1] 参见《楚亡》第二章二“张耳来归”。

[2] 关于张偃之鲁国封立的时间，《史记·吕太后本纪》《史记·汉兴以来诸侯王年表》，皆系于高后元年四月。《汉书·高后纪》系于高后元年五月。同一事，《史记》和《汉书》之《张耳传》皆系于高后六年。我在《汉帝国的建立与刘邦集团》中，从列传，系于高后六年。出土之《张家山汉简·二年律令》是高后二年以前的律令抄件，其《津关令》中已有鲁国。从而，张偃鲁国之封立时间，当从《史记》本纪和表，在高后元年四月，与吕后同时封四王十侯的大事之事理相合。其详情，我置于《秦崩楚亡汉兴考异》中考证论述。

从齐国分割出济南郡（原博阳郡），设置吕国，封长兄吕泽的嫡子、周吕侯吕台为吕王。三、从赵国分割出恒山郡，设置恒山国，封惠帝的庶子刘不疑为恒山王。四、从已经收属汉朝的领土中，割出陈郡，恢复淮阳国，封惠帝的庶子刘强为淮阳王。

张偃之鲁国的城阳郡，本是齐国的领土，惠帝二年，齐王刘肥遭遇吕后毒杀的险境，为了脱身，被迫献出城阳郡作为鲁元公主的汤沐地。以母亲的汤沐地分封儿子，合情合理，也没有领土的纠纷。而薛郡则不同。薛郡是楚国的领土，楚王刘交是刘邦的弟弟。吕后是如何说服他，拿出一郡之地分给侄孙，史书上虽然没有记载，却可以想象是相当复杂而强势的举动。这件事情，对汉朝与诸侯王国、吕氏外戚与刘氏皇族间的关系，应当有相当深远的影响。不过，仅就新建鲁国这件事情而言，不但完满地决定了鲁元太后的谥号，也恢复了女婿一家被褫夺的王位，不可不谓相当巧妙的政治举措。

吕台之吕国的济南郡，本是齐国的博阳郡，此时的齐王，是第二代王刘襄。吕后对于刘邦与外妇曹氏间的私生子刘肥，本来就没有好感，对于领土广阔、富足丰饶的齐国，也是觊觎已久。刘肥献出城阳郡，一时缓解了她的恨意，并未满足她的私心，她借这次调整之机，又强势地从齐国分割出博阳郡来，分封给自己的侄子。原本拥有七郡之地的齐国，如今只剩下临淄、济北、胶东、胶西、琅邪五郡了。新封的吕王吕台，刚刚被拜为将军，统领皇宫警卫部队之南军，身在长安，遥领吕国。

刘不疑之恒山国的恒山郡，本是赵国的领土，此时的赵王，是刘邦的儿子刘友。刘友于高帝十一年被封为淮阳王，惠帝元年，徙封为赵王，接替被吕后毒杀的赵王如意。割出恒山郡后，原本拥有四郡之地的赵国，只剩下邯郸、清河、河间三郡了。

刘强之淮阳国的陈郡，本是淮阳王刘友的领土。刘友徙封为赵王以后，淮阳国废除，领有的陈郡和颍川郡收归汉朝，成为直辖郡。吕后借这次调整之机，将陈郡从汉朝直辖郡割出，恢复了淮阳国。

在新建四个王国，新封四位国王的同时，吕后又新建十个侯国，新封十位列侯，他们分别是：1. 封惠帝子刘山为襄成侯。2. 封惠帝子刘朝为轵侯。3. 封惠帝子刘武为壶关侯。4. 封（吕后二哥吕释之的庶子）吕种为沛侯。5. 封（吕后大姐吕长姁之子）吕平为扶柳侯。6. 封（吕后大哥吕泽的少子）吕产为郊侯。7. 封太中大夫张买为南宫侯。8. 封郎中令冯无择为博成侯。9. 封齐国丞相齐受为平定侯。10. 封阳城延为梧侯。

新封的四位国王，恒山王刘不疑和淮阳王刘强是惠帝的庶子、刘邦的孙子，他们封王建国，在刘氏封王的旧约之中。鲁王张偃是吕后的外孙，吕王吕台是吕后的侄子，算是吕氏外戚，他们封王建国，应了诸吕封王的新规。四位新王的分封，体现了刘氏皇族与吕氏外戚间的政治平衡。

新封的十位列侯中，襄成侯刘山、轵侯刘朝、壶关侯刘武，都是刘氏的王孙，沛侯吕种、扶柳侯吕平、郊侯吕产，都是吕氏的子孙，三对三的比例，又是刘氏与吕氏的对等。

余下的四位新封列侯中，博成侯冯无择，沛县起兵就参加了革命，是丰沛元从集团的成员之一。不过，在元老功臣中，冯无择另有一重身份，他是吕后大哥吕泽的亲信，始终在吕泽手下转战南北，深得吕氏信任。冯无择封侯时，官任郎中令，掌握着宫廷近卫武官团，是吕氏宫廷的重臣。南宫侯张买，是一位功二代，他的父亲是刘邦手下的骑兵将领，他本人也早年跟随父亲参加了革命，后来得到吕氏的信任，官任太中大夫，在幼帝身边担任要职。张买于高后八年，被定为吕氏一党而被杀。

与吕氏一党的冯无择和张买不同，平定侯齐受和梧侯阳城延，都是劳苦功高的高祖功臣。又是二对二的比例，不能不让人感到，又是一种平衡。

平定侯齐受，在汉初功臣列侯中排名第五十四，地位相当高。关于他的生平，我在叙述曹参治齐时已经提到过。齐受是泗水郡留县一带人，于秦二世二年正月参加刘邦集团，以驾驭车马的技能，担任刘邦的车马吏。楚汉战争中，齐受升任骑兵将领，担任骁骑都尉，作为骑将灌婴的部下，随同韩信攻魏、破赵、下燕、灭齐，曾有擒获楚军楼烦将的功绩。占领齐国后，齐受留下来，辅佐齐相曹参镇抚齐国。惠帝二年，曹参升任汉朝丞相，举荐齐受继任。曹参临行前有关黄老治齐的传授，不要干预刑狱和市场的叮嘱，就是讲给他的。[1]

齐受先后担任齐王刘肥和刘襄的丞相，同曹参一样，位高权重，奉行黄老之学。刘肥献城阳郡给鲁元公主时，曹参是齐丞相，主持齐国政务，他在这件事情上的态度，因为史书没有记载，我们无从知道。不过，从他不久顺利接替萧何出任汉朝丞相的事情来看，他肯定没有反对，甚至是促成了这件事。吕后割齐国之济南郡建立吕国时，深受曹参影响的齐受，也没有反对。想来，齐受在这个时候被吕后封为平定侯，与他在分割齐国问题上的合作不无关系。

梧侯阳城延，是一位少见的专家型功臣列侯，汉帝国的新都长安城之父。阳城延当是秦颍川郡人，秦二世三年四月，刘邦军攻入颍川，阳城延以军匠的身份加入刘邦军团，成为刘邦

[1] 参见本书第四章七“萧规曹随”。

军中工匠的领班。刘邦做了汉王，阳城延被任命为少府，以九卿大臣之任，掌管宫廷内务，负责所有的基建和工程项目。长安新都的规划、长乐宫的改造、未央宫的新建，名义上由相国萧何领衔，具体的工作概由阳城延负责施行。惠帝五年，在阳城延的主持下，长安城的城墙修筑提前完工，历时十二年之久的新都建设，终于大功告成。吕后封阳城延为列侯，正是为了褒奖他的土建之功。

我整理历史到这里，不禁有所感慨。吕后在一个月内，新建了四个王国，分封了十位列侯。为了分封四个王国，她从汉朝割出了淮阳郡，从楚国割出了薛郡，从齐国割出了济南郡，从赵国割出了恒山郡，如此巨大的政治举措，竟然没有引起公开的反对和抵抗，如愿顺利施行，不可不谓相当地成功。在这个成功当中，处处可以看到政治平衡的讲究：刘氏皇族与吕氏外戚并行，开国功臣与皇室姻亲共进。在这种政治平衡的背后，我处处感受到陈平身影的晃动，想起他年轻时主持乡社分肉的往事，记起他那句响亮的名言："如果由我来宰割天下，也会如此公正。"

《黄帝四经》第一篇为《经法》，其《道法》章说："应化之道，平衡而止。"强调以平衡的方式，应对物事的变化。《黄帝四经》之第三篇为《称》。"称"之字义，就是"秤"，引申为权衡。这篇文章，强调通过权衡做出正确的选择。想当年，陈平分肉用秤，衡量轻重取得公平，获得父老兄弟的欢喜，维系了乡里的长幼尊卑秩序。如今，陈平辅佐吕后执政用"称"，平衡各方以应对变化，调整吕氏刘氏关系，节度旧臣新人进退，处处显露出黄老思想的智慧，堪称善于顺势应变的一代名臣。

五、刘吕联姻的成败得失

高后四年，一件意想不到的事情发生，幼帝刘某被废黜，恒山王刘弘被立为新皇帝。

幼帝刘某，是惠帝的七位庶子之一。惠帝病逝前，吕后从七位庶子中选取了刘某，杀掉了他的母亲，诈称是张皇后所生，立为太子，随即继承了皇帝位。幼帝继位时，年幼不能亲政，由太皇太后吕雉临朝称制。

幼帝即位四年后，逐渐长大，开始懂事，知道了自己的身世和境况，竟然口出怨言，说是长大以后，要报复回来，云云。吕后知道后，迅速做了处置，将幼帝囚禁于宫中永巷，对外称病。囚禁了幼帝后，吕后下诏群臣说："今皇帝久病不愈，失神昏乱，已经不能继嗣宗庙社稷，委以天下大任。请议论替代的事情。"

以右丞相陈平为首的群臣，议论后回复说："皇太后为天下计量，安宗庙定社稷之考虑甚为深远。我等顿首请奉诏令。"

在废黜幼帝之后，为了抚慰人心、安稳政权，在吕后授意下，由陈平主持，分封了十二位列侯，作为册立新皇帝的铺垫。其中的六位，是吕氏近亲。昌平侯刘太，是惠帝的庶子。临光侯吕媭，是吕后的妹妹、樊哙的夫人，她是继萧何的夫人同之后，又一位封侯的女性，继续破除女不封侯的惯例，为吕后女主称制助威增彩。[1] 其他四位，赘其侯吕胜、吕成侯吕忿、俞侯吕它和滕侯吕更始，都是吕氏一族。而另外六位，中邑侯朱通、乐平侯卫无择、

[1] 萧何的夫人同，被封为列侯，见《史记·高祖功臣侯者年表》和《汉书·高惠高后文功臣表》，事在高后二年。

山都侯王恬启、松兹侯徐厉、成陶侯周信和醴陵侯越，都是高祖功臣。六对六的比例，又是一种既定的政治平衡。

于是，五月丙辰，立恒山王刘弘为新皇帝，史家称其为少帝。

少帝刘弘，惠帝的七位庶子之一，本名刘山，在高后元年四月的四王十侯大分封中，被封为襄成侯。高后二年，惠帝庶子恒山王刘不疑去世，刘山被立为恒山王，改名为刘义。被立为皇帝后，又改名为刘弘。刘弘继位时，也是未成年的孩子，依然由太皇太后临朝称制。

废幼帝立少帝的事情，史书上轻描淡写，只留下“帝废位，太后幽杀之”，“立常山王义为帝，更名曰弘。不称元年者，以太后制天下事也”的简单词句。[1]寥寥数语，足以让我们想象，在吕后的主政下，有吕氏外戚团的支持，得到以陈平为首的大臣们的配合，政局平稳过渡。

我最初读这一段历史时，因为找不到幼帝的名字，着意做了些整理。惠帝有七位庶子，其中的六位，史书上都记有名字，分别是刘强、刘不疑、刘山（义、弘）、刘朝、刘武、刘太。唯有幼帝，他做过四年皇帝，史书上竟然没有留下名字，也没有人做过合理的解释，我只能称他为刘某，颇有些费解。

后来，史书读得多了，自己也参与历史的编撰，懂得了史书是如何编撰出来的，知道了历史总是不断地被修正篡改，也了解了修正篡改历史的种种门径。于是，对于这件不可思议的怪事，大致上理出个头绪来，一句话，完全是人为抹消涂改的结果。吕后废幼帝立少帝时，抹消涂改一次。吕氏诛灭，又被涂改。文帝

[1] 引自《史记·吕太后本纪》。《汉书·高后纪》更简略，只有一句话“立恒山王弘为皇帝”。

继位后，再抹消涂改一次。经过一而再、再而三地抹消涂改，到司马迁著《史记》时，已经找不到相关的记录，甚至是幼帝的名字了。

在中国历史上，没有留下名字的皇帝，幼帝刘某怕是唯一的一位。幼帝刘某其人，在历史上几乎是毫无影响，宛若一位溺水而死的孤儿，扑通一声沉入水底，瞬间无影无踪，没有引起过任何人的关注。不过，联系惠帝刘盈早亡，惠帝子多封王侯，特别是幼帝刘某被废黜，改立少帝刘弘等事情来看，吕后的意图，还是清楚的。一是想将汉朝皇帝的位子，保留在惠帝一系的子孙手中；二是拥立年幼而恭顺的皇帝，维系自己临朝称制的权位。那些史书上不断强调的说法，说吕后欲以吕氏取代刘氏，不惜一一诛灭刘氏子孙云云的话，都不过是诛吕之变后修改历史的说辞，为诛灭吕氏一族、废黜惠帝系的少帝、改立旁系的文帝而制造的理由而已。

我们已经强调过，临朝称制的吕后，是中国历史上第一位女皇。在女皇吕雉治下，年历用高后纪年，政令由高后颁布。吕后并非幕后操作，也不是垂帘听政，而是堂堂正正坐在朝堂上，以女皇的身份主持国政。

对汉朝皇室而言，吕后是太皇太后，所有内外宗室的老祖宗，皇帝是她的儿子孙子，诸侯王是她的近亲晚辈，功臣列侯也多是她的乡亲故人。她以高皇帝正妻，惠帝生母的身份执掌天下，深知政治联姻乃是维系政治权力的关键所在。

吕后清楚地知道，汉朝的皇位继承权，在刘氏子孙，这是古来的男系继承传统决定了的，难以变更，她也无意挑战。不过，刘氏子孙旁支甚多，花落谁家，则是不定的，但可以掌控。掌控的关键，在于加强刘吕联姻，保证皇位继承权，始终留在刘吕一系的皇子手中。促进刘吕联姻，是吕后政治的主流和脉络，吕后其人，是开启汉朝外戚政治的鼻祖。

最早入吕后法眼，使其娶吕氏之女为妻的刘氏族人，是刘泽。

刘泽，是刘邦的远房堂弟，汉三年加入刘邦军团，出任郎中，侍卫在刘邦身边，随同征战。高帝十一年，代相陈豨叛乱，刘泽升任将军，在左丞相樊哙手下作战，擒获了叛军大将王黄，论功行赏，受封为营陵侯。

营陵侯刘泽，是功臣列侯中难得的刘氏亲族，当然地被吕后看中，让他娶了自己的外甥女、妹妹吕媭的女儿。而吕媭的丈夫，正是大名鼎鼎的元老功臣樊哙，引领刘泽立功封侯的军中主帅。如此这般的巧妙安排，难免使人想到其中的人为因缘。

成了吕氏女婿的刘泽，既是身兼刘吕两氏的皇亲外戚，又是军功卓著的功臣列侯，地位非同寻常。在汉初的一百三十多位功臣列侯中，刘泽排第八十八位，位次不算高，不过，他的封国营陵，在富裕的齐国的胶西地区（故址在今山东昌乐县东南），他的食邑，有一万二千户之多，仅次于排名第一的大功臣曹参。不可不谓大富大贵。

惠帝继位以后，刘泽被委以九卿大臣的重任，出任卫尉统领南军，负责皇宫的警卫，成为惠帝宫廷中举足轻重的重臣。吕后称制期间，刘泽更是被委以大将军的最高军职，位极人臣，尊贵无比。人生至此的刘泽，唯一的心结，就是裂土封王了。

高后五年，齐国游士田子春，穷游京师，说是要为刘泽谋划更上一层楼的方策。刘泽大喜，馈赠田子春黄金二百斤。田子春收下后，回到了故乡齐国。鱼雁东去，整整两年，杳无音讯。刘泽心急了，派人带信抱怨说：“田生啊田生，不再往来了吗？”

田子春收到刘泽的信后，不久来到长安。他并不去见刘泽，而是用重金在长安租借了宽大的邸宅，奢侈铺张入住，高调交往宾客，热衷往来于权贵之间，一时名闻京师。

大谒者张释，是吕后身边的要人，宫中宦官的领班，机警干练，好奇计智谋，深得吕后信任，是吕氏宫廷中最为炙手可热的红人。田子春通过种种途径，为儿子在张释手下谋了职事，得以进出张府，接近张释。几个月下来，田氏子得到了张释的信任。这一天，田氏子以父亲自备酒席为名，邀请张释前往田府赴宴。张释答应了。

张释手眼通天，消息灵通，长安城中王侯大臣的动向，最是他的关注之处。田子春是天下游士，曾经是大将军刘泽的座上客，如今高调亮相京师，张释已经有所耳闻。田氏子到自己手下谋事，他没有拒绝，而是做了安排，表达了好意。面对田府的邀请，张释是既好奇，也有心。

宴请的这天，田子春亲自做安排，接待的用具帷帐，排场礼仪，完全按照列侯的规格准备。张释入府就座，受宠若惊而又心有不安。宴深酒酣，田子春屏退左右，对张释说道："臣下多次往来京师，观列侯府邸，在长安者有百余处，壮丽辉煌，主人家嘛，一概都是高祖时代的功臣。吕氏一族，原本就是推轮助力，协同高祖打定天下的功臣，不但功高劳厚，又有太后的至亲之重。如今太后春秋高，吕氏弱，太后希望立吕禄为王，领有代国。不过，这件事情，正如张卿所知道的，太后顾虑大臣们会有反对意见，不便主动开口，就搁置在那儿了。"

原来，不久以前，汉帝国发生了一件大事。赵王刘恢殉情自杀，被褫夺了王位，剥夺了子孙的继承权。于是，空缺出来的赵国，需要封建一位新王来填补。吕后已经做了安排，她派遣使者到代国，传达了自己的好意，说是代国偏僻贫困，赵国近便富裕，希望代王刘恒东迁去做赵王。在徙封代王的提议背后，吕后有自己的打算，如果代王迁徙到赵国，代王的位置就空缺出来了，她希望将空缺出来的代国王位，分封给自己的侄儿吕禄。这件事情，虽然是拐了一个弯儿，缓了一口气，毕竟是夺刘氏之国分封吕氏，吕后难以主动开口，就成了一桩搁置的悬案。

这件事情，是当时长安宫廷和政府高层中的大事，人人心知肚明，只是隔了一层薄纸，留待有人来捅破而已。

田子春见张释默认不语，继续说道："而今眼下，君卿最受太后信任，也得到大臣们的尊重，何不向大臣们吹吹风，请大臣们主动向太后提出这件事情，太后必定高兴地接受。事情顺利，吕禄一旦封王，万户侯就是君卿的了。不然的话，太后纠结在心，君卿身为内臣而不能及时为太后纾解，恐怕将有祸患及身了。"

张释是何等聪明的人，当即认同赞许，与田子春交欢畅谈，添酒回灯重开宴。

接受了田子春的意见，张释积极开展工作，首先与太傅吕产商量，再游说右丞相陈平，说动二人领衔联名上书太后，请求尽早安定赵国，分封吕禄为代王，云云。恰巧在这个时候，代王刘恒有了回复，说是谢过太后的好意，愿意继续留在代国镇守边境，婉言谢绝了徙王赵国的提议。于是，吕后顺水推舟，撤回了徙封代王到赵国的提议，接受大臣们的奏请，分封武信侯吕禄为赵王。

赵王空缺的悬案顺利解决后，吕后不忘张释的功绩，赐他黄金千斤。张释以其一半分给田子春，田子春没有接受，而是进言张释说："夺刘氏之赵国封吕氏为王，大臣们未见得都心服，刘氏一族，更是不满难安。营陵侯刘泽，既是刘氏长辈，又是功臣列侯，今为大将军、万户侯，唯独缺了裂土封王的尊贵。君卿不妨进言太后，割出十余县的土地，封营陵侯为王。”

说到这里，田子春压低了声音继续说道：“在下请君卿明察，继武信侯吕禄封王之后，紧接着营陵侯刘泽封王。如此一来，刘氏一族的怨望得到缓解，赵王吕禄的地位得到巩固，岂不是一箭双雕，平衡刘氏吕氏的好事。”

张释觉得田子春的意见有道理，又进言于吕后。吕后接受了，于是做了筹划安排，诏令从齐国割出琅邪郡，封刘泽为琅邪王。

在田子春的一手策划下，刘氏宗亲、高祖功臣、吕氏女婿之营陵侯刘泽，终于如愿以偿，实现了自己人生的最高理想，裂土封王。

继刘泽之后，另一位入吕后法眼，使其娶了吕氏之女的刘氏宗亲，是刘章。

刘章，是刘邦的庶出长子齐王刘肥的儿子。刘肥，有儿子十二人。刘肥死后，嫡长子刘襄继承了王位，成了第二代齐王。刘章，是刘襄的长弟，尚未成年，就被征召到首都长安，进入宫廷做侍从近卫。刘章进京时，不过十五岁，强壮有力，甚得吕后喜爱，为他娶了侄儿吕禄的女儿，于高后二年被封为朱虚侯。四年后，他的另一位弟弟刘兴居，也被征召到长安做侍从近卫，被封为东牟侯。兄弟二人，一起活跃于长安。特别是刘章，因为一身兼有刘吕两重亲族关系，更是如鱼得水，成为京城权贵中举足轻重的人物。

史书上说，刚刚年满二十的刘章，曾经在长乐宫中伺候吕后大开酒宴，被任命为监酒令官，负责维持酒席宴上的秩序，监督处分违规犯矩的人和事情。刘章请求吕后说：“臣下，乃是将门之子，今天被任命为监酒令官，请太后恩准臣下以军法行事。”吕后同意了。

酒酣宴深，刘章起身离席，自献歌舞助兴，途中停顿道："请为太后言说耕田农作。"

吕雉年轻时，嫁与泗水亭长刘邦，多年生活在下层社会中，常常带着女儿鲁元和儿子刘盈在田间劳作，对于农家耕耘，自是熟悉了解。[1] 身为皇祖母的吕后，素来将刘章看作小孩子，笑道："耕田农作，你父亲嘛，还知道一点，你生为王子，哪里知道农家的事情？"

刘章答道："臣下知道。"

吕后好奇，说道："那你就为我说说。"

刘章似乎有所准备，一字一句念道："深耕密播，苗出间疏。非其种者，锄而去之。"

刘章的这段话，借播种间苗的农作，隐喻诸吕不是刘氏的种，将会被除去。据说，当时吕后听了，默然无语。

酒席宴上，吕氏一族中有一人不胜酒力，避酒逃亡，刘章追赶出去，竟然拔剑杀了那个人。然后，刘章回到宴会场，禀报吕后说："有逃亡避酒者一人，臣已经按照军法行事，处决了逃亡者。"一时，满场大惊，吕后失色。不过，因为事前已经允许刘章以军法从事，无法加罪，尴尬的场面，一直持续到宴会结束。

从此以后，诸吕权贵们都对刘章心存畏惧，不知道这愣头小子会干出什么事来，大臣们也暗暗对刘章另眼相看，视其为刘氏的强项之人，寄予厚望。

刘泽和刘章，分别是刘氏的远亲和庶孙，刘泽娶吕媭的女儿，刘章娶吕禄的女儿，都是成功的刘吕联姻，至少在吕后在世之时如此。不过，吕后一手促成的另外两桩刘吕政治联姻，前后两位

[1] 参见《秦崩》第二章三"酒色婚配新生活"。

赵王，刘友和刘恢娶吕氏之女为妻的事情，还在吕后在世时，就以失败告终，成为引发诛吕之变的原因之一。

刘邦一共有八个儿子，除去私生子刘肥年长不论，七个儿子中，以嫡子惠帝刘盈年纪最大，他出生于秦始皇三十七年（前210），继位时年仅十六岁，以当时的法令习俗论，刚刚成年。刘盈之下，惠帝元年时，赵王如意十三岁，代王刘恒七岁，淮南王刘长最小，只有四岁。至于淮阳王刘友、燕王刘建、梁王刘恢三人，年纪不详，当在四到十七岁之间。

到吕后临朝称制时，惠帝刘盈、赵王如意和齐王刘肥都已经去世。代王刘恒十四岁，有母亲薄太后和舅舅薄昭辅佐，安处僻远的代国，因为守弱不争，诛吕之变后被选作皇帝，成了刘氏皇族的大宗，此是后话了。淮南王刘长，母亲赵姬早亡，自幼由吕后抚养长大，方才十一岁的孩子，躲过诸多磨难，他的事情，也在文帝继位以后。燕王刘建、淮阳王刘友和梁王刘恢三人，都是刘邦的“诸姬子”。关于他们的母亲，史书上没有留下姓名和事迹，称为“诸姬”，就是诸多后宫之意。

刘建，于高帝十二年被封为燕王。他的前任，是刘邦多年的跟班卢绾，因为被指控谋反，逃亡到匈奴去了。刘建做了十五年燕王，于高后七年九月去世。史书上没有留下他的事迹，只是说他有美人子，被吕后派人杀掉，因此绝了后。高后八年，吕后封吕泽的孙子吕通为燕王，燕国王系一时改姓了吕氏。

淮阳王刘友，于高帝十一年被立为淮阳王，领有淮阳郡和颍川郡。惠帝元年，吕后杀赵王如意，改封刘友为赵王，不过是一个十来岁的孩子。吕后临朝称制，刘友长大成人，高后为他选娶了吕氏一族的夫人，立为王后。

俗话说，强扭的瓜不甜。刘友不爱这位王后，将自己的宠爱，都倾注给王后之外的后宫。被冷落的王后，怨恨生怒，决心报复。她来到长安，面见吕后，首先痛哭陈述刘友的不仁不道，继而检举揭发刘友有不轨之心，说他对吕后将赵国的恒山郡分割出去，另立恒山国一事，强烈不满，还曾经说过这样的话："吕氏一族，怎么能够封王？太后百年之后，我一定举兵诛灭之。"吕后大怒，当即下令召赵王刘友进京。

刘友一行抵京后，吕后不见，直接将他囚禁在长安城内的赵王府邸中，命令卫士围守刘友的居室，不让外人进入，也不给饭吃。刘友的臣下，曾经偷偷给他送过食物，都被逮捕定罪。刘友孤独饥饿，忧愤感怀，赋诗自唱道："诸吕当政兮，刘氏衰微；胁迫王侯兮，强授我妃。我妃妒忌兮，诬我陷囚。谗女乱国兮，上不省悟。我无忠臣兮，何故弃国。快意于田野兮，苍天尚可为证。悔之不得兮，何不早日自绝。为王饿死兮，有谁怜之。吕氏绝理兮，托天报仇。"

可怜的刘友，被饿死于赵王府邸。吕后下令，以庶民的礼仪，安葬于长安郊外。事在高后七年正月。

刘友死后，吕后徙封梁王刘恢为赵王。高帝十一年，梁王彭越被诛杀，刘恢被封为梁王，领砀郡和东郡，都定陶，因为年幼，国政由相国王恬启一手掌控，惠帝和高后期间，他在位十六年，平安无事。

高后七年二月，也就是赵王刘友被囚禁饿死的第二个月，吕后下诏，徙封刘恢为赵王。刘恢非常不乐意，畏惧吕后，不得不怏怏之国。吕后将刘恢徙封为赵王后，封侄儿吕产为梁王，又将吕产的女儿，嫁与刘恢，立为王后。

这位吕氏王后，不但自恃吕氏的势力，颐指气使，作威作福，还带来一帮内官随从，也多是吕氏一族的人，他们控制王宫监视刘恢，让他既不自在，又无可奈何。刘恢本有一位喜爱的后妃，如今成了王后的眼中钉，不久被毒死。刘恢痛苦悲伤，写了四首诗歌寄托哀思，谱曲后让乐人们歌唱。

这位赵王刘恢，算是一位情种，深陷于悲痛中不能自拔，于同年六月自杀，仅仅做了半年赵王。

刘恢自杀后，吕后降罪说：身为皇子，任一国之君，竟然出于儿女之情，为一位妇人自杀，如此罔顾宗庙社稷，乃是不孝不忠，子孙不得继嗣。

刘恢死后，吕后封侄子吕禄为赵王，其中弯拐曲折的详情，就是前面叙述过的田子春说张释，刘泽得以封琅邪王的故事，时间都在高后七年七月前后。

六、陈平之深念

史书上说，营陵侯刘泽受封为琅邪王，策士田子春要刘泽马上动身，不可耽搁停留。果然，一行人匆匆离京出了函谷关，吕后使人追赶，已经来不及了。

“急出关，毋停留，悔放行，追不及”的类似故事，也见于《史记·孟尝君列传》，说孟尝君得狗盗客之助，窃得白狐裘买通秦王宠姬，得以脱逃归国，夜半至函谷关，得鸡鸣客之助骗开关门，躲过了秦昭王悔恨的追兵。有文学家说，太史公为了突出田子春料事如神，挪用了鸡鸣狗盗的故事。

我读史书到这里，也有故事套路的同感。不过，我想还有一种思路，刘泽离京之国，吕后悔恨追逐，一定有她的理由。如果我们找出其中的道理来，这个历史故事就会成为近于史真的史料，可以据此构筑起有可信度的史实了。

赵王刘恢自杀绝嗣，吕禄封赵王，有抑刘扬吕之嫌，继而封刘泽为琅邪王，就在刘吕两氏间取得了平衡。不过，琅邪王刘泽一旦离京之国，可能会引发在京的诸侯王都应当离京之国的政治风潮，首当其冲者，就是赵王吕禄和吕王吕产，这是吕后绝不愿意看到的。我的这个推测，也在诛吕之变中得到印证。功臣元老们与吕氏一族的对立表面化后，双方和谈交涉的焦点，正是要求吕产和吕禄离京之国。[1]

所以说，琅邪王刘泽离京之国就任，势必引发吕王吕产和赵王吕禄也应当离京之国的压力。吕后后悔，派人追赶的原因，当在这里。而田子春敦促刘泽及早之国，当是出于对吕氏政权未来的担忧，有远走避祸之意。

刘泽封王离京，在高后七年七月。同月，吕后下诏，任命吕王吕产为相国，免去其太傅职务。同时，任命辟阳侯审食其为太傅，免去其左丞相职务。如此一来，历史上就留下了一个重大的悬疑，如何处置右丞相陈平？

我们知道，汉朝的丞相制度，继承秦朝而来。以丞相为首的政府，是与以皇帝为首的宫廷并立的另一权力中心，负责汉帝国的政务运行。丞相的设置，有两种方式，一是设左右两位丞相，共同掌握政府政务。一是只设相国一人，单独掌握政府政务。以地位职权而论，相国最高，右丞相次之，左丞相又次之。

汉帝国建立以来，萧何、曹参先后出任相国。曹参去世后，方才分置左右丞相，由王陵和陈平担任。王陵免相后，左丞相陈平升任右丞相，辟阳侯审食其出任左丞相。审食其是吕后的男宠，

[1] 参见本章八“诛吕之变”。

继续留在宫中供职，如同郎中令一般。丞相府的所有政务，皆由右丞相陈平一手主持。如今，吕产以吕王之尊，官拜相国，按照制度，左右丞相皆当罢免。左丞相审食其免职，正与制度相合，右丞相陈平免职，也当在制度运行中。[1]

失势的陈平，开始闭门不出。他忧心忡忡，常常独坐沉思。

这一天，故太中大夫陆贾突然来访，熟人熟道，不待门人引见通报，径直来到陈平燕居的内室。正深陷于沉思中的陈平，竟然没有察觉到陆贾的出现。

陆贾见状一笑，高声问道："陈丞相，为何事深念，居然如此之甚？"

陈平惊醒，见是陆贾，会心一笑，反问道："陆生，你猜猜看？"

陆贾答道："足下位居右丞相，封侯食邑三万户，可谓富贵之极，无所欲念了。眼下如此忧虑，当是担心吕主之后，诸吕当政，主少国疑，大臣不附，刘氏不服吧。"

陈平答道："确实如此。有什么办法？"

陆贾答道："在下正为此事而来。天下安，注意相；天下危，注意将。将相和，大臣们归附。大臣们归附，纵使天下有变，政权不至于分裂。为国家社稷考虑，事情都掌握在丞相与太尉手中。"

---

[1] 由于史书上没有明确记载陈平免去右丞相的事情，我们只能推想，这件蹊跷的事情，有两种可能，或者是史书出于某种原因，删去了陈平免相的记载；或者是当时有非制度性的变通，吕产以相国之尊，负责统领南军，守卫宫廷，政府日常事务，仍然由陈平打理。不过，从诛吕之变的详情来看，政变当日，从御史大夫曹窋到丞相府见吕产议事，郎中令贾寿也前来汇报出使齐国的结果，可知汉朝政务已经由吕相国主持，吕产在丞相府办公。而陈平事前策划政变，当日听消息发指示，都是在家中。以此推想，他免相的可能性更大。

说到这里，陆贾苦笑道：“臣下多次想与太尉深谈，太尉王顾左右而言他，不接我的话。我还看不出来，他是有事藏心，看人说话，在我陆贾面前演戏装傻。”

想到木讷而不善言语的太尉周勃，在天下辩士陆贾面前装傻的样子，陈平忍不住笑出声来。

陆贾继续说道：“为社稷考虑，为君侯计议，何不与太尉释嫌修好，深相结交？”

陈平点头称是道：“谨奉陆大夫计。”

于是，陆贾为陈平出谋划策，安排修好周勃，联络公卿大臣以应对吕后身后的事情。

我们已经叙述过，陈平参加革命晚，不是刘邦集团的核心成员，长期被老资格的元功宿将们白眼相看，视为趋炎附势的小人。从历史上看，陈平是阴谋家，多谋善变，长袖善舞。陈平出仕，不拉帮，不结派，不建自己的小圈子，而是凭借机巧谋略，依附权力核心，秉承最高领袖的个人信任，隐秘地出谋划策，周密地行动实施。从这种意义上讲，他属于宠幸近臣。[1]

楚汉战争开始，陈平背叛项羽，只身投奔刘邦，被任命为护军中尉，成为军情机构的最高长官，负责对楚方刺探行间，也负责监视汉军将领们的动向，引起以周勃、灌婴为首的少壮派将领们的不满，结下梁子。[2] 吕后当政以来，陈平投靠吕后，先任郎中令，进入吕氏宫廷，后任右丞相，为吕后分忧，其地位，在众多功臣宿将之上，更是招来嫉恨非议。

---

[1] 关于相关类型官僚的研究，参见侯旭东《宠·信·任型君臣关系与西汉历史的展开》，北京师范大学出版社，2018 年。

[2] 参见《楚亡》第二章五“古代的克格勃”。

陆贾是辩士，擅长外交，以谋略和口舌之才见长，与陈平关系亲密，也与以周勃为首的元功宿将们多有交往。史书上说，惠帝后期，吕后强势，分封吕氏为王的意图日渐明显。陆贾自度难以口舌相争，辞去了太中大夫的职务，称病退出政坛。他看中长安郊外的好畤县（今陕西乾县），在那里买田置地，修建邸宅，准备安度晚年。

陆贾出使南越时，深受南越王赵佗的信任和喜欢，得到大量黄金珠宝的馈赠，十分富裕。他用部分钱财，购置了驷马安车一乘，养置了歌儿舞女乐师侍者十人，专供自己享受。陆贾有五个儿子，都已经成家立业，住在不同的地方。陆贾将价值千金的黄金，平均分给他们，一人二百金，作为谋生的本钱，吩咐他们说："与你哥儿几个有约在先：我以后轮流去各家。我去哪家，哪家就提供人马酒食，让我心满意足，住十天就走，换一家。我死在哪家，车骑歌舞侍从，都归这家，连带身上的这把佩剑。这把宝剑，价值百金哈。当然，一年当中，我还有其他去处，到你等家去，不过两三次而已。久住常见不新鲜，我也不会多麻烦你们几个的。"

……

在陈平辅佐吕后，平衡主事间，陆贾一直逍遥自在，宛若闲云野鹤般。如今吕后春秋高，病患现，天平失衡，诸吕上位，陈平失势，陆贾预感政局将会有变，又开始活跃起来。他先去太尉周勃处，碰了软钉子，被酒言戏语挡了回来，又来陈平处打探，一拍即合。

陈平接受了陆贾的策划，以黄金五百为周勃祝寿，厚设歌舞盛宴，招待周勃。周勃也以相等的规格回报。经过陆贾的调和，陈平与周勃二人，尽释前嫌，交欢深相结交。

深谋远虑的陈平，进而提供奴婢百人、车马五十乘、钱五百万，作为活动经费，任由陆贾使用。得到陈平支援的陆贾，从此在列侯公卿间往来走动，联系游说，成为名副其实的联络员。

陆贾积极串联的对象，首先是以陈平、周勃为首的在京功臣列侯，如颍阴侯灌婴、汝阴侯夏侯婴、曲周侯郦商等。西汉立国之初，汉朝政府在修建新都长安时，专门在未央宫北面的黄金地段，辟出大片土地，为所有的功臣列侯们修建了专用的邸宅，具现了皇帝与功臣们共天下的理念。功臣列侯们，自有的封国分布在帝国各地，本人大都居住在长安的侯邸。京城繁华，皇宫亲近，老战友们扎堆，生活起居不寂寞，参与政局不冷清。列侯们集中居住于长安侯邸，为陆贾的串联提供了极大的方便。

西汉初年，因功受封的列侯有一百四十来人，同属于军功受益阶层的上层。这批人，都是久经沙场杀伐、深谙权斗阴谋的老人。他们都是打天下的战友，在出身经历、思想情感、利益权衡上，相通近似。打天下坐天下的政治所有权意识，论资排辈的序位分享观念，维护汉帝国长治久安、期待子孙代代继承的世袭权贵理念，最是他们的共同点。

这批功臣列侯，人人关心政治，个个自认为是帝国的主人。高帝刘邦、太后吕雉，都是与他们同甘共苦、出生入死的主政领袖，尽管在分封废立上不时有歧异龃龉，不过，前有萧何曹参，后有陈平周勃调整，总能有惊无险，平衡稳定过来。

然而，如今政局失衡，吕后病重，皇帝年幼，接班主持国政者，竟然是以吕产和吕禄为首的吕氏二代，以曹参的儿子曹窋、郦商的儿子郦寄为首的部分功二代们，居然也趋炎附势，依附吕氏皇权，大有将老臣们一一排挤，做更新换代、世代交替之打算，岂能不引起老臣们的不满。陈平赋闲，吕产独任相国后，老臣们的不满怕是到了高点，陆贾来见陈平，正是看准了时机，踩着时点来的。

所以说，诛吕之变前，老臣们对于吕雉身后政局的担忧，既有对吕氏权重、刘氏式微之失衡的不安，更多的，怕还是对于新一代权贵急速取代老一辈功臣的不满。多年来，我们对于历史的解释，过多地强调宏观大义，常常忽视了人性自私的本质。不管是多么英明伟大的领袖，本质上都是自身利益优先的凡人。政治的本质是权力，政治人物的基本动机就是夺取、使用和维护权力。无数政治正确的高调、天花乱坠的说辞、堪比名优的表演、残忍无情的迫害，一层层表象剥落下来，最深的内核还是在权力这里。

老子打下的天下，老子就当坐到死，几乎是历朝历代开国功臣的共通意识。在老臣们看来，虽说你吕产是太后的侄子、吕泽的儿子，毕竟是无功无德。你年纪轻轻，封侯封王我们认了，忍了。你凭啥独尊相国，一手遮天，让陈丞相在家赋闲。还与你堂弟吕禄一道，一个掌南军，一个掌北军，将刀把子架在我等老臣头上，威慑我等开不了口，手脚动弹不得。是可忍，孰不可忍！

……

当陆贾代表陈平、周勃走进各位列侯邸宅时，无不是一拍即合。列侯功臣们，个个蠢蠢欲动，人人摩拳擦掌，他们以其丰富的政治经验，已经预感到一场血雨腥风正在逼近。

诛吕之变，由高祖功臣和齐王一族联合发动。毫无疑问，在京的两位齐国王子——齐王刘襄的弟弟刘章和刘兴居，也是陆贾主动联系的对象。从以后的历史来看，发动政变前，老臣们开出了优惠的条件，由齐王刘襄做皇帝，刘章和刘兴居分别封王，成功地说动刘章和刘兴居，二人不但成为政变的先锋干将，也成为鼓动刘襄起兵，打破政治僵局的谋主。其间的种种交涉谈判，背后都有说客陆贾的影子。文帝继位以后，对于陆贾在诛吕之变中的功绩，没有特别的封赏，当与他在同齐王一系的交涉中，曾经有立齐王刘襄为皇帝的允诺有关。

陆贾曾经联系的另一人，是审食其。我们已经介绍过，审食其其人，既是沛县起兵的元从老臣，也是吕后的情夫、吕氏宫廷的要人，以其特殊的资历身份，在吕氏政权中举足轻重。大体说来，吕后当政期间，汉朝宫廷以太皇太后吕雉为中心，主要由三部分人员组成。其一，以吕氏家族为中心的吕氏外戚集团；其二，以张释为中心的宫廷仕宦集团；其三，以审食其为中心的亲吕功臣集团。亲近吕氏的功臣集团，不但包括了部分第一代功臣，如博成侯冯无择等，也包括了部分进入宫廷任职的功二代，如南宫侯、中大夫张买等。审食其以左丞相兼郎中令的职务，掌握笼络着他们。

陆贾与审食其，个人关系良好。史书上说，吕太后驾崩，大臣发动政变诛杀吕氏一族，审食其与吕氏关系甚深，几乎不免于难。他之所以能够保全，得力于陆贾和朱建的计划安排。陆贾是诛吕之变的主谋，他和朱建如何为审食其谋划全身而退的方策，史书中没有留下记载。

我整理诛吕之变的历史时，注意到两位在政变中发挥了至关重要的作用而又不太为人所注意的人物。一位是符节令纪通，一位是典客刘揭。符节令纪通，是功二代，在少帝身边供职，主管兵符和旄节。诛吕之变中，周勃之所以能够进入北军大营，一个重要的条件，是纪通盗用了旄节，以皇帝使节的身份引领周勃前去。另一位是典客刘揭，与郦商一道劝说吕禄放弃北军，前往赵国就国。他们的劝说之所以能够成功，一个重要原因，是典客刘揭是主管诸侯王事务的大臣，他亲自前来劝说吕禄之国，代表了皇帝和朝廷的正式决定。而这两位人物，都与审食其有密不可分的关系。

惠帝吕后期间，审食其先后做过典客、左丞相兼郎中令和太傅。典客刘揭当是审食其的后任，符节令纪通当是审食其统管的属下，他们在诛吕之变中能够发挥重要作用，或许与审食其的默许和支持有关。诛吕之变成功，吕氏被诛杀的第二天，陈平恢复了右丞相官职。同时，审食其也恢复了左丞相的职位，不但没有受到吕氏的牵连，而且官复原职，不能不与他在政变中有所作为、有所表现相关。自然，这些被史书隐去的作为和表现，都出于陆贾和朱建的策划。

七、齐王刘襄起兵

高后八年三月，吕后到长安郊外的霸上，行祭祀以求免灾。回程经过轵道亭，尘土飞扬仿佛中，突然现出一只青色的狗，撞到吕后的腋下，转眼又无影无踪。吕后不安，让卜师测算，说是赵王如意的鬼魂作祟。从此以后，吕后的腋下，开始出现疼痛。

四月，预感不良的吕后，做了在世时的最后一次分封。分封两位外孙，鲁元公主的儿子张侈为信都侯、张受为乐昌侯，封自己的昆弟子吕荣为祝兹侯，侄子吕庄为东平侯。值得注意的是，在这次分封中，吕后的内廷总管大谒者张释，如同田子春所策划的那样，被封为建陵侯。同时，施惠服务于未央和长乐两宫的宫廷内臣，对各个部门的长官和副长官们，都授予关内侯的爵位。这次分封，一为吕氏外戚，一为两宫侍臣，大有守据皇宫维护吕氏政权的布局，却也失去了与功臣和刘氏皇族的平衡。

吕后的病痛，如果用今天的医学知识来做推测的话，可能是乳腺癌。到了七月，病情加剧，疼痛扩及全身。吕后自感不起，开始安排后事。

当时，皇太后的居所是长乐宫。吕后因为临朝称制，也常住未央宫。[1]未央宫在长安城西南，长乐宫在长安城东南，皆筑有高大的宫墙，分别由两宫卫尉统领的卫士守卫，各自成一封闭的防卫系统。长安城的城墙，于惠帝五年完成，城墙环绕中，除长乐、未央两宫外，尚有高庙、武库、东西两市、丞相府和众多官署衙门，十来座诸侯王的王邸和一百多位列侯的侯邸，也都在城中。长安城内外以及城中各个官署邸宅的警卫，由中尉统领的北军负责。

执政多年，富有政治经验的吕后，深知由宫廷控制政府、由政府控制天下的统治之术。病重的吕后，召集吕氏一族交代后事，其紧要之处，集中在由吕氏一族掌控南军和北军，以南北两军控制长乐、未央两宫以及长安城，威慑可能滋生的不轨之心，镇压可能出现的政治动乱。

吕后特别告诫吕禄与吕产说："高皇帝去世前，与诸侯将相大臣间，定有白马之盟，有'非刘氏不王，非功臣不侯'的约规。我分封吕氏为王，大臣们未必心服。我即将离去，皇帝年少不能理政，担心大臣们生变。你二人务必严密掌控南北两军，以南北两军守卫两宫，控制长安。我的葬礼，你们二人都不必参加，严防被人算计。"

高后八年七月辛巳（三十日），吕后病逝于未央宫，享年

---

[1] 惠帝一朝以来，长乐宫成为皇太后的居所，未央宫成为皇帝的居所、朝廷的所在。惠帝去世后，吕后临朝称制，成为事实上的皇帝。她临朝称制，处理政务的场所，当在未央宫。因此，她或者是频繁往来于长乐宫与未央宫之间，或者是常住未央宫。《汉书·高后纪》记载，高后八年七月，"皇太后（吕雉）崩于未央宫"。据此推断，吕后当常住未央宫。

五十九。[1]驾崩的太皇太后，留有遗诏：大赦天下，赏赐各国诸侯王黄金各千斤，对于各位列侯以及汉朝政府官员，从将相大臣到官署郎吏，也都有不同的赏赐。

八月下旬，吕后下葬，与高祖刘邦合葬于长陵。吕后的葬礼，比照高祖刘邦的规模举行，庄严而盛大。不过，上将军吕禄和相国吕产并未参加，他们遵照吕后的嘱托，分别统领北军和南军，坐镇驻守长安城和未央长乐两宫，防止可能发生的不测。

诚如吕后的安排，在南北军的震慑之下，葬仪顺利结束，首都诸事如常，无事安堵。然而，吕后所未曾料及的是，不测的事件，未生于内，而生于外。八月丙午（二十五日），齐王刘襄举兵，通告天下，陈述诸吕的罪状，号召各国诸侯王联合进军关中，清君侧，安社稷。

诛吕之变，由此正式拉开帷幕。

刘襄是第二代齐王。刘襄的父亲，是刘邦的庶长子刘肥。刘肥的母亲，姓曹，史书上称为曹氏，是刘邦在沛县民间时代的情妇。曹氏大概过世得早，史书上没有留下相关事迹的记载。有人推测说，曹氏与曹参同族，曹参辅佐刘肥做齐国丞相，也有这种沾亲带故的关系。

刘邦即位做皇帝时，嫡子刘盈九岁，爱子刘如意五岁，中子刘恒二岁，幼子刘长还未出生，至于刘友、刘恢和刘建，母亲不明，年纪也不清楚，只能推测在刘盈和刘长之间。八个儿子中，刘肥年纪最大，已经成年。高帝六年，刘邦接受齐人田肯的意见，封刘肥为齐王，统治齐国地区七十余座城邑，其地域之广大，经济之富庶，文化之发达，堪称各诸侯国之首。当时，汉帝国各地

[1] 参见本书附录《吕雉年表》。

之间风俗有别，语言不通，汉朝政府一纸令下，所有讲齐语的人，统统归属齐国，由齐王统治。

刘肥做齐王时，曹参出任丞相。曹参是随同韩信打下齐国的元老功臣，沛县家乡的长辈大叔，国母曹氏的同姓宗亲。在曹参的主持之下，齐国被治理得井井有条，富庶安定。齐王刘肥，落得百事无忧，心宽体胖，多子多福。

惠帝继位，吕后主政，分化打压庶出的刘姓诸侯王，齐国首当其冲。惠帝二年，刘肥之长安朝见，得罪吕后，几乎被杀。得到高人指点，拿出齐国的城阳郡，献给吕后的女儿鲁元公主作为领地，方才幸免于难。

齐王刘肥在位十三年，惠帝六年去世，谥号悼惠王。刘肥去世后，嫡子刘襄继承了王位，举兵时已经在位九年。

齐王刘襄正式继位的当年，惠帝去世，临朝称制的吕后，继续打压齐国。高后二年，吕后削夺齐国的博阳郡（改称济南郡），建立吕国，分封大哥吕泽的儿子吕台为吕王。高后七年，又削夺了齐国的琅邪郡，建立琅邪国，分封给妹妹吕媭的女婿刘泽。经过三次削夺，齐国的领土几乎削减了一半，由七个郡变为四个，只剩济北、临淄、胶西、胶东了。在强势皇祖母的打压下，年轻的刘襄只能忍气吞声，逆来顺受，心中被压抑的怨恨，可想而知。

吕后病重，刘襄已经蠢蠢欲动。吕后去世，忍耐多年的刘襄长长吐了一口气，觉得有所作为的时机来临。就在这个时候，弟弟刘章和刘兴居从长安送来消息，通报了首都的形势以及与大臣们联盟的内情。说是少帝年幼不更事，诸吕擅权，大臣不满，人心思变，政局随时可能失控。通过陆大夫的联络，已经与大臣们联盟。大家一致认为，兄长是高祖长孙，累累被吕氏打压，齐国是诸侯大国，多年被吕氏削夺。当下，正可起兵传檄天下，奉高皇帝白马之盟，共击非刘氏而王者。诸侯各国，一定会起兵响应，将相大臣，也一定会闻风依从。外有兄长扶义起兵，内有我兄弟二人与大臣们做内应，里应外合，可以一举诛灭吕氏，拥立兄长即皇帝位，云云。

刘襄得到刘章的消息后，马上开始行动。齐王刘襄，最信任者有三人：舅父驷钧、郎中令祝午和中尉魏勃，他召集三人密谋，决定起兵夺取皇位。

当时，齐国的丞相是召平，为汉朝政府所委任，直接听命于长安。他得到齐王准备起兵的消息后，当即决定发兵包围王宫，防止变乱出现。中尉魏勃，是负责守卫都城临淄的军事长官，他欺骗召平说："齐王发兵而无虎符之验，是没有得到朝廷的许可而擅自发兵。相君发兵守卫王宫，处置得体适当。请让我为相君分忧，领兵守卫王上，不让他轻举妄动。"

召平相信了魏勃的话，将领兵守卫王宫的任务交给了他。魏勃接受了任命后，迅速领兵围困了丞相府。召平悔恨莫及，感叹道："嗟乎！道家有言，'当断不断，反受其乱'。今天的事情，岂不正是应验。"当即自杀。

召平死后，刘襄任命自己的舅父驷钧为丞相，魏勃为将军，祝午为内史，传令齐国所属的济北、临淄、胶西、胶东四郡，动员整军，做西进关中的准备。

完全掌握了齐国政权的刘襄，以祝午为使者，前往琅邪国游说琅邪王刘泽说："高皇后去世，诸吕欲作乱，危及刘氏社稷，齐王准备发兵讨伐。不过，齐王自以为属儿孙辈，年少而不熟悉军事，难以担当如此大任。大王是长辈，在高皇帝麾下久经战阵。齐王愿意举国托付大王，恳请大王并将齐军，共同平定关中之乱。"

刘泽接受田子春的谋划，离开长安前往琅邪国，本来就有担心吕后身后政局生变，出京避祸自保的意图。他在宫中接见了祝午，认同了他的说辞，接受了齐王的提议，迅速前往齐国首都临淄，会见刘襄议事。殊不知，刘泽一进入临淄，就被刘襄软禁扣留，劫持他下达征兵动员令，交祝午之琅邪国执行。在齐军总动员的配合下，祝午矫令征发了琅邪国的军队，置于自己的统领之下。

被软禁扣留的刘泽，自知上当受骗。他求见刘襄说："当今朝廷，主少国疑，吕氏难以维系天下安危。令尊悼惠王是高皇帝的长子，以长幼之序而论，大王乃是高皇帝的长孙，应当被立为皇帝。如今，吕氏惶恐，大臣狐疑。我刘泽，在刘氏宗亲中年龄居长，大家都等待我前去协商计议。大王若将我留在齐国，无所作为，于事无补，不如让我前往关中，与大臣们协商计议为好。"

刘襄夺取了琅邪国的兵权后，之所以还要继续扣留刘泽，是防止他回琅邪国生变。刘泽愿意前往长安见大臣议事，他觉得有益无害，与亲信近臣协商之后，同意了刘泽的请求。于是，刘襄备置了车马行装，委托刘泽作为使者前往关中。

送走了刘泽之后，刘襄举兵西进，攻取了济川国。济川国，本是齐国的博阳郡，高后元年，被吕后削夺设置了吕国，分封给大哥吕泽的儿子吕台。吕台死后，先后由吕台的儿子吕嘉、吕台的弟弟吕产继承。高后七年，吕王吕产徙封到梁国地区，继续使用吕国的国号。旧吕国所在的博阳郡，封给了平昌侯刘太，更改国名为济川国。这位济川王刘太，是惠帝的庶子，还是一位年幼的小孩，一直生活在长安，未曾到过自己的封国。

刘襄顺利地夺取了琅邪国和济川国后，信心大增。于是，正式宣示起兵诛乱，派遣使者携书前往各诸侯国，宣告起兵的缘由，号召共同行动。刘襄在告诸侯王书中宣称："高皇帝平定天下，分封子弟为王，以悼惠王为齐王。悼惠王薨，惠帝派遣留侯张良册立臣为齐王。惠帝崩，高皇后主事，春秋高，听任诸吕，擅自废立皇帝。杀三位赵王（刘如意、刘友、刘恢），灭刘氏梁国、燕国、赵国以封诸吕，又割裂齐国，一分为四（齐、鲁、琅邪、济川）。忠臣进谏，主上惑乱不听。如今，高皇后驾崩，皇帝年少，未能治理天下，应当依靠大臣们和众诸侯王。然而，眼下诸吕擅自尊官自任，聚兵劫持列侯大臣，矫制号令天下，危及宗庙国家。当此存亡兴废时节，寡人率兵戡乱，入关中以诛杀不当为王者……”云云。

齐王刘襄起兵的消息，迅速传到京师，宛若一块巨石，投入山间湖面，多年以来，深沉潜藏的汩汩暗流，一齐涌动浮现出来。一时间，山雨欲来风满楼，长安城头风云涌。以相国吕产为首的汉朝政府，及时拟定了软硬两套应对方案。硬的一手：征发各郡汉军集结荥阳，任命灌婴为大将，东进阻击齐军。软的一手：派遣郎中令贾寿为使者，前往齐国和谈，劝阻刘襄停止军事行动。

应对方案付诸实行后，以相国吕产和上将军吕禄为首的吕氏政权，进一步加强了对南北两军的掌控，长乐未央两宫和长安城的警戒，愈加严密周详。

八、诛吕之变[1]

高后八年九月，关中地区，已是秋风萧瑟。长安城中，落叶

[1] 在本书中，对于吕后去世后发生的这一场政变，我没有沿用“诸吕之变”的旧称，而是用了“诛吕之变”的新词。之所以如此，有两个理由：一、这次政变是功臣集团联合齐王一系刘氏皇族发动的武装政变，诛吕之变的用语，表达了他们是政变的主动发起者，政变的目的是消灭吕氏一族的内涵，更准确贴切。二、在这次政变中，吕氏一族是被动的失败者。而诸吕之变的旧称，表达了政变的发动者是吕氏一族的歪曲内涵，是胜利者篡改历史的标签。

飘零，已有寒意袭人。

庚申之日（十日）早晨，御史大夫曹窋前往丞相府谒见相国吕产议事，出使齐国归来的郎中令贾寿，也来到府中。

议事中，吕产就一件经久不决的重大议案征求贾寿的意见。吕产说，如果能够解除当下的政治危机，吕氏可以接受郦寄的提议，交出南北两军，将政权交由老臣们掌管，自己辞去相国职务，之国就任吕王，云云。

贾寿大吃一惊，当即数落吕产道："王上不早早之国就任，如今想去，还去得了吗？"于是将这次出使的经过，特别是齐国与其他诸侯国合纵西进，灌婴在荥阳屯兵不进，正与诸侯各国商谈合谋，准备联手诛灭吕氏的种种事情，详细告知吕产。贾寿告诫吕产说，当今形势，可谓内有阴谋，外有策应，倒吕夺权的网已经张开，现在弃权即是自灭。贾寿督促吕产马上进入未央宫，指挥南军，警卫两宫，只要保住皇帝和太后，局势还有挽回的余地。

贾寿，是吕氏政治集团中的要人。高后四年，他接替冯无择出任郎中令，统领郎官，成为宫廷侍卫武官团的负责人，深受吕氏一族的信任。齐王刘襄起兵叛乱，他受相国吕产的委托，前往齐国和谈，刚刚经由荥阳回到长安。

贾寿出使齐国的详情，史书没有记载，从他对吕产的告诫推想，当是以失败告终，齐王刘襄拒绝退兵。更严重的是，他往来经过荥阳，了解到灌婴屯兵不前的动向。他已经看清楚，如今的形势，是内外联手的合谋。局势发展到今天，手握重兵、屯军荥阳的灌婴，已经成为决定政局的关键。然而，进一步看，灌婴不过是在幕前，幕后的运作者，当是以陈平和周勃为首的老臣们。

我们已经叙述过，吕后生病时，在陆贾的牵线联络之下，丞相陈平与太尉周勃和解，以二人为核心，在京的老臣们开始秘密串联，谋划吕后身后的政局。他们早就看好齐王刘襄的两位弟弟，在京的朱虚侯刘章和东牟侯刘兴居，私下里保持着联系。吕后去世后，他们以皇位为诱饵，怂恿刘章通报刘襄起兵。刘襄起兵后，他们表面上支持汉朝政府以软硬两手应对刘襄的方案，一致举荐灌婴为大将，领兵出征，私下里商定屯兵荥阳观望的密谋，既掌握了关外汉军主力的指挥权，也掌握了变更政局的主动权。他们倒吕夺权的计划，正有条不紊、一步一步地铺陈推进。

长于征战谋略的老臣们深知，若想清除吕氏一族，必须夺取吕氏手中的两大兵权，首先是守卫长安以及整个首都地区的北军，其次是警卫未央和长乐两宫的南军。当时，北军由赵王吕禄统领，吕后去世后，吕禄遵循吕后的告诫，入驻北军大营，指挥北军严密警戒长安城内外，须臾不敢有闪失。

吕禄，是吕后二哥、高祖功臣建成侯吕释之的儿子。这位功二代吕禄，与另一位功二代郦寄，是意气相投、推心置腹的挚友，二人不仅一同在宫廷共事，而且常常一起出游狩猎。郦寄的父亲郦商，是革命烈士郦食其的弟弟，刘邦集团的元功宿将，与陈平、周勃等人关系甚为亲近熟悉。

当时，郦商年老多病，在家休养。陈平施展阴谋，以看望为名，派人劫持了郦商，迫使他召回郦寄，指使郦寄劝说吕禄放弃兵权。史书上说，郦寄接受了父命，面见吕禄说："高皇帝与吕后共定天下，分封九位刘氏为王，又分封三位吕氏为王，都经过了大臣们的议论，也都通告了各个诸侯王，内外都以为适宜妥当。如今，太后驾崩，皇帝年少，足下身为赵王，不与各个诸侯王一样，之国治理本邦，而是出任上将军，领北军滞留京师，导致大臣和诸侯王们疑心。齐王起兵，盖当为此，大臣们的不稳，也由此而生。为足下考虑，何不归还上将军印绶，将北军交由太尉统领。同时，劝说梁王吕产归还相国印绶，与大臣们结盟起誓后之国。如此一来，齐国必定会罢兵，大臣也会心安，而足下则可高枕无忧，王国千里。如此行事，才是惠及子孙的万世之利。”

年轻的吕禄信任亲友，认为郦寄的话有道理，有意接受。于是派人将郦寄的提议报知吕产以及吕氏一族的长辈们，吕氏一族中，有的人赞同，有的人反对，犹豫而不能有所决断。反对最坚决的，是吕后的妹妹、樊哙的夫人、临光侯吕媭，她认定此事是陈平的阴谋。当吕禄携郦寄亲自来见，呈说其事时，吕媭当即大怒，骂道：“你身为将领而想放弃军队，吕氏将为此遭诛灭无遗留。”震怒的吕媭，随即将家中的珠宝玉器悉数取出，当着吕禄的面扔弃在厅堂的地上，说道：“不必为他人做收藏。”

由于吕媭的坚决反对，以吕氏交出南北两军之国就任，换取齐王刘襄退兵，老臣们继续支持现政权的谈判没有结果。长安城中，以吕产、吕禄为首的吕氏政权为一方，以陈平、周勃为首的功臣宿将们为另一方的政治对立形成，起兵的齐王刘襄与在京的刘章和刘兴居，都站在功臣宿将一边，成为老臣们叫板吕氏政权的筹码。

贾寿归来以前，吕产等人一直对政局抱有幻想，他们希望和平解决当前的政治危机，一直在试探，一直在谈判。拿不定主意，失去了主心骨的吕氏一族，对于功臣宿将们内联刘章、刘兴居共谋，外使齐王刘襄起兵的事情并不知情，更没有想到灌婴已经与齐王联合，正与各国诸侯王协商清除吕氏一族的计划。因此之故，贾寿带来的消息，终于使吕产恍然大悟，他当即惊出一身冷汗，马上行动起来。不过，抢先一步，比他更快行动起来的人，是御史大夫曹窋。

曹窋，是曹参的儿子，惠帝在位时，他出任中大夫，在皇帝身边任职多年，不但得到惠帝的信任，也受吕后的青睐。高后四年，他出任御史大夫，成为功二代中最早升任三公的人。相国吕产，既是外戚，也是功二代，早年与曹窋一道，在惠帝身边任职，又都是沛县子弟，自然亲近融洽，易于共事。

不过，曹窋毕竟不是吕氏集团中人，他的父亲曹参，是功臣集团的排头元老，吕后和惠帝都敬畏的同乡。对于曹窋来说，周勃、灌婴、陈平等老臣，都是打天下的英雄，也都是自己的父辈。在他们面前，他是敬仰恭谨，心存畏惧的。惠帝时，他尽心奉职，吕后时，他步步高升。如今吕后去世，年轻的吕氏二代当权，大臣不服，齐王起兵，他惶恐不安，希望和解。

曹窋得到灌婴与诸侯国合谋，吕产将入宫警戒的消息后，预感一场你死我活的政变将不可避免，经过衡量之后，他决定站在功臣元老一边。与吕产分别后，他立即驱车前往北第列侯的府邸，将贾寿带来的消息和吕产即将入宫的情况，告知陈平和周勃。

得到曹窋的报告后，陈平和周勃感到形势紧急，箭在弦上，不得不发。他们决定，马上发动政变，矫诏夺取南北军，以武力诛灭吕氏集团。

北军，以屯驻未央宫之北得名，其大营，隔直城门大街与未央宫相望。赵王吕禄，以上将军之尊入驻营中镇守，卫戍长安，警戒森严。周勃，身为太尉，有名义上的最高军职，不过，如果没有皇帝的指定任命，并不掌握任何军权。如同北军这样的首都警卫军，绝非他能够随意进入的地方。

秦汉时代，朝廷发兵，以虎符为信。发兵的虎符，一分为二，一半在皇帝，一半在将军。朝廷派遣使者，以旌节为凭。旌节是皇帝使者所持的节，用竹竿制成，配上牦牛毛制成的吊饰，故有此称。传达皇帝发兵命令的使者，手持旌节，携带虎符和诏书出发，进入军中后，宣读诏书，出示虎符，验证生效后执行。

当时，襄平侯纪通为符节令，在少帝身边供职，主管兵符和旄节。这位纪通，也是一位功二代，他的父亲是高祖功臣纪成。纪成早年加入刘邦集团，随同征战，攻入关中。刘邦封汉王，纪成又跟随进入汉中，成为刘邦部下的一位将军。在反攻关中的战争中，纪成战死于好畤，成为革命烈士。汉帝国建立以后，汉政府为了彰显纪成的功劳，封纪通为襄平侯，继承父亲的余荫。

在元老大臣与吕氏一族的决裂中，纪通也选择了站在大臣们一边，这就给政变成功提供了紧要的筹码。陈平指示纪通，持旄节与周勃一道前往北军大营，假传有皇帝的诏令，让太尉周勃进入军中，接管北军的指挥权。

精细的陈平，担心吕禄生疑，事情受阻，特意安排朱虚侯刘章一同前去。朱虚侯刘章，是齐王刘襄的弟弟，秘密鼓动刘襄起兵诛吕的谋主，元老大臣们倒吕的盟友。不过，刘章的另一重身份，是吕禄的女婿，身兼刘吕两氏的贵公子，有他前往，可以消除吕禄的担心。

毕竟是孤注一掷的豪赌，成败在能否进入北军的未知中。为了万全起见，矫诏强行夺军前，陈平与周勃派遣了两位使者前往北军大营，再次劝说吕禄弃军之国。一位使者是郦寄，另一位是刘揭。这两位人物，可谓政变成功的关键。

关于郦寄，我们已经叙述过，他是高祖功臣郦商的儿子，吕禄的亲友，元老大臣们与吕氏一族间的政治交涉，特别是劝告吕产、吕禄放弃南北军之国的谈判，主要是通过他进行的。

刘揭，是一位资深的旧臣，刘邦在世时，他为郎中，在宫廷供职。此时的刘揭，已经升任九卿之一的典客，是汉朝负责外交和诸侯国关系的大臣。让他们一起去劝说吕禄，也是陈平精心的安排。

郦寄与刘揭进入北军大营，面见吕禄说："皇帝已经下诏，由太尉（周勃）临时掌管北军。使者持节奉诏，不久即将到来。眼下形势紧迫，大家都希望足下交出上将军印绶，迅速回到赵国就赵王之任，不然的话，可能引发祸乱。"

吕禄信任郦寄，相信他不会欺骗自己，又见主管诸侯王事务的典客刘揭也到来，信以为是皇帝对自己回赵国就国的正式认可，于是接受了他们的提议，将统领北军的上将军印绶交给刘揭，离开北军，回到家中做前往赵国的准备。

得到消息的周勃，在纪通持节引领下，顺利进入北军大营，从刘揭手中接收了上将军印绶，掌管了北军，当即召集北军将士列队，训令道："吕氏一族有不轨之心，将作乱。如今，吾奉皇帝之命，接管北军。军中将士们，站在吕氏一边者，露出你们的右肩，站在刘氏一边者，露出你们的左肩来。"一时间，将士们皆袒露左肩，誓师为刘氏而战。

接管了北军的周勃，迅速控制了长安城，他命令刘章监督北军军门的守卫，防止不轨之徒的进出，也控制消息的传布。然而，局势依然严峻不定，因为守卫未央宫城和长乐宫城的南军，尚在相国吕产的掌握中。如果不能突破南军的防卫，就不能进入皇宫接近皇帝掌握政局，这次政变，随时有翻盘的可能，内战也可能马上爆发。

已如前述，北军营垒，在未央宫北，与未央宫之间，只隔了一条宽约六十米的直城门大道。以空间距离而论，北军南大门，与南军守卫的未央宫北门之间的距离，不过百米而已，然而，就秦汉的制度设计而言，南北两军间壁垒森严，宛若被天河隔断，禁绝一切往来。

按照秦汉的京师守卫制度，长安城内外的守卫，由中尉指挥北军负责；以未央宫和长乐宫为主的皇宫之守卫，由卫尉统领南军守卫。南北两军，不但指挥系统不同，职务执掌不同，兵源也不同。北军将士，由首都地区征召，是由关中兵组成的首都卫戍部队；南军将士，由汉朝各郡县派遣，是选拔地方精锐组成的禁卫军。

南军，以营垒在未央宫南而得名。当时，吕产指挥下的南军，分为两部分，其一为守卫未央宫的禁军，由未央宫卫尉足统领。其二为守卫长乐宫的禁军，由长乐宫卫尉吕更始统领。吕更始，是出身吕氏一族的功臣，曾经出任过汉军都尉，楚国丞相，高后四年封为滕侯，为吕氏死党。足，是开国功臣集团中的一位老将士，已经被元老功臣们串通。陈平让御史大夫曹窋紧急赶往未央宫，告知卫尉足，政局有变，想法阻止吕产进入未央宫，务必防止他接近皇帝。

当曹窋见到卫尉足时，吕产一行已经通过了未央宫门，进入了由郎中守卫的外殿门，正奔前殿正门而去。不过，出乎意料的是，当吕产一行来到前殿正门时，殿门已经关闭，任何人不得进入。[1] 原来，典客刘揭，已经紧急赶回宫中，下令关闭了殿门。

此时的吕产，并不知道吕禄已经放弃了北军，长安城已经被周勃掌控。他也没有预料到，太傅审食其已经接受了陆贾和朱建的谋划，倒向了功臣一边，授意刘揭关闭了殿门，将他阻挡在禁门之外，不能接近皇帝。事出意外，一时间，吕产惶惑失措，在殿门外逡巡徘徊，进退不得。

---

[1]《史记·惠景间侯者年表》阳信侯刘揭“以典客夺赵王吕禄印，关殿门拒吕产等入”。

就在吕产进退不得的时候，朱虚侯刘章带领一千余名北军将士，进入未央宫，来到了殿门之外。原来，得知吕产被阻止在殿门外的曹窋，担心守卫殿门的郎官与吕产和贾寿里应外合，闯入殿内，进入禁中。于是，他再次前往北军大营面见周勃，说明情况。周勃当即命令刘章统领北军车骑将士一千余人，急速驰往未央宫，围困吕产。

到了晡食时分（下午三点以后），刘章接到周勃的指示，下达攻击令，开始围攻吕产一行。恰巧在这个时候，刮起了大风。吕产的从官卫队，本来就惴惴不安，不知道发生了什么事情，大风一起，迷茫中乱了队形，没有人出来挺身争斗。慌乱中吕产逃走，被追击的将士杀死于殿外郎中令府的厕所中。

吕产被杀，政变大局已定。刘章将诛杀吕产的事情，报知殿内禁中的皇帝。年少的皇帝刘弘，根本不知道外面究竟发生了什么事情。得到通报后，派遣谒者持节慰问刘章，安抚乱局。刘章另有所谋，他尝试夺取谒者的旄节，被谒者拒绝，于是携谒者出宫，强行带上马车，统领北军将士驰往长乐宫，矫用谒者手中的旄节，进入宫中，斩杀了长乐宫卫尉吕更始。

斩杀吕更始，控制了长乐宫后，刘章迅速驰入北军大营，向周勃汇报斩杀吕产、吕更始，控制两宫的情况。周勃大喜，起身拜谢刘章说："最担心的是吕产，如今已经诛灭，天下大定了。"

次日（十一日），周勃部署北军将士，分部行动，悉数抓捕吕氏一族，无问男女老少，一律处死。赵王吕禄、燕王吕通，皆被全家处死。鲁王张偃，是鲁元公主与故赵王张敖的儿子，也被罢免了王位。最为陈平痛恨的临光侯吕媭，被用鞭刑笞杀，其子舞阳侯樊伉也被杀。

九、失意的齐王一系

高后八年九月壬戌（十二日），也就是诛吕政变成功后的第二天，一项新的人事任命颁布，恢复右丞相陈平和左丞相审食其的职位，同时，免去审食其太傅的职位，不再任命新的太傅。

这项任命，意味深长。其意味之一，是不追究审食其党与吕氏的责任；其意味之二，预示少帝失傅孤立，帝位将有重大的变动。

诛吕政变的发动者们，也就是以陈平和周勃为首的大臣们，都是久经沙场的元功宿将，精通政争权斗的老辣战士，他们清楚地知道，尽管外戚吕氏一族已经被诛灭，但是，当今的皇帝刘弘、梁王刘太、淮阳王刘武、恒山王刘朝，都是惠帝的庶子，吕氏一系的皇族。少帝刘弘的皇后，是吕禄的女儿；已故惠帝的皇后，如今的太后张氏，是鲁元公主的女儿，都是可能引发变故的隐患。特别是以少帝刘弘为首的几位皇子，虽然如今年幼并无政治危险，但是，一旦他们长大成人掌权以后，发动政变诛灭吕氏一族的人，怕就是凶多吉少了。

经过周密的协商，大臣们决定，为了将来的安全和稳定，必须斩草除根，对于惠帝一系的皇子，全部诛杀。口实嘛，并不难找，就说他们都不是惠帝的儿子，而是吕后从外面找来的野种，杀其母，养在后宫，让惠帝诈称是自己的儿子，立为太子，封为诸侯王，都是用来增强吕氏一族势力的伪作。

彻底清除惠帝系皇子的意见决定后，大臣们商议，从现存的刘邦其他子孙中选择一位合适的人，立为新皇帝。最初，被考虑的候选人有三位：齐王刘襄、淮南王刘长和代王刘恒。

齐王刘襄是起兵诛吕的首事者，也是诛吕功臣刘章和刘兴居的哥哥，有大臣提议说：“齐悼惠王刘肥是高皇帝（刘邦）的长子，当今的齐王刘襄是刘肥的嫡子，推本溯源，刘襄算是高皇帝的长孙，可以立为新皇帝。”然而，多数大臣对于过于强势的齐王一系心存畏忌，他们议论说：“吕氏一族，以外戚的恶行危及宗庙的安危，损害功臣们的利益，几乎乱了天下。如今的齐王母家不善，其舅驷钧，更是如虎戴冠的恶人。如果立齐王为皇帝，等于是吕氏一族再来。”立齐王刘襄的意见被坚决地否定了。

淮南王刘长，是刘邦的小儿子，年纪不到二十岁。对于他，大臣们也多持否定意见，他们以为，刘长年少骄横，母家与齐王母家类似，不是善流之辈，舅舅赵兼也是恶人，不可立。

经过仔细筛选，再三审议，大臣们决定选择代王刘恒。他们比较了齐王刘襄和淮南王刘长后认为：“在高皇帝健在的儿子中，代王年纪最长，仁孝宽厚。母家薄氏恭谨善良，其舅薄昭也是长者君子。从而，立年长者，合于长幼之序，立仁善谨良之家，大家心安，最是妥当。”

拥立代王刘恒为新皇帝的决定做出之后，大臣们开始做重建汉帝国政治秩序的准备。首先，他们派遣使者前往代国，向刘恒通报平定诸吕之乱的情况，也传达大臣们拥立代王为皇帝的决定。同时，大臣们派遣刘章为使者前往齐国，向齐王刘襄通报诸吕之乱已经平定的消息，命令齐国罢兵。

接到罢兵诏令的齐王刘襄，愤懑而无可奈何，不得不郁郁而归。大将军灌婴坐镇荥阳，监督诸侯王罢兵事。他得到消息说，齐王起兵，最起劲的鼓动者是中尉魏勃，于是遣使召魏勃前来接受询问。

魏勃来到荥阳，走进汉军大营，当即就被汉军主力的气势所震慑。一见到灌婴，他心生敬畏。骑将灌婴，当年与自己的恩公曹参齐名并列，同为韩信部下两员大将，破魏灭赵平齐，闻名天下，已经成为耳详能熟的历史。如今，历史宛若重现，真人就在眼前，那种强烈的历史感，沉沉地压迫下来，让恃才轻狂、年少得志的魏勃，紧张得几乎喘不过气来。

灌婴威严，发问追究魏勃欺诈齐相召平，擅自发兵，导致召平死亡等事情的责任。陷入惶恐的魏勃，只说了一句话："失火的人家，哪有时间先通报主人，再去救火啊。"就再也说不出话来，倒退侧身站立，双腿不断抖动。

灌婴一直盯着魏勃，久视后，笑了，顾望诸将说道："都说魏勃英勇，不过一庸人而已，能成什么事？"谈笑之间，不再继续追究魏勃。

要说这位魏勃，也是一位不寻常的人物。他父亲是一位杰出的琴师，曾经得到秦始皇的赏识。魏勃年轻时，正当曹参出任齐相，广招贤才治理齐国的时候。自恃有才的魏勃，希望能够见到曹参，因为家贫无名而没有途径，于是想出一个办法来。他不时一早一晚来到丞相府，在一位舍人的宿舍门外打扫。舍人，职务相当于门客随从，随时供事于门主身边。这位舍人，觉得事情奇怪，以为有怪异，伺机抓住了魏勃。询问之下，魏勃坦白说："希望能够见到丞相而没有机会，之所以为君扫除，是希望借此得到引荐。"

于是，舍人将魏勃引荐给曹参，魏勃也被聘为舍人。舍人魏勃，曾经为曹参驾车，得到呈述己见的机会，得到赏识，作为贤才被推荐给齐王刘肥。刘肥大为看重，拜魏勃为齐国内史，官秩二千石，负责齐国首都地区的政务，跻身于国务大臣的九卿之列。刘肥去世，刘襄继位，魏勃更得到重用，刘襄对他言听计从，魏勃权势凌驾于丞相之上。

……

灌婴召唤魏勃，追究他的责任，实际上追究的是魏勃身后的刘襄。新皇帝的人选，是代王刘恒而不是齐王刘襄的方案决定以后，大臣们对齐王一系的态度发生了变化，从前是诱导利用，如今是抑制安抚。灌婴对于魏勃，追究而不处罚，不过是一种敲山震虎的姿态，警告刘襄及其兄弟们再不要轻举妄动。

诛吕之变，是以陈平和周勃为首的元老功臣，与以刘襄和刘章为首的齐王一系联合发动的武装政变。元老功臣们最初的计划，是与齐王一系结成政治联盟，合力推翻吕氏政权，建立起新的汉朝政权。政变计划实行的过程中，元老们先是以皇位为诱饵，鼓励齐王刘襄起兵，又允诺以赵国封刘章，以梁国封刘兴居，酬谢他们的功绩。然而，政变成功之后，出于对齐王一系坐大失控的顾虑，老臣们选择了温良谨慎的代王刘恒，用与代王一系联盟建立汉朝新政权的方式，取代了与齐王一系联盟的旧方案。

因此之故，首事起兵的齐王刘襄，不得不放弃昙花一现的对于皇位的期待，退守诸侯王的本分，朱虚侯刘章和东牟侯刘兴居，也都必须听从新政权的指令安排。这些变化，对于他们来说，意味着背信和失意。从以后的历史来看，失意的齐王一系，都郁郁而没有善终。

这些恩怨仇情，都是后话了。

十、代王刘恒进京继位

代王刘恒，是以陈平和周勃为首的将相大臣选定的新皇帝。

汉朝的使者，从帝都长安来到代国王都晋阳，通报了诸吕乱国被诛的消息，奉呈了迎立代王进京即皇位的请求。代王刘恒，马上召集臣僚，商议如何应对。

以郎中令张武为首的多数大臣，都认为不宜进京继位。他们认为，诛吕之变，是将相大臣们制造的血腥政变，这批发动政变的人，都是跟随高皇帝打天下的勋臣宿将，长于用兵，擅于阴谋诡计。这批人，人人论资排辈，个个居功自傲，高皇帝和吕太后在世时，慑于二位君主的威严，他们不得不服从，却心怀怏怏。太后尸骨未寒，他们就喋血京师，诛杀吕氏一族。如今派人前来，以即皇位为名，迎大王进京，实在是不可测，不可信。希望大王称病不去，以观其变。

这时候，中尉宋昌站出来，表示了不同的意见。他说："群臣的意见，都不在理上。臣下以为，大王可以进京，其理由有三。其一，是刘氏得天下的大势。秦失其政，诸侯豪杰并起争夺，自以为可以得到的人，怕有成千上万。最终取得天下，坐上天子宝座者，刘氏也。觊觎天下的人，不得不绝了望。其二，是刘氏守天下的强势。高皇帝分封刘氏子弟为王，王国领土与汉郡辖地，如犬牙交错，相互制衡，此乃坚如磐石的宗法统治，天下任何人，不得不服其强。其三，是汉朝惠天下的和势。汉朝建立以后，废除秦之苛政，简约秦之法令，施德加惠于吏民，天下人人自安，难以动摇生乱。"

一时间，王廷雅静，群臣无言。

宋昌继续说道："吕太后强势威严，分封三位吕氏为王，可谓专制擅权。然而，太尉（周勃）仅以一节之信进入北军，登高一呼，将士们皆为刘氏而袒露左肩，背叛了吕氏，导致了吕氏的灭亡。这是天授成事，并非人力所能决定的。刘氏天下，已经是人愿天定，即使大臣们想要作乱，天下百姓不为所动，他们能够孤行其事吗？”

君臣面面相觑，代王示意宋昌继续说下去。

宋昌道：“如今的天下形势，内有朱虚侯（刘章）、东牟侯（刘兴居）等刘氏亲族，外有吴、楚、淮南、琅邪、齐和代国等刘氏诸王，都是想要作乱的人不得不畏惧的。在世的高皇帝皇子，唯有大王与年幼的淮南王，大王不但年长，而且贤圣仁孝，闻名于天下。大臣们是因应天下之心，真心迎立大王，望大王不要怀疑不进。”

宋昌的这番话，使部分大臣的态度有所改变，去与不去两种意见，相持不下。代王刘恒，为人谨慎而倚重母亲。他入宫面见母亲，呈报情况，听取意见，依然难以定夺。

占卜，是古代社会的生活要素，民间闾巷有占卜之人，帝王宫廷有占卜之官。占卜之器，或用龟板兽骨，或用蓍草，无论是婚丧嫁娶，营建出行，还是外交盟誓，用兵征伐，都在占卜之列。刘恒将这件事情，交由太常卜官测算。卜官烧灼龟板求兆，得到“大横庚庚，余为天王，夏启以光”的爻辞。意思是说：“卜兆正横鲜明，我为天王，夏朝之帝启，光大了父亲大禹的事业。”

刘恒问卜官道：“寡人已经身为王，还有什么王可言？”

卜官答道：“所谓‘天王’者，乃天子也。”

刘恒接受了卜官的解说，派遣舅舅薄昭前往长安，面见以周勃、陈平为首的京中大臣们，听取了诛吕之变的详情，也听取了之所以迎立代王的情由。薄昭回到晋阳，将会谈的结果向刘恒做了详细的汇报，作结论说：“确实可信，无可怀疑。”刘恒释然，笑谓宋昌道：“果然如公所言。”

于是，代王刘恒下令，命令中尉宋昌同车护卫参乘，郎中令张武等六位亲信，分乘六驾传车，一同直奔长安而去。抵达长安郊外的高陵县（今西安市高陵区）后，一行人停驻下来，派遣宋昌，先乘传车驰往长安，做前站打探。

宋昌到了长安北郊渭桥，以丞相陈平为首的百官都已经在此迎候。宋昌驰回报告。代王一行，七乘传车驰至渭桥，代王下车，接受大臣们的称臣拜谒。太尉周勃一人上前，请求说："希望单独一谈。"宋昌说道："所言若是公事，请公开言之。所言若是私事，王者不受私人之言。"

周勃肃然，当即下跪，呈上天子之玺印。刘恒没有接受，辞谢说："抵达代王邸宅后，再议论这件事情。"于是刘恒一行，起行往长安城内的代王邸宅驰去，群臣的车马，尾随而来。

刘恒一行，抵达代王宅邸，正式接受群臣的拜谒。丞相陈平、太尉周勃、大将军柴武、御史大夫张苍、宗正刘郢、朱虚侯刘章、东牟侯刘兴居、典客刘揭等群臣，呈请代王即皇帝位道："（刘）弘等皇子，都不是孝惠皇帝的儿子，不应当奉汉家宗庙。臣等谨请阴安侯（刘邦长兄刘伯妻）、顷王后（刘邦次兄刘喜妻）与琅邪王（刘泽）等宗室[1]，以及大臣、列侯、二千石官吏共同议论了，一致认为'大王是高皇帝的长子，理应为高皇帝的继嗣'。恳请大王即天子之位。"

代王回答道："奉高皇帝宗庙，事情重大。寡人不才，不足与宗庙之重相称。愿请楚王（刘邦弟刘交）计议适宜者，寡人不敢当。"群臣皆伏地不起，坚持固请。

代王面向西方，三次辞让。又面向南方，再一次辞让。辞让

[1] 阴安侯，是刘邦的长兄武哀侯刘伯的妻子、羹颉侯刘信的母亲；顷王后，是刘邦的次兄、被废代王、故合阳侯刘喜的妻子、吴王刘濞的母亲。她们都居住在长安，与琅邪王刘泽一道，代表了刘氏皇族宗室。

之礼仪结束，以丞相为首的群臣，再次一齐请求道：“臣等伏地计议，大王奉高皇帝宗庙，最是适宜相称，即使是天下各国，诸侯万民也以为适宜。臣等为宗庙社稷计量，不敢疏忽怠慢，恳愿大王有幸听取臣等。臣等谨奉天子玺符再拜奉上。”

代王不再推辞，接受群臣的请求道：“既然宗室、将相、诸王、列侯，皆以为适宜奉祀宗庙社稷者，莫如寡人，寡人不敢辞谢了。”随即接受皇帝玺符，正式即天子位，是为汉朝第四任皇帝——汉文帝刘恒。

代王刘恒在长安代王府邸即皇帝位，时在高后八年后九月己酉（二十九日）。其时，少帝刘弘尚在未央宫中，等候命运的裁决。东牟侯刘兴居，自认为在诛灭诸吕的政变中贡献不大，请求与元老功臣滕公夏侯婴一道，清理皇宫。

夏侯婴与刘兴居进入未央宫禁中，见到少帝刘弘。刘兴居上前说道：“足下不是惠帝的儿子，不当立为皇帝。”再回过头来，命令护卫禁中的郎中谒者们，放下武器离开。有几位护卫者不愿放下武器，经过宦者令张释的谕告，也都放下了武器。

夏侯婴是老资格的太仆，从汉王国建立之初，一直到文帝八年去世，担任太仆达三十五年之久，长期掌管汉朝的舆马交通。他调来皇帝日常使用的小舆车，让少帝上车。少帝不安地问道：“想要将我如何安置？”夏侯婴答道：“出外就舍。”出禁中以后，将少帝安置在未央宫中的少府官舍。

将少帝安置妥当后，夏侯婴按照天子法驾出行的规格，以六马牵曳的金根车一乘，四马牵曳的副车五乘，外加属车三十六辆，浩浩荡荡，前往代王邸宅，报告皇宫已经清理，请皇帝入宫视事。

当天傍晚，皇帝一行起驾前往未央宫，由北面司马门进入后，绕行至前殿南面，准备由端门进入殿中。端门的守卫谒者，尚未得到新皇帝继位的消息，十人手持长戟阻拦车驾，大声呵斥道：“天子在此，来者何人，何事而入？”当时，诸位大臣都在属车中。太尉周勃亲自前往谕告，十位谒者方才放下武器退避开去。

顺利进入未央宫前殿的皇帝刘恒，坐上御座，开始发号施令，执掌汉朝政权。第一道诏令，是任命原代国中尉宋昌为卫将军，接管南北两军的指挥权，负责长安城和未央长乐两宫的警卫，任命原代国郎中令张武为汉郎中令，负责殿门禁中的警卫。第二道诏令，是下令相关部门，分别诛杀少帝刘弘于少府，梁王刘太、淮阳王刘武、恒山王刘朝于各王邸宅。第三道诏令，是布告天下，公布吕氏诸人擅权用事，谋划大逆，想要危害刘氏宗庙社稷之罪行，赞扬将相列侯、宗室大臣合力拨乱反正的功绩，宣告大赦天下，赏赐爵位，发放牛酒，普天同庆，新皇帝继位，云云。

从此以后，中国历史上一个新的时代到来，史称文景之治。

十一、长安城未央宫

西汉定都长安，由戍卒刘敬提议，军师张良附议，皇帝刘邦拍板，事在高帝五年。新都长安的选定和建设，由丞相萧何主持，少府阳城延执行，以长乐宫和未央宫为中心，连带武库太仓，官署邸宅，完成于高帝七年。同年，汉朝的宫廷和政府，先后迁徙到长安。长安城墙的完成，在惠帝五年，其主事者，应当还是阳城延。从此以后，一座高墙环绕的帝国大都，出现在关中平原上，经多次增建扩充，成为当时世界上最为宏大辉煌的城市。

东汉历史学家班固著《西都赋》，叙述长安建都的地势由来，描绘长安内外的繁华壮丽，成为千古名篇。赋文说：

建筑金城，堞墙绵延，疏浚城池，注水成渊。三股道路既平且宽，十二座城门无比庄严。城内街衢通达，里巷近千；九个市场一齐开业，不同的货店列于路边。人潮拥挤，难以回顾；车流密集，不能回旋。满溢城郭的人流，连通上千的里巷，红尘滚滚，四处弥漫，烟霭卷卷，连接云天。人口众多、财富丰盈，赏心乐事，无边无尽。京城的男女，不同于地方。游士之高行，声望比拟王侯高官，商女之艳丽，服饰胜过贵胄娘姨。乡里豪强，游侠英杰，仰慕平原君和孟尝君之气节，追随春申君和信陵君的名望，广交游，合徒众，往来驰骋京城中。[1]

以赋体古文描述城市，大致如同国画泼墨写意，朦胧的印象，曲折的意境，融汇在线条块面光亮层色里，扑面而来，击撞入心，如同闪现的光影，恍兮惚兮，难以一一名状。

这些年来，我整理历史，在时间、空间、事件、器物和人之间穿梭游走，力图构筑起一幅立体的往事图景。这时候，细致而准确的空间关系，常常成了另一种追求。深入实地，走进历史现场，用手去触摸，用脚去丈量，融合到考古的江湖中去，接杯酒之欢，连天地之气，绘制出来的图案，近似工笔画卷，力求纤毫毕现。

汉都长安城，位于关中平原东端，渭河南岸的龙首原上，遗址在今西安市西北约三公里的未央区汉城乡，已经保护发掘，建立起遗址公园。

---

[1]《西都赋》的这一段原文如下："建金城其万雉，呀周池而成渊，披三条之广路，立十二之通门。内则街衢洞达，闾阎且千,九市开场，货别隧分，人不得顾，车不得旋，阗城溢郭，傍流百廛，红尘四合，烟云相连。于是既庶且富，娱乐无疆，都人士女，殊异乎五方，游士拟于公侯，列肆侈于姬、姜。乡曲豪俊游侠之雄，节慕原、尝，名亚春、陵，连交合众，骋骛乎其中。"为便于读者理解，我做了大致的意译。

汉都长安城，坐南朝北，大致呈方形。东西两面较平直，南北两面多曲折。以今天实测的数据而言，梯形的城墙，底宽12—16米，高约11米。东墙长5917米，西墙长4766米，南墙长7453米，北墙长6878米，周长25014米，面积3439万平方米。[1]

至今保存完好的西安老城，是明代的旧城。坐南朝北呈长方形，梯形的城墙，底宽15—18米，高12米（顶宽12—14米），东西墙长4256米，南北长2708米，周长13928米，总面积1132万平方米。

若将这两座不同时代的长安城加以比较的话：两城的城墙高宽，大致相似；两城的周长，汉城多出1.8倍，面积超过3倍。

汉都长安城墙之外，有护城河环绕。四五十米宽的河面，只在城门处架桥放行。城门共有十二座，东南西北每面三门。东面三门，自北而南，分别是宣平门、清明门和霸城门。南面三门，自东而西，分别是覆盎门、安门和西安门。西面三门，自南而北，分别是章城门、直城门和雍门。北面三门，自西而东，分别是横门、厨城门和洛城门。

长安十二门，每门三门道。中间的门道，供皇帝以及仪礼专用，两旁的门道，供吏民使用。每一门道各宽六米，相当于四辆车的宽度。三门道洞开，可容十二辆车并行。东汉张衡《西京赋》描述其事说："其城郭之制，则旁开三门，参涂夷庭，方轨十二。"正是其文字的写照。

长安十二门中，霸城门和覆盎门就近直通长乐宫，西安门和

[1] 关于长安城的描述和数据，参见刘庆柱、李毓芳《汉长安城》，文物出版社，2003年。徐龙国《秦汉城邑考古学研究》，详见该书第二章第一节二"西汉长安城"，中国社会科学出版社，2018年。

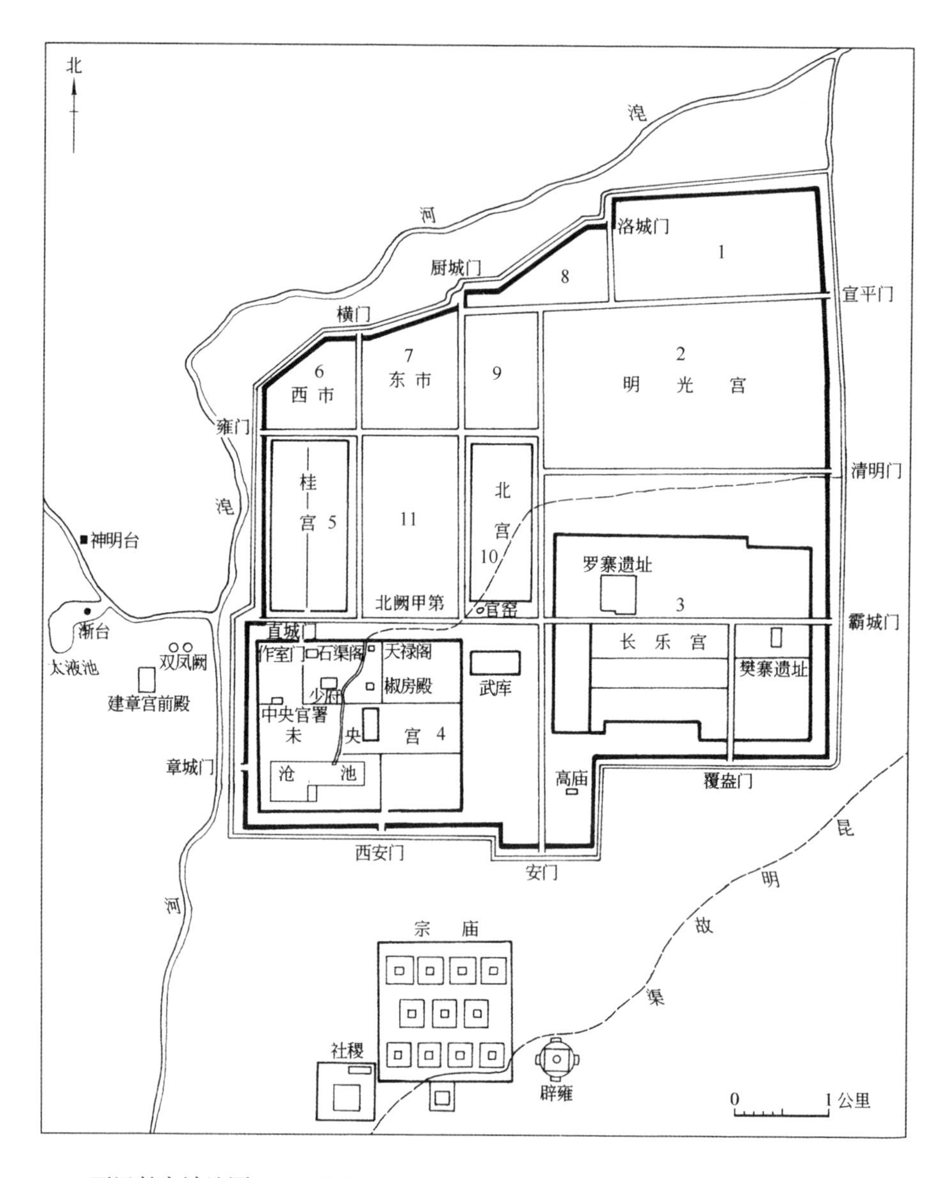

西汉长安城地图（图中数字对应文中作者划分之长安十一区）

章城门就近直通未央宫，城门和道路都是皇室专用，当更为宏伟。其余八座城门，各接一条大道通往城中，供吏民使用。若以城门命名的话，东西向有四条大街，自北而南排列，分别为宣平门大街、雍门大街、清明门大街、直城门大街。南北向也有四条大街，自西而东排列，分别为横门大街、厨城门大街、安门大街、洛城门大街。八条大街，各宽六十米，分为三股道，中间道是供皇帝专用的“驰道”，两侧道供吏民使用，是“左出右进”的单行道。班固《西都赋》中所说的“披三条之广路”，就是指的这种三股道。

宽阔笔直的八条大街，端正垂直交汇于城中，将偌大一座长安城，划分为十一区，宫室官署，邸宅库市，皆沿街修建。张衡《西京赋》描述其事说：“街衢相经，廛里端直，甍宇齐平，北阙甲第，当道直启。”

宣平门大街北，洛城门大街东，为第一区。宣平门大街南，清明门大街北，安门大街北段东，为第二区。区内有明光宫，故可称为明光区。清明门大街南，安门大街中段南段东，为第三区。区内主要建筑有长乐宫，故可称为长乐区。安门大街南段西，直城门大街南，为第四区。区内主要建筑有未央宫，故可称为未央区。直城门大街西段北，横门大街南段西，雍门大街西段南，为第五区。区内主要建筑有桂宫，故可称为桂宫区。

雍门大街西段北，横门大街北段西，为第六区。区内主要建筑有西市，故可称为西市区。横门大街北段东，雍门大街中段北，厨城门大街北段西，为第七区。区内主要建筑有东市，故可称为东市区。洛城门大街西，宣平门大街西段北，为第八区。安门大街北段西，雍门大街东段北，厨城门大街北段东，宣平门大街西段南，为第九区。安门大街中段西，直城门大街东段北，厨城门大街南段东，雍门大街东段南，为第十区。区内主要建筑有北宫，故可称为北宫区。厨城门大街南段西，直城门大街中段北，横门大街南段东，雍门大街中段南，为第十一区。区内主要建筑有功臣列侯们的住宅——甲第，故可称为甲第区。甲第区正好位于未央宫北阙之北，又称北阙甲第区。

长乐宫，位于长安城东南部之第三区内，本是秦的兴乐宫，高帝七年改建完工，成为刘邦一朝的正宫。刘邦死后，吕后继续居住在这里，长乐宫从此成为汉朝皇太后的居所。长乐宫有宫城环绕，周长11023米，面积676万平方米，占长安城总面积的六分之一。长乐宫东墙长2297米，南墙3335米，西墙2304米，北墙3087米，大致成一不规则的方形。长乐宫遗址，在今西安未央区，近年来，考古工作者在这一带发掘出南北排列的三组宫殿建筑遗址，最大一处，东西116米，南北197米，推测可能是长乐宫的正殿，即长乐宫前殿所在。

未央宫，位于长安城西南部的第四区内，完成于高帝七年，是由丞相萧何主持，少府阳城延负责修建的一座新宫。惠帝继位以来，未央宫成为皇帝所居的正宫，朝廷所在的政治中心。未央宫有宫城环绕，为一巨大的封闭建筑。未央宫东墙2042米，南墙2262米，西墙2069米，北墙2250米，大体成正方形。宫墙周长8623米，面积463万平方米，占长安城总面积的七分之一。以北京故宫加以比况的话，面积是故宫的6.4倍。

巨大的未央宫内，究竟有多少建筑，已经不得而知。可谓殿室府寺林立，千门万户开合，高墙院落通闭。未央宫内的建筑，以功能划分，大体分为四个部分：一、国家大典，朝廷仪礼所在。主要建筑有未央宫前殿。二、皇帝的办公处和居所。主要建筑有宣室殿、温室殿和清凉殿等。三、皇后嫔妃的居所和活动处。主

巨大的未央宫遗址

未央宫宫墙遗址

未央宫内官署遗址

要建筑有承明殿、椒房殿和掖庭等。四、帝室官署所在。已知的有少府、郎中令府、御史寺、石渠阁、天禄阁等。

未央宫前殿，位于未央宫的中心，巍峨宏大，庄严肃穆，是举行朝仪大典的正殿。西汉皇帝即位、立皇后、朝贺、大丧、拜大臣等重大礼仪活动，都在这里举行。以明清故宫的建筑加以比况的话，相当于太和殿、中和殿和保和殿。经考古发掘，现存遗址在未央宫最高处，也是长安城的最高处，地面有夯筑的高台，南北 400 米，东西 200 米，自南而北，排列三座大型宫殿建筑基址。

宣室殿，因宣室而得名。宣室，顾名思义，宣布政教的处所，当是皇帝日常处理政务的地方。西汉初年，文帝在此召见贾谊，君臣二人亲切密谈到深夜。西汉中期，宣帝常常在这里斋居决事。西汉后期，成帝在这里单独召见陈汤，征求他对于出兵西域的意

未央宫前殿遗址

2014年8月，我再次考察汉长安城。去未央宫前殿遗址，有木条铺路，拾级而上，宫殿在长安城的最高处，“斩龙首山而营之”。居高临下，俯视全城的帝王气度，扑面而来。真如主事者萧何所言：“天子以四海为家，非壮丽无以重威。”

见。其位置，在前殿之北。其风格，当为适合于皇帝批阅奏章、密谈、休憩的便殿建筑，私密的斋戒祭祀，隐秘的君臣会面，也在这里举行。以明清故宫加以比况的话，相当于养心殿一类。

温室殿和清凉殿，都是皇帝日常居住的寝宫。温室，顾名思义，温暖之室，适合于冬季居住。清凉殿，清凉之殿，适合于夏季居住。温室的位置，在未央宫西北，考古发掘的少府所在地，有地暖之室，或许是其遗址？

西汉皇后的居所，在椒房殿；皇后施行仪礼的场所，当在承明殿。承明殿和椒房殿的位置，在前殿和宣室之北，考古发掘确认，在未央宫第 1 号遗址北 330 米处，还有一座汉代宫殿遗址，编号为“未央宫第 2 号建筑遗址”，或许就是承明殿和椒房殿的所在。[1]

汉朝的财政，分为帝室财政和政府财政两类，两种不同税源的不同赋税，分别供应帝室和政府开支。与此类似，汉朝的官府机构，也可以分为帝政官署和政府官署。大体而言，三公九卿中的御史大夫、少府、郎中令、卫尉、太仆、太常和宗正等，可以归属于帝政官僚，其官署多在皇宫中。其中，可以确认在宫中的，有御史大夫寺、少府、郎中令府。此外，太常所掌管的图书档案馆阁，如天禄阁、石渠阁等，也在宫中。

有兴趣有耐心的读者，读过以上的叙述之后，对于长安城和未央宫的空间位置和建筑情况，当会有一种大致的了解，进而，

---

[1] 关于未央宫和长乐宫各个殿室位置的比定，主要参考陈苏镇先生之一系列论文：《秦汉殿式建筑的布局》，《中国史研究》2016 年第 3 期；《汉未央宫四殿考》，《历史研究》2016 年第 5 期；《汉未央宫“殿中”考》，《文史》2016 年第 2 辑；《“公车司马门”考》，《中华文史论丛》2015 年第 4 期；《东汉的南宫和北宫》，《文史》2018 年第 1 辑；《东汉的“殿中”和“禁中”》，《中华文史论丛》2018 年第 1 期。

也可以大致地看出，帝都长安城，是一座以宫室官署为主的政治城市，无尽的城墙、宫墙、殿墙、市墙、里墙，无数的城门、宫门、殿门、掖门、市门、里门，将这座城市分割封闭。在分割封闭的不同墙门之间，密布着分层分片的武装防卫，将长安城和未央宫守卫得如同铁桶一般。

长安城及其内外宫室的警备防卫，基于城市宫殿建筑的格局，大体分为四层，分别是中尉军、卫尉军、郎中令军和中谒者令内卫。[1]

西汉长安城内外的防卫，由九卿之中尉负责。中尉军，相当于首都地区的卫戍部队，士兵由首都地区征召，数量约有五万人。中尉军的主要营垒，在未央宫北面，隔直城门大街与司马门相对，所以，中尉所统领的屯卫军，又称北军。中尉府，或许就在北军营垒中。

以未央宫和长乐宫为首的皇宫，由九卿之卫尉统领。卫尉军，负责宫城内外的防卫，由地方征召的精锐士卒组成，数量约两万人。卫尉军的庐舍，当沿宫墙修筑，卫尉府，或许在宫内殿外。

宫城内，各个殿室都有围墙封闭，殿门及其以内，由九卿之郎中令统领郎官守卫。郎官是侍卫武官，也是官员预备队，由贵胄子弟和特殊选拔的士人组成，数量不定，多时超过千人。

皇宫内的最深处，称为禁中，是皇帝居住的地方。禁中与殿室之间，有禁门。禁门的守卫者，当是阉宦，称中谒者，由中谒者令统领。

……

[1] 可参见孙闻博《秦汉军制演变史稿》第一章第三节“中央宿卫武官演变考论”，中国社会科学出版社，2016年。

长安城在西安。西安，是我游踪最多的城市，不知来过多少次，也不知还要去多少回。次次来，都有新发现；回回去，都有新收获，乐此不倦。第一次考察长安城，是在 2005 年 8 月，在陕西师范大学参加司马迁研究会。会议期间，一个人溜了出来，雇车去了长安城遗址，在直城门和安门大街的交会处，确认了长安城的布局走向。先去未央宫遗址，高起的夯土台周围，都是杂草荒地，一块“全国第一批重点文物保护单位　汉长安城　未央宫前殿遗址”的石碑，枕靠着茂盛的玉米地。泥路土台，黑碑白字，有绿叶黄花红穗衬托，别是一番古今交融的风味。又去长乐宫遗址，修成了仿古的休闲建筑，名曰“长乐山庄”，不伦不类。

2014 年 8 月，我从成都出发，溯岷江北上，走羌人南迁之路，到陇南观西汉水。再从礼县出发，循秦人东进的路线，过祁山陇山，沿渭水到西安，再次考察汉长安城。自西而东，心情不可同日而语，时过境迁，景观绝非昔日所能想见。

两个月前，长安城未央宫遗址，作为古丝绸之路的起点，被列入世界遗产名录。遗址公园的建设，初见规模，恢宏壮观之气势，已然可见。去未央宫前殿遗址，有木条铺路，拾级而上，宫殿在长安城的最高处，“斩龙首山而营之”。居高临下，俯视全城的帝王气度，扑面而来。真如主事者萧何所言“天子以四海为家，非壮丽无以重威”。

去少府和中央官署遗址，宫中的路基，已经探明，新整修的道路，都建在故道之上，风飘飘而尘飞，遥想起当年车马人流的盛况。又观石渠阁、天禄阁遗留，想起刘向、刘歆父子，曾经在此校书的事情。最思念太史公父子编撰《史记》，太史令的官署，当在何处？

再去长乐宫，进入冰室建筑，附近的宫殿遗址，都是太后

未央宫内道路宫墙

未央宫内天禄阁遗址

长乐宫五号建筑遗址

起居生活的地方。多处建筑遗址，究竟是何宫何殿，建筑式样如何，还有待将来的研究。最后去相家巷，这里曾经出土了一万一千多枚封泥，将秦汉时代复杂的官署，点点滴滴地呈现出来。

在本书中，我写叔孙通主持朝仪，使刘邦第一次体会到皇帝的威严滋味，地点在长乐宫。我写诛吕之变后，一天之内吕氏政权灭亡，未央宫是事件的焦点。关注这些历史事件，长安城未央宫长乐宫的空间构造，最是复活历史的关键。困惑多年的诸多疑问，直到一一考察现场，通读考古报告，特别是反复阅读了陈苏镇先生关于两汉宫室结构的一系列论文，又在明清故宫的建筑中间直接体察请教之后，方才能够有一大致通畅的了解，下笔如有宫城殿室道路门阙在眼前。

历史学的基本要素，是时间、空间、事件、器物和人。时间

长乐宫冰室

长乐宫四号建筑遗址

已经过去，空间叠压在地下，事件留有线索，器物不时出现。唯有后来的今人，能够基于有限的留存，回溯推想，去沟通古今，复活历史，与古人交流。

一切历史都是推想，推想的历史都是往事的镜像。

第六章

盛世仁君

一、文帝刘恒的身世

当时的古代社会，未曾遭受如后世名教一类的束缚，天性自然，民风开放，男女私情宛若衣食住行，房事过密与饮酒过度并举，成为引发病痛的主因。男人有情妇，女人有情夫，是见惯不惊的事情。

二、重建政治平衡

诛吕之变成功以后，高祖功臣们成了最大的受益者。他们不仅恢复了吕后晚期失去的政治权力，而且掌握了册立皇帝的选择权。刘恒被功臣们选中，以代王入继大统，如何处理好与功臣们的关系，成了即位之初施政的重中之重。

三、绛侯周勃

这些年来，我整理历史，养成一种看待历史的新眼光，不时看出故事背后的破绽和缘由来。在我看来，陈平的这段话，至少有一半不真实。这个不真实的一半，就是高祖刘邦时代，不管是从资历，还是从功绩上看，陈平远远不及周勃。

四、政论家贾谊

贾谊进入文帝宫廷以后，洞悉政局，体察时务，如鱼得水。他目光敏锐，对于文帝与元老功臣间的微妙关系，迅速有了深入的了解。他聪明智慧多谋务实，立即有了应对之策。遣列侯之国的方策，正是贾谊为文帝宫廷精准号脉后，开出的化解压力、解除肘腋之患的药方。

五、计相张苍

张苍是律历专家，通晓阴阳五行和五德终始之说。五德之运的推算，当从律历着手，正如推算人之命相，从生辰八字开始。张苍据律历推算汉朝的国运，得出当是水德的结论。他又由汉当水德的结论，结合汉用秦历秦法秦制，全面继承秦朝的现实，反推出秦朝的国运也是水德的见解。

六、来自单于的书信

匈奴，没有自己的文字。这封国书，用汉文写成，当是在单于身边任职的汉人，按照冒顿的口述翻译拟定。见字读文，如见其人其事。两千年后的今天，我们读这封国书，依然能够感受到冒顿单于的傲慢无礼，一种居高临下的胁迫，戏谑轻佻的挑逗，从字里行间宣泄而出。

七、单于谋臣中行说

中行说与贾谊，一为单于所宠信，一为皇帝所亲近，同为君王身边的近幸谋臣，皆是善于策划的改革之臣。他们各为其主，针锋相对，出招拆招，在汉匈两大敌国之间，扮演着外交政策制定者的角色。考察这个时代的汉匈关系，离不开这两位编剧的策划。

八、匈奴的汉人族群

我在海外生活多年，深知侨居地的语言文化环境，对于下一代有不可抗拒的决定性影响。语言是文化之本，族群以语言划分，语言影响思维，文化决定归属。我以韩颓当之语言文化水平为线索，大胆推断韩王信部众在匈奴中的生存状况。

九、名医淳于意

中国古代的医学，与黄老之学有密切的关系。中国最古的医学经典《黄帝内经》，其基础的医学理论，就是建立在黄老思想上的，其书名也借用了黄老道家之黄帝的名字。仓公的两位老师，公孙光和阳庆兄弟，既是精通医术的医者，也是深谙黄老之学的学者。

十、行医的风险

太古时代，也就是传说中的黄帝时代，有名医岐伯、俞拊。中世时代，也就是春秋战国时代，有名医扁鹊、秦和。汉朝兴起以来，最有名者，就是仓公了。仓公传下的医术医书，虽然不以仓公署名，当收录在以黄帝、扁鹊命名的其他医书中，成为中医的宝贵遗产，至今为我们所继承。

十一、公正执法张释之

文帝对于秦朝法律的改革，受贾谊的影响极深，特别是废除连坐法和诽谤妖言法，完全是接受了贾谊的建议而实行的。在推行刑法改革的过程中，贾谊的老师、多年执掌汉朝司法的廷尉吴公，无疑是积极的推手。不过，在文帝一朝的法制史上，另一位不得不提及的人物是张释之。在中国法制史上，他也是一位值得载入史册的人物。

十二、整肃亲家、弟弟和舅舅

汉文帝刘恒一生，最受诟病者，有三件事情：一是丞相周勃入狱，二是淮南王刘长流死，三是大将军薄昭自杀。周勃是儿女亲家，刘长是唯一在世的弟弟，薄昭是至亲至贵的舅舅，他们都在文帝手中，受到不同程度的整肃，当时后世，都有种种非议诟病。

十三、盛世仁君汉文帝

巨大的始皇陵，将秦帝国拖累到毁灭的深渊，渺小的文帝霸陵，引领汉帝国走向繁荣昌盛。伟大的秦始皇，不可一世，过极的强权，招致二世而亡。平凡的汉文帝，谦让亲民，用黄老之道自律，带来的是国祚久长。

一、文帝刘恒的身世

公元前179年，壬戌之年的十月辛亥，皇子刘恒率领群臣拜谒高庙，正式继承了皇位，成为汉代第四位皇帝，是为汉文帝。

刘恒，是刘邦八个儿子之一，年纪居中，史称高祖中子，高帝十一年封为代王，年仅八岁。

刘恒的母亲，姓薄，史称薄姬。薄姬的母亲姓魏，是魏国王室的宗亲，史书上称她为魏媪，就是魏姓妇人的意思。秦王政二十二年（前225），秦军攻陷魏国首都大梁（今河南开封），末代魏王魏假投降被杀。魏国灭亡以后，魏国贵族沦为编户齐民，散落民间，魏媪也在其中。

薄姬的父亲是吴县人，史书上没有留下他的名字，生平也不详，我沿用史书上的先例，称他为薄公。吴县，在今江苏省苏州市，战国时先后属于吴国、越国和楚国，秦始皇统一天下，成为会稽郡的郡治。史书上说，秦帝国时，薄公与魏媪私通，生下了薄姬。后来，薄公死在会稽郡山阴县，就是今天的浙江省绍兴市。刘恒继位做了皇帝，薄姬成了皇太后以后，薄公被追尊为灵文侯，重建陵园，设置守墓人三百户，由当地官员奉法祭祀，享尽了死后的荣光。

魏媪和薄姬，都生活于旧魏国地区，以旧魏国都城大梁之所在而言，属于秦的砀郡。她们都未曾去过南方。楚国吴县人薄公，怎么会与魏媪私通生下薄姬，又死在会稽郡山阴县呢？这些断片不清的事情，史书上都没有记载。我有一个推想，薄公或许是一位下级官吏，因任职或出差的机会，来到旧魏国地区，与魏媪私通生下了薄姬。公干结束后，薄公回到了会稽郡，死在最后任职的山阴县。之所以如此推想，是基于霍去病与卫青的类似事例。

我们知道，霍去病的父亲霍仲孺，本是一名县吏，到平阳侯曹寿家公干，与奴婢卫少儿私通，生下了霍去病。霍仲孺公干结束，离开平阳侯家回到县吏职上，另外娶妻生子，与卫少儿和霍去病并无联系。多年以后，霍去病成为汉军名将，以骠骑将军统率汉军出击匈奴，经过平阳县时，父子方才相认，并将同父异母弟带到长安，荐入宫廷出任郎中。这位异母弟，就是霍光，武帝死后，执政二十余年的中兴名臣。

当时的古代社会，未曾遭受如后世名教一类的束缚，天性自然，民风开放，男女私情宛若衣食住行，房事过密与饮酒过度并举，成为引发病痛的主因。[1]男人有情妇，女人有情夫，是见惯不惊的事情。著名者为沛县小吏刘邦，有外妇曹氏。那时候，有男人休了妻子，也有女人休了丈夫。著名者有陈平的妻子，休了自己的丈夫再嫁陈平。私生子发达者更不在少数，卫青、霍去病不说了，最有名的，是刘邦与曹氏私生的刘肥，被封为齐王……

话还是回到魏媪和薄姬在魏国的事情上来。

秦末乱起，七国复活，魏国公子魏咎被拥立为魏王。魏咎死后，堂弟魏豹继承了基业，成为第二任魏王。项羽灭秦分封天下，将魏豹的魏国迁徙到河东地区，以平阳（今山西临汾）为首都，

---

[1] 诸多此类的事情，可以参见《史记·仓公列传》中之病案。

领有河东、上党和太原郡，史书上又称西魏。大概是在这个时候，魏媪将薄姬送入了魏豹的后宫，举家从旧都临济（今河南封丘东）迁徙到平阳，期待随之而来的荣华富贵。

河内温县（今河南温县）人许负，是武帝时期的大侠郭解的外祖母，以善于相面算命闻名天下。魏媪特意让许负为薄姬算了一卦，说是当生天子。当时，楚汉相争激烈，鹿死谁手未定。据说，魏豹听说这个消息后，心中暗暗高兴。这番预言，竟然成为他时而从楚、时而属汉的原因之一。

刘邦彭城大败后，魏豹背汉从楚，被韩信领军攻入，兵败被俘。魏国从此灭亡，成为汉国的郡县，魏豹的后宫薄姬，作为俘虏被送到汉国的织室，成为一名纺织女奴。

薄姬性格温柔，相貌端庄动人，自有一种引人怜爱的婉约风情。大概是在汉三年魏豹已经死去以后，刘邦偶然进入织室，为薄姬的风姿所吸引，下令召入后宫。刘邦多情忙，后宫佳丽众，薄姬进入后宫一年有余，始终没有得到被刘邦宠爱的机会。

汉四年初，刘邦领军攻占了成皋城，在成皋县之灵台燕饮作乐。[1]酒宴上，有两位美人陪同，一位是管夫人，一位是赵子儿，都是新近得到宠爱的后宫。

酒是解愁剂，酒是忘怀药，酒催情，酒助兴，酒引人与神同乐。酒席宴上，汉王兴致好，美人话语多。两位美人相互调笑打

---

[1]《史记·外戚世家》作“汉王坐河南宫成皋台”。该事件发生在成皋县。成皋县有河南宫，不见其他记载。《汉书·外戚传》作：“汉王四年，坐河南成皋灵台。”《张家山汉简·秩律》有成皋县，属河南郡。成皋县，秦时属于三川郡，项羽分封天下，以三川郡封赵将申阳为河南王。汉二年十月，汉军攻灭河南国，置河南郡。两相比较之下，当以《汉书》所载为优，汉王与管夫人、赵子儿宴乐处，为河南郡成皋县灵台。

趣，说是命有厚薄，有人欢乐有人愁。可怜薄姬，性生薄命，孤苦伶仃，可怜可惜。

刘邦听得有趣，追问二人话中的缘由。原来，薄姬与管夫人和赵子儿，是后宫中的闺密，相亲相爱。三人曾经有闺房约誓："先得宠富贵者，不忘引荐提携。"如今二人有宠在前，想起薄命的薄姬。

刘邦是多情易感的人，当即心生感触，戚戚然可怜起薄姬来，马上下令，当晚召幸薄姬。据说，薄姬见了刘邦，告知道："昨晚，臣妾有梦，梦见有龙盘踞在腹上。"刘邦回应道："此乃贵兆，我为你成就之。"一夜交合，薄姬怀了孕，生下一个男孩，就是后来的代王刘恒。

刘恒，出生于汉四年底。高帝十一年，刘恒八岁，被封为代王。次年四月，刘邦死去，吕后当政。当政后的吕后，出于嫉恨，对于刘邦生前宠爱的嫔妃，悉数加以报复，首当其冲者，自然是戚夫人，被制成惨不忍睹的人彘。其余的受宠嫔妃，皆被关押幽禁，永世不得出宫。从此没有消息的管夫人和赵子儿，或许也在其中。

而薄姬呢，自从生下刘恒以后，再没有得到过刘邦的宠爱，成了难得见到皇上的边缘人。薄姬天性谦让，也不去邀宠争风，专心一意抚养刘恒，倒也落得无事清净。因此之故，薄姬在吕后心中平淡无恨，在大臣眼里谦和无害，准许她离开长安，随同刘恒一道前往代国，平平安安地做了王太后。薄姬还有一个弟弟叫薄昭，也随同姐姐一道，去代国做了国舅。

我们已经叙述过，代国本是刘邦的哥哥刘喜的封国，封建于高帝六年，领有云中、雁门、代郡等五十三县，国都在代县。代国北近匈奴，高帝七年，匈奴骑兵攻入，代王刘喜弃国逃亡，被褫夺了王位，刘邦改封戚夫人的儿子刘如意为代王。高帝九年，刘如意被徙封为赵王，首都在邯郸（今河北邯郸）。在这段时间中，代国地区长期陷入战乱，韩王信之乱、白登之围、陈豨之乱，舞台都在代国及其邻近地区。高帝十一年，陈豨之乱平定，汉朝政府将太原郡划归代国，将代国首都从代县迁徙到晋阳，封刘恒为代王，领有太原、代、雁门和定襄四郡。[1]代国的局势，方才逐渐安定下来。

高后七年，刘恒的异母兄弟，赵王刘恢自杀。吕后派遣使者到代国，传达了希望代王刘恒东迁，到邯郸去做赵王的提议。吕后在提议中说，代国偏僻贫困，赵国近便富裕，都是出于好意，云云。

此时的代王刘恒，已经十九岁，他与母亲和舅父以及亲信近臣商量后，委婉谢绝了吕后的提议，说是不以边地为苦，愿意为国家守卫边疆，云云。当然，这种说法，只是场面上的托词，真正的原因，是不愿意卷入皇族内部的纠纷，特别是吕氏封王所引发的冲突。

刘恒谦让推辞的结果，吕后顺水推舟，封自己的侄子、武信侯吕禄为赵王。营陵侯刘泽，也如愿以偿，被封为琅邪王。[2]吕后高兴，增加了对于刘恒和薄太后的好感，刘氏皇族和元老功臣们，也都点头称是。代王贤明，薄氏谦让无害的赞誉，益发传播开来，到了诛吕之变结束，推选新皇帝人选时，竟然成了决定性的因素。真是有失有得，福祸难测，退一步，自然宽。

---

[1] 关于代国的历史沿革、地理形势以及遗迹之实地考察，请参见本书第二章九“从晋阳马邑到平城”。

[2] 参见本书第五章五“刘吕联姻的成败得失”。

二、重建政治平衡

诛吕之变，是高祖功臣联合齐王一系皇族发动的武装政变。引发诛吕之变，导致吕氏皇权覆灭的原因，一是吕氏皇权与刘氏诸侯王之间的矛盾，二是吕氏皇权与高祖功臣之间的矛盾。从而，文帝继位以后，针对前车之鉴，三管齐下。首先，用代国旧臣重建宫廷，组建新的皇权。其次，优抚元老功臣，用高祖功臣重建政府。进而，尊宠刘氏，恢复被吕后所剥夺的刘氏诸侯王的权益。

刘恒封代王，在高帝十一年，到高后八年进京即皇帝位时，已经做了十七年代王，不但稳固地统治着代国，而且完整地形成了自己的可靠班子。西汉初年的诸侯王国，大体上为一独立的国家，拥有自己的领土、政府、军队、财政和人民。其统治机构，除了丞相由朝廷任命外，完全等同于汉朝，百官皆由诸侯王自己任命，其执掌功能，也与汉朝一样。用代国的宫廷旧臣，掌控汉朝的宫廷，自然是刘恒组建新的汉朝宫廷权力机构的最佳选择。

在新的汉朝宫廷中，薄昭最是举足轻重。薄昭是薄太后的亲弟弟，高帝十年出任郎官，从军随刘邦出征，是外戚中的一位有军历者。刘邦死后，薄姬得到吕后恩准，幸运地离开长安，前往代国与刘恒团聚，薄昭也随同前往。从此以后，薄昭一直与姐姐和外甥生活在一起，成为刘恒母子最重要的依靠。刘恒前往长安继位前，薄昭的官职是太中大夫，既是代王宫廷的核心近臣，也是代王与太后间联系的关键人物。

诛吕之变后，大臣们选定刘恒为皇位继承人。代国宫廷经过讨论，得出可以进京继大统的方针后，薄昭作为代王的使者，前往长安与大臣交涉，做出了可信的判断，为事情做了最终确定。

刘恒前往长安，八位心腹跟随，薄昭是至亲中的头一名。刘恒即皇帝位后，薄昭官拜车骑将军，前往代国迎接薄太后，封轵侯，食邑万户，受到最高的封赏。

从此以后，薄昭以亲舅之重，成为文帝宫廷的辅政大臣，往来于未央宫和长乐宫之间，不但是联系皇帝和太后间的纽带，也是诸侯王和大臣们与宫廷联系的枢纽，权倾一时，尊贵无比。文帝一朝最棘手的政治难题，如淮南王刘长骄纵不法、丞相周勃被告谋反入狱的案件，都是通过他来处置解决的。这些事情，我们将来还要谈到。

随同刘恒前往长安的八位近臣中，宋昌排名第二。宋昌，是宋义的孙子。宋义，秦末之乱中的楚国名臣。巨鹿大战前，楚怀王任命宋义为楚军大将，统领楚军前去救援，项羽发动政变，诛杀宋义夺取了军队，在齐国境内追杀了宋义的儿子。[1]宋昌，或许就是这位被追杀者的儿子。他后来跟随了刘邦，以家吏的身份从军作战，升任汉军都尉，因坚守荥阳的军功，封爵食邑，是汉军中军功卓著的将士，汉初军功受益阶层之中坚层的一员。刘恒做皇帝之前，宋昌已在代国多年，出任中尉，负责都城的警备，深受刘恒之信任。

诛吕之变后，代国君臣对于发动政变的高祖功臣们抱有深刻的不信任，对于进京继位的请求，大臣几乎都持怀疑和反对的意见，唯有宋昌，因为出身于军功受益阶层，对于高祖功臣们有较多的了解，对于政变的目的有准确的判断，他独排众议，建议刘恒接受，促成了薄昭的长安交涉之行。

刘恒前往长安，宋昌同车参乘。抵达长安郊外后，又派遣他先行前去与大臣接洽，充分显示了刘恒对他的信赖和倚重。刘恒进

---

[1] 参见《秦崩》第六章《项羽的崛起》。

入未央宫即皇帝位的当晚，宋昌被拜为卫将军，统领南北两军，将长安城的守备和皇宫的守备两大重任，统统交付给他。我们已经叙述过，当时，南军由卫尉统领，负责皇帝所在的未央宫、太后所在的长乐宫以及其他宫城的守卫；北军由中尉统领，负责长安城内外以及各个官署的守卫，都是皇帝掌握政权的要害，非亲近信任的人不得担任。宋昌一人身兼两任，是难得一见的特例，可见信赖倚重之深。

汉朝宫廷权力系统之构成，郎中令是另一要害。郎中令是国务大臣之一，位列九卿，统领郎官负责皇帝身边的警卫侍从，是宫廷的内卫，更是非心腹不能担任。文帝进入未央宫继位的当晚，在任命宋昌为卫将军统领南北军的同时，任命张武为汉朝郎中令，掌控了皇宫内的警卫。

张武其人，关于他的出身经历，由于史书失载，无法做确切的了解。我曾经对刘恒的代国旧臣们，做过类型分析。就出身而言，刘恒的代国旧臣，大体有两种类型：一类如同宋昌，是刘邦军团的旧部，属于汉初军功受益阶层的老兵宿将；另一类，则是刘恒在代国任用的代国士人，张武当属于这一类人。

文帝刘恒在位二十三年，张武做了二十三年郎中令。文帝去世时，张武为复土将军，负责文帝的陵墓丧葬事宜，真可谓忠心不二，从一而终。史书上说，郎中令张武曾经接受贿赂，文帝知道后，并未处罚，而是给予超出贿赂金额的赏赐，使得张武愧疚不已。这件事情，本是颂扬文帝以德治国的美谈，却从另一个侧面反映了二人间关系之牢固。

薄昭、宋昌、张武之外，跟随刘恒前往长安的八位代国旧臣中的其余五位，史书上没有留下姓名，只知道他们都被任命为国务大臣，跻身九卿之列。想来，在卫将军宋昌节制下，统领南军的卫尉和统领北军的中尉，应当由代国旧臣出任。宫廷的内务大臣之少府，或许也在其中。

汉文帝刘恒，以代王入继大统。代国，是他的发祥之地。代国旧臣，是他终身信赖依靠的心腹，文帝一朝宫廷的核心。终其一生，刘恒都对代国抱有特殊感情，对代国臣民恩宠有加。文帝三年，刘恒回到代国，在太原郡滞留十余天，会见代王时代的旧臣僚，宴饮欢庆，论功赏赐。又下诏免除晋阳、中都三年的租税，赏赐民众牛酒，官民同乐。文帝十一年十一月，刘恒再次前往代国，滞留了整整两个月，到正月间才回到长安。而后，文帝后元三年、五年，刘恒又两次回到代国，都显示了他对自己的发祥之地的情感和厚遇。

诛吕之变的直接诱因，是晚年病中的吕后，剥夺了陈平的相权，任命吕产为相国，彻底破坏了吕氏一族主导的宫廷与高祖功臣掌握的政府之间的政治平衡。政变成功以后，高祖功臣们成了最大的受益者。他们不仅恢复了吕后晚期失去的政治权力，而且掌握了册立皇帝的选择权。刘恒被功臣们选中，以代王入继大统，如何处理好与功臣们的关系，成了即位之初施政的重中之重。

发动诛吕之变的谋主，是丞相陈平，指挥执行者，是太尉周勃。“将相和，天下安”的名言，出于联络员陆贾。由陈平、周勃联手，由陆贾出头串联，住在长安的功臣列侯们，几乎都被拉拢进来，形成足以颠覆皇权的强大力量。

刘恒入未央宫即位的当晚，就以诏令的形式，为诛吕之变定性，确定其正当性。诏令说：“诸吕擅权，谋为大逆，欲以危刘氏宗庙，赖将相列侯宗室大臣诛之，皆伏其辜。”宣称吕氏一族专权，有大逆谋反，取代刘氏皇权之阴谋，有赖于将相大臣和刘氏宗室的行动，将他们诛灭，罪有应得。

正式继位的当天，也就是文帝元年十月辛亥（二日），文帝宣布，任命太尉周勃为右丞相，右丞相陈平徙任左丞相，大将军灌婴为太尉。同时，免去左丞相审食其的职务。正式将以丞相为首的汉朝政府的领导权，重新交回高祖功臣，修正了吕后晚年的政治失误。

十月壬子（三日），文帝派遣舅父、新任命的车骑将军薄昭前往晋阳，迎接母亲薄太后。同日，论功行赏，下诏奖赏诛吕之变中的有功之臣。在诏书中，文帝回避了吕后和少帝的事情，首先谴责吕产和吕禄的罪行，说他们自立为丞相和上将军，擅自矫诏出令，派遣将军灌婴领军攻击齐国，又在长安图谋不轨，妄图取代刘氏，云云。

谴责了吕氏的罪行之后，文帝一一为诛吕功臣评功赐赏。受赏者中的第一等，是太尉周勃，他与丞相陈平合作，谋划诛吕之变，又亲自指挥执行，功劳最大，在原有食邑八千户的基础上，增加一万户的新封户，另外赏赐黄金五千斤。并列第二等的，是丞相陈平和大将军灌婴。陈平与周勃合作，谋划诛吕之变，灌婴驻军荥阳不进，与诸侯联合诛灭吕氏，皆在原有食邑五千户的基础上，增加三千户新封户，各赏赐黄金二千斤。并列第三等的，是朱虚侯刘章、襄平侯纪通和东牟侯刘兴居。刘章有捕斩吕产之功，纪通有持节引领周勃进入北军之功，至于刘兴居，当是配合其兄刘章诛吕，又参与了清宫的行动。他们各自增加封户二千，赏赐黄金一千斤。另一位受封赏者，是典客刘揭，他与郦寄一起进入北军劝说吕禄交出兵权，又及时关闭未央宫殿门，阻止了吕产进入殿中接近皇帝，受封为阳信侯，食邑二千户，赏赐黄金千斤。

值得注意的是，在这次封赏中，有三位活跃于诛吕之变舞台的重要人物没有得到封赏，他们是陆贾、曹窋和郦寄。陆贾是诛吕之变的联络员，功不可没，不过，他和朱建与审食其关系密切，共同为审食其策划了避祸的事宜，事后招来多方问责。[1]不久，朱建被严厉追究自杀，陆贾虽然免于被追究，却也不得封赏。

曹窋，曹参之子，多年受吕后赏识重用。惠帝时，曹窋与吕产一起出任太中大夫，进入宫廷，侍卫皇帝，高后四年，接替老病的郦商出任御史大夫，是最早跻身三公九卿高位的功二代。郦寄，郦商之子，吕禄的挚友，深受吕氏信任的功二代。曹窋与郦寄，在高祖功臣与吕氏摊牌的最后关头，都倒向了高祖功臣一边，发挥了至关重要的作用，功不可没。[2]但是，他们与吕氏关系过于亲密，曾经是吕后用来取代老臣们的功二代新权贵集团的要员，他们在诛灭吕氏一族，特别是在诛杀吕禄和废杀少帝的问题上，有不同的意见，因此不得封赏。曹窋还被罢免了御史大夫的官职，从此消隐于政治舞台。[3]

“非刘氏不王”，是皇帝刘邦去世前，与王公贵族、将相大臣约定的盟誓，是白马之盟的内容之一，也是汉朝新贵族王政的原则之一。[4]吕后当政，压制刘氏皇子，分封吕氏为王，招来刘氏皇族的不满，成为引发诛吕之变的重要原因。汉文帝继位以后，以此为鉴，全面修正吕后的政策，对于遭受吕后迫害的刘姓诸侯王，都予以平反昭雪，有后嗣者，都使其复国继承；对于被吕后削夺的诸侯王国的领土，全部予以退还，将汉朝与诸侯王国的关系，汉朝与诸侯国的边境，修复到吕后当政以前。

赵幽王刘友，是刘恒的异母兄，受吕后迫害自杀，封国也被

---

[1] 参见本书第五章三“男宠审食其”。

[2] 参见本书第五章八“诛吕之变”。

[3] 参见陈侃理《曹窋与汉初政治》。该文初刊于《田余庆先生九十华诞颂寿论文集》，中华书局，2014年。2020年10月，改定后发表于北京大学历史系公众号平台。

[4] 参见本书第三章十“刘邦之死”。

剥夺，后来封给了吕后的侄子吕禄。文帝元年十月，赐刘友谥号，谥称赵幽王，立刘友的儿子刘遂为赵王，退还被削夺的常（恒）山郡，恢复了赵国旧时的领土。

燕灵王刘建，是刘恒的另一位异母兄弟，死后被吕后灭了后嗣，剥夺了的封国，后来被封给吕后的侄孙吕通。[1] 文帝继位后，徙封琅邪王刘泽为燕王，恢复了刘氏燕国。

吕后当政时，先后从齐国削夺了城阳、博阳和琅邪三个郡，分别封给外孙张偃之鲁国，侄子吕台之吕国，吕媭的女婿刘泽之琅邪国。文帝继位后，鲁国和济川国废除，琅邪王刘泽徙封燕王，三郡全部退还齐国，齐国恢复初封之七郡。

楚王刘交，是刘邦的异母弟弟，领有彭城、东海和薛三个郡。高后元年，吕后削夺了楚国的薛郡，与原本属于齐国的城阳郡一起，设置鲁国，封给外孙张偃。鲁国废除后，薛郡归还楚国，楚国恢复初封之三郡，即薛郡、东海郡和彭城郡。

经过这一番调整，文帝继位之初，诸侯王国共有七国，分别是刘交的楚国、刘濞的吴国、刘长的淮南国、刘襄的齐国、刘遂的赵国、刘泽的燕国以及唯一的例外，吴若的长沙国，历史宛若回到了高帝末年，重现了“非刘氏不王”的誓言。

三、绛侯周勃

诛吕之变成功，相国吕产被诛杀的第二天，也就是高后八年九月壬戌之日，太傅审食其恢复左丞相之职，陈平复职为右丞相。

---

[1] 吕通，是吕后的哥哥吕泽之子吕台的儿子。

以陈平为首的老臣们，再一次回到了权力的中心。此时，少帝刘弘还在皇帝位上，这一次复职任命，当由老臣们操纵少帝颁行。

老臣们迎接代王刘恒继位，少帝被诛杀，新的人事，当重新由新皇帝安排任命。审食其，因为与吕氏关系太深，自然受到追究，不过，他是沛县起兵以来的元老功臣，又有陆贾、朱建为他出谋划策，算是躲过一劫，罢相归家，从此不问政事。

右丞相陈平，是诛吕之变的主谋，也是迎立代王即皇帝位的策划主持，最是劳苦功高，然而，就在文帝即将举行继位大典之前，突然称病告假。

文帝觉得奇怪，想要知道缘由。经过再三追问，陈平道出了自己的心事。他对文帝说："高祖的时候，周勃的功劳不如臣下，诛吕之变中，臣下的功劳不如周勃。眼下，臣下希望将右丞相的职位让给周勃，退居其次。"文帝接受了。

这件事情，是司马迁编入史书的一个历史故事，意在表现陈平用心深刻的谋略，以退为进的政治智慧，千百年来，为人所津津乐道。这些年来，我整理历史，养成一种看待历史的新眼光，不时看出故事背后的破绽和缘由来。在我看来，陈平的这段话，至少有一半不真实。这个不真实的一半，就是高祖刘邦时代，不管是从资历，还是从功绩上看，陈平远远不及周勃。其间的差距，可以用一个最简明的数据来表明，就是他们在功臣列侯中的排名。陈平排第四十七位，而周勃呢，高居第四，是刘邦集团的核心中，仅次于萧何、曹参的少壮派领军人物。[1]

[1] 按照《史记·高祖功臣侯者年表》和《汉书·高惠高后文功臣表》的排位，萧何第一，曹参第二，张敖第三。不过，张敖是第二代赵王，被褫夺王位降为宣平侯。高祖功臣们的正式排位，是在吕后时期，张敖是鲁元公主的丈夫，他的排名，情况特殊，不在功臣的正常秩序内。关于张敖，参见本书第二章六"废黜赵王张敖：贯高田叔的故事"。

周勃，本是卷县人，后迁居到沛县。卷县，故址在今河南省原阳县西，战国时是魏国的领土，秦时属于三川郡。战国末年，秦军东进，不少魏国人为了逃避战乱，东迁到属于楚国的沛县，周勃一家，正是其中的一员。

沛县人周勃，从小家境贫寒，以“薄曲为生”，就是靠用竹篾和苇条编织养蚕用具为生，算是一位手艺人。周勃会吹箫，乡里有丧事，他也去帮忙吹奏，出力挣些酒饭钱。秦汉时代，全民皆兵，农闲时节，青壮年男子都要接受军事训练。沛县所在的淮北地区，多接受步兵训练，编入后备队，称为“材官”。周勃年轻力壮，能拉强弓，是一名精壮战士的好坯子。

刘邦沛县起兵，周勃是三千子弟兵中的一员，以中涓入队，活跃在刘邦身边。在以后的灭秦和楚汉战争中，周勃跟随刘邦转战各地，战功卓著，逐渐成为一名沉稳善战的名将。秦二世二年九月，刘邦出任楚国的砀郡长，奉怀王之约西进攻取关中。周勃被任命为虎贲令，成为刘邦的卫队长，随刘邦军攻入关中灭秦。

刘邦被封汉王，率领旧部前往汉中就国。周勃被赐予威武侯的爵位，享受食邑的待遇，正式晋升为将军。楚汉战争中，周勃随汉军反攻关中，参加彭城大战，坚守荥阳敖仓，始终在刘邦身边领军作战，成为汉军的主要将领之一。垓下大战时，周勃担任左后军统帅，指挥十万汉军作为总预备军参战，协助韩信取得了决战的胜利。

汉帝国建立，论功行赏，大封功臣。周勃于高帝六年正月被封为绛侯，食邑八千户。而后，周勃作为汉军名将，参加了平定韩王信之乱、白登之围、代相陈豨之乱和燕王卢绾之乱等多次战争，其功劳和威望，在重资历、讲战功的高祖刘邦时代，绝非一介谋士陈平所能企及。

所以说，陈平自夸高祖时代功劳盖过周勃的话，并不真实，不过是用来掩饰以退为进的真意，巧妙地将周勃推送到风头上遮风挡雨的话头而已。

诛吕之变，是在京的元老功臣联合齐王一系皇族，共同发动的武装政变。政变的最初目的，是为了从吕氏外戚手中夺回失去的权力。政变成功后，元老功臣们为了自身的安全和政局的稳定，制定了废除惠帝一系皇权，以代王刘恒入继大统的方针。对于被选择被决定的文帝皇权来说，元老功臣们是既能载舟，也能覆舟的强大势力，不得不依靠，也不得不警戒。

陈平是用心深刻、长袖善舞的阴谋家，洞悉政局的变化，体察人事的微妙，最是他所擅长。想来，诛吕之变成功后，他马上着手谋划新政局，密切关注代国君臣。灞桥迎接代王一行进京，他将周勃推到了前面，手挽皇帝玺印呈奉代王，结果是碰了软钉子，被代国君臣有礼有节地推开了距离，显示了新君旧臣关系之远近，新宫廷和旧政府间的均衡。

或许，这件事情，促使陈平深思，让他拿定了退一步自然宽的主意。陈平回答文帝问的下半截话“在诛吕之变中，臣下的功劳不如周勃。眼下，臣下希望将右丞相的职位让给周勃，退居其次”，其背景，当在这里求得。我走笔到这里，脑海中时不时浮现出陈平使坏的形象，他拿定了退让的主意，诡谲地动动眉梢，忍笑将周勃推送给文帝，要将他放到火上去烤一烤。

周勃为人，质朴厚重，刚强戆直，有心而不善言辞，刘邦非常看重他，认为可以嘱托大事。周勃不喜欢学术文辞，在与文人学士议事的场合，往往是东向坐上席，指责议论者啰唆，要他们“快快说来我听”。一派直截了当的粗犷风格，绝无弯弯绕的细腻心思，花花肠子。以周勃的经历个性而言，他在面临军国大事时，有判断有担当，能应对重大的局面。不过，周勃是战将，对于烦琐的政务处理，完全是外行。对于新环境下的君臣关系，特别是对于新皇帝的微妙处境和心境，不能有细致的体察。

文帝接受了陈平的意见，任命周勃为右丞相，居百官之首；论功行赏，也以周勃为第一，赏赐最厚。直肠子的周勃，何曾想到被盟友陈平挖了坑，让自己往里跳，他自以为功劳最大，资历最老，排名最高，一切都是实至名归，排排坐吃果果的结果，沾沾自喜的神情，益发溢于言表。

史书上说，文帝朝会时，右丞相周勃列在首班，为皇帝所敬重，为群臣所信服。散朝时，小步疾行，走在群臣之前，神情骄傲自得。年轻的汉文帝，常常是目送周勃，直到周勃走出殿门，甚是谦恭有礼。

这一天散朝，文帝再次目送周勃离去，郎中袁盎进言文帝说："陛下以为，丞相当属人臣之哪一类？"

文帝答道："社稷臣。"

袁盎回答说："绛侯当属'功臣'，而非'社稷臣'。"

文帝有些惊奇，问道："此话怎么讲？"

袁盎答道："社稷臣，人主在时，与人主共治在时之事；人主去世，当奉行人主留下的法度。吕后当政时，诸吕用事，擅自封王，刘氏不绝如缕。那个时候，绛侯身为太尉，掌握兵权，不能纠正。吕后驾崩，大臣们联手倒吕，太尉主管军事，合拍成功。所以说，丞相是功臣，而不是社稷臣。"

说到这里，袁盎上前一步，施礼严正说道："如今，陛下谦让，而丞相有傲慢的神色。主上与臣下之间，失去了应有的礼数，臣下以为不适当不可取。"

文帝接受了袁盎的意见。朝会上，神情益发凝重，礼数益发庄严。周勃感觉到了，开始对文帝心生敬畏。

后来，周勃知道文帝之所以对自己的态度发生变化，原因在袁盎，十分生气，当面指责袁盎说："你小子不地道，我与你哥哥是好朋友，你竟然在朝廷上诋毁我。"

这位郎中袁盎，字丝，楚国人。袁盎的父亲，早年为群盗，是游侠社会中的豪强。汉惠帝的时候，袁家与众多的关东豪强大族一道，被强制迁徙到关中，著籍定居于安陵邑。袁盎兄弟二人，哥哥叫袁哙，当是早年从军的军功将士，文帝时已经官至高位，与周勃是意气相投的好友。袁盎在吕后当政时代，曾经进入赵王吕禄门下，出任舍人。文帝时代，他受哥哥袁哙的推荐保举，进入宫廷，出任郎中，侍卫在汉文帝身边。

据说，受到指责的袁盎，既不辩解，也不道歉，默默地忍受周勃的责难，自有坚守和信念。他与周勃间的后续故事，我们将来还要提到。

……

年轻的文帝，贤明而聪慧。从晋阳到长安继承皇位以前，已经做过十七年代王，将代国治理得井井有条。继承了皇位以后，他迅速熟悉了汉朝政治，开始积极介入各种政务。一天朝会上，汉文帝就帝国的司法状况，问右丞相周勃道："一年当中，天下上报处理的狱案有多少件？"

周勃愣住了，表示歉意说："不知道。"

文帝换了个问题问，事关帝国的财政："一年当中，天下的税赋收入和支出，大致各有多少？"

周勃又答不出来，冷汗渗出背上，羞愧挂上颜面，只有再次谢罪自责。

于是，文帝转而以同样的问题问左丞相陈平。陈平答道："各有主管者。”

文帝追问道：“谁是主管者？”

陈平答道：“陛下关注司法，请询问廷尉。陛下关注财政，请询问治粟内史。”

文帝进而诘问道：“如君所言，国家事务，各有主管。那么请问，君所主管的又是什么呢？”

陈平答道：“主管群臣。”

回答到这里，陈平稍事停顿，整齐衣冠，施礼称谢，从容补充说：“陛下不嫌弃臣下驽钝无能，让臣下在丞相的位置上等待责罚。丞相，有上下内外四项职责。在上的职责，是辅佐天子，调和阴阳，顺应四季；在下的职责，是为万物培育适宜的环境，使其自然生长；在外的职责，是镇抚四夷，安定诸侯；在内的职责，是使百姓亲附朝廷，官员们各在其位尽职尽力。”

文帝脸上露出笑意，点头称是。傻站在一边的周勃，羞愧得几乎无地自容。

朝会结束，周勃抱怨陈平说：“你平日咋不教教我，教我应对这些提问。”

陈平笑道：“君侯身在其位，能不知道其任吗？如果陛下问你长安城中有多少盗贼，你能强对应答吗？”

周勃是明白人，自知处理政务和人事的能力，远不如陈平，萌生了退让之意。

史书上说，周勃任汉朝右丞相不到一年，深感吃力而难以应对。一位贤明的友人劝告周勃说：“君侯指挥诛杀诸吕，领头拥立代王，威震天下。如今，君侯领受厚赏，高处尊位，富贵尊宠无以复加，日子久了，灾祸必然降临。”

周勃虽然木讷戆直，却是有心人，多年来的军政经历，也使他懂得功高震主的危险。他惶恐自危，称病请求辞职。文帝接受了他的请求，免去周勃右丞相的职位，汉朝丞相一职，由陈平一人专任，时在文帝元年八月。

四、政论家贾谊

周勃罢相，陈平专任汉朝丞相一职，在文帝元年八月。两个月后，陈平去世。十一月，周勃复职，再次出任汉朝丞相。值得注意的是，在新旧丞相交替之间，发生了一件影响深远的大事，汉文帝颁布了一道重要的诏令，史称“列侯之国诏”。诏令中写道：“朕听说，古来诸侯建国，数以千计，各自守卫领土，按照岁时上贡，人民不劳苦，上下皆欢喜，可谓恩德完满。如今，列侯多居住在长安，封地遥远，长距离的租赋运送，使侯国的臣民们甚为辛苦。列侯远离自己的封国，也不便于教抚自己的臣民。从而，诏令所有的列侯都回到自己的封国去，在京有职务者和得到诏令留止者，代之以太子之国。”

诏令一经公布，长安城中掀起轩然大波。在京的功臣列侯们，无不心生不满，特别是那些赋闲无职，当令归国的功臣列侯，更是怨气冲天。他们联合起来，以种种借口留在长安不走，众口一致，对“列侯之国诏”的起草制定者，太中大夫贾谊展开攻击。一场政治风波，由此而生。

贾谊，汉河南郡洛阳县（今河南洛阳）人，生于高帝七年，聪明早慧，才气过人。他自幼熟读诗书，精通诸子百家，以博学多闻，文辞口才著称于乡里郡中。河南郡守吴公，听说贾谊才俊优秀，将他召到自己的门下，十分爱幸看重。

吴公，秦陈郡上蔡县（今河南上蔡）人，与秦朝丞相李斯同乡，曾经在李斯的门下学习，精通法律，长于政务，在军功吏卒当政的西汉初年，是难得一见的法吏出身的地方高级官员。秦汉制度，对于各级官员，有一年一度的政绩考核。文帝继位时，得知吴公的政绩考核天下第一，出身经历又与众不同，大为赏识，拔擢为九卿大臣之一的廷尉，主管汉朝法务。吴公来到长安任职，将贾谊推荐给了文帝，时在文帝元年初。

进入文帝宫廷的贾谊，年方二十有二，被任命为博士，成为皇帝智库顾问团的一名成员。秦汉的博士，是仕宦于皇帝的闲职宫廷官员，并不负责具体政务，当皇帝有疑难问题需要咨询时，应对解答。博士选拔的标准，是能够"通博古今，辩于然否"。用今天的话来说，就是知识渊博，有判断力。往往从德才兼备的饱学长者中选任，被称为先生，颇受尊重。

年轻的博士贾谊，才智超群，风华正茂。据说，文帝宫廷每有政令政策下达博士们议论，老先生们凡有想不清道不明的地方，贾谊都能一一辨析，条理解析得清清楚楚，其恰切的表达，又仿佛出自老先生们的心底。老资格的博士官们，都不得不钦佩贾谊的才能。年轻的文帝刘恒，也对这位仅比自己小三岁的洛阳才子大为喜爱，破格提拔他为太中大夫。

太中大夫，是仕宦于皇帝的宫廷官员，不过，相对于在外廷充当知识顾问的博士而言，太中大夫是皇帝的高级侍从，随时在宫中执勤，不但接受咨询充当参谋，而且接受诏命执行任务，职务之机要，执掌之深重，与博士不可同日而语，在皇权官僚体制中的等级待遇，也比博士高出三个级别。所以，史书上说，贾谊一年当中，由博士提拔为太中大夫，属于"超迁"，也就是越级提拔，不但职务升迁，出任机要，而且级别提高，连跳三级。[1]

进入文帝宫廷，成为侍从参谋的贾谊，愈加意气风发，提出了一系列改革方案，成为文帝宫廷的一颗新星，冉冉升起，光彩炫目。史书上说，文帝一朝，诸种律令的更定，制度的改革，多由贾谊起草提出。不过，进入汉朝宫廷以来，他究竟提出了哪些改革的方案，哪些被采用施行，哪些被搁置不用，史书上没有具体的记载。我读贾谊《新书》，参照《史记》《汉书》之《贾谊列传》，对这位青年才俊的所思所言所行，有了比较确切的了解，他在太中大夫任上，重要的改革提案，主要有以下四项。

一是废除秦朝的苛残之法，主要是收孥连坐法和诽谤妖言罪；二是遣列侯之国和徙侯国出王国；三是重农务本，驱商归农；四是全面变更汉兴以来所继承的秦朝的规章制度，包括历法、服饰、官名、礼乐等，按照秦的国运是水德，汉的国运是土德的革命思想，重新制定崭新的汉朝规章制度。四项改革提案中，第一项和第二项得以实行，第三项得到理解，第四项被束之高阁。贾谊的命运，也随之起伏。

秦朝法律，有“收孥诸相坐律”，也就是三族连坐之法。一人犯重法定罪，其父母、妻子、兄弟皆连坐，往往没入官府，成为官奴婢。贾谊在《过秦论》中，曾经严厉批评秦朝的这项苛法，力主废除。文帝接受了贾谊的意见，于元年十二月颁布诏令，废

[1] 西汉初年，博士和太中大夫皆属于仕宦皇帝的宫廷官员，不在政府官员的秩禄系统中，后来才以“比秩”的形式统一规划。若以后来统一规划的秩禄来看，汉初博士官秩比四百石，太中大夫比千石，中间隔了四百石，比六百石，六百石，所以说是“连跳三级”。详细的论述，请参见阎步克《从官本位到爵本位：秦汉官僚品位结构研究》（生活·读书·新知三联书店，2009年），特别是下篇第四章和第五章。该书是近年来官职研究精当出彩的名著。

除了这项苛法，力求以公正的定罪量刑，引导人民禁暴向善。

秦朝法律，有“妖言诽谤罪”，常常被用来钳制大臣的意见，压制民情的上诉。贾谊在《过秦论》中明确指出，口舌之禁，使忠臣不谏，智士不谋，下情不能上达，是秦亡的教训之一。文帝听取了贾谊的批评，于二年五月颁布诏令，停止了这项法令的施行，以求广开言路，听闻过失。

汉帝国建立以后，到了惠帝高后时期，国家脱离战乱之苦，吏治稳定，民生养息，物资逐渐丰富，生活日渐富裕，民间的商业贸易，也一天天兴旺发达起来。贾谊，与中国古代的众多政论家、思想家一样，基于耕战立国的立场，倡导重农抑商的主张，对于流通领域的商业活动，不能有正面积极的理解。他以其惯常的夸张语气，上书文帝说：“如今脱离农业而经商的人增多，种田的人少了，吃饭的人多了，‘是天下之大残也’。奢侈过度的风气，也随岁月滋长，‘是天下之大贼也’。如果任此‘残贼’公行，不加以制止的话，国运将会飘摇，难以挽救。”

西汉初年，治国用黄老之道，对于经济民生，政府采取休养生息、自由放任的政策，多不做人为的干预。文帝继位之初，老臣近臣们，对此也多持因循顺守的态度。贤明的汉文帝，对于贾谊重农抑商的主张表示理解，对于弃农趋商的倾向表示忧虑。不过，他并未接受贾谊驱商归农的激进主张，而是采用了精神引导和物质鼓励的方式，正面倡导农耕。二年正月，文帝颁布重农务本的诏令，亲自带领群臣举行籍田的仪式。他在位期间，多次下诏减免田租。

高祖刘邦时代，分封了一百四十多位列侯，都是跟随刘邦打天下的功臣，属于军功受益阶层的上层、功臣集团的代表。这些列侯的封国，遍布帝国各地，有的在遥远的诸侯王国境内，如堂邑侯陈婴，他的封国堂邑侯国在刘濞的吴国境内，在今天江苏省南京市六合区。有的在邻近长安地区的汉朝郡内，如绛侯周勃，他的封国绛侯国，在汉朝的河东郡境内，在今山西省曲沃县。

回溯历史，刘邦集团的基本队伍，是出身于淮北地区的楚人，他们攻占关中，继承了秦国的法统，建立起汉帝国，转化为新的统治阶层，统治着旧秦国的领土和人民，是一群外来的殖民征服者，根基浅薄。从而，汉王朝立国之初，就源源不断地从关东地区迁徙六国豪强大族到关中，而且出台各种优惠政策，诱导关东出身的将士们留在关中定居。对于列侯功臣们，汉朝廷更是优遇有加，不但以百户千户万户的领地分封建国，子孙世袭，而且在首都长安为他们修建了豪宅区，留请他们在长安居住。

长安城内的列侯豪宅区，在未央宫北面，与未央宫北面的宫阙，仅隔一条直城门大道，是长安城内的黄金地段，高贵住宅区，史家称为甲第区或北阙甲第区。[1]北阙甲第区内，一百四十多位列侯，家各一宅，比邻而居，人人大富大贵，个个手眼通天，都是打天下的功臣，无不按照资历功绩排定了位次。北阙甲第区内，居功的骄傲充斥，自得的风光弥漫，宅门大院的先后等次，处处彰显着当家做主者们论资排辈的秩序。

开国以来，列侯们大多住在长安侯邸，封国内另有侯府宫室。列侯们的收入资产，小头是官职的俸禄，大头是封国的赋税，由侯国的主事家臣，按时征收，遵照主人的吩咐，或者存入当地侯府，或者输送到长安侯邸。侯国属民的徭役，也当按照侯主的要求，或在当地，或到长安侯邸履行。这就是文帝在“列侯之国诏”

[1] 参见本书第五章十一“长安城未央宫”。

中所说的，吏民苦于远途输送的问题。

不过，侯国远途输送，是汉王朝立国以来的旧事，吏民输送之苦，也不是当今才发生的问题。文帝突然下诏，要列侯们都回到自己的封国去，从表面上看，是出于牵挂侯国民生，其背后，更有深层的原因。

我们已经叙述过了，诛吕之变是高祖功臣们联合齐王一系皇族发动的武装政变，在这次政变中，住在长安的功臣列侯们，几乎都卷入其中，一致站在陈平、周勃一边。他们集中居住在北阙甲第区，更是抱团串联的有利条件。

文帝以代王入继大统，在京城长安并无根基，只能依靠代国旧臣重建宫廷机构，以未央和长乐两宫为基地，小心谨慎地在宫廷、政府和诸侯国之间保持政治平衡。对于文帝宫廷来说，掌握着汉帝国各级政权的功臣集团，是不得不依靠，又不得不有所警戒的最强势力。在文帝宫廷看来，北阙甲第，近在咫尺，功臣列侯，如芒在背，如果照应不周，处置不当，如同诛吕之变的肘腋之患，不是不可能再发生的。如果能将他们打发出京，回到各自的封国去过安逸日子，对于文帝宫廷而言，就可以长长地吐一口气，轻松许多。

贾谊进入文帝宫廷以后，洞悉政局，体察时务，如鱼得水。他目光敏锐，对于汉文帝与元老功臣间的微妙关系，迅速有了深入的了解。他聪明智慧，多谋务实，立即有了应对之策。遣列侯之国的方策，正是贾谊为文帝宫廷精准号脉后，开出的化解压力、解除肘腋之患的药方。贾谊开出的药方，不但内藏药力，而且外包糖衣，将汉文帝忌惮高祖功臣的解忧举措，掩饰在一套冠冕堂皇的说辞中，让军功将士出身的列侯们，几乎是无言应对。

然而，功臣列侯们是何等睿智老辣的人群，他们一眼就看清了政策背后的指向，政治正确背后的意图，他们不善言辞，无法以庙堂高论反驳，却善于行动，可以用无言的抵制对抗。为了维护自己的切身利益，功臣列侯们再次联合起来，团聚在丞相周勃周围，首先以种种借口留在长安不走，造成政令不行的僵局。

五、计相张苍

“列侯之国诏”所引发的政治僵局，持续了整整一年。文帝三年十一月，为了打破诏令无法推行、功臣列侯们滞留长安不肯离去的僵局，汉文帝颁发第二道“列侯之国”诏令，史称“再遣列侯之国诏”。这道诏令说：“不久前，朕下诏遣列侯之国，都推辞不行。丞相，为朕所倚重，请为朕率领列侯回到自己的封国去。”

诏令发布的同时，下诏罢免丞相周勃的官职，要他以身作则，带头离开长安，回到自己的封国、汉河东郡内之绛国去。十二月，任命太尉、颍阴侯灌婴为丞相。

“再遣列侯之国诏”，措辞严切，直截了当，而且与丞相罢免的人事任命同时进行，显示了汉文帝坚决推行列侯之国令的决心。被罢相失官、点名之国的周勃，不得不收拾行李，快快回到绛国去了。其他的众多列侯，迫于压力，也不得不仿效周勃，纷纷离京之国，远赴他乡。文帝宫廷，取得了一场令行禁止、削弱功臣列侯势力的胜利。

此时的贾谊，改革的提案顺利推行，皇帝的信赖日益加深，官职越级提升，真可谓意气风发，前途无量，他百尺竿头更进一步，向汉文帝提出了全面改革汉朝政治的方案，史称贾谊改制案。

汉承秦制，是汉建国以来的基本理念和方针政策。历史地看，汉承秦制，不仅包括了法统、领土、制度和人民，也包括了国祚运行的理念。汉自认为是秦的继承者，延续了秦的国运，这种基本理念及其相关政策，从刘邦封汉王以来，一直持续到武帝初期。

武帝太初改制，否定汉继承秦，宣称汉革了秦的命，方才发生了根本的变化，堪称文化革命。这场文化革命，影响深远，将来有机会再来谈。追本溯源，这场文化革命的发端，就是贾谊，他是汉革秦命、全面改制的首倡者。不过，由于种种原因，贾谊改制案的详细内容，史书失载，我们已经不能有周全的了解，只能根据史书的片段记载，结合后来的类似改革，做一笼统的概述。

贾谊认为，汉建国以来，继承了秦之种种弊端败俗，成为诸种问题的根源，如今到了从理念和制度上做根本变革的时候了。史书上概述他的改革理念说：贾谊以为，从西汉建国到文帝继位，已经有二十多年，天下和平融洽，应当改定正朔，颁布新的历法，变更服饰颜色，修正制度，制定官名，倡导礼乐。[1]基于这种根本变革的理念，他就各项改革事宜，一一拟定了具体的施行方案。其中，颜色用黄色，数字用五，将秦制的官名，悉数加以变更……

贾谊的这套方案，不但在制度上有明确的针对性，针对汉承秦制的现实，在治国理念上，也有明确的针对性，针对汉朝立国以来，长期采用的水德国运理念。而汉朝国运正当水德的判定和制定者，是有“计相”之称的北平侯张苍。

张苍，秦三川郡阳武县人，县治故址在今河南省原阳县东南。

---

[1]《史记·屈原贾生列传》：“贾生以为汉兴至孝文二十余年，天下和洽，而固当改正朔，易服色，法制度，定官名，兴礼乐，乃悉草具其事仪法，色尚黄，数用五，为官名，悉更秦之法。”

张苍从小喜好读书学习，对于各种书籍文献，几乎是无所不浏览，无所不通晓，尤其喜好“律历”。

张苍所喜好的“律”，当指各种标准计量，比如计量音乐的音律，计量容量和重量的度量衡等。张苍所喜好的“历”，当指各种历法。“律”，与计算息息相关；“历”，与天文密切关联。在古代的知识体系中，律历的具体算计，又与个人和国家的命运推演直接关联，常常抽象上升到宇宙变化和历史演变的境界。张苍的这种知识结构，不但影响到他个人的命运，也对汉帝国的诸多重大国策，产生了深远的影响。

秦王朝时代，张苍曾经出仕，做过御史。御史，是御史大夫的属官，在殿上宫中供职，官秩六百石，是负责监察和掌管档案文书的中级机要官员。御史大夫的官署，设在宫中，叫作御史寺。御史张苍，在御史寺负责各种报表文书的处理和管理，对于秦帝国用以管理天下的律令图籍制度，相当熟悉精通，是一位技术型的行政管理专家。

史书上说，张苍在御史任上时犯了罪，逃亡回到了家乡阳武县。至于他犯了何罪，何时逃亡的等，史书都没有交代。想来，张苍犯罪逃亡归家，当在秦二世时。他的情况，与博士叔孙通逃亡归家类似。[1]他在秦朝中央政局开始出现混乱时离去，不久天下大乱，秦政府再也无力追究这些逃亡的犯人和异己势力，反而促使他们参加了革命。

秦二世三年五月，刘邦领军西进攻取关中，进入三川郡经过阳武县，张苍加入了刘邦军团。刚刚参加革命的张苍，尚未熟悉军中的规矩，不久犯法被定了死罪，执行斩首之时，王陵是监斩

---

[1] 参见本书第一章九“秦楚汉间的儒生”。

官，望见刑台上脱了衣服的张苍，身材高大，皮肤白皙，心生爱惜之意。询问之下，颇为惊奇张苍的才能和经历，当即见刘邦汇报说情，赦免了张苍。张苍从此感戴王陵。

俗话说，大难不死，必有后福。从此以后，张苍顺风顺水，随着刘邦集团的发展壮大而积功上进，步步高升，成为高祖功臣集团中的一位中坚成员。刘邦军团攻破武关进入关中，张苍跟进，获得了参加革命后的第二个重要资历。刘邦被封汉王，进入汉中就国，张苍跟随，获得了共度艰难的第三个重要资历。

汉军反攻关中成功，东进与项羽争夺天下。汉二年十月，常山王张耳遭到陈余的攻击，兵败投奔刘邦。同年后九月，韩信与张耳领军开辟北方战场，进攻赵国和代国，张苍被任命为恒山郡郡守，随同韩信出征。在这次战争中，张苍战功卓著，斩获了赵国丞相陈余。赵国和代国被平定后，张苍被刘邦任命为代国丞相，掌管代国国务，守备北部边境，成为独当一面的重臣。

汉四年十一月，张耳被立为赵王，都邯郸。张苍被任命为赵国丞相。张耳去世，儿子张敖继位，张苍继续担任赵相。高帝五年七月，燕王臧荼造反，张苍再次被任命为代相，统领代国军队东进，协助刘邦平定了叛乱。高帝六年八月，张苍被封为北平侯，食邑一千二百户，在列侯中排第六十五位。

当时，萧何为相国，主管汉朝政务。萧何曾经做过秦的沛县主吏掾，是干练的能吏，对秦制的政务，最是了解熟悉。张苍曾经做过秦朝御史，精通律历。萧何请求刘邦，将张苍调任中央，到丞相府主持政府的律历制度之制定施行。进入丞相府工作的张苍，成为相国萧何的得力助手，被称为“计相”。汉初实行的各项律历制度，都是由张苍在这个时候主持制定的。

秦汉的丞相，是政府的首脑，百官之首，秩禄为万石。丞相府的各项具体事务，由丞相长史，也就是秘书长负责，指挥下面的各级吏员，从事各项工作。丞相长史的官秩为千石，各级吏员的官秩，从六百石到二百石不等。调任丞相府的张苍，身为列侯食邑，曾任郡守和王国相，官秩在二千石，自然不在丞相府的正式属员中。张苍的“计相”之称，并非官职，而是权宜的俗称。“计”，指律历之计量，“相”指丞相。“计相”，就是负责律历的丞相，用来指称临时抽调到丞相府，协助萧何处理计量事务的张苍，虽说是不合官制的俗称，就工作内容和实际地位而言，倒也是相当适宜。

张苍在丞相府协助萧何工作了四年，高帝十一年，淮南王英布造反被诛灭，刘邦封皇子刘长为淮南王，张苍被任命为淮南国丞相，辅佐年幼的国王，在淮南国都寿春（今安徽寿县），整整待了十四年之久，成为淮南国实际上的统治者，将淮南国治理得政通人和，有条不紊，如同曹参在齐国时一样。

张苍离开淮南国进京，当在高后八年后九月。同年九月，长安发生诛吕之变，吕氏政权瓦解，吕氏家族和惠帝系皇子被诛灭，以相国吕产为首的一大批政府官员，或者被诛杀，或者被撤职。后九月，代王刘恒进京即皇帝位，在以丞相陈平为首的新政府名单中，出现了张苍的名字，他被任命为御史大夫，取代了吕后任命的御史大夫、官二代曹窋，成为拥立文帝的主要大臣之一。

张苍为御史大夫四年，作为副丞相，先后协助周勃、陈平、灌婴三位丞相工作。文帝四年十二月，丞相灌婴去世，正月，张苍被任命为丞相，一直到文帝后元二年以年老免相，整整做了十五年丞相，被称为一代名相。

名相张苍的政绩，最重要的就是制定汉朝的律历制度。司马迁在《史记·太史公自序》中，概括汉帝国建立后之制度建设说："汉兴，萧何次律令，韩信申军法，张苍为章程，叔孙通定礼仪。"是说汉朝的律令制度，是由萧何主持制定的；军法军制，是由韩信主持制定的；度量衡和历法制度，是由张苍主持制定的；朝仪和宗庙祭祀等礼仪，是由叔孙通主持制定的。萧何"次律令"和韩信"申军法"，都开始于汉元年，刘邦集团到汉中就国以后。[1]张苍"为章程"，始于高帝六年张苍调入丞相府，担任计相的工作以后。叔孙通"定礼仪"，始于高帝五年，刘邦即皇帝位时。[2]四位汉帝国诸种制度之奠基者，有一个共同的特点，就是以秦朝的制度为基础，基本继承而又有所变更。

张苍是律历专家，通晓阴阳五行和五德终始之说。五德之运的推算，当从律历着手，正如推算人之命相，从生辰八字开始。张苍认为，刘邦军破秦入关，抵达霸上的时间，正好是十月。十月，是秦国的历法，也就是颛顼历新年开始的第一个月，这是吉兆，显示了汉将继承秦的天意，不可变更。他据此推算汉朝的国运，得出当是水德的结论。他又由汉当水德的结论，结合汉用秦历秦法秦制，全面继承秦朝的现实，反推出秦朝的国运也是水德的见解。按照水德说，颜色尚黑，数字是六，合于颛顼历，以十月为岁首……[3]

贾谊是通晓诸子百家的达人，其思想的根基，与张苍以及汉初的主要政要们，如曹参和陈平等人相同，都是黄老道家。贾谊

---

[1] 参见《楚亡》第一章七"汉中对"。

[2] 参见本书第一章十"当皇帝的滋味"。

[3] 有关秦始皇采用水德的记载，是司马迁写入《史记·秦始皇本纪》的一个历史故事，作为史料而言，可信度低。这个故事所涉及的制度性内容，不但与文献检索的结果不符，也与考古发掘的结果不合。简而言之，秦用水德说，不是当时的历史事实，而是后代的历史观念。追究这个观念的出现，当源于张苍的逆推。对此，我另有专文论述。

所拟定的改革方案，也是基于五德终始说的推算。不过，贾谊的推算，是从纠正张苍推算的基点开始的。贾谊以为，汉不是秦的继承者，而是革命者。秦朝的国运是水德，汉灭秦取而代之，其国运应当是土德，水来土挡，以土克水之谓也。黄色是土德的颜色，五是土德的数字，历法当用夏历，以正月为岁首，云云。

贾谊全面改制方案的提出，在文帝三年到四年之间。当时的长安政局，周勃罢相，回到封国赋闲家居，在京城无职的列侯，也不得不纷纷离京，回国养老。此时的贾谊，益发得到汉文帝的信任和看重，打算提拔他出任公卿，担当国务大臣的重任，继续推行新的改革。

然而，列侯之国策的推行，已经严重地损害了功臣列侯们的利益，引来他们极大的不满，但迫于文帝宫廷的持续压力，功臣列侯们不得不退让隐忍。如今，这不知天高地厚的黄毛小子又跳出来，要革命改制，还要出任九卿大臣，是可忍孰不可忍。于是，元老功臣们再一次携手联合，集体站出来谴责贾谊，阻止汉文帝继续放任他胡作非为，扰乱国政。

史书上说："于是天子议以（贾）谊任公卿之位。绛灌、东阳侯、冯敬之属尽害之，乃毁谊曰：'洛阳之人年少初学，专欲擅权，纷乱诸事。'于是天子后亦疏之，不用其议，以谊为长沙王太傅。"意思是说，于是汉文帝打算重用贾谊，委以公卿的重任，以绛侯周勃、颍阴侯灌婴、东阳侯张相如、御史大夫冯敬为首的元老功臣们联合上书，攻击贾谊，说是不知哪里冒出来的洛阳人，年纪轻轻，学问浅薄，一心擅权用事，扰乱了政治秩序，破坏了政治安定，云云。于是，汉文帝逐渐疏远贾谊，不再采用他的意见。不久，贾谊被左迁出京，打发到遥远的长沙国去做王太傅，相当于政治流放。

我读这段史书，整理这段历史，不时有所心得。贾谊被流放到长沙国，是在文帝四年二月。其时，绛侯周勃已经回到封国河东郡绛国（三年十二月），颍阴侯灌婴已经死去（四年十二月），皆与流放贾谊无直接的关系。东阳侯张相如是高祖功臣，曾任河间太守，在平定陈豨之乱中因军功封侯，在功臣列侯中排名第一百一十八位，是军功受益阶层的后起之秀。文帝十四年，他出任大将军，统领各路军队出击匈奴，可谓文帝中后期的军中领袖。冯敬是秦将冯无择的儿子，曾经做过魏王魏豹的骑将，韩信破魏，冯敬归降成为汉军将领。贾谊被流放时，他是新任的御史大夫。

所以说，读这段史书，攻击贾谊的“绛灌之属”，当是以虚代实，指代周勃灌婴一辈的元老功臣。东阳侯和冯敬，是以实代实，指代张相如和冯敬这一批稍后的元老功臣。不过，这段概述中漏掉了一个极为重要的人物，就是北平侯张苍，当政的丞相。

《史记·张丞相列传》太史公曰：“张苍文学律历，为汉名相，而绌贾生、公孙臣等言正朔服色事而不遵，明用秦之颛顼历。”意思是说，张苍通晓律历，是汉朝的一代名相，他罢黜了贾谊和公孙臣等人要求改正朔易服色的请求，明确汉用秦朝的颛顼历，沿用其正朔服色的传统。

所以说，计相张苍，是汉承秦制的守护者，也是汉朝国运正当水德的判定和制定者，逆推秦朝国运当是水德的始作俑者。贾谊鼓吹土德改制时，张苍正在丞相任上，在他的主持下，联合御史大夫冯敬、大将军张相如等一帮功臣，不但驳斥了贾谊的提议，而且施加压力，迫使文帝将贾谊左迁到长沙国去。张苍其人，正是罢黜贾谊的主谋。

张苍出任汉朝丞相的第十个年头，也就是文帝十四年，鲁国人公孙臣又来上书请求改制，说是经过自己的推算，汉朝的国运当是土德，而不是秦朝的水德，应当改正朔用夏历，易服色用黄色。公孙臣的上书，与贾谊如出一辙，可谓未竟事业的前赴后继。不过，公孙臣这次棋高一着，他在上书的同时提出一个预言，说是呼应土德，将有黄龙祥瑞出现。张苍坚持己见，再次予以驳斥，罢黜了公孙臣的改制方案。

富有戏剧性的是，公孙臣上书的次年，也就是文帝十五年（前165），果然有黄龙出现在陇西郡成纪县（今甘肃静宁县西南）的报告传来。一时间，朝野震惊，文帝召见公孙臣，拜为博士，会同诸生，再一次讨论汉朝国运当是土德的问题，草拟改定历法和服色等事宜。年过八十的老丞相张苍，十分郁闷。他由此自责，谢病称老，逐渐淡出政界，三年后，也就是文帝后元二年，因病免去丞相职位，由另一位高祖功臣、故安侯申屠嘉接任。

张苍去世于景帝五年（前152），也就是退休免相后第十年。史书上说，张苍长寿，活了“百余岁”。以百岁推算，张苍大概生于秦昭王五十五年（前251），比秦始皇小七岁，比刘邦小四岁，也是一位经历了战国、秦帝国和后战国时代的传奇人物。张苍是感恩厚德的人。当年，王陵从刑场上解救了他，他一辈子知恩图报，奉事王陵如同父亲。王陵死后，他奉事王陵夫人如同母亲。即便是贵为丞相时，到了十天一次的休沐日，往往是先去王陵府上，向王陵夫人请安，侍候王陵夫人进食，然后才回到自己家里。

据说，张苍的父亲很矮，不满五尺，不到1.15米，当是默默无闻的鼠辈。张苍身材高大，八尺有余，超过1.85米，大富大贵，封侯拜相。张苍的儿子辈也都身材高大，嫡子张奉也顺利地继承了侯位家业。到了孙子辈，又都变矮了，皆不满六尺，不到1.38米，嫡孙张类有罪失去了爵位，退回到了寻常百姓家。

我整理历史到这里，不禁有所感慨：古往今来，人生的命运，往往与容貌身材息息相关，美女艳妇自不待言。秦末汉初的几位知名男子，陈平美貌，韩信伟岸，项羽、刘邦各有异相，至于张苍家的隔代遗传，更是令人啧啧称奇。

六、来自单于的书信

自白登之围以来，汉朝与匈奴的关系，进入相对安稳的时期。汉朝承认匈奴的上国地位，定期定量缴纳贡赋和遣送公主和亲，以此为代价，换取匈奴不入侵、不支持反叛的回报。此后多年，汉匈之间，虽然局部的摩擦纠纷始终不断，却没有再爆发全面的冲突。

刘邦去世不久，惠帝继位之初，一封来自匈奴的国书，几乎再一次引发汉匈之间全面的军事冲突。

这封国书，由匈奴的使者带到长安，呈送汉朝朝廷，国书的发信人，是匈奴单于冒顿。这封国书，本是新皇帝继位以后，两国之间延续旧交的寻常外交文书。然而，不寻常的是，这封信的收信人，不是汉朝皇帝刘盈，而是皇太后吕雉。在信中，冒顿单于自称“孤偾之君”，也就是孤独难立之人。说自己出生于湿地沼泽之中，成长于牛马遍野的草原，多次来到两国的边境，很想到中国游玩。想到女主（吕后）你刚刚失去了丈夫，也同我一样孤独难立。如今，你我两位君主都不快乐，不能独自得到安慰。不如彼此以其所有，互换彼此所无……

匈奴，没有自己的文字。这封国书，用汉文写成，当是在单于身边任职的汉人，按照冒顿的口述翻译拟定。见字读文，如见其人其事。两千年后的今天，我们读这封国书，依然能够感受到冒顿单于的傲慢无礼，一种居高临下的胁迫，戏谑轻佻的挑逗，从字里行间宣泄而出。

据说，吕后读到这封来信后，当即大为愤怒，马上召集大臣们商议对策。廷议上，吕后的妹夫、勇将樊哙义愤填膺，力主斩杀使者，对匈奴开战。他怒不可遏地吼道：“臣下愿得十万兵马，横扫匈奴。”

当时，中郎将季布在场，他冷冷地说道：“樊将军妄言欺瞒，其罪当斩。想当年，韩王信造反于代国地区[1]，高皇帝亲率三十二万大军，进军平城，被匈奴围困于白登山。当时，你樊哙身为上将军，不能解围救难。如今，汉与匈奴之间的实力差异依旧，平城之围的伤病者尚未痊愈，哀痛之声尚不绝于耳，樊将军你，凭什么能以十万之众横行匈奴，难道不是当面欺瞒吗？”

樊哙一时语塞，当即泄了气。

季布见状，转换话锋说道：“匈奴，属夷狄之类。夷狄之人，宛若禽兽，得到他们的好话，不必欢喜，听到他们的恶言，也不必愤怒。当以平常之心，泰然处之。”

……

当时，主持汉朝政府工作的丞相是平阳侯曹参，负责汉朝宫廷事务的郎中令是曲逆侯陈平，他们与诸位老臣都是久经沙场的宿将，大多亲历过平城之围的困苦，珍惜眼下得之不易的安定局面。对于冒顿的挑衅，他们多持隐忍负重的态度，不希望轻言开战，破坏了初见成效的休养生息。

---

[1]《汉书·匈奴列传》作“陈豨反于代”。开元按：陈豨是高帝七年平城之围的汉军参与者。陈豨反于代，是高帝十年事，已在平城之围后。平城之围前，反叛及于代国地区者，是韩王信。说见《汉书补注》引齐召南曰。白登之围事，参见本书第二章三“白登之围”。

贤明的吕后，接受了季布的意见，下令大谒者令张释，草拟回信，派遣使者，呈送冒顿单于。在回信中，吕后重申遵循高皇帝以来的方针，继续汉匈和亲之意。对于冒顿的个人意愿和轻狂之语，回信中以吕后个人的语气写道："单于不忘敝国，赐送国书到来。惶恐拜读后，退而有所思量。自度如今，已是年老气衰，发齿脱落，步行颟顸。想来，单于当是误听了对于我的赞美之言，实在是不足以为信。检讨两国关系，敝国并无开罪于贵国的地方，有不周全处，尚望宽赦见谅。在下备有御车二乘，马八匹，奉送以作出行之用"，云云。

冒顿单于收到吕后的回信后，再次派遣使者携国书前往长安，表达了继续和亲友好的意愿。在国书中，冒顿表示了歉意，说自己"对于中国的礼仪文化，未曾有所听闻，尚望恩幸赦免"云云。同时，送来良马若干匹，作为吕后馈赠的回礼。

冒顿单于与吕后间的这次书信往来，大概是在惠帝三年春。事后，汉朝选取一位诸侯王女，作为公主，嫁送匈奴，按照白登之围后所订的条约，继续汉朝与匈奴之间的和亲。

惠帝在位七年，汉朝与匈奴相安无事。吕后在位八年，除了高后六年六月和七年十二月，匈奴两次侵入陇西郡狄道县一带外，汉朝与匈奴之间，也基本相安无事。之所以相安无事，汉朝奉行和亲政策，满足了匈奴的物质欲望，固然是重要的原因，更重要的原因是，在这段时间中，匈奴致力于向西北方向扩张，暂时无力南下。

文帝继位以后，继续维持与匈奴的和亲政策。然而，文帝三年五月，统治匈奴西部地区的右贤王，越过汉朝与匈奴的边界，穿越阳山山口，渡过黄河，攻占了汉朝的九原郡地区（今内蒙古河套地区）。进入这一地区的匈奴右贤王部，不但大肆捕杀汉朝的将士官吏，而且继续南下，侵入上郡，攻击已经归属汉朝、居住在这一带的戎狄部落。

汉初的上郡，大致包括今陕西北部的延安市、榆林市和内蒙古鄂尔多斯市的部分地区，郡治在高奴县（今陕西延安），南接汉朝首都长安所在的内史地区。[1]匈奴骑兵进入上郡，长安震动，文帝下达诏令，谴责匈奴违约无道，大规模动员汉军备战。征调中尉所属的步兵部队，由卫将军宋昌统领，加强首都地区的防卫警戒。任命丞相灌婴为大将军，统领八万车骑兵开赴高奴，迎击匈奴。在这次大规模的军事行动中，文帝亲自北上，经由甘泉宫（今陕西淳化）前往高奴，以示督军亲征的决心。

攻占了九原郡地区的右贤王，得到汉军大规模动员、文帝亲征的消息后，主动退到了塞外。灌婴所统领的汉军车骑部队，也不出塞追赶。不久，汉朝国内发生济北王刘兴居的叛乱，汉军主力南调平叛，汉匈双方大规模的武装冲突结束。

由于右贤王的这次南下入侵，汉朝封锁了边境要塞，停止了与匈奴的一切往来，汉匈关系，一时陷于僵持。文帝六年六月，冒顿单于派遣亲信近臣系乎浅[2]，携带礼物，前往汉朝的边关（薪望）交涉，郑重递交了一封呈送汉文帝的国书。这封国书，也用汉文写成，首尾完整，内容丰富，是一件不可多得的有关匈奴以及西域地区的文献资料，兹转译并稍加注释如下：

上天所立的匈奴大单于，敬问皇帝无恙。

[1] 谭其骧主编《中国历史地图》第二册，据《水经注》定秦汉上郡郡治肤施县（今陕西榆林南）。《中国行政区划通史·秦汉卷》（第528页）据《张家山汉简·秩禄》，认为上郡郡治可能在高奴县，今从之。

[2] 人名，冒顿单于的亲信近臣，其在匈奴的官职，相当于汉朝的郎中一类。

前时[1]，皇帝遣使送信，表示了继续和亲的意愿，国书合意，彼此交欢。

后来，汉朝的边防官吏，侵辱我右贤王。右贤王不告知我，听从后义卢侯难支[2]等人的谋划，与汉朝边防官吏互相仇恨，引发冲突，破坏了大单于与皇帝之间的和亲之约，疏远了彼此间的兄弟之情。皇帝再次送了责难的书信来，我也派遣使者携带回信前往，却至今没有归来，汉朝也再无使者前来。[3]汉朝以此之故，与我匈奴不和，四周相邻之国，也因此不亲附我匈奴。

不久前，我以后义卢侯等小吏破坏和约的过失，惩罚右贤王，派遣他前往西方攻击月氏国。有赖于上天福佑，将士精良，马匹强健，终于攻灭了月氏[4]，抗拒者尽被斩杀，留存者都归附投降，一举平定。月氏以外，楼兰、乌孙、呼揭[5]，以及周边的二十六国，全都加入匈奴，举凡骑马射箭之民，通通并为一家，北方世界，从此安定。

如今，我愿意寝兵休士养马，消除不欢之前嫌，恢复和亲之旧约，以此安定边民，以此合于古训，使年少者得到顺利成长的空间，年老者得到颐养天年的居所，世世代代，和平安乐。

由于尚未得知皇帝的意向，特派遣郎中系乎浅，奉国书请谒，

---

[1] 文帝即位之初，继续与匈奴修好和亲关系。

[2] 后义卢侯，匈奴官职的汉文比定，相当于汉朝列侯一类。难支，人名，为右贤王部下首领。

[3] 右贤王入侵事件后，文帝曾经派遣使者到匈奴，递交了谴责入侵的国书。受到谴责的冒顿，也有国书回复。汉朝拒绝认可冒顿的回复，扣留了匈奴的使者，也没有回信，终止了与匈奴的关系。

[4] 古代游牧民族所建立的国家，最初活动在从祁连山到阿尔泰山的广大地区，受到匈奴的攻击后，大部西迁，辗转迁徙到中亚的阿姆河地区，史称大月氏。小部分月氏人越过祁连山，进入今青海省地区，与羌人融合共存，史称小月氏。

[5] 皆为当时西域地区的国名。

并献骆驼一头，骑马二匹，挽马八匹。

信的结尾说：如果皇帝不希望匈奴靠近边塞，我将诏令吏民远离。使者抵达后，请及时遣返，不使滞留，云云。

国书被传送到首都长安后，文帝召集群臣，商议对策，确定如何处理与匈奴的关系，是继续对峙还是恢复和亲。公卿大臣们一致认为，匈奴刚刚征服月氏和西域各国，正是最为强盛的时候，汉朝不可与其争锋相斗。况且，匈奴乃游牧之国，汉朝即使攻占了它的土地，也无法居住生存。既然单于来使通好，还是继续和亲为上。文帝接受了大臣们的意见，回复冒顿单于书信如下：

皇帝敬问匈奴大单于无恙。

大单于派遣使者系乎浅，送来给朕的亲书，说是“愿意寝兵休士，蠲除前嫌，恢复和亲之旧约，以使边民安居乐业，世代和平”。朕甚为赞同，这才是古来圣王的心志。汉朝与匈奴，缔结和约，结为兄弟。因此之故，赠送单于之礼物，甚为丰厚。然而，违背和约，离弃兄弟之亲情者，常常是在匈奴。不过，右贤王入侵的事件，在赦免颁行之前，望不要深究诛罚。单于如果认同书信中所言，请明告各级官吏，不要违背约定，而要恪守信用。汉朝也将如约信守，如单于来信所言。

又，使者传言，单于亲临战事，合并诸国，甚有功绩，多有劳苦。特备绣花丝织之夹衣、夹短袄、夹长袍各一件，篦子一副、黄金珠贝腰带一条、绣花丝绸十匹、锦缎三十匹、红色和绿色丝绸各四十匹，派遣中大夫意和谒者令肩，携带前往，出使赠送单于。

经过这一番周折，汉朝与匈奴的关系，又恢复了和亲之约的旧日之好。

七、单于谋臣中行说

我读冒顿单于与吕后和文帝间的往来国书，常常想到一个问题：这些匈奴国书，都用汉字写成。汉字，从这个时候开始，已经成为一种国际间沟通不同语言的通用文字，汉字文化圈的形成，也由此有了雏形。中国有句老话，文若其人。我进而想到，这些用汉字书写国书的人，究竟是些什么人？

汉朝给匈奴的国书，由讲汉语，长于汉字写作的官僚们书写。最清楚的是吕后给冒顿单于的回信，有名有姓，是大谒者令张释的作品。[1] 与此相对，匈奴给汉朝的国书，当由长于汉字书写的匈奴人写成。考诸史书，这些人多是从汉朝进入匈奴的汉人，不但讲汉语，长于汉字书写，也通晓匈奴的语言，他们可谓是国际交流的先行者，最早的翻译。

据《史记·匈奴列传》的记载，文帝六年，冒顿单于去世，其子稽粥继位，是为老上单于。老上单于子承父业，继续维持与汉朝的和亲政策。汉文帝沿袭旧事，从皇族宗室中选取公主，嫁入匈奴为单于阏氏。当时，中行说是公主身边的宦者，负责文化教育。诏令下来，公主和亲，要中行说随同。中行说不愿意去，被强制前往。中行说恨恨道："必定强制我去，一定成为汉朝的祸患！"到了匈奴，当即归附老上单于，成为单于身边的近臣，甚得宠信。

匈奴与汉朝和亲，汉朝的丝绸和食物，最为匈奴人所喜爱珍惜。中行说劝谏单于说："匈奴的人口数量，不及汉朝的一个大

[1] 张释其人其事，见本书第五章五“刘吕联姻的成败得失”。

郡。然而，匈奴之所以强盛，正是因为衣食不同，不必仰给于汉朝。如果单于变更草原的习俗，一味喜好汉朝的物品，后果不堪设想。汉朝只要将其所产物品的十分之二输入到匈奴来，整个匈奴，都会动了归属于汉朝的心。”

据说，老上单于接受了中行说的劝谏，令人穿上文帝所赠送的丝绸衣袍，骑马驰骋于草丛荆棘中，内外皆被撕裂，以此宣示不如草原毛皮衣裤之坚实耐用。又将汉朝的食品抛弃于地，以此宣示不如畜肉乳品之便利美味。得到单于任用的中行说，进而教单于左右文字和算术，用来统计人数、牲畜和物品。游牧帝国匈奴，开始进入使用文字，可以数字计算的新时代。

中行说劝谏单于的故事，初读时，多感受到个人恩怨的宣泄，情绪化的偏激。再读时，体会到农耕和游牧两种文明的冲突，但有些不近情理。至今又读，因为熟悉了贾谊，方才能够深入文辞背后而有所发明领悟。中行说的言行，皆是有所发而言，有所指而行，字字句句，都落在实事上。

匈奴的威胁，是贾谊深切关注的问题，他曾经上书汉文帝，提出一整套对付匈奴的计划，其中有“设五饵”的方策。[1]“设五饵”，就是设置五种诱饵，提供给匈奴的使者和降者，借此传播开去，瓦解匈奴的人心，吸引匈奴人归附汉朝。第一种诱饵，是美丽的车马服饰，用来惑乱匈奴人的眼睛。第二种诱饵，是鲜美的饭菜佳肴，用来惑乱匈奴人的胃口。第三种诱饵，是曼妙的舞蹈音乐，用来惑乱匈奴人的耳朵。第四种诱饵，是豪富的邸宅居所，用来惑乱匈奴人的心胸。第五种诱饵，是荣宠胡人，从少年开始，用来惑乱匈奴人的忠诚。

---

[1] 原文见贾谊《新书·匈奴》。

与“设五饵”相配合，贾谊还提出了“厚资翁主”的计划。“翁主”，就是诸侯王女。汉朝与匈奴和亲，多从诸侯王女中选拔。他提议，在和亲出嫁翁主时，陪嫁不但要资财丰厚，而且要人员充足。充足的人员中，不但有足够的保姆师傅，也要安排众多的家臣属吏。选拔的保傅家臣，要多谋善察，让他们肩负间谍的使命，观察匈奴的山川地形，打探匈奴的动向计划，帮助汉朝掌握匈奴的情况。

由此看来，被强制随翁主去匈奴的中行说，正是贾谊“厚资翁主”计划中的保傅家臣。史书上说，中行说是燕国人，他所陪同的翁主，当属于燕康王刘嘉一系。刘嘉是刘泽的儿子，刘泽本是琅邪王，文帝元年徙封为燕王。中行这个姓氏，本是晋国的大族，执掌国政的六卿之一。韩赵魏三家分晋以后，先后逃到邯郸、中山，最后到了齐国。中行说其人，当属这个家族的一员，伴随刘泽的徙封来到了燕国。

史书上说，中行说是宦者。在这个时代，宦的语义，是在宫中内廷任职。宦者，就是任职于宫内，侍官于王之人。其中由阉人出仕者，称为阉宦，当是少数。根据贾谊的“厚资翁主”计划，随同和亲的保傅，主要从有见识的谋士中选拔。中行说正是如此一位有来历、有见识、有个性的谋略之士。他之背叛汉朝归降匈奴，使匈奴得到知己知彼的利器，使汉朝处处受到掣肘反制，汉朝与匈奴间的博弈，也由此进入更高的阶段。

毫无疑问，中行说本是贾谊“厚资翁主”计划的参与者，了解整套计划。投降匈奴以后，他针对贾谊的计划，一一制定对策。匈奴撕裂丝绸、抛撒粮食的行动，都是他策划的，是针对贾谊“设五饵”计划的反制。从此以后，中行说成了单于的军师谋士，活跃在王廷，时时处处与汉朝针锋相对。

古代的书信，用笔墨书写于木牍或者竹简上，用绳索连片编成策，束成卷，再用绳索捆结。在捆绳的打结处，或者是内装书信的盒子袋子的开口处，用黏土封住，是为封泥。封泥上加盖印章，是为印封。在古代华夏社会，木牍竹简的长宽，书写的格式，字词的使用，都有规定和惯例，一一对应礼制传统下的等级尊卑。

汉朝发送匈奴的国书，用一尺一寸的木牍书写，以“皇帝敬问匈奴大单于无恙”开篇，以“赠送物品若干云云”结尾。熟悉这一套规矩的中行说，逆反较劲。在他的主持下，匈奴发送汉朝的国书，用一尺二寸的木牍，以“天地所生日月所置匈奴大单于敬问汉皇帝无恙”开篇，所用的封泥和印章，都比汉朝的大，处处压汉朝一头，显示匈奴在汉朝之上，是上国兄长。

当时，汉朝和匈奴互为敌国。所谓敌国，就是实力不相上下、相互对抗之国。两国的君臣，关心敌方对己方的看法，两国的使臣，常常之敌方争辩挖苦。据说，汉朝使者到了匈奴，曾经指责匈奴贱待老人，完全是野蛮的习俗。中行说反驳说：“年迈父母，平时节衣缩食，攒下好食好衣，待到青壮年被征发屯戍从军的时候，悉数取来作为行李送别。你们汉朝难道没有这种习俗吗？”

汉朝的使者被问住，怏怏答道：“是有。”

中行说不依不饶，继续诘难道：“攻伐战斗，是匈奴人生存的本事。老弱不能战斗，所以将肥美的食物提供给壮健的人，也是出于保护自我。如此习俗之下，老弱的父亲和壮健的儿子各有取舍、各有所得而能长久互保。请问，匈奴轻贱老人的话，从何谈起？”

汉朝使者不答，转换话题问道：“在你们匈奴，父子睡在同一帐篷里。父亲死了，儿子收后母为妻；哥哥死了，弟弟收嫂子为妻。衣冠文明何在，内外礼仪何有？”

中行说答道：“食畜肉，饮畜乳，穿畜皮，是匈奴的习俗。牛羊吃草饮水，因季节随水草转移。匈奴人适应这种生活，紧急时上马引弓出战，宽缓时游乐自在放牧，约束命令简便，收放自如易行。君臣上下，关系简易，一国的治理，宛如一人支使自己的身体。”

说到这里，中行说加重了语气道：“父子兄弟之间，之所以收妻自娶，是要防止种姓血统的外流。因此之故，匈奴即使有叛乱，也必定拥立同一种姓。而中国的习俗呢，耕田采桑，求食求衣，修筑城郭，自备自守。汉人适应这种生活，紧急时不习攻占，宽缓时疲于作业。不娶父兄之妻的结果，是亲族愈益疏远而自相残杀，一直闹到异姓革命。种种祸患的根子，都在这里。”

痛斥汉朝使臣，重重发泄一通后，中行说打住话头，呵斥道：“嘿嘿！住土房子的人，不要喋喋不休，多费口舌。你们的那些冠带，有啥用处？”

据说，从此以后，到来的汉朝使臣，只要有想要辩论者，中行说就打断呵斥道：“汉朝使臣，无须多言。我们关心的，只在你们输送的丝绸谷物，必须合于数量，必须质量善美，有什么可以多说的？供奉的东西，量足质美就好；如果量不足质不好，等到秋天熟了，骑马践踏你们的庄稼！”

……

我们已经叙述过，自白登之围后，汉朝与匈奴的关系，是兄弟敌对之国。匈奴在上为兄，汉朝在下为弟，双方划界而治，彼此抗衡对峙。汉匈之间缔结和亲，汉朝以送公主为单于阏氏，定期定量输送丝绸谷物为代价，换取匈奴不扰境入侵、不干预内政的约定。西汉初年，从汉高祖到汉景帝的六十余年间，汉朝与匈奴间的种种事情，都在这个架构之中。边境纠纷，单于国书，中行说诘难汉朝使臣等，都以此为历史背景。

贾谊，是最早为此痛心疾首、提出变更逆转之方策的人。他在《上治安策》中称这种状况为“首足倒悬之势”。他说，天子是天下之首，应当居上，蛮夷是天下之足，应当在下。如今匈奴在上发号施令，操持着天子的权柄，汉朝向匈奴贡送丝绸谷物，在尽臣下的礼数。如此首足颠倒，不但事情不可言喻，更暴露国中无人。他所提出的“设五饵”等方策，遭到中行说针锋相对的反制后，进一步提出了设置属国，并请求亲力亲为，宣言降服单于之时，一定要抓捕中行说，挥鞭痛打。

中行说与贾谊，一为单于所宠信，一为皇帝所亲近，同为君王身边的近幸谋臣，皆是善于策划的改革之臣。他们各为其主，针锋相对，出招拆招，在汉匈两大敌国之间，扮演着外交政策制定者的角色。考察这个时代的汉匈关系，离不开这两位编剧的策划。贾谊去世早，他的诸多方策，在文帝时代并未得到施行。中行说活得久，老上单于死，儿子军臣单于即位后，依旧任用他，继续为匈奴谋划种种方策。

八、匈奴的汉人族群

历史地看，汉人中行说进入匈奴，成为匈奴人，活跃于汉匈之间，并非特殊的个例，而是万千同类中难得的史书留存。

自战国秦汉以来，匈奴成为北方中原各国的主要敌国。中原城郭之国与草原游牧之国间，通过征战和亲，不仅有了经常的物质交往、商贸往还，彼此间的人员交流，移民杂居，混血通婚，也逐渐成为时流常态。当初的涓涓细流，流淌数百年后，到了魏晋之末，竟然汇聚成为改变历史的滔滔洪流。经历五胡乱华，南北朝之对立，主导历史进程者，正是由胡入汉的北朝。也正是在此胡汉合流的延续上，诞生了隋唐帝国的新时代。以古观今，以前望后，可谓始所未曾料及，历史难以预测。以今观古，以后望前，可谓察微知著，历史自有来龙去脉。

汉人之称，始自汉朝建立以来。秦以前，中原城郭之人，混居入草原者，由于记载欠缺，已经难以考察。入汉以后，史书有所记载，逐渐可以钩沉。

高帝六年底，韩王信举国投降匈奴，开了华夏之国附属匈奴的先声。高帝十一年，韩王信被汉军追杀，太子率领亲族和残部，逃亡进入草原，从此成为匈奴之一部。他们在匈奴如何生存活动、后续繁衍的情况，由于史书不载，我们几乎完全不了解。不过，韩王信的庶子韩颓当，后来回到汉朝封了侯，在平定吴楚七国之乱中军功卓著。以他为代表的韩王信的后人，又在汉朝发达起来，留下了宝贵的历史记录。

韩颓当生于匈奴颓当城，故址在今内蒙古呼和浩特东北，时间在高帝六年到十一年之间，他的名字，取自出生地。韩颓当回到汉朝，是在文帝十六年。据史书记载，这一年，匈奴相国韩颓当，率领亲族和部众回归汉朝，受到汉朝政府的优宠厚待。韩颓当被封为弓高侯，封国在今河北景县东北，食邑二千二百三十七户。与韩颓当一起回到汉朝的，还有他的侄子、韩王信太子之子、匈奴相国韩婴，被封为襄城侯。此举开了汉朝政府分封匈奴降将为侯的先例。

在景帝三年爆发的吴楚七国之乱中，弓高侯韩颓当领军平定齐国地区，围困了胶西国都城高密。据《史记·吴王濞列传》的记载，高密围城之下，韩颓当与参与叛乱的胶西王刘卬之间，有一段非常精彩的交涉，往还的内容，包括书信、对话、朗读诏书等，不但涉及古代的外交辞令、气节仪礼，韩颓当及其部众在匈奴中的生存状况，也可由此推断出几分。

这段记事，说韩颓当先是修书送入城中，要刘卬在投降与抵抗中做出选择。刘卬在城头肉袒叩头谢罪，高声喊道："罪臣卬，未能谨慎奉守法令，惊骇了百姓，劳苦将军远道而来，到穷国僻乡。臣罪深重，敢请菹醢的死罪。"

韩颓当站在汉军所筑的围城壁垒上，手持金鼓，以示随时击鼓进军。听了刘卬的喊话，他高声回应道："王用兵，也是辛苦了。希望你回答，为何要发兵？"

刘卬低头下跪，回答说："不久前，晁错得天子宠信，当权主事，变更高皇帝的法令，侵夺诸侯国的领土。卬等诸侯认为，此举不法不义，担心由此败乱天下。七国之所以发兵，就是为了诛杀晁错。现在，听说晁错已经被诛杀，卬等谨当罢兵自归。"

韩颓当道："如果王真以为晁错为恶不善，为何不上书闻达天子？反而是没有诏令、虎符，擅自发兵攻击守义不反的齐国。由此看来，起兵的意图，并非在诛杀晁错。"

说到这里，韩颓当取出诏书高声宣读。宣读完毕，说道："何去何从，请王自己思量。"

刘卬道："如同卬等这样的人，死有余辜。"当即自杀。

刘卬自杀的消息传来，他的母亲和太子也都自杀身亡。

……

我读这一段记事，最感兴趣者，在于韩颓当的汉文水平。前面已经说过，韩颓当生于匈奴之颓当城，在匈奴生活了大约三十五年，完全是一位生于匈奴，长于匈奴的匈奴人。[1]然而，从他在高密城下与刘印的交涉往还来看，他的汉文水平相当高，能听能说能写，与胶西王刘印在同一水平，文化内涵也相当深厚。

我在海外生活多年，深知侨居地的语言文化环境，对于下一代有不可抗拒的决定性影响。语言是文化之本，族群以语言划分，语言影响思维，文化决定归属。我以韩颓当之语言文化水平为线索，大胆推断韩王信部众在匈奴的生存状况。

我们已经谈到过，匈奴帝国，与历史上所有的游牧帝国一样，是众多的游牧族群的联合体，他们语言不同，没有文字。其主体族群，就是最强大的族群，其他的族群被征服后编入联盟体系中，以服从听命、纳贡联姻等为条件，保留族群的领地，维持族群固有的生活方式。对于匈奴的国情，汉朝人往往用华夏文化的观念来比况，以皇帝比况单于，以诸侯王国比况大族群联合体，侯国比况小族群联合体，再以王侯将相等爵位官职比况匈奴帝国内的各种上下关系。至于民风习俗上的差异，更因文化观念的不同而多生龃龉。

韩王信归附匈奴以前，有燕王臧荼的亲族亡归匈奴。高帝六年，燕王臧荼造反，国破身擒，他的儿子臧衍逃亡到匈奴，成了匈奴人。高帝十一年，燕王卢绾的使者张胜出使匈奴，见到臧衍，接受了他的建议，和好匈奴以求自保。[2]

高帝十二年，燕王卢绾被逼反，带领亲族部下数千人，逃亡

---

[1] 韩颓当，生于高帝六年（韩王信亡入匈奴之年）到十一年（韩王信死年）之间。若以他生于高帝七年（前 200）计算，到文帝十六年（前 164）回到汉朝，在匈奴生活了三十五年。到景帝三年（前 154）参加平定吴楚之乱，韩颓当在汉朝生活了十年，年纪约为四十六岁。

[2] 参见本书第三章九“燕王卢绾的苦境”。

到匈奴，被封东胡卢王，从此成为匈奴的一部。东胡卢王的部众，多是亡入匈奴的燕国人。景帝中元六年，他们在卢绾的孙子、东胡卢王卢它之率领下，投降了汉朝。卢它之被封为亚谷侯，封地在今河北雄县东，封户一千五百。

韩王信率领部众进入匈奴，在高帝七年，白登之围前，从此以后，成为匈奴中的汉人族群。史书上没有记载单于给予他的封号，以卢绾的事例来看，地位当在匈奴的小王一级，保留了固有的韩王称号。[1]

韩颓当生于颓当城，在今呼和浩特东部的草原上。匈奴人是游牧族群，随水草迁徙，不筑城定居。颓当城，当是韩王信部众进入匈奴后所筑的土城。他们以颓当城为中心，聚族而居，保持着自己的语言文化和生活习惯，甚至保留了部分农耕。韩王信部众，继燕王卢绾及其部众以后，成为匈奴帝国中第二个汉人族群，又一个独立的小王级分部。

想来，正是因为这种生存环境的缘故，韩颓当虽然在匈奴中出生长大，生活了三十多年，依然能够保有高水平的汉文化，听说读写四会。同时，他也通晓匈奴的语言，习染了游牧族群骑马善射、崇尚强健武力的习俗，成为一位骁勇的骑兵战将。韩颓当率部回到汉朝，他的部下当和他经历相似，多是亡入匈奴的韩王信旧部的第二代。他们回到汉朝，是举部回归，扶老携幼，相当于整部迁移。

史书上说，弓高侯韩颓当，在平定吴楚七国之乱中“功冠诸

---

[1] 武帝元狩四年（前 119），霍去病领军东出代郡、右北平，大败匈奴左贤王，所获俘虏中，有“韩王”。匈奴之韩王称号，当由韩王信入匈奴后仍称韩王而来，其首领部众，或为留在匈奴的韩王信之亲族部下的后代。颇疑史书记载中韩颓当和韩婴的比拟类官称“匈奴相国”，或许为“匈奴韩王相国”。

将”，死后爵位传给儿子孙子。韩颓当何时死去，他儿子的名字，史书上都失载了。他的孙子名叫韩则，武帝元朔五年（前 124）继承了爵位，因为没有后嗣，死后侯国就被废除了。

韩颓当的侄子韩婴，是韩王信的嫡孙。他随韩颓当归汉以后，被封为襄城侯，封国在今河北大名县东，封户一千二百。韩婴死于文帝后元六年，爵位由嫡子韩释之继承。武帝元朔四年，韩释之有罪被判刑，侯国也被废除了。

在韩王信的后代中，庶出的孙子辈，有韩嫣、韩说两兄弟，继承了久在北方草原的家风，通胡事，擅骑射，显贵于武帝时代。韩嫣成为武帝最为喜爱的宠臣，韩说成为著名的将军。后来，韩说随大将军卫青出征匈奴有功，被封为列侯。韩说的庶子韩增，是昭宣时代的名将，也以军功封侯。宣帝甘露三年（前 51），汉宣帝思念股肱之臣，图画中兴汉朝的十一位名臣的肖像，留存于未央宫凌烟阁。车骑将军韩增，像在其中，与大将军霍光、典属国苏武等同列，彪炳于史册。

有汉一朝，封侯建国，是至高的荣誉。汉高祖刘邦死前，与王侯大臣间，立有“非功臣不侯”的誓言。《汉书》的作者班固，在列表整理汉朝列侯的封状时，特别关注到从匈奴归降汉朝而封侯的群体。他说，从西汉建国直到文帝时代，首先有韩颓当封弓高侯，韩婴封襄城侯，虽然来自域外，本来也是功臣的后代，无人有异议。到了景帝的时候，汉景帝想要分封归降的匈奴首领为侯，遭到了丞相周亚夫的反对。汉景帝斥退周亚夫的意见，分封了多位匈奴降将为列侯。

汉景帝的这次分封，在中元三年（前 147），两个月内，分封了七位匈奴降王为列侯，不可不谓震动朝野的大事。这七位被封的匈奴降王，集体被冠以归义侯的统称。他们分别是：安陵侯于军、垣侯赐、遒侯陆强、容成侯徐陆、易侯仆黥、范阳侯范代、翕侯邯郸。安陵侯国，故址在今河北省高阳县西南。垣侯国，故址在今河北省涿州市北。遒侯国，故址在今河北省涞水县北。容成侯国，故址在今河北省容城县北。易侯国，故址在今河北省容城县。范阳侯国，故址在今河北省定县西北。翕侯国，封国也当在相邻不远的同一地区。[1]

这些侯国的故址，以今天的行政区划而言，多在河北省的北部。以汉初的行政区划而言，都在燕国和赵国境内，以汉景帝时期的行政区划而言，都在涿郡境内。从这些匈奴降王的姓名来看，当是汉人。两年后，也就是景帝中元五年，燕王卢绾的儿子、匈奴东胡卢王卢它之，归降汉朝封亚谷侯。亚谷侯国，故址在今河北雄县，邻近安陵侯国和容成侯国。我据人名、地理、时间做大胆的推想，颇疑七位匈奴降王与东胡卢王卢它之相似可比，当属于同一类型，有类似的经历。他们以及他们的部众，当同卢它之及其部众类似，也是匈奴中的汉人族群，可谓匈奴化的汉人。

2018 年 10 月，我随北京大学西北考察团去内蒙古访古，河套地区正是考察的目的地。飞机从北京飞呼和浩特。窗外群山逶迤，燕山、晋北山地和阴山山麓，次第俯现。已是晚秋初冬时节，黄尘尘灰蒙蒙，少了些绿意，多了些苍茫。

呼和浩特地区，北有大青山屏障，东南隔南汉山与晋北相邻，向西向南，土默川平原绵延展开，久远以来，天苍苍野茫茫，风吹草低见牛羊，是游牧人的乐土。

战国时期，赵武灵王胡服骑射，引弓跨马北上西进，攻占了这一地区，设置云中郡，筑云中城以为郡治。《水经注》引《虞氏

---

[1] 参见马孟龙《西汉侯国地理》下编第三章一“匈奴归义侯国地理分布”。

记》说，赵武灵王进入河套地区，“昼见群鹄游于云中，徘徊经日，见大光在其下，武侯曰：‘此为我乎？’乃于其处筑城，今云中城是也”。

自赵武灵王设置云中郡以来，城郭农耕开始进入，侵蚀原有的水草游牧，这一带逐渐成为游牧文明与农耕文明的交错混合地。草原民族和中原民族，也围绕着这一地区反复争夺，久远漫长，几乎伴随着两千年中华帝国的全部历史。

云中古城，故址在今呼和浩特市托克托县古城镇古城村，巨大城址，至今犹存。2013年，“云中郡故址”成为国务院批准的全国重点文物保护单位，已经空置保护起来，尚未做发掘调查。

云中古城，被称为蒙古高原上第一座有记载的城市。战国末年，赵国名将李牧驻守北边，大败匈奴，他的屯驻之地，应当就在这里。秦统一天下，云中郡入秦，郡治依然在此。秦末天下大乱，胡马南下，这一带再次成为匈奴帝国统治下的游牧草原。进入匈奴的韩王信及其部众，正当生存活跃于此地。

韩颓当的出生地颓当城，故址尚未确定。据谭其骧先生主编的《中国历史地图集》第二册的标注，其故址在呼和浩特市东北，今察哈尔右旗境内，赵国长城以北，北魏长城以南，不知有何依据？我在桌上灯前，以图观之，不时心生遥远之感。迷茫中，飘然而至的声音，是那首古老的北朝民歌：

敕勒川，阴山下。天似穹庐，笼盖四野。

天苍苍野茫茫，风吹草低见牛羊。

歌者，是我的那位同乡谭维维。歌声悠远辽阔，高亢嘹亮。历史的悲凉，当代的怅望，一同洒落在大漠孤烟、落日西沉的朦胧中。“心随天地走，意被牛羊牵”，飘然而至的情思，透出几丝甘美，引领你回到远古往昔……

九、名医淳于意

文帝十三年（前 167）五月某日，汉文帝刘恒的公文案上，摆放着一通来自民间的请愿书。上书人是一位年轻的女性，姓淳于，名缇萦，来自齐国都城临淄。上书中写道："小女的父亲，是一名官吏，在齐国任上，有廉洁公平之称，如今犯法有罪，当受肉刑。小女由此伤痛有感：死了的人，生命不可以复活；受刑的人，肢体不可以再生；犯罪的人，虽然想改过自新，也没有重生之道啊。小女愿意没入官府做奴婢，赎换父亲的刑罚，得以改过自新。"

缇萦的上书，使文帝深受触动，他开始关注这桩事情，亲自查询过问。

淳于缇萦的父亲，叫作淳于意，是齐国的一名下级官吏，在都城临淄做太仓令，就是齐王粮仓的主管。不过，淳于意的另一个身份是医生，不是一般的医生，而是声闻天下的名医。

淳于意，齐国临淄人，生于汉二年（前 205），从小聪慧，喜爱医药方术。早年，淳于意听说剧县（今山东昌乐西）唐里人公孙光医术高明[1]，前往拜师求学。公孙光收下了他，教以各种医方、调和阴阳变化的医理以及口授心传的经验。淳于意虔敬细致，将这些教诲都一一笔录下来，反复揣摩，深得公孙光的赏识。

---

[1]《史记·仓公列传》曰："淄川唐里公孙光。"开元按：淄川国，文帝十六年分齐国临淄郡西部数县设置，国都剧县。此处之淄川唐里，当为淄川国国都剧县之唐里。参见周振鹤主编《中国行政区划通史·秦汉卷》，第 148 页。谭其骧主编《中国历史地图集》第二册，标注剧县在今山东昌乐西。

有了些心得进步，师徒相处融洽后，淳于意表露心迹，决心更深入地向公孙光讨教学习。公孙光领会淳于意的心意，笑答道："我年事已高，已经再难以行医处方了。从此以后，我的医术，不对你有任何保留，我自年少以来所接手的医方，也都会悉数传授给你，你务必守护，不可妄自传授给他人。"

淳于意当即匍匐答道："小子能够侍奉在老师身前，悉数得到秘方的传授，实在是幸运有福，死也不敢妄自传授给他人。"

从此以后，公孙光视淳于意为自己的继承人，将所有的医术医方，全部教授给了他。得到公孙光真传的淳于意，不仅医术大见长进，对于医学理论的理解，也益发深入。

据说，有一天，师徒二人晏处闲谈，淳于意谈起学习医理的新见解，深得公孙光赞赏，认为是得到了古来医理的精华，赞叹淳于意"必将成为国中的良医"。大为高兴的公孙光，对淳于意敞开了心扉。他说："我从前有些喜好医方的朋友，如今多疏于往来了。我还有一位同母的兄弟，姓阳名庆，字中倩，家住临淄元里，长于医术医方，我不如他。中倩的医方甚为神奇，多为世间闻所未闻。我中年时，曾想学习中倩的医方，中倩不肯，说：'你不是那块料。'"

话说到这里，公孙光笑道："我看，你是那块料。等有机会，我带你去见见，他定会了解你对医方的喜爱。中倩也老了，家境富裕，不需以行医为生，也无意传授给子孙。"

不久，阳庆的儿子阳殷来到公孙光家，希望通过公孙光上奏齐王刘肥，奉献良马。借此机会，淳于意与阳殷交好。献马事毕，阳殷回家时，公孙光让淳于意同行，并特意修书一封，郑重地将淳于意介绍给阳庆。

公孙光的同母兄弟阳庆，是一位传奇人物，家境富裕，医术高明，却不以医生为职业。他将医术当作一种个人爱好，一种值得精研的学问，从不轻易为人看病。这位阳庆，不但家境富裕，而且社会地位不低，拥有公乘的爵位。公乘，是秦汉二十等爵位中的第八级，在西汉初年，算是高等爵位，可以享受食邑的待遇。想来，阳庆其人，怕不是一般的平民百姓，或许是参加过楚汉战争的从军将士，军功受益阶层中的黄老数术之士。

淳于意来到临淄见阳庆，时在高后七年，也就是公元前 181 年。当时，阳庆已经七十有余，淳于意二十五岁。年迈的阳庆，正在寻求能够接替自己医术的继承人。有了公孙光的推荐，阳殷的引领，阳庆接受了淳于意。经过接触了解，仔细观察，阳庆也看好淳于意，认定他是能够继承自己医术的合适人选。大概就在这段时间，公孙光和阳庆为淳于意谋得了齐国太仓令的官职。其意图，或许也是希望淳于意如同自己一样，不要以行医为生计，而是以精研医术为爱好和学问。

幸运的淳于意，一边在太仓任职，管理齐国粮仓的事务，一边在阳庆家学医，兢兢业业，不敢有丝毫懈怠。淳于意后来回忆说，有一天，阳庆召唤自己入室就座，避开旁人单独说话。话深入后，阳庆说道："淳于子，从今以后，将你先前学过的医术医书统统扔了，都不对头，没有上道。我阳庆藏有先辈医家流传下来的多种医书，统称黄帝扁鹊脉书，以五色诊病，能够知晓人的生死，断定疾病的疑难，决定治与不治的可能，另有相关的药书，都相当精湛，是我不轻易示人的秘宝。你也知道，我家计富足，衣食不愁，唯一牵挂的，就是医术医书能否后继有人。"

说到这里，阳庆稍微挺起身子，抬高了语调说："淳于子，今天召你来，是我阳庆看好了你，打算将我的医术医书、药剂秘方，全部传教与你。如何？”

淳于意受宠若惊，诚惶诚恐地答道：“过于幸运的事情，绝非是我敢于奢望的。”当即起身离席，以入门拜师之礼，匍匐跪拜，接受了阳庆的嘱托，正式成为阳庆的继承人。

据淳于意自己所言，他从阳庆手中接收的医书计有如下几部：《脉书上经》《脉书下经》《五色诊》《奇咳术》《揆度阴阳外变》《药论》《石神》《接阴阳禁书》。这些古代医书，大多已经佚失，其中的部分内容，可能以某种形式，留在了传世的其他古代医书中。

得到阳庆真传的淳于意，虚心学习，细致解读医书，反复体验实践。一年后，开始见到成效，尽管尚未精到。三年以后，为人治病，不但诊断准确，而且药到病除，可谓精准良验。名医淳于意的名声，不但传遍齐国境内，而且远及关东各诸侯王国，找他看病求治的人，上自王公贵族、高官显要，下至庶民百姓，络绎不绝。

中国古代的医学，与黄老之学有密切的关系。中国最古的医学经典《黄帝内经》，其基础的医学理论，就是建立在黄老思想上的，其书名也借用了黄老道家之黄帝的名字。仓公（淳于意）的两位老师，公孙光和阳庆兄弟，既是精通医术的医者，也是深谙黄老之学的学者。他们将医术作为黄老学术的一部分加以精研，达到了至高的境界。他们不以医生为职业，隐姓埋名不愿声张，不轻易给人看病，是因为深知“美好者不祥之器”的道理。

继承了公孙光和阳庆真传的仓公，本打算遵循先师的教诲，按照先师的安排，以太仓令为职业，做一位隐身的医者，继续将医学作为学问深入研究。然而，事不由己，天不饶人。不时出手行医的仓公，医术太高明，名声太响亮，已经无法韬光自隐，不得不面临曝光亮相的选择。

据仓公的自述，由于声名过于远扬，不但齐国地区的胶西王刘印、济南王刘辟光，北方的燕王刘遂和南方的吴王刘濞，也都派人前来召请。俗话说，木秀于林，风必摧之，盛名之下，身重殆危。陷于王公将相竞相邀请之境地的仓公，开始感到危险逼近。他最害怕被户籍所在的齐国官府征召，强制到齐王府做侍医，于是想方设法，不断迁徙户籍，坚持不置办产业，开始外出行游。自放于江湖的淳于意，想由此躲官避祸，也想由此访师问学，他的初衷，是想游得自由之身，研求医术的精奥。

行游中的淳于意，来到了阳虚侯国[1]，适逢阳虚侯刘将闾重病危笃。病人右腋下生出肿块，长大如同倒扣的酒杯。先是气喘，后来气血倒逆，不能饮食。众医生看法一致，都认为是邪气积储逆行，据此施治下药，却不见成效。淳于意切脉诊断，认为是血行阻碍，让病人饮服火齐粥，饮服六天以后，气顺肿小。再改服药丸，又过了六天左右，病除康复。

经此大病不死，刘将闾万分感激，想尽办法，务必挽留淳于意。此时的淳于意，大概已经认清了自己的处境，明白自己早晚都得进入权贵之门，否则无法生存。他不得不断绝了如同两位先师一样隐身精研医术的奢望，感念刘将闾的诚意，接受了挽留，成了阳虚侯家的侍医。

淳于意留住阳虚侯国，本是无奈的将就，害中求轻的选择。然而，始料未及的是，他竟会因为这项不得已的选择，卷入到齐国与汉朝的微妙纷争中，被逮捕入狱，押送长安。

---

[1] 古书"阳"与"杨"通用，故"阳虚"也写作"杨虚"。阳虚国故址，在今山东省聊城市茌平区。

十、行医的风险

古往今来，行医有风险。病有可治不可治，治疗中有误诊，疏忽过失难以完全避免。然而，病人及其亲属，一切疾病皆望治愈，所有治疗都求灵验。完美的期待和不完美的现实之间，难免生出冲突仇怨。特别是那些顶级名医，往往进入社会上层，多与王公大臣、官员富人往来，虽说是攀龙附凤，收益增大，门面风光，与此同时，一损俱损，一败涂地的风险也升高。风险最大者，是奉事于权贵身边的医者，炫目光影下，难免被卷入不可告人的宫闱密谋，引来入狱杀身的祸患。

淳于意进入阳虚侯国，成为阳虚侯刘将闾的侍医，在文帝四年以后，他被逮捕押送长安受审，是在文帝十三年。史书上说，他之所以被逮捕入狱，是被仇人检举告发。

淳于意究竟被何人，在何地以何等罪名检举告发？由于史书失载，我们已经不能清楚地知道。不过，淳于意是齐国人，官职是齐国太仓令，依照诸侯国自治的原则，他的罪案，若在齐国被告发，应当由齐国自理。然而，淳于意被逮捕后，汉朝朝廷有诏令，将他从齐国都城临淄，押送到汉帝国首都长安受审，这就有些异常而特别了。由此，我们不妨做些可能的推想，告发淳于意的人，不是在临淄上书齐国王廷，而是在长安上书汉朝朝廷。告发他的罪名，也不是齐国所能处理的一般罪行，可能涉及阳虚侯国、齐国与汉朝间的统属关系，也牵连到阳虚侯刘将闾、齐文王刘则与汉文帝刘恒间的亲属关系。

阳虚侯刘将闾，是齐王刘肥的庶子，受封于文帝四年五月，封地阳虚侯国，在属于汉朝的济北郡境内，故址在今山东茌平区东，离齐国都城临淄不远。淳于意成了刘将闾的侍医，随时侍候在身边，关系融洽而亲密。刘将闾到长安朝见，也带着他同行，他也因此在长安留下了行医的案例。

然而，淳于意是户籍在临淄的齐国人，有齐国太仓令的官职，他屡屡迁徙户籍，不尽心尽力于齐国齐王，而是长期居住于阳虚侯国，寄身于阳虚侯家，难免会引起阳虚侯国与齐国方面的纠纷。其中的详情和曲折，由于史书失载，我们已经不能知道。不过，从文帝后来的问话和他的回答来看，淳于意与第三代齐文王刘则的关系不融洽，他之所以到阳虚侯国做了刘将闾的侍医，似乎是回避为刘则看病的刻意之举。

我们已经叙述过，第一代齐王，是刘邦的私生子刘肥，封于高帝六年。刘肥的齐国，领有七郡七十三城，是诸侯国中领土最大，人口最多，经济最富裕，文化最发达的大国。第二代齐王，是刘肥的嫡长子刘襄，他与在京的两位弟弟刘章和刘兴居里应外合，首先举兵诛吕，却在夺取皇位的斗争中败给代王刘恒，郁郁去世于文帝元年。[1]这两位齐王在世时，淳于意尚在学医期间，医术未精，声名未显，并无交接。

文帝二年，汉朝将齐国分为齐、城阳和济北三个王国，刘襄的嫡子刘则继承了齐王，领有临淄、胶东、胶西、琅邪四郡。刘章被封为城阳王，领有原属齐国的城阳郡。刘兴居被封为济北王，领有原属齐国的济北郡和济南郡。[2]在此期间，名医淳于意已经声名鹊起，他的行医足迹，开始进入王族宫廷。当时，济北王刘

[1] 参见本书第五章九“失意的齐王一系”。

[2] 参见周振鹤《西汉政区地理》第九章第四节“济北国沿革”。济南郡，原名博阳郡，高后元年改名，参见同书第九章第五节“济南国沿革”，商务印书馆，2017年。

兴居的奶妈饮酒大醉，落下脚热胸闷的病根，淳于意以针灸刺足心三处，按住针口，不使出血，当即治愈。

文帝三年四月，城阳王刘章去世，嫡子刘喜继承了王位。同年五月，济北王刘兴居举兵造反失败，济北国被废除。西汉初年，汉朝与各诸侯国划界而治，保有一种彼此互不侵占的政治均衡。济北国被废除，本属齐国的济北郡和济南郡收归汉朝，自然引起汉朝和齐王一系间关系的紧张，也难免引来诸侯各国的猜疑。

文帝四年五月，为了缓和紧张，消除猜疑，汉朝政府在济北郡和济南郡境内，分封了十位齐王刘肥的庶子为列侯。他们分别是：菅侯刘罢军、瓜秋侯刘宁国、营平侯刘信都、阳丘侯刘安、阳虚侯刘将闾、杨侯刘辟光、安都侯刘志、平昌侯刘印、武城侯刘贤、百石侯刘雄渠。一时间，汉朝的济北、济南郡境内，侯国林立。因此之故，淳于意的行医足迹，开始进入汉朝的直属郡内，他与阳虚侯刘将闾的紧密关系，也由此而生。

齐文王刘则是刘襄嫡子，即位时不过是不满五岁的孩子[1]，国政当由丞相驷钧掌握。这位驷钧，可不是省油的灯。他是刘则的舅爷，支持齐哀王刘襄起兵的主谋之一，为人行事，凶狠暴戾，被汉朝的大臣们认为是戴着帽子的老虎，忌惮警惕。文帝元年，驷钧以齐王舅父，齐国丞相之重，被封为清郭侯。[2]文帝六年，汉朝追究他在济北王刘兴居谋反案中的责任，被罢官夺侯。淳于意离开齐国，刻意回避进入齐王宫廷，或许也有对于驷钧当政和齐国政情复杂凶险的忌惮？

---

[1] 刘则死于文帝十五年，其时“年未满二十”。以此逆推，文帝二年即位时，年纪不超过五岁。参见《史记·仓公列传》。

[2] 《汉书·外戚恩泽侯表》作“邬侯”，《文帝纪》作“清郭侯”。

齐文王刘则，病死于文帝十五年，不到二十岁。刘则死后，文帝曾经下书给淳于意，询问刘则病重不起时，为何不请他前往治病。淳于意回答说，那时候，自己侍奉阳虚侯刘将闾，随同到长安入朝，不在齐国及其近旁。在回答中，他也表示了怕被齐国官吏拘捕，强制带到齐王宫廷的恐惧。

淳于意说，他虽然没有亲自为刘则看过病，但对于刘则的病状有所耳闻，也有自己的看法。他说，听说刘则的病状是喘息、头痛、眼睛看不清楚。他认为不是病，而是肥胖的缘故。刘则身体肥胖，又不运动，一身肥肉，骨骼几乎不能承受，所以气短喘息，不应当作为病来投药医治。

淳于意精研古代医书，他引用“脉法”说，人生的不同时段，有不同的活动方式。二十岁，血气旺盛，正是肌肉生长的时候，所以适应小跑。三十岁，血脉盛满，肌肉坚固，所以适应快走。四十岁，五脏六腑，十二经脉平盛，健康从此下行，所以适应安坐。五十岁，肝胆薄弱，视力减退，所以适应安卧。六十岁以上，心气衰落，血气怠惰，所以适应静养。

他以此衡量刘则之状况说，刘则年不满二十，正是气血旺，长肌肉，适应小跑多动的年纪，却懒于走动，违背天道自然，与四季变化不合，这是他的病根。后来听说医生用砭石和扎针施行治疗，病情加重，至于危笃，这是误诊的过失。齐王生理生态失常，精气神气不足，误诊乱治，更导致邪气侵入，这就不是他年少的身体所能承受得住的了，所以死去。

臣下以为，就齐王的状况而言，首先应当调理饮食，其次应选择晴天朗日出行，或者驾车或者步行，舒张胸臆，活动身体，求得减肥去病。二十岁，正是身体成长、容易改变的时候。如果此时改变生活习惯，当可求得健康。如果不恰当地使用砭石扎针，砭针所到之处，元气反而散了。

……

齐王刘则病逝，一时成为汉帝国境内备受关注的大事。刘则是齐王刘襄唯一嫡子，突然英年早逝，容易使人产生种种联想。更重要的是，刘则没有子嗣，富强的大国齐国，将由谁来继承，直接牵涉到汉朝与齐国，文帝一系皇族与齐王一系皇族间的关系，各个诸侯王国，也都睁大了眼睛观望。

前面已经谈到，刘则的父亲、第二代齐哀王刘襄，死于文帝继位的当年。他的叔父、城阳王刘章，死于文帝三年四月。他的另一位叔父、济北王刘兴居，于同年五月起兵争夺皇位，兵败被俘后自杀。

刘襄、刘章和刘兴居，是第一代齐王刘肥的儿子，也是诛吕之变的首事者。正当壮年的三位齐系国王，在三年之内先后死去，难免显得不太寻常。刘兴居之死，是围绕皇位的争夺，是齐王一系与代王刘恒间矛盾公开爆发的结果，这是没有疑问的。刘襄和刘章的死因，虽然史书没有记载，在当时的历史背景下，在争夺皇位的延长线上联想，怕也是常情常理。

刘则死时，文帝已经继位十五年，政权巩固，齐王一系的直接威胁已经消除。不过，以吴王刘濞为首的关东各个诸侯王国的存在，对于汉王朝而言，依然是强大的并立势力。如何在刘氏皇族内处理好与齐王一系的关系，在汉朝与各诸侯王国的均衡中处理好齐国的后嗣问题，成了文帝朝廷面临的重大课题。

文帝首先严厉追查刘则的死因，不仅一一追查为刘则诊病的医生和相关人士，而且查询到并未为刘则看病的名医淳于意这里。基于淳于意的证词，文帝朝廷可以权威地发布刘则的病状，确定误诊的死因，处置涉案的医生和相关人员，消除汉朝阴谋论的联想。从这个意义上看，就文帝朝廷而言，在齐王刘则之死的事件中，淳于意不但无罪，而且是有功的。

淳于意被文帝赦免释放，是在文帝十三年夏天。他被释放后，并没有回到齐国原籍，而是回到了阳虚侯国，继续做阳虚侯刘将闾的侍医，所以才能不被卷入齐文王刘则的医疗事故中，躲过一劫。

刘则死后第二年，也就是文帝十六年，汉文帝采用了贾谊提出的“众建诸侯少其力”的方策，将刘则的齐国分为齐、淄川、胶西、胶东四国，封齐王刘肥的四位庶子为王：阳虚侯刘将闾为齐王，武城侯刘贤为淄川王，平昌侯刘印为胶西王，百石侯刘雄渠为胶东王。又将收归汉朝的济北郡和济南郡改置为济北、济南两国，封刘肥的两位庶子，安都侯刘志为济北王，朸侯刘辟光为济南王。同时，将故城阳王刘章的儿子，淮南王刘喜徙封为城阳王，领有收归汉朝的城阳郡。[1]

如此一来，齐国一分为七，七位国王，都是齐王刘肥的子孙。汉朝没有侵占齐国一分一毫的领土，齐系皇族却永远失去了与汉朝对抗叫板的实力。

在文帝分割齐国的这次调整中[2]，最受益者，当属淳于意的主君，阳虚侯刘将闾了。他受封为齐王，继承了齐国的国名，以齐国旧都临淄为都城，统治着富庶的临淄郡，最受文帝朝廷的厚待和信赖。

---

[1] 文帝二年，以齐之城阳郡置城阳国，封刘肥子朱虚侯刘章为王。文帝三年，刘章死，子刘喜继承王位。十一年，刘喜徙为淮南王，城阳国除为汉郡。

[2] 文帝十六年，是文帝一朝中大规模调整汉朝与诸侯国关系的一年。不仅将齐国分割为七个王国，也将淮南国分割为淮南、衡山、庐江三国，分别分封死去的淮南王刘长的三个儿子为王。汉帝国境内的王国数量，陡然增加到十七个。参见《汉帝国的建立与刘邦集团》第三章第三节四“文帝即位与诸侯王国之调整”。

齐国临淄人淳于意，随齐王刘将闾衣锦还乡，名正言顺地做了齐王的御医。从此以后，在齐王刘将闾的羽翼之下，淳于意成为整个大齐国地区最炙手可热的名医。他由行医所建立起来的关系网，上自王公贵胄、高官要人，下至平民奴婢，可谓网罗了一个时代所有的社会阶层。[1]

《仓公列传》，保存了淳于意提交给汉文帝的二十五个病案，其中涉及的人物，以齐国为主，王室贵胄有齐王刘将闾、齐王太后（刘将闾的母亲）、刘将闾的儿子、齐王后的弟弟、齐王妃的哥哥；齐国高官有郎中令、中尉、中大夫、中御府长、侍御史、司马、中郎等。齐国之外的王室关系者，有淄川王刘贤、济北王刘志、淄川王美人、济北王侍女等。出现在病案中的一般平民，有临淄县汜里的女子、齐国某县章武里的男子，也有齐国丞相府某舍人的家奴等。是一份难得的关于那个时代之社会生活的史料。

司马迁著《扁鹊仓公列传》，开中国史书为医者立传的先河。扁鹊其人，在历史和传说之间，被后世尊为医学医者的先圣。仓公其人，为实实在在的名医，他的事迹，近于扁鹊，《仓公列传》所保存的医学资料，在中国医学史上的价值，弥足珍贵。仓公的医术医学，有清楚的来龙去脉。他先后师从公孙光和阳庆学医，又将自己的医学传授与后人。向他学习医术者，有临淄人宋邑、唐安，济北王的太医高期、王禹学，淄川王的太仓马长冯信，高永侯家丞杜信等，有名有姓，有籍贯有身份，古代医者医学的部分详情，第一次有了明确可信的记载。

古代中国，医方、医技称为“方技”“术艺”。“医方”“医书”

[1] 张朝阳《〈史记·仓公列传〉探微：废除肉刑与齐文王之死》，刊于《中华文史论丛》2018年第1期。

之称，怕要到了隋唐以后才出现。《汉书·艺文志》记载了古来的方技三十六家，八百六十八卷，说医术这种方技之学，古来是政府官学之一。太古时代，也就是传说中的黄帝时代，有名医岐伯、俞拊。中世时代，也就是春秋战国时代，有名医扁鹊、秦和。汉朝兴起以来，最有名者，就是仓公了。[1] 仓公传下的医术医书，虽然不以仓公署名，当收录在以黄帝、扁鹊命名的其他医书中，成为中医的宝贵遗产，至今为我们所继承。

十一、公正执法张释之

仓公的事迹，不仅在中国医学史上有其意义，在中国法律史上，仓公也是一位绕不开的人物。史书上说，仓公入狱被押送长安，判处肉刑，女儿缇萦上书请愿。汉文帝刘恒，读完缇萦的上书后，甚为感动，下达诏令，废除肉刑，对汉朝的刑法进行改革，史称文帝的刑制改革。这次改革，在中国古代法制史上，有划时代的意义。

汉朝的法律制度，完全继承自秦朝。汉元年四月，刘邦集团到汉中就国，以秦国的继承者自居，废楚制，改秦制，开始实行秦本位政策，全面继承秦国的领土、人民和制度。其中，最为有名的制度变革，一是韩信申军法，基于秦的军法军制，将楚制的刘邦军团，整训为一支制度最先进、战斗力极强的新型军队，奠定了取得楚汉战争胜利的军事制度基础。[2]

---

[1] 参见李零《兰台万卷：读〈汉书·艺文志〉》，生活·读书·新知三联书店，2011年。

[2] 参见《楚亡》第一章七“汉中对”。

另一有名的制度变革，就是萧何次律令，基于秦的法律制度，制定汉的法律制度，建立起一个制度严明、统治高效的法制国家，萧何次律令不但奠定了楚汉战争胜利的制度基础，更奠定了两汉四百年国祚的制度基础，史称万世之功。[1]

刑法，是法律制度的一部分。秦朝的刑法，相当严酷。其中，最为后人所诟病者有两点：一、服刑者没有刑期。一旦定罪，将成为终身服刑的刑徒。二、滥用肉刑。秦朝刑法中最常用的肉刑，主要有三种：1. 黥，就是刻划肌肤。历史上最有名的受黥刑者，是黥布。关于他的故事，我们已经讲得很多了。[2] 2. 劓，就是割去鼻子。历史上最有名的受劓刑者，是公子虔，他是秦惠文王太子时代的师傅，对商鞅变法有异议，被商鞅处以劓刑。3. 斩趾，就是斩去左脚或者右脚的脚趾。

针对秦朝刑法的这两大弊端，文帝下达诏令道："听说有虞氏的时候，在罪犯的衣帽上画上标志，穿上特殊文饰的衣裳，以此作为惩戒，百姓由此而不犯法。天下之治理，竟能达到如此至极！当今刑法有黥面、劓鼻、斩趾三种肉刑，而作奸犯法不能禁止，问题出在哪里？难道不是因为我德行浅薄，教化不明的缘故吗？我甚感羞愧。所以说，教育训导不得法，愚民就会陷于犯罪。《诗经》上说：'平易亲和的君子，才是百姓的父母。'如今人有过失，尚未施以教育，刑罚已经加在身上，有人希望改过从善，却没有更新之路，我甚为怜悯同情。施用肉刑，刻划肌肤，残断肢体；判处劳役，终身苦作，没有止息。如此刑律，其处罚为何如此苦痛而无德啊！如此刑律，岂能合于为民父母的旨意？

---

[1] 参见本书第四章三"万世之功萧相国"。

[2] 参见《楚亡》第三章二"冷面杀手英布"。

从今以后，废除肉刑，代以其他方式；服刑的罪人各以其罪行轻重定刑期，凡是不逃亡的，服刑满年数者，得免为庶人。具使制定为法令。”

文帝的这个诏令，下达给御史大夫冯敬，转送丞相张苍。他们按照诏令的旨意，制定了以鞭刑取代肉刑，按照罪行的轻重确定刑期的改革方案，呈送文帝批准，成为汉朝的新法律。

从史书的记载来看，废除肉刑，确定刑期的这次刑法改革，是汉文帝继位以来，针对秦法的第三次改革。第一次是在文帝元年十二月，诏令废除秦朝法律中的“收孥诸相坐律令”，也就是一人犯法，家族收官入狱的连坐法。这次改革，曾经遭到以御史大夫张苍为首的官僚集团的强烈反对。他们回复文帝的议案说：“人民不能自治，所以制定法律治理。之所以连坐收官，是为了累重人民的心，使他们不敢轻易犯法。从而，维持现状为好。”

刚刚继位的汉文帝，以出人意料的坚持，下诏严厉驳斥说：“我听说，法律公正则人民谨慎，定罪恰当则人民服从。况且，治理人民而引导向善，正是官吏的职责。如果官吏既不能引导向善，还用不公正的法律加罪于人，就是坑害人民施行暴政。在如何使人民不敢轻易犯法上，我看不到维持现状的好处，发回重新审议。”

面对年轻皇帝的顽强坚持，大臣们屈服了。他们回复道：“陛下施加大惠，德行深厚，不是臣下们所能企及的。请奉行诏书，废除‘收孥诸相坐律令’。”

第二次改革，是在文帝二年三月，废除了秦朝法律中的“诽谤妖言罪”。秦朝的法律体系，大成于商鞅变法。其中最为人所诟病的法律之一，就是“诽谤妖言罪”，开中国历史上以言论定罪之法的先河。秦之所以二世而亡，下情不能上达是一重要原因。而下情之所以不能上达，正是由于“诽谤妖言罪”钳制了言论。

针对“诽谤妖言罪”的弊病，文帝下诏说：“古来治理天下，朝廷设有鼓励献言的旌旗，接纳意见的华表，使治国之道上下通达，让进言献策之士踊跃前来。如今法律有诽谤妖言之罪，使群臣不敢尽其所言，使在上者不能闻知其过失，如何能够吸引各方的贤才良士前来？小民有曾经诅咒皇上，先前相互约定保密，后来又相互告发者，官吏认定是大逆不道。如果再有不服不满的言论，官吏又认定为诽谤。这些都是小民愚昧无知触犯了死罪，朕以为甚不可取。从今以后，有触犯此类罪名者，一律不过问，不制裁。”[1]

文帝对于秦朝法律的改革，受贾谊的影响极深，特别是废除连坐法和诽谤妖言法，完全是接受了贾谊的建议而实行的。在推行刑法改革的过程中，贾谊的老师、多年执掌汉朝司法的廷尉吴公，无疑是积极的推手。[2]不过，在文帝一朝的法制史上，另一位不得不提及的人物是张释之。在中国法制史上，他也是一位值得载入史册的人物。

张释之，字季，汉南阳郡堵阳县人，故址在今河南方城县东。史书上说，张释之年轻的时候，寄居在二哥张仲家里。张仲家境富裕，为张释之求得一个骑郎的官位，在文帝身边供职。骑郎张释之，一干就是十年，始终得不到升迁，默默无闻，禁不住感叹：“久在郎署仕宦，徒然耗费哥哥的财产，不是条路”，滋生了请求辞职的退意。

秦汉的郎官，是皇帝的近卫武官团、官员的预备队，由郎中令统领，在宫中禁外负责皇帝的警卫和侍从。郎官的选任，有三

[1] 参见《史记·文帝纪》二年条。
[2] 参见本章四“政论家贾谊”。

种途径：一是军功，由军中选拔；二是荫任，由二千石以上高官子弟中选任；三是赀选，由富家子弟中选任。除了出身良好以外，郎官们有一共同的特点，就是能够承受沉重的经济负担。因为郎官的服饰、武器、鞍马等，都需要自备，甚至郎署的办公用具，也要郎官们出钱。秦汉的郎官分为三种——郎中、中郎和骑郎。骑郎，顾名思义，就是骑马的郎官，在郎官中最是潇洒威武，也最是花钱的主，因为要自备鞍马。非富即贵的骑郎俱乐部中，马怕是不能不良，鞍怕是不能不美，都是大把烧钱的窟窿。

郎中令之下，统领骑郎的军官是骑郎将。骑郎将袁盎，是骑郎张释之的顶头上司。关于袁盎，我们已经叙述过了，是文帝身边一位敢言敢担当的亲信近臣[1]，他认为张释之是一位人才，不希望他辞职离去，于是举荐他出任谒者，在皇帝身边掌管宾赞礼仪，接收奏章上书，成为出入殿中禁内的机要人员。

有了接近皇帝的机会，张释之利用朝会结束的时机，直接向文帝呈述政见。大而化之的试探，似乎并未引起文帝的兴趣。不过，文帝倒是不烦，鼓励说："平平淡淡，无甚高论。可以具体一点嘛，谈谈当今可以施行的事宜。"于是，早有准备的张释之，从秦楚汉交替的历史开始，谈及秦崩楚亡汉兴的教训，以及需要继承和变革的种种事情，大得文帝的认同，提拔他做了谒者仆射，也就是统领诸谒者的长官。从此以后，张释之顺风顺水，一路升迁，先后出任公车令、中大夫，文帝后元年间，升任九卿之廷尉，主管汉朝的法务。

史书上说，张释之任廷尉期间，文帝出行，跨渭水，经过中渭桥时，突然有一人从桥下跑出来，牵曳文帝御车的马匹受到惊

[1] 参见本章三"绛侯周勃"。

吓。随行的骑郎抓捕了犯人，交到廷尉署审理。事关重大，廷尉张释之亲自审问，得到犯人的供词如下："长安县人，来过桥时，正赶上天子出行，清道戒严，赶紧躲到桥下回避。过了很久，以为车驾已经过去，就出来了，哪知正遇上乘舆车骑过来，赶紧又跑开躲避。"

汉法，有一人犯跸[1]，罚金四两的规定。张释之根据审问的结果判断，此案该当此律，依律处置。文帝得到张释之的报告后，大为光火，怒斥张释之说："此人惊吓了我的马，幸亏我的马温顺，如果是其他的马，岂不是伤害到我了吗？而今廷尉你，竟然判定为罚金了事！"

张释之答道："法律，为天子与天下所公有，并非一人一家私有。如今，法律如此规定而不遵循，使法律不能取信于民。当时，如果陛下命令立即诛杀犯人，事情也就了结了。既然交到廷尉，当由廷尉依法审理。廷尉，是为天下求公正主持平的，一旦倾斜不正，天下用法就会各自轻重不一。如此一来，黎民百姓何以安放自己的手足？希望陛下明察。"

文帝沉默，过了好一会儿，才答道："廷尉是对的。"

后来，发生了一件盗窃案。有人侵入祭祀汉高祖刘邦的高庙，偷了神座前的玉环，被捕获。文帝愤怒，下令交廷尉处置。张释之亲自审理，断定罪名为"盗宗庙服御物"，依法当处以斩首示众。张释之将审理定罪结果亲自上报文帝。文帝当即大怒，痛斥张释之道："人忤逆无道到如此地步，竟然胆敢盗窃先帝祖庙的器物。我交由廷尉处置，是要你非常处理，动用灭族的刑罚。而你竟然因循通常的法规，按照通常的程序处置上奏，与我恭敬承守

[1] 跸，就是皇帝出行时，清道封路，禁止通行。

宗庙的诚心本意，完全不符合。”

张释之当即解下冠冕，叩头谢罪说：“法律到此而止。如果依法判定了死罪，还要以顺逆程度的高低，另外追加等级之差的话，臣下难免由此而生疑问。眼下，如果将盗窃宗庙器物者以族灭惩处，万一出现盗掘高祖长陵的事情，陛下将如何另外追加惩处？”

文帝又沉默不语，难以反驳，也难以接受。过了好一段时间，文帝将此事讲给母亲薄太后，经薄太后的转圜，方才接受了张释之的意见。

张释之任廷尉期间，绛侯周勃的儿子、条侯周亚夫为中尉，在朝同为九卿大臣。张释之执法公正不阿，为人行事守正自持，让他甚为敬重，主动结交，成为亲友。张释之和周亚夫，同被史家称为社稷之臣。[1]

十二、整肃亲家、弟弟和舅舅

汉文帝刘恒一生，最受诟病者，有三件事情：一是丞相周勃入狱，二是淮南王刘长流死，三是大将军薄昭自杀。

文帝三年十一月，丞相周勃被罢免，怏怏回到绛国赋闲养老。这件事情，是文帝为了削弱元老功臣们的势力，采用贾谊的建议，推行列侯之国方策的举措。[2]

---

[1]《史记》《汉书》之《张释之传》，并言主动与张释之结交者，还有梁相山都侯王恬启（开）。考山都侯王恬启为高祖功臣，去世于文帝三年，嫡子中黄也没有活跃于朝政的事迹。所以，山都侯王恬启与张释之结交事，当系文字窜入，或者另有别人？梁玉绳《史记志疑》也有考证，可参见。

[2] 参见本章四“政论家贾谊”。

绛国，在汉朝的河东郡境内，遗址在今山西曲沃。郁郁困居绛国的周勃，自知被文帝猜忌，成了被打击的对象，惴惴不安，担心有更严厉的迫害到来。

按照当时的制度，汉朝的郡守和郡尉，每年都要到下辖各县巡视，监察处理境内的事务。这些郡守郡尉，都是汉朝任命的官员，接受皇帝的指令，代表朝廷执行。从而，每当河东郡守巡视到绛国时，周勃总是担心被突然诛杀，恐惧不安，几近神经质。与巡视官员相见时，常常是自己身披甲胄，家臣们手持兵器。如此举动的结果，被人上书告发谋反，周勃被逮捕押送长安，交廷尉审讯。

面对老辣狱吏的诘问，戆直少文的周勃，根本不懂如何措辞应对，不断掉入法律条文的陷阱，受到侵犯凌辱。周勃的家人，私下以千金贿赂狱吏。狱吏无言，只在手持的木牍背面，写下“以公主为证”五个字。

公主者，文帝的女儿也。原来，周勃的嫡子周胜之，娶了文帝的女儿为妻。深谙刑律的狱吏示意周勃，请公主亲自出面做证。

有了公主的证词和协助，文帝的舅舅薄昭直接介入到事情当中来。经过薄昭面见陈说，薄太后也认为此事荒唐，周勃绝无谋反之事。史书上说，文帝朝见薄太后请安时，薄太后摘下头巾投掷刘恒，怒斥道：“诸吕之变时，绛侯统领北军，手挽皇帝玺印，不在那个时候谋反。如今，居住在一小县境内，倒想谋反了！”

当时，郎中袁盎，已经打破群臣不语的沉默，极力在文帝身边为周勃辩护。这位袁盎，曾经协助文帝树威，贬抑周勃的自满，深得文帝的看重[1]，他的辩护，别有相当的分量。史书上说，看过公主的证词后，文帝心中的结已经松动。经薄太后这一顿洗骂，文帝

---

[1] 参见本章三“绛侯周勃”。

转圜化解，当即向母亲致歉请谢说：“有司正在办理出狱的手续。”

于是，文帝派遣使者持节到廷尉狱中，赦免释放周勃，恢复爵位封邑。出狱见到天日的周勃，感慨万端地说道：“我曾经统率百万之军，哪知狱吏之紧要！”印证了“虎落平阳被犬欺”的名言。

……

我们已经叙述过，淮南王刘长是刘邦的小儿子，生于高帝八年，十一年受封为淮南王，只有四岁，国政由淮南相张苍代理主持。文帝继位时，刘长已经长大成人，强壮狠勇，力能扛鼎。自张苍入京出任汉朝御史大夫以来，淮南王刘长，成为无人管束，天不怕地不怕的横王。

文帝三年，进京朝见的刘长，在滞留长安期间，竟然在未央宫北的列侯邸宅前，亲手用铁锥击杀辟阳侯审食其，以私刑报母死之仇。文帝宽仁不忍，大臣们幸灾乐祸，这一震动朝野的事件，没有依法追究，不了了之。[1] 从此以后，横王刘长的恶名，流布天下。从文帝的母亲薄太后、皇太子到大臣们，无不惮畏这位愣猛的淮南横王。

刘长归国后，益发骄纵妄为，公然比照汉朝皇帝的规格，乘舆用黄色顶盖，出入清道警戒，又以制书下达王命，擅自制定法令，大肆搜罗天下亡命，严重违反汉朝的法令，受到朝廷的指责。

汉朝的宗室事务，由宗正主管，诸侯王事务，由大行主管，自有法规章程。收到来自长安的书面告诫后，刘长不但不反省改正，反而赌气自贱，以辞去王位相要挟。他以不逊的言辞，直接上书文帝，请求以一介草民之身，回母亲的生地真定县守陵，云云。

亲情国法之间，文帝实在拿这位弟弟难办。大将军薄昭是文

---

[1] 关于刘长杀审食其的详细情况，参见第五章三“男宠审食其”。

帝的亲舅、倚重的贵臣，也深受皇族和政府大臣的敬重。薄昭多年陪伴着刘恒母子，无论是代国代王时代，还是汉朝皇帝时期，诸多棘手的重大政事，常常由他出面处理。这一次，文帝又将淮南王的事情，交给薄昭。于是，薄昭秉承文帝的旨意，以长辈的身份，写信给刘长，严词训诫。

在这封信中，薄昭动之以情，明之以法，晓之以理。首先指出皇帝厚爱，多次绕过法规，例外宽恕刘长。其次援引汉朝与诸侯国关系法，一一指出刘长所触犯的罪行。然后建议刘长自己上书谢罪，求得上下顺宜，海内常安。最后警告说，如果迟疑不改，祸患如射出之箭，就不可追回了。

史书上说，刘长收到薄昭的信后，非常不爽，不但不思悔改，反而铤而走险，与棘蒲侯柴武的太子柴奇合谋，联络匈奴和闽越，策划起兵谋反。事情败露，被逮捕押送长安，经在京的大臣列侯们会议审理，定了弃市的死罪。文帝审阅了刘长的判决书后，下诏赦免刘长的死罪，改判为流放。

刘长的流放地，是汉朝的蜀郡严道邛邮。蜀郡的郡治，在今四川成都。道，是蛮夷居住的县级政区。严道，在今四川荥经。邛邮，是严道境内的邮亭管辖区，可谓偏僻遥远的蛮荒之地。

这个时候，郎中袁盎，又站出来劝谏说："陛下素来娇惯淮南王，没有为他设置严厉的丞相太傅，才造成了如今的局面。淮南王为人刚横，如今突然加以摧折，臣下担心他遭逢霜露病死。那时候，陛下将会背上杀弟之名，如何是好？"文帝答道："我不过是暂时以苦劳惩戒他，令他悔过改正，不久就会追还的。"

刘长被流放时，以罪人的身份，加封条载入槛车，从长安出发，走驿道邮亭，西去蜀郡。因为是皇弟要犯，沿途各县，都不敢开启封条，放他出来休息。骄横的淮南王刘长，何曾吃过这等苦头。他绝望地对押送者说：“谁说我是勇者？我有何勇！我因为骄纵，不闻过错到了如此境况。今后的路还长，人生一世间，岂能长久苦郁困穷！”于是绝食而死。

槛车抵达雍县（今陕西宝鸡）时，刘长已经死亡。雍县当局打开封条，将死讯报到长安。文帝得到报告，哀伤哭泣，悲痛地对袁盎说：“我没有听从公的劝告，致使淮南王死亡。”

痛悔的文帝，下诏逮捕沿途不打开封条，使刘长不得休憩进食的押送者，一律斩首示众。以列侯的等级，将刘长埋葬于雍县，设置专职守墓人三十户。不久，又在收归汉朝，成为郡县的淮南国境内，封刘长的四位幼子为列侯。

史书上说，淮南王刘长死后，一首民歌大为流行，歌中唱道：“一尺布，尚可缝；一斗粟，尚可舂；兄弟二人，不能相容。”意思是说，一尺布，可以缝补共衣；一斗米，可以捣舂共食；天下如此广大，为何兄弟二人不能相容？讽喻刘长之死，既是兄弟相残，也是领土相争。

据说，这首歌传到文帝耳中。文帝感叹道：“尧舜放逐同姓骨肉，周公诛杀管叔蔡叔，天下称颂。为何如此？是因为出于公心而不求私利。如今天下之人，岂非以为刘长之死，出于我贪图淮南国的土地？”

为了缓解舆论的压力和内心的不安，文帝十二年，追尊刘长为淮南厉王，其陵园规格，比照诸侯王的待遇。十六年，将淮南国一分为三，封给刘长健在的三个儿子。阜陵侯刘安为淮南王，安阳侯刘勃为衡山王，阳周侯刘赐为庐江王。[1]

---

[1] 淮南王刘长的四个儿子中，东城侯刘良早逝无后。淮南国一分为三，与齐国一分为六同时，详见本章十“行医的风险”。

如此一来，刘长的淮南国领土，全部回到了刘长的儿子手中。文帝刘恒与淮南王刘长的恩怨情仇，方才告一段落。

……

大将军薄昭之死，在文帝十年，《史记》没有记载。《汉书·文帝纪》只有五个字“将军薄昭死”。《汉书·外戚恩泽侯表》说，文帝十年，薄昭犯了杀死汉朝使者的重罪，自杀了。文帝亲自去悼念，特别恩准为他设置继承人，改封薄昭的儿子薄戎为易侯。

薄昭为何杀了汉朝的使者，史家的注释中留下了一个故事。说薄昭与文帝博弈，输了棋，当罚饮酒。一位侍从郎官护着薄昭，每次为他少量斟酒，当场受到另一位郎官的呵斥。薄昭记恨在心，趁这位郎官休假归家时，派人将他刺杀。于是文帝迫使薄昭自杀。

文帝如何逼迫薄昭自杀的，史家的注释中留下了另一个故事。说薄昭杀了汉朝的使者，重罪当诛。文帝不忍，派遣大臣与薄昭一道饮酒，劝他自杀，薄昭拒绝了。于是，文帝指使群臣着丧服去薄府哭临，终于迫使薄昭自杀了。[1]

……

周勃、刘长和薄昭，一是儿女亲家，一是唯一在世的弟弟，一是至亲至贵的舅舅，都在文帝手中，受到不同程度的整肃，当时后世，都有种种非议诟病。周勃谋反，是莫须有的冤案，由公主、亲舅和太后化解。那位老辣狱吏“以公主为证”的牍背手书，提示的是法律之外，另有亲情的世界。周勃是开国功臣的代表，军功老臣们的强势存在，更是必须考虑的因素。

刘长大逆，案情是经廷议群臣审定的铁案。然而，刘长死后，文帝不得不不断地做出补偿，最终追尊他为淮南厉王，将淮南国

---

[1] 这两个故事，见于《汉书·文帝纪》，颜师古注所引的郑氏和如淳的注释。

分封给他的三个儿子。舆论心境和皇族宗室的压力之外，汉朝与诸侯国划界分治的后战国时代局势，更是必须关注的因素。

唯有薄昭之死，史书失载。语焉不详的事情，讳莫如深，留给后人更多的话语空间。唐人李德裕说，汉文帝杀薄昭，虽说是明断不疑，而从情义上看，则有损母亲的心。宋人司马光以为，法律乃是天下的公器，当不分亲疏。要慰藉母亲的心，当从开始就不要让薄昭干预政事。

魏文帝曹丕，对于此事最有感触。他说，舅后之家，可多与赏赐，不可假以权柄。如果假以权柄，一旦犯法，不得不依法惩处，否则将政令不行。一旦依法惩处，就不得不损害亲情。他赞美文帝的仁政，对文帝对薄昭的处置，颇不以为然。

两千年后，我读这一段历史，自有别的感受。对于汉文帝刘恒而言，薄昭之亲要，远在淮南王刘长之上。刘长手刃辟阳侯审食其，得到文帝的宽恕。薄昭遣人刺杀一名郎官，被文帝逼迫自杀，怕是有些说不过去？含糊其事的原委，或许是别有隐情？不过，汉代三公不受刑诛，问罪的诏书到时，当即自杀。文帝使群臣丧服哭临，薄昭不得不引绝，或许合于刑不上大夫的古风遗留？想来，这些正史上不载的逸闻故事，有的提示问题，有的显示世风，自有其值得推敲的价值。

十三、盛世仁君汉文帝

文帝后元七年六月己亥，汉文帝刘恒去世，享年四十七岁。汉文帝刘恒，前 179 年继位，前 157 年去世，在位二十三年，开创了中国历史上千古称颂的盛世——文景之治，堪称盛世仁君。

仁君刘恒，以代王入继大统，用代国旧臣组建宫廷，重新建立起汉朝的统治核心。他尊重功臣，恢复功臣主持政府的惯例，消除了吕后晚年宫廷皇权与政府大臣间的紧张关系。他兴灭国，继绝世，恢复刘氏诸侯王被剥夺的权益，再次确立刘氏家天下的政治格局。由此，诛吕之变的政治危机得以顺利度过，宫廷、政府与诸侯国间的政治均衡得以重新建立，汉王朝从此进入长治久安的发展轨道。所以说，顺利度过政治危机，重新建立起有效而安定的新政权，这是盛世仁君汉文帝刘恒的第一个历史功绩。

汉文帝的第二个历史功绩，是妥善处理对外关系，为汉帝国的休养生息、蓄势发展创造了良好的外部条件。汉帝国建立之初，对外关系上有两大难题：一是匈奴，二是南越。对于匈奴，汉文帝坚持和亲通好的政策，同时，对于匈奴背约入侵的行为，坚决发兵抗击。但是，也坚决避免深入追击，不与匈奴全面开战。对于南越，坚持外交怀柔，只要放弃称帝，自居藩国外臣，就彼此相安无事。文帝一朝，如此以和平的方式处理对外关系，理由非常明确，国家刚刚脱离战祸不久，民生尚未安定，经济尚不富裕，国力也不强大，而执政之要，在于不扰民烦民，求人民安居乐业，国家和平安定。

汉文帝的第三个历史功绩，在于渐进地推行各种改革。其中，最重要的是法制。首先，针对苛酷的秦朝法律，废除“收孥诸相坐律令”，也就是一人犯法，家族收官入狱的连坐法。其次，废除以言论定罪的“诽谤妖言罪”，广开言路，防止互相告密。再就是废除肉刑，确定刑期，革除了一经定罪，终身服刑的古来旧弊，堪称中国法制史上划时代的改革。

汉文帝的第四个历史功绩，是轻徭薄赋，与民休息，发展生产，富民安国。他主持籍田仪式，亲自率领群臣耕田以倡导农业，多次减免田租赋税以减轻人民的负担。专门制定鼓励农桑的礼仪，由皇帝亲自农耕以供奉宗庙供品，皇后亲自桑蚕以供奉宗庙祭服，定为汉朝耕桑之礼制。然而，文帝对于商业，并不曾加以抑制，对于民间自铸货币，也持放任的态度，实在是经济史上罕见的奇迹。

汉文帝的第五个历史功绩，是减少宫室苑囿、服饰车马的开支，削减侍从郎吏的定员，开放帝室领有的山泽，让利于民。史书上说，文帝曾经打算修一座承接露水的高台，召集工匠商计，说是要花一百金，也就是一百万钱。文帝不安地说道："百金的价值，相当于中等人家十家的资产。我继承了先帝的宫室家业，常常担心辱没不称，如此度量下来，为何还要修什么露台！"打消了修建露台的念头。

汉文帝的第六个历史功绩，就是倡导孝道人道，致力于道德伦理的建设。秦二世继位，下令将没有子女的始皇帝后宫，统统殉葬。惠帝继位后，吕后残酷迫害高祖的后宫嫔妃，戚夫人更有"人彘"的遭遇。文帝在位，允许惠帝的后宫美人们出宫，嫁人结婚。他去世时，留下遗诏，将自己的后宫嫔妃，从夫人、美人、良人、八子、七子、长使直到少使，统统遣还出宫，允许结婚出嫁。用当时的语言来表达的话，乃是宣示天下，不绝人道。

文帝甚为重视孝悌，认为是天下和顺的根本。文帝对母亲极为孝顺，在代王时代，薄太后生病三年，刘恒长期看护，史称"不合眼，不解衣，亲自尝药"，孝行超过古代的孝子曾参。汉朝以孝治天下的理念，当确立于文帝时期。中国历史上第一道养老令的制定和颁布，也在文帝时期。

文帝二年，汉文帝下诏说："不穿丝帛，老人不得温暖，没有肉食，老人不得营养。如今的新年伊始，虽说不时派人慰问长者老人，却没有布帛酒食的赐予，如何能够促进天下的子孙后辈孝养父母？听说官吏供给老者的粥米，或者用的是陈年粟米，如何能够合于养老的精神！着令制定完备的条令。”在文帝的亲自过问下，汉朝政府制定和颁布了更为完备的养老令：“年八十以上，每人每月赐予谷米一石，肉二十斤，酒五斗。年九十以上，加赐每人丝帛二匹，丝绵三斤。”[1]首次将重孝养老的理念，具体地落实到百姓民间。

汉文帝刘恒，为人谦虚谨慎，有判断有主见，善于听取和接受意见。史书上说，文帝出席朝会时，郎官侍从有上书进言的，都会停下乘舆听取。不可用的意见，搁置一边，可用的，都加以采纳，朝廷上下畅通，一致称善。

文帝曾经到上林苑出游，皇后窦氏与嫔妃慎夫人同行。中郎将袁盎，率领郎官负责警卫侍从。抵达上林苑后，座席的安排设定，皆由袁盎主持。他安排文帝与窦皇后同席并列，将慎夫人的座位向后退出一段距离，以示与皇后的等级差异。当时，慎夫人是最得文帝宠爱的嫔妃，几乎是随时随地与文帝在一起，在宫内禁中时，慎夫人与窦皇后同席而坐，并无等级的区分。

袁盎的安排，引得慎夫人不悦，不肯入席就座。文帝也大为生气，当即起身离席，一时闹得不欢而散。袁盎胸中自有主见，他不急不缓，入禁中来到文帝身边，进言道：“臣下闻知，尊卑有序则上下和洽。如今，陛下已经册立了皇后，慎夫人乃是妃妾，妻与妾，岂能同一座席！刚才的情况，正是失去了尊卑的秩序啊。如果陛下宠爱慎夫人，大可厚重地予以赏赐。刚才陛下为慎夫人

[1] 关于秦汉的养老，参见王文涛《秦汉社会保障研究——以灾害救助为中心的考察》第四章第一节，中华书局，2007年。

的所为，恰恰是祸害于她。‘人彘’一事，陛下岂能视而不见？”

我们已经叙述过了，“人彘”事件，是刘邦死后，皇后吕雉报复刘邦宠妃戚夫人的悲惨故事。[1]文帝听到这里，当即醒悟，转怒为喜，将袁盎的意见告知慎夫人。慎夫人也是明白人，有感于袁盎的深意，以个人的名义，赏赐袁盎黄金五十斤。

文帝一生，崇尚节俭自律。他日常身着黑色的服饰，要求皇后嫔妃服饰不得奢侈，即使是宠妃慎夫人，也是外衣不得长曳及地，帷帐不得装饰纹绣，用以宣示淳朴，引领天下尚俭的风气。

秦汉时代，事死如事生。皇帝即位，就开始为自己修建陵墓，以做到另一世界的居所。霸陵，是文帝为自己修建的陵墓，在今西安市灞桥区毛窑院村之白鹿原上。文帝生前，偕慎夫人到霸陵视察，北临原边，设席眺望，手指从霸陵到新丰邑的道路[2]，深情地对慎夫人说：“这条道路，就是通往邯郸的路。”

慎夫人是邯郸人，善歌舞琴瑟，多情易感，茫茫苍然间睹物思人，大为感动。文帝也触景生情，不能自已，当即让慎夫人鼓瑟，自己依瑟而歌，歌声凄凉悲哀，唱生离死别，歌人生短暂。一首歌曲下来，文帝意犹未尽，感慨地对随同的群臣道：“嗟乎！用北山的石材修建椁室，用丝绵填补空隙，再用生漆加以封灌，如此修建霸陵，岂会受到动摇惊扰！”群臣都附和称是。

当时，张释之为中大夫，在文帝身边做内廷侍臣，他站出来说道：“假如其中有想要的东西，就是把整座山浇铸加固，也还是

---

[1] 参见本书第四章一“戚夫人母子的悲惨命运”。窦皇后是太子刘启的生母，黄老道家的达人，文帝死后，位高权重，影响政局多年，没有对于文帝后妃报复的记载。

[2] 新丰邑，在霸陵东北，本为秦始皇陵所在的骊邑，高帝十年，刘邦为讨父亲刘太公欢心，将故乡丰邑之民迁徙到此，改名为新丰邑。参见本书第二章五“迁徙六国贵族：田南的故事”。

会有缝隙。假如其中没有想要的东西，就是没有石椁，也没有什么值得忧虑的！”文帝听了，当即称善，接受了张释之的意见。

史书上说，文帝的霸陵，不另外堆筑坟丘，陪葬品不用金银铜铁，只用陶器瓦器，力求节俭，不生事扰民。文帝去世时，留下遗诏，布告天下，其达观通透、薄葬厚德、利国惠民的主旨精神，是历代帝王遗诏中难能可贵的一份，值得传达于后世。

遗诏首先自述对于生死的观念，批评厚葬的流俗。“我有所闻知，天下万物萌发诞生后，没有不死去消亡的。死亡，是天地的原理，物事的自然，岂可过于悲哀。当今之世，世间都赞美生而厌恶死，风行厚葬而破败家业，大行丧礼而危害生活。对此，我甚为不取。”

接着，文帝以身作则，提倡薄葬节哀。“忆往昔，朕不能有德于天下，也不能佐助于百姓。念如今，因朕之死去又使百姓长久地服丧哭临，经历漫长的寒暑，使人之父子哀伤，使长幼之心悲痛，减损他们的饮食，中断对于鬼神的祭祀。这些举措，只会加重吾之不德，无以对天下言说！”

继而，文帝回顾了自己继位以来，二十余年间有赖于天地之灵，国泰民安，鲜有兵祸的历程，表达了对于先帝遗德的敬畏，庆幸自己天寿有年，终于能够陪祀先帝，供养于高庙。他称自己如此地不明不敏，却得到如此光明嘉好的人生，没有什么值得悲哀的！从而，他诏令自己的丧事一律从简，将繁杂的旧日丧礼，做了大规模的减省，不可不谓丧葬礼俗的大改革。

按照汉朝政府的惯例，新皇帝继位之初，都要对前任皇帝的政绩做一综合性的总结，用今天的话来说，就是官方的历史评价。汉文帝的这个官评，见于汉景帝正式继位后，于景帝元年（前156）十月所颁布的诏令。这个官评，首先用景帝的诏文，下达给群臣议论。诏文中列举了文帝的主要政绩，做了一个初步的评论，具体而中肯。我稍做补足解释后，转述大意如下：“孝文皇帝继位以来，废除汉朝与诸侯国之间的边境关卡，使士宦商旅，往来自由。废除诽谤妖言法，开通言路。除去肉刑，确定刑期，给予罪人改正自新的机会。废止收孥连坐之法，不牵连无辜之人。抚恤鳏寡孤独，赏赐高龄长老，使老有所养，弱有所依。废除肉刑，释放后宫美人，不轻易断绝人之为人的路。减省嗜欲，不接受郡国的献贡，不私自受利……孝文皇帝的功德，厚当天地之间，孝文皇帝的恩泽，利施四海之内，普天之下，莫不受福。当著于史书竹帛，世代传颂，永无穷尽。”

群臣接受诏文，讨论后回复并得到景帝的批准，内容如下：“世上，功德没有比高皇帝更大的了；仁德，没有比孝文皇帝更盛的了。今后，以高皇帝的庙为太祖庙，以孝文皇帝的庙为太宗庙。后世的皇帝，代代亲自祭祀太祖庙和太宗庙。诸侯王和列侯，也要年年派送使者陪同天子一起祭祀，年年献上助祭的酎金。”

从此以后，汉高祖刘邦和汉文帝刘恒，成为西汉王朝的两座基石，两面旗帜。汉太祖刘邦，马上打天下，以最高的军功创建了汉王朝，奠定了汉王朝开国立业的基石。汉太宗刘恒，垂拱治天下，以最厚的仁德巩固了汉王朝，奠定了汉王朝建国久安的基石。汉太祖刘邦的旗帜，象征的是武功霸业，汉太宗刘恒的旗帜，象征的是文治王业。汉家的治国之道，兼用霸道和王道的训诫，其本源，当追溯到这里。

太史公引用孔子的话评价文帝说：王者受命，三十年必可成就仁政。善人治国，百年必可使恶人不能为恶，必可消除刑杀，诚哉是言！从汉兴到孝文皇帝，四十有余年，仁德可谓至厚至盛了，也没有去搞什么改正朔易服色、封泰山禅梁父的大庆大典。

呜呼，对照感叹之下，孝文皇帝之谦恭行政，难道不是仁政吗？

2004年，我到白鹿原寻访文帝的葬地霸陵。先去韩峪秦东陵，再去洪庆塬坑儒谷，下原到灞河边，眺望蓝田，对岸隆起处，已是白鹿原。过桥上原，映入眼帘者，是现代的新陵园。经守陵人指点，说不远处一座小山岗，就是霸陵。荒草树丛，黄土无路，几乎不敢相信。嗡嗡野蜂声，荆棘钩挂人，好容易爬了上去，“汉文帝霸陵”的石碑就在眼前，为乾隆年间陕西巡抚毕沅所立。碑后一座小山陵，依山崖凿洞为墓，隐逸在不引人注目处，真是听取了张释之的建议，遵循了无有而无忧的道家真语。

当时，正值兵马俑学术讨论会期间，我住骊山脚下始皇陵近处。两相对照，巨大与渺小，伟大与平凡，不可同日而语。然而，巨大的始皇陵，将秦帝国拖累到毁灭的深渊，渺小的文帝霸陵，引领汉帝国走向繁荣昌盛。伟大的秦始皇，不可一世，过极的强权，招致二世而亡。平凡的汉文帝，谦让亲民，用黄老之道自律，带来的是国祚久长。

太史公在《史记·历书》中有一段话，很少被提及引用，我整理文帝的历史，活用作为这位盛世仁君的盖棺定论：

文帝时代，经历多年战乱之后，国家顺应人民安居乐业的愿望，不扰民乱民，求安定自如。那时候，百姓内外没有繁重的徭役，息肩致力于田地产业，天下富裕，粮食充足，十余钱即可买得一石粟米。城邑乡村，鸡鸣狗吠之声相闻，人气炊烟万里连绵，举国一片和乐景象。国家重孝悌，老弱有所养，六七十岁老翁，不趋市井艰辛谋生，多与儿孙近邻嬉游，乐陶陶如同回到了童稚时代。能够治理国家到如此境地的君王，正是孔子所称的施行德政的仁君！

如此赞誉，不知是现实还是梦想？

尾声 后战国时代

我整理历史，写《秦崩》《楚亡》《汉兴》，叙事从公元前 256 年，刘邦出生于楚国沛县开始，结束于公元前 157 年，汉文帝刘恒病故长安。时间的跨度，整整一百年。

百年历史，风云突变。华夏大地，经历了战国、帝国和后战国三个时代。

战国时代，若从公元前 453 年，韩赵魏三家分晋，七国争雄的局面形成开始，到公元前 221 年，秦灭六国，秦始皇统一天下结束，大约经历了 230 年。

公元前 256 年，以秦国的历法计，是秦昭襄王五十一年。这一年，秦国灭掉了东周，天下失去了挂名的天子。争雄的七国中，秦国成为唯一的超级大国，国势强大，步步向东扩张，统一天下的大势已经形成。[1] 以此为界，历史进入战国后期。

战国后期的历史，自有其特点。我曾经简略地概括如下。一、天下局势：多国并立相争，一国称雄独霸。二、政治体制：从世卿世禄向官僚制过渡，君权强化。三、社会类型：由封建领主制下的宗法社会，向郡县制下的编户齐民社会过渡。四、统治方式：间接统治的封建原理，与直接统治的人头原理并用。五、经济形

[1] 参见《秦崩》第一章四“公元前 256 年前后的战国世界”。

态：从基于氏族共同体的井田制，向基于核心家族的小农经济过渡。六、文化思想：诸子百家争鸣。七、社会风尚：养士之风、游侠盛行。[1]

这种历史特点，是一种升华了的历史感，是通过历史研究提炼出来的一种时代精神。《秦崩》中，我以刘邦和张耳的游侠经历为线索，复活战国后期的风土人情，力图将这种时代精神具现出几分来。[2]

公元前 221 年，以秦国的历法计，是秦王政二十六年。这一年，秦始皇统一天下，列国并立的战国时代结束，秦王朝建立。历史，进入秦帝国时代。

秦帝国的历史，也自有其特点。我曾经简略概括如下。一、天下局势：天下唯一的国家——大一统的秦帝国，无国际无外交的独国世界。二、政治体制：皇权官僚集权体制建立，独天下的绝对皇权。三、社会类型：郡县制下的编户齐民社会。四、统治方式：直接统治的人头原理。五、经济形态：与军功爵制配合的名田制，[3] 基于核心家族的小农经济。六、文化思想：以吏

---

[1] 关于战国后期历史特点的概括，主要基于杨宽《战国史》（上海人民出版社，1998 年）相关章节做出。编户齐民的概念，取之于杜正胜《编户齐民——传统社会结构之形成》（联经出版事业有限公司，1992 年）。直接统治之人头原理，是日本历史学家西嶋定生提出的理论概念。这个概念，是归纳秦始皇统一天下，建立皇权官僚体制后之统治原理做出的。简要而言，就是讲作为最高统治者的皇帝，其统治权可以通过法令之颁布和官僚机构之执行而直接下达到每一个编户民。这个概念，是相对于西周封建社会之层层分封，统治权层层分断，周天子对于各级封君和各级封君之下的臣民并无直接的统治权而言的。参见西嶋定生《中国古代帝国の形成と构造》序章第五节“问题点の所在と分析の视觉”，东京大学出版会，1983 年。

[2] 参见《秦崩》第一章《战国时代的刘邦》。

[3] 秦国实行的与军功爵相匹配的田宅财产制度被称为名田制，这个制度开始于商鞅变法，一直延续到西汉初年。学界关于这个问题的讨论，可参见闫桂梅《近五十年来秦汉土地制度研究综述》（《中国史研究动态》2007 年第 7 期）。

为师，焚书禁学[1]，诸子百家消亡。七、社会风尚：家无私客，游侠灭绝。

《秦崩》中，大厦将倾，天下大乱的叙事，是这种历史特点在国家政府层面上的体现。[2]体现在民间下层，有亭长刘邦的人际交往，陈国后裔陈胜的坎坷人生，韩国后人张良的复仇隐逸……[3]《楚亡》中，有王孙韩信的淮阴生活，英国后裔英布的逃役亡命，贫民陈平的乡里社稷……[4]在《汉兴》中，以叔孙通为主线的儒生群体之遭遇，更是思想文化层面上的真实写照。

然而，在笔者之复活型历史叙事三部曲中，战国后期和秦帝国时代，都不过是前史背景，《秦崩》《楚亡》《汉兴》所叙述的历史，集中在后战国时代。

后战国时代，起源于秦楚汉间。所谓秦楚汉间，即司马迁于《史记》秦楚之际月表所截取的八年时间，始于秦末乱起的秦二世元年（前209），终于汉王朝建立之高帝五年（前202）。其时间虽然短暂，历史变动却非常剧烈，秦王朝在此期间崩溃，战国七国在此期间复活，项羽在此期间称霸天下，分封十九国。刘邦也在此期间战胜项羽，接受楚、韩、淮南、梁、衡山、赵、燕等七国

[1] 自东汉以来，焚书坑儒，已经成为中国历史中的一个固定概念，用来概括秦帝国的文化政策特点。根据笔者的研究，这个用语和概念，是半桩伪造的历史疑案。简单而言，焚书是见于法令的历史事实，坑儒是东汉时代伪造的历史故事。其简明的叙述，参见李开元《秦谜——重新发现秦始皇》附录五《焚书坑儒——半桩伪造的历史疑案》，上海人民出版社・世纪文景，2020年。其详细的学术论证，参见李开元《焚书坑儒——半桩伪造的历史疑案》，《史学集刊》2010年第6期。基于这种新的认识，笔者在对秦帝国文化政策特点的概括中使用"焚书尊法"一语。

[2] 分别参见《秦崩》第三章《大厦将倾的前夜》，第四章《天下大乱》。

[3] 参见《秦崩》第二章《秦帝国的民间暗流》，第四章四"贵族后裔陈胜"。

[4] 参见《楚亡》第一章《大将韩信》，第三章二"冷面杀手英布"，第二章三"吃软饭的陈平"、四"秦汉的乡里社稷"。

国王的推举即皇帝位，建立了汉王朝。

在秦楚汉间，尽管历史变动纷繁剧烈，历史运动的方向和脉络却清楚明了。在这个时段中，秦帝国在战国复国运动中崩溃，历史向战国方向回转。但是，向战国方向回转的历史无法绕开秦帝国，于是出现了一个战国和帝国两个时代的历史特点混合同在的新时代。西汉王朝建立以后，沿袭了秦楚汉间的历史特点，不久，以同姓王取代异姓王的变通形式，将这个特殊的历史时代稳定下来，一直持续到景帝末年。

对于后战国时代的历史特点，我曾经简略地概括如下：

一、天下局势：汉朝一强主持天下，与多个王国、众多侯国并立共存之联合帝国出现。二、政治体制：宫廷与政府分权共治，汉朝与诸侯国划界分治，侯国自治。三、社会类型：郡县制下的编户齐民社会，与王国侯国制下的封建领主社会并存。四、统治方式：直接统治之人头原理，与间接统治之封建原理并存。五、经济形态：配套军功爵的名田制，基于核心家族的小农经济，与封建领主经济并存。六、文化思想：黄老道家主导下的诸子复兴，百家融合。七、社会风尚：养士之风又来，游侠再盛。

汉朝一强主持天下，与多个王国、众多侯国并立共存之联合帝国的出现，在高帝五年。这年，以汉王刘邦为首的多国连横联盟，击败了以楚王项羽为首的多国合纵联盟。称霸天下的汉王刘邦，接受七国诸侯王的拥戴，即皇帝位，建立起以汉朝为宗主国的联合帝国。这一重大变局，正如《楚亡》第五章八“刘邦定陶即皇帝位”所道及，由楚王韩信领头，联名韩王韩信、淮南王英布、梁王彭越、前衡山王吴芮、赵王张敖、燕王臧荼共同上疏，拥戴汉王刘邦即皇帝位。中国历史，从此进入一个新时代，联合帝国之汉帝国时代。

汉帝国建立后，逐一消灭异姓诸侯王国，将刘姓汉朝与异姓诸侯王国并存的联合帝国，改造成以汉朝为大宗，以多个刘姓诸侯王国为小宗的刘氏联合帝国。同时，在确保非刘姓不王的条件下，确立了非功臣不侯的原则。一百多位功臣的分封，一百多个侯国的建立，成为联合帝国内又一等级的自治实体，突出地体现了支撑汉帝国的社会基础——军功受益阶层的存在。这一重大变局的节点，就是本书第三章十“刘邦之死”中所叙述的白马之盟。从此以后，天下局势稳定下来。

宫廷与政府分权共治的典范，是萧规曹随。萧何、曹参先后继任相国，独立施政，君臣制衡，开启黄老之治的新政局。延续萧曹之治，丞相由功臣选任，独立施政的传统，一直持续到后战国时代的终结。至于汉朝与诸侯国划界分治，侯国自治的特点，最可见于文帝继位以后，恢复汉朝与诸侯王国的疆界划分，遣送列侯回国治理国土臣民。短寿的贾谊，他一生长太息的事情，多在汉王朝与王国和侯国的关系上。

名医淳于意命运坎坷，他在汉朝、齐国和阳虚侯国间的辗转经历，最能体现郡县制下的编户齐民社会，与王国侯国制下的封建领主社会并存的叠层空间。齐国女子田南的爱情悲剧，既是汉朝与王国划界而治的写照，也反映了编户齐民社会中小人物的无奈。

直接统治之人头原理，与间接统治之封建原理并存的特点，可以从本书第二章六“废黜赵王张敖：贯高田叔的故事”中读到。赵国是汉朝的封国，赵王张敖效忠于皇帝刘邦。但是，赵相赵午、贯高，赵臣田叔、孟舒，他们是赵王的臣属，他们效忠的对象是赵王张敖，而非皇帝刘邦。他们为了维护赵王的尊严，策划了暗杀皇帝的密谋。封臣的封臣，不是我的封臣，通行古今中外的封建原理留下的政治空间，是我们解读这个历史故事的钥匙。

与军功爵配套的名田制，是汉帝国得以建立与稳定的经济基础。在本书第一章四“新统治的根基：军功受益阶层”中，依据最新的出土文物，描述了这个制度的细节及其施行的结果。有心的读者，如果关注到唐代的关陇军功集团与均田制，再联系到历朝历代建立之初，新的统治阶层和新的统治基础如何建立，将会打开眼界，获得一种贯通中华帝国两千年历史的普遍意义。

黄老之学，是后战国时代的思想主流。黄老之学，以老子的道论为哲学基础，融入齐法家的刑名法度思想，成就一兼容并包、经世致用的思想流派。文景之治的国势升平，诸子融合的文化复兴，都得益于黄老之学的涵养。在本书第四章五“曹相国黄老治齐”、六“盖公说黄老之学”中，我结合新出土的文献，对黄老之学经世致用的精要，做了简要的概括：守道、依法、均衡、知变、求无为。就是以道为思想本源，以法为制度架构，以均衡为施行方针，以知变为改进方法，以无为为目标境界。源远流长，意境深远。

我写代相陈豨的积习做派，我写丞相王陵的特立独行，我写朱建与陆贾为审食其策划脱祸之策，都可以看到养士之风又来、游侠再盛的社会风尚。至于直谏敢言的袁盎和公正执法的张释之，他们的人格风貌，也都需要放在侠士的精神中理解。后战国时代的养士和游侠之风，是战国时代的流风余韵，其风貌特点的贯通概述，见于《秦崩》第一章七“战国时代的游侠风尚”。

后战国时代，是秦帝国崩溃后的历史断裂与历史转型。时间虽然短暂，意义却很深远。其深远的意义，不仅显现在秦末汉初的六十年间，更隐现在中华帝国两千年历史的背后。为了将这种隐现的意义彰显出来，我从历史理念的抽象上，对后战国时代的历史特点做了长时态的归纳：

1. 新贵族主义：功臣和亲族的分封世袭。2. 分权主义：分散权力和注意权力的平衡，统一法制下的分权自治。3. 保守主义：不扰民乱民，政府尽可能少干预民间事务，尽可能减少民众的负担。4. 调和主义：不做思想管制，不高挂信念理想，在调和与模糊中留下百家共存的宽容的思想环境。

在传统的意义上解读这个时代，可以用“文景之治”的黄金时代来概括；在现代的意义上重新诠释这个时代，可能是中华帝国两千年王朝循环的历史中，唯一一次在体制上出现了新的转型之可能性的时代。这个新的转型的方向，就是脱离专制主义中央集权统一帝国体制，逐步走向统一法制下的分权政治体制。[1]

---

[1] 后战国时代，是我在《汉帝国的建立与刘邦集团》中最初提出的历史学概念。2015年6月，在由北京大学历史系主办，普林斯顿大学高等研究院、芝加哥大学和维也纳大学中世纪史研究中心协办的“断裂与转型：帝国之后的欧亚历史与史学”国际会议上，笔者对这个概念做了进一步的理论概括，写成论文《后战国时代论：秦帝国崩溃后的断裂与转型》发表，后刊载于王晴佳、李隆国主编的会议论文集《断裂与转型：帝国之后的欧亚历史与史学》，上海古籍出版社，2017年。相关的内容，我删改成《后战国时代论》一文，补入增订版《汉帝国的建立与刘邦集团》（生活·读书·新知三联书店，即刊）中。

结语

寻找文化家园

谨将此书，献给静园二院，献给北大文研院。

深秋傍晚，从静园二院出来，穿过南阁北阁，月明星稀夜色中，银杏黄，华表亮，小桥西门在望。恬淡一束暖意，从心中升起。我会心一笑，知道，知道，是等候已久的幸福感。

四十年前，我从蜀中来到京城，就读于这所心仪的学校。北大，成了我人生的起点，静园二院，是我的文化家园。

我在北大时，静园二院北栋，是历史系所在。四年大学生，五年教员，都往来停驻于此。静园二院，曾经是我幸福人生的见证。

月有阴晴圆缺，人有离合悲欢。1986年底，我东渡日本留学，静园二院，渐行渐远。1992年，我完成东京大学博士课程的学业，就职于日本冈山市的就实大学，辞去了北大的工作。后来，历史系也东迁到人文学苑。我与静园二院，断线失联。

留学生是丧家狗，一群离家出走、失去了文化家园的海外游子。

丧家狗一语，出自《史记·孔子世家》。孔子离开故乡，带领弟子们辗转流亡列国。到郑国时，师生走散了。孔子独自一个人站在新郑城的东门口，张望彷徨，被人形容为“累累若丧家之狗”。孔子与学生们重聚，听说后欣然而笑，感慨道：“确实如此！确实如此！”

累累，疲劳堆积也。丧家之狗，失去了家园的流浪狗。积劳焦虑，孤独顾望，寻找失散同伴的流浪狗，是孔子认同的一种自我形象。丧家狗，不仅是背井离乡，离散于旅途者之形象比喻，其深层隐喻，乃是失去了文化家园的浮游者。

那一年，唐晓峰先生从美国留学回来，感慨道：在美国留学的自己，宛若丧家狗。基于类似的感悟，李零先生写《我读〈论语〉》，冠以“丧家狗”的标题，引起轩然大波。我久在日本，虽然有汉字文化的慰藉，丧失文化家园的孤独无奈，依然铭心刻骨。

祖父母世代，一家人聚族而居，几十口人的大家族，在旧成都那种半封闭的环境中，共同经历了清末民国。解放以来，父母一代人，离散别居，或在京师，或在外国，更多的在故乡。成都啊成都，依然是凝聚亲情的家园。到了改革开放，我辈一代人，纷纷走出国门，散居于澳洲美国日本。待到父母一代去世，宛若放飞的风筝，与故乡成都之间，渐行渐远。尚存一丝连接的线，是乡土亲情的遗留，是从儿时到青年的记忆。

2006 年，我回到故乡成都，写下一段感受。我去金沙，我去少城，我去寻访少年时代的踪影。往日的田园风光，菜花黄，豌豆绿，捞鱼的金沙小河旁，如今都是小区餐饮楼房。少城里，祠堂街，将军衙门上，如今都是大道银行商场。黯然神伤之余，寻到新立的街名石碑：东门街，支矶石，长顺街……物换景移下，只有地名依旧。故乡的面貌，已经全非，记忆中的乡土，已经不可归回。

不知从何时起，我被视为华侨了。这种侨居外国的中国公民的法律定义，这种带有漂泊意味的世界公民的文化符号，给我带来一种游魂的宿命。失去文化家园的我，也宛若丧家狗。

我试图偕家回归故土，以失败告终。懂了命，悟得命运对我另有安排，开始摸索文化回归的新路。文化中国的核心，在于汉字文化。于是自审反省，确立了回归汉语写作的方针，也确立了自放于学术主流，探索表现历史之新形式的方向。

时在2002年初，我立下“终身之志”，放弃外语写作，中止在海外的发展，走出书斋，离开传统学术，深入历史现场，打通文史哲，师法司马迁，将我研究多年的一段秦汉历史，用崭新的叙事形式表现出来。2007年《秦崩》出版，复活型历史叙事之形式初见端倪。[1] 2013年，《秦崩》续篇《楚亡》出版，复活型历史叙事的形式大致成熟。2019年底，写完复活型历史叙事三部曲的终结篇《汉兴》，长吐一口气。

《汉兴》，完成于我在北大文研院驻院访问期间，这篇结语的开头，正是这一段幸福历史的点滴记录，时在2019年12月24日下午，地在静园二院104室。当天的日记中，我留下如许的文字：“‘终身之志’完成，读‘墓志铭’，写‘留言’。”

“终身之志”完成，是说《汉兴》的完稿。写“留言”，是说文研院邀访学者离院前，都要写的离别“留言”。至于“墓志铭”，则是由此而牵扯出来的往事旧文。

中国史学文学中，历来有碑铭一类。碑铭中的墓志铭，是人生的总结，生命的挽歌，历史的结语。对于亿万芸芸众生而言，墓志铭极其简单，某某人之墓，生于某年某月某日，死于某年某月某日，子女某某道安息永垂云云。人生一世，到头来就留下这

[1] 原题为《复活的历史：秦帝国的崩溃》，由中华书局出版。后由台湾联经出版事业有限公司出版，改名为《秦崩：从秦始皇到刘邦》，沿用至今。

么二三十个字，姓名生年死年有子女而已。这一点痕迹，也就是所谓个人在历史上的作用和地位了。

按常情常理，墓志铭死后由他人撰写，是盖棺论定。我曾发奇想，墓志铭由自己生前拟定。自己的人生，自己裁定，将往事做一回想，已经可以论定的事，不妨早早写下结论来。一来免得将来麻烦他人。二来可以将已经过去的人生，做一阶段性的小结。三来可以就此对未来做一展望，再基于打算和预测，拟出几种不同的铭文存档，待到将要撒手人寰时，取来查验对照，中不中，准不准，岂不也是一种乐趣？

于是乎，我自作墓志铭，基于真假虚实、梦境现实写出，今摘录两种如下：

我的山口墓志铭。

2001年，我曾经应募山口大学的招聘，于是想定去山口大学任教。

日本国山口县山口市，十二万人的地方小城，浅山环绕，景色秀丽。乘山阳新干线到小仓站下，换乘普通电车。难得一见的单轨车，叮叮当当徐行，走走停停错道，慢悠悠来到山口市，宛若走进宫崎骏的动漫世界，隔世脱俗的世外桃源。

山口大学，一万多学生的综合性国立大学。文学部教授，独立的研究室，一千万日元的年薪。在此终老，衣食不愁，安稳的中产阶级，地方的智识绅士。一年八个月教学，假期四个月写书，与世隔绝，晴耕雨读，当是可以成就一点学业。三五本学术著作，四五册文化随笔，不时学会露面，海外走走。

在大学附近的山坡下，置一清静住宅，庭园小巧，花木茂盛，有妻子女儿陪伴，与世无争，生活无虞，一直活到九十九，在悠扬念佛声中，静静告别人世。买下一块宽敞的墓地，墓碑上铭文如下：一个来自中国内地的外国人，他在此度过了无惊无奇，无波无浪，堪称幸福的人生。

我的东京墓志铭。

按照日本学界的旧惯例，地方大学的经历，往往作为重返京城的磨炼。我于是继续设想：

数年后离开山口，如愿回到东京的大学。事业上或许还能有些发展，由于语言、文化和经历的差异，也是有限，毕竟是外国来的异乡人，耗尽精力也难以登顶。六十五、七十退休，怕连房子也买不起，租房一直住到死。不知能否买得起墓地，只要能立一块石碑就好，留下几个字作个了结：这是一个来自岷山脚下的中国人，他至死也未能在东京挣得一块葬身之地。

海外的两方墓志铭，留下的是失去文化家园的孤独寂寞。然而，有家欲回，归去不能的伤痛，更是刻骨铭心，曾经留下一方“我的北大墓志铭”。懂了命，悟得命运另有安排。又有盛情难却感谢，风轻云淡消散的感叹，曾经留下一方“我的清华墓志铭”。都是怅望文化家园的挽歌悼词，留待将来再来镌刻刊行。

2016年初，我从服务多年的大学退休，结束了三十多年的教书生涯。伴随退休，我终于获得人生的自由。从此以后，不再为五斗米折腰，不再为机构效劳，不再看那些不想看的脸色，不再写那些不想写的报告，将余生留给自己，做自己想做的事情。

同年6月，我将旧著《汉帝国的建立与刘邦集团》增订完毕，交给三联书店出版。随后下定决心，推掉一切邀请，谢绝一切聘任，专心于《汉兴》的写作，不能让“终身之志”成红楼梦。又检视手稿，多种半成品，也等待着我的完成。

大概就在这个时候，北大文研院成立，熟悉的友人，有意思的活动，引起了我的注意。鬼使神差，盛情厚谊。[1] 2018年10月，我随文研院西北考察团去了内蒙古，沿黄河，走长城，进入秦汉北朝的云中九原郡；傍阴山，经河套，怅望天苍苍、野茫茫的塞外风景。[2] 这次考察的愉悦心情，始终难忘。途中的欢声笑语，至今尚留在耳际，宛若暖风春雨，抚慰了心中多年的凉疾，引动了申请文研院邀访学者的念头。

自回归不成以来，我多年游离在中国日本之间，放歌自流，特立独行，虽说是开创了一片新天地，精神上的孤独感，却也始终相伴。在走进文研院的途中，与分散在天涯海角的友人重逢，久违的认同相通之感，使我想起失散的孔门弟子们，在新郑东门的再会。[3]

解开我心结的最后一道力，是我读了邓小南院长关于文研院宗旨的阐述。她说："文研院的宗旨是涵养学术，激活思想。"她进一步解释说，专精规范的学科建设，学术评估的积极参与，是各院系的工作。培育学术"净土"，促成跨界创新，注重实地考

---

[1] 2018年10月18日下午，文研院有"北方长城和匈奴墓葬"的报告会，由内蒙古考古研究所的张文平先生和内蒙古博物院的陈永志先生主讲。都是第一线的考古收获，闻所未闻的新知识，深深地吸引了我。意犹未尽，我留下来参加了会后的考察商议会，当场流露出想随同前往的愿望。出乎意料，晚饭前，文研院已经完成协商，欢迎我去。感铭的我，当晚参加了聚餐，几杯热酒下肚，自己立下的戒律消散。

[2] 这次考察的部分收获，我以笔记四则的形式，写下来交由文研院刊行，另一部分内容，已经写入《汉兴》第六章八"匈奴的汉人族群"。

[3] 文研院邀访学者的诸位友人中，一位是台湾"中央研究院"的邢义田院士，我们曾经一起去参拜了北大的两位老校长胡适之先生和傅斯年先生的墓，那是2011年3月，在台北。这次，又一起参加了内蒙古的考察，久别再聚，相谈甚欢。另一位是日本爱媛大学的藤田胜久教授，他是我的多年走友，一起行走历史十余年，共同经历了种种风雨忧患。还有两位，一位是浙江大学艺术与考古学院的白谦慎教授，一位是中央美术学院的尹吉男教授，他们都是我大学的同学，近年来我走近艺术，不时去书画界窥望学习的引路人。

察，则是文研院的服务方针。斯人斯语，甚得我心。于是旧愿重启，我希望在静园二院文研院，寻得失去多年的文化家园。

我在申请书中写道，我在北大历史系十四年，往来静园二院九年，对这里怀有特殊的感情，一种草木复生、院落依旧的乡土之情。去年，我有幸参加了文研院西北考察团，对学术跨界和实地考察的宗旨，有切身的认同，引以为文化家园。今年，新著《汉兴》将完稿，是我尝试复活型历史叙事之三部曲的终结篇。我希望该书能在文研院完成，以此书感谢文研院，为静园二院这块文化圣土增添一株小草。

从 2019 年 9 月到 12 月，四个月的文研院驻院生活，成了我人生中第二个幸福时期，堪比进北大读书的第一二年。时隔三十年，我回到北大静园二院，失而复得，重新寻得文化家园，那种心情的表露，就是我在本文开头的词句。

作家张爱玲有句名言：出名要趁早。不过，早早出名登顶，剩下的都是下坡路，一辈子郁郁寡欢。

人生如行路登山，终点就是顶点。完美的人生，登上峰巅之时就是人生结束之日。追求如此人生，要在不急不缓不停，一步一步上行，步步都有好心情。

人生在世，就活一个心情好。当下，我带着好心情，离开北大静园二院，辞别文研院，感谢所有应当感谢的人，怀念所有值得怀念的事，祝愿福降天地万物。

西汉初年汉与列国大事年月表[1]（上）

（高帝刘邦时期）

前 202 年・高帝五年

十月

追项羽至阳夏。

十一月

大败项羽于陈下。

十二月

大败项羽于垓下。

正月

汉　皇帝刘邦立一年。都洛阳。（前 202 年，高帝五年正月，由诸侯王拥立）

楚　楚王韩信徙立一年。都下邳。（前 202 年，高帝五年正月，由齐王徙立）

淮南王英布立二年。都六。（前 203 年，汉四年七月立）

[1] 本表沿袭《秦崩》之《秦末七国大事月表》、《楚亡》之《楚汉之际列国大事月表》，题为《西汉初年汉与列国大事年月表》。此表以汉与诸侯王国之大事为主，兼及周边各国。依照《秦崩》《楚亡》月表的写法，当每年逐月记事。然而，从时间上看，《秦末七国大事月表》和《楚汉之际列国大事月表》之记事各为五年。本书之记事，从高帝五年到文帝后元七年，共 46 年。如果也每年逐月记事，势必成庞大的篇幅。考虑及此，遂制成年月表，每年岁首之十月，逐一记载汉与各国现状。同年各月内，有事则记，无事省略。并且，表中只记与本书中内容有关的史事，其他的只有割爱了。作为本表的底本，笔者撰有更详细的月表，只有留待将来了。

长沙王吴芮立一年。都临湘。（前 202 年，高帝五年正月立）

赵　赵王张敖嗣立一年。都襄国。（前 202 年，高帝五年十月嗣立[1]）

魏　梁王彭越立一年，都定陶。（前 202 年，高帝五年正月立）

齐　齐王韩信徙立为楚王。齐国属汉为郡。田横亡入海。

燕　燕王臧荼立五年。都蓟。（前 206 年，汉元年二月，项羽所立）

韩　韩王信立四年。都阳翟。（前 205 年，汉二年十一月立）

百越　闽越王无诸立一年。都东冶。[2]（前 202 年，高帝五年正月立）

南越王赵佗自立二年。都番禺。（前 203 年，汉四年自立）

匈奴　冒顿单于自立六年。都王庭。（前 207 年，秦二世三年自立）

三月

汉　刘邦在洛阳。遣使之齐招田横。

齐　齐国属汉为郡。田横亡入海。汉使来召，回信辞退。

四月

汉　刘邦在洛阳。诏郦商不得妄动，再遣使之齐召田横。

齐　齐国属汉为郡。田横亡入海。汉使再来。

五月

汉　刘邦在洛阳。发布高帝五年诏。置酒洛阳南宫，议论之所以取得天下。田横之洛阳自杀。娄（刘）敬建议徙都关中。

齐　齐国属汉为郡。田横之洛阳自杀。

六月

汉　刘邦在洛阳。大赦天下。与张良商谈娄（刘）敬建议徙都关中事。

楚　长沙王吴芮薨。子吴臣嗣。

齐　齐国属汉为郡。田横部下五百壮士自杀。

七月

汉　燕王臧荼反，刘邦亲征。

---

[1] 赵王张耳死于汉四年七月，子张敖嗣。本表，以先王死之次月为嗣（位）月，以嗣位次年为元年，以十月为嗣立之月。

[2] 今福建福州冶山。

燕　燕王臧荼反。

九月

汉　掳臧荼。利几反颍川，刘邦亲征击破。

燕　燕王臧荼兵败被俘。

后九月

燕　立卢绾为燕王。都蓟。[1]始建长乐宫。

前201年·高帝六年

十月

汉　皇帝刘邦立二年。都洛阳。

楚　楚王韩信徙立二年。都下邳。

淮南王英布立三年。都六。

长沙王吴臣嗣立一年。都临湘。

赵　赵王张敖嗣立二年。都襄国。

魏　梁王彭越立二年，都定陶。

齐　齐国属汉为郡。

燕　燕王卢绾立二年。都蓟。

韩　韩王信立五年。

百越　闽越王无诸立二年。都东冶。

南越王赵佗自立三年。都番禺。

匈奴　冒顿单于自立七年。都王庭。

十一月

汉　刘邦在洛阳。人告韩信反。

楚　楚王韩信在下邳。人告韩信反。

---

[1]《史记·高祖本纪》，将卢绾封燕王笼统记在高帝五年十月，燕王臧荼造反及其失败被俘之事后面。开元按："十月"当为"七月"之误。《汉书·高帝纪》记封卢绾为燕王在高帝五年九月。《史记·汉兴以来诸侯王年表》："[后]九月壬子，初王卢绾元年。"《汉书·诸侯王表》："后九月，王卢绾始，故太尉。"据张培瑜《中国先秦史历表》（齐鲁书社，1987年），公元前202年，高帝五年九月无壬子，壬子在闰月。从而，卢绾之封燕王，当在后九月。

十二月

汉　刘邦游云梦之陈，执韩信。田肯建议封亲子于齐。还至洛阳，赦韩信为淮阴侯。大分封第一批功臣。

楚　故楚将钟离昧自杀。楚王韩信以谋反嫌疑被执，以擅发兵罪废为淮阴侯。

正月

汉　封刘贾为荆王，刘交为楚王，刘喜为代王，刘肥为齐王。徙韩国于太原郡。大分封第二批功臣。

楚　楚王刘交立一年。都彭城。（前 201 年，高帝六年正月立）

荆王刘贾立一年。都广陵。（前 201 年，高帝六年正月立）

赵　代王刘喜立一年。都代。（前 201 年，高帝六年正月立）

韩王信徙立一年。都晋阳。（前 201 年，高帝六年正月，由旧韩国地区之颍川郡迁徙到旧赵国地区之太原郡一带）

齐　齐王刘肥立一年。都临淄。（前 201 年，高帝六年正月立）

韩　原韩国废为郡，属汉为颍川郡。

三月

汉　刘邦在洛阳。洛阳南宫置酒，封雍齿，诸将安心。

四月

汉　刘邦归栎阳，五日一朝太公。

赵　韩王信徙都马邑？

五月

汉　刘邦在栎阳。丙午，尊太公为太上皇。

七月

汉　长乐宫将成，叔孙通建言起朝仪。

八月

赵　匈奴围韩王信于马邑。

九月

赵　韩王信降匈奴。匈奴攻至晋阳。

前200年·高帝七年

十月

汉　皇帝刘邦立三年。迁都长安。长乐宫成。初行朝礼。将兵击韩王信。

楚　楚王刘交立二年。都彭城。

荆王刘贾立二年。都广陵。

淮南王英布立四年。都六。

长沙王吴臣嗣立二年。都临湘。

赵　代王刘喜立二年。都代。

赵王张敖嗣立三年。都襄国。

韩王信降匈奴。

魏　梁王彭越立三年，都定陶。

齐　齐王刘肥立二年。都临淄。

燕　燕王卢绾立三年。都蓟。

韩　属汉为郡。

百越　闽越王无诸立三年。都东冶。

南越王赵佗自立四年。都番禺。

匈奴　冒顿单于自立八年。都王庭。

十一月

汉　刘邦被匈奴冒顿单于围困于白登，用陈平计脱出。赦封刘敬。

十二月

汉　刘邦过赵国，不礼赵王。废代王刘喜，立皇子刘如意为代王。

赵　刘邦过赵国，不礼赵王。

匈奴攻代国，代王刘喜亡归洛阳，废为侯。代王如意立一年。年幼不之国，代相陈豨主政。

二月

汉　未央宫前殿、东阙、北阙、武库、太仓等建筑完成。

四月

汉　刘邦之洛阳。

前 199 年 · 高帝八年

十月

汉　皇帝刘邦立四年。都长安。击韩信余寇于东垣，过柏人县，去弗宿。

楚　楚王刘交立三年。都彭城。

荆王刘贾立三年。都广陵。

淮南王英布立五年。都六。

长沙王吴臣嗣立三年。都临湘。

赵　代王刘如意立二年。都代。

赵王张敖嗣立四年。都襄国。

韩王信降匈奴。

魏　梁王彭越立四年，都定陶。

齐　齐王刘肥立三年。都临淄。

燕　燕王卢绾立四年。都蓟。

韩　属汉为郡。

百越　闽越王无诸立四年。都东冶。

南越王赵佗自立五年。都番禺。

匈奴　冒顿单于自立九年。都王庭。

十二月

汉　刘邦自东垣至长安。

三月

汉　刘邦自长安到洛阳。

九月

汉　刘邦自洛阳至长安。淮南王、梁王、赵王、楚王从。刘敬上和亲策。刘敬使匈奴和亲?

楚　楚王刘交从至长安。

荆王刘贾从至长安。

淮南王英布从至长安。

赵　赵王张敖从至长安。

魏　梁王彭越从至长安。

匈奴　刘敬使匈奴和亲?

前 198 年·高帝九年

十月

汉　皇帝刘邦立五年。都长安。刘邦自洛阳至长安。淮南王、梁王、赵王、楚王从至，朝未央宫，置酒前殿。为太上皇寿。

楚　楚王刘交立四年。都彭城。从至长安，朝未央宫。

荆王刘贾立四年。都广陵。

淮南王英布立六年。都六。从至长安，朝未央宫。

长沙王吴臣嗣立四年。都临湘。

赵　赵王张敖嗣立五年。都襄国。从至长安，朝未央宫。

代王刘如意立三年。都代。

韩王信降匈奴。

魏　梁王彭越立五年，都定陶。从至长安，朝未央宫。

齐　齐王刘肥立四年。都临淄。

燕　燕王卢绾立五年。都蓟。

韩　属汉为郡。

百越　闽越王无诸立五年。都东冶。

南越王赵佗自立六年。都番禺。

匈奴　冒顿单于自立十年。都王庭。

十一月

汉　刘敬自匈奴归。徙齐楚大族及豪杰名家十万户于关中。

十二月

汉　刘邦行至洛阳。赵相贯高案发。

赵　赵相贯高案发。

正月

汉　废赵王张敖为宣平侯。徙代王如意为赵王。御史大夫周昌免，符玺御史赵尧为御史大夫。

赵　赵相贯高自杀。赵王张敖废为宣平侯。赵王如意徙立一年。故御史大夫周昌为赵相。

代国属汉，仍由代相陈豨主政。

二月

汉　刘邦自洛阳至长安。拜赵贤臣田叔、孟舒等十人为郡守、王国相。

六月

汉　以丞相萧何为相国。[1]

前 197 年 · 高帝十年

十月

汉　皇帝刘邦立六年。都长安。淮南王、燕王、荆王、梁王、楚王、齐王、长沙王来朝。

楚　楚王刘交立五年。都彭城。来长安朝。

荆王刘贾立五年。都广陵。来长安朝。

淮南王英布立七年。都六。来长安朝。

长沙王吴臣嗣立五年。都临湘。来长安朝。

赵　赵王刘如意徙立二年。都邯郸。

代国属汉，陈豨主政。

韩王信降匈奴。

魏　梁王彭越立六年，都定陶。来长安朝。

齐　齐王刘肥立五年。都临淄。来长安朝。

燕　燕王卢绾立六年。都蓟。来长安朝。

韩　属汉为郡。

百越　闽越王无诸立六年。都东冶。

南越王赵佗自立七年。都番禺。

匈奴　冒顿单于自立十一年。都王庭。

七月

汉　太上皇崩，葬于万年。楚王、梁王皆来送葬。招代相陈豨不至。

齐女田南与临淄狱吏阑被捕于胡县。

---

[1] 从《资治通鉴》卷一二“汉高帝九年”条。

楚　楚王刘交之长安送葬。

赵　代国属汉。代相陈豨不应召之长安。

魏　梁王彭越之长安送葬。

齐　齐女田南与临淄狱吏阑被捕于胡县。

八月

汉　令诸侯皆立太上皇庙于国都。

赵　代相陈豨不应召之长安。

九月

汉　代相陈豨自立为代王，反。刘邦亲征至邯郸。

赵　代相陈豨反，与韩王信联合。

前 196 年 · 高帝十一年

十月

汉　皇帝刘邦立七年。都长安。代相陈豨反。刘邦亲征至邯郸。征兵于梁，彭越有病不至。

楚　楚王刘交立六年。都彭城。

荆王刘贾立六年。都广陵。

淮南王英布立八年。都六。

长沙王吴臣嗣立六年。都临湘。

赵　赵王刘如意徙立三年。都邯郸。

代相陈豨举兵反，与韩王信联合。

魏　梁王彭越立七年，都定陶。有病不从刘邦伐陈豨。

齐　齐王刘肥立六年。都临淄。

燕　燕王卢绾立七年。都蓟。

韩　属汉为郡。

百越　闽越王无诸立七年。都东冶。

南越王赵佗自立八年。都番禺。

匈奴　冒顿单于自立十二年。都王庭。

正月

汉　萧何协助吕后捕斩韩信。刘邦遣使问候萧何。将军柴武斩韩王信。刘邦还洛阳。封刘恒为代王。遣陆贾使南越？人告彭越反。

赵　代王刘恒立一年，都晋阳。

韩王信兵败死。

魏　人告彭越反。

二月

汉　刘邦在洛阳。捕彭越，流放蜀青衣。

魏　梁王彭越因谋反罪被逮捕。国除。

三月

汉　刘邦在洛阳。吕后截彭越回洛阳。夷彭越三族。封皇子刘恢为梁王。封皇子刘友为淮阳王。

楚　淮阳王刘友立一年。都陈。领淮阳、颍川两郡。

魏　梁王刘恢立一年。都定陶。故梁王彭越诛。栾布收视彭越。

韩　颍川郡归属淮阳国。

四月

汉　刘邦从洛阳到长安。令丰人徙关中者皆复终身。

楚　淮南王英布见彭越醢，恐。

五月

汉　刘邦在长安。陆贾自南越归，封赵佗为南越王。贲赫之长安告英布谋反。

楚　贲赫脱出淮南，之长安告英布谋反。

百越　南越王赵佗封一年。都番禺。

六月

汉　刘邦在长安。陆贾称说诗书。遣使之淮南调查英布。

七月

汉　英布反。刘邦病中自闭长乐宫，樊哙等闯宫。征天下兵亲征。见太子与商山四皓。立皇子刘长为淮南王。[1]

---

[1] 从《史记·高祖本纪》。

楚　荆王刘贾抗击英布。

淮南王刘长立一年。都寿春。故淮南王英布起兵反。

八月

楚　荆王刘贾战死。[1]

淮南王英布进攻荆国。

九月

楚　楚王刘交兵败。

淮南王英布进攻楚国。

前 195 年·高帝十二年

十月

汉　皇帝刘邦立八年。都长安。破英布于会缶。还过丰沛，作大风歌。周勃定代，斩陈豨。立刘濞为吴王。

楚　楚王刘交立七年。都彭城。

吴王刘濞立一年。都广陵。

淮南王刘长立二年。都寿春。

长沙王吴臣嗣立七年。都临湘。遣使诱英布走南越。杀英布于番阳兹乡。

淮阳王刘友立二年。都陈。

赵　赵王刘如意徙立四年。都邯郸。

代王刘恒立二年。都晋阳。自立代王陈豨兵败死。

魏　梁王刘恢立二年。都定陶。

齐　齐王刘肥立七年。都临淄。

燕　燕王卢绾立八年。都蓟。

韩　颍川郡归属淮阳国。

百越　闽越王无诸立八年。都东冶。

---

[1] 荆王刘贾之死，《史记·汉兴以来诸侯王年表》记在高帝十一年，不书月。英布七月反，首先攻击荆国，然后攻击楚国，十二年十月兵败。以情理推断，刘贾之死当在十一年八九月间。为便于叙事，定刘贾死于八月。刘交兵败于九月。

南越王赵佗自立九年，封二年。都番禺。

匈奴　冒顿单于自立十三年。都王庭。

十一月

汉　刘邦自淮南还，过鲁，以大牢祭孔子。疾益甚，愈欲易太子，叔孙通谏。械系萧何，王廷尉谏，释之。人告燕王卢绾反。

燕　人告燕王卢绾反。

十二月

汉　刘邦诏为秦、楚、魏、赵王以及信陵君置守冢。使审食其迎燕王卢绾，不至。

燕　燕王卢绾不奉诏之长安。

二月

汉　刘邦使樊哙将兵击燕。立皇子刘建为燕王。立南武侯织为南海王。

燕　燕王刘建立一年。都蓟。故燕王卢绾亡走匈奴。卫满亡走塞外之朝鲜，不久建立卫氏政权。

百越　南海王织立一年。都？

三月

汉　刘邦颁十二年诏（共定共享天下诏）。定白马之盟。使陈平、周勃之代捕斩樊哙。

四月

汉　刘邦驾崩。甲辰，崩于长乐宫。

五月

汉　丙寅，葬高祖长陵。太子刘盈嗣位。令各汉郡与各诸侯王国皆立高祖庙。[1]陈平哭灵，任为郎中令。

[1]《汉书·惠帝纪》："令郡诸侯王立高庙。"记于高帝十二年五月与惠帝元年十二月间。考高帝十年七月，太上皇崩。八月，令诸侯王皆立太上皇庙于国都。准此，将郡国立高庙记入高帝十二年五月。

西汉初年汉与列国大事年月表（中）

（惠帝吕后时期）

前 194 年·惠帝元年

十月

汉　汉皇帝刘盈嗣立一年。都长安。（前 194 年，惠帝元年十月嗣立）

楚　楚王刘交立八年。都彭城。（前 201 年，高帝六年正月立）

吴王刘濞立二年。都广陵。（前 195 年，高帝十二年十月立）

淮南王刘长立三年。都寿春。（前 196 年，高帝十一年七月立）

长沙王吴臣嗣立八年。都临湘。（前 201 年，高帝六年十月嗣立）

淮阳王刘友立三年。都陈。（前 196 年，高帝十一年三月立）

赵　赵王刘如意徙立五年。都邯郸。（前 198 年，高帝九年正月由代王徙立）

代王刘恒立三年。都晋阳。（前 196 年，高帝十一年正月立）

魏　梁王刘恢立三年。都定陶。（前 196 年，高帝十一年三月立）

齐　齐王刘肥立八年。都临淄。（前 201 年，高帝六年正月立）

燕　燕王刘建立二年。都蓟。（前 195 年，高帝十二年二月立）

韩　颍川郡归属淮阳国。

百越　闽越王无诸立九年。都东冶。（前 202 年，高帝五年正月立）

南越王赵佗自立十年，封三年。都番禺。（前 203 年，汉四年自立。前 196 年，高帝十一年五月封）

南海王织立二年。都？（前 195 年，高帝十二年二月立）

匈奴　冒顿单于自立十四年。都王庭。（前 207 年，秦二世三年自立）

朝鲜　卫氏政权自立一年。[1]都王险城。[2]

十二月

汉　吕后杀赵王如意于未央宫。

赵　赵王如意之长安死。

正月

汉　始筑长安城。徙淮阳王刘友为赵王。

楚　淮阳国除，淮阳郡属汉。

赵　赵王刘友徙立一年。

韩　淮阳国除，颍川郡属汉。[3]

九月

楚　长沙王吴臣薨，谥为成王。子吴回嗣。

前 193 年·惠帝二年

十月

汉　汉皇帝刘盈嗣立二年。都长安。

楚　楚王刘交立九年。都彭城。

吴王刘濞立三年。都广陵。

淮南王刘长立四年。都寿春。

长沙王吴回嗣立一年。都临湘。

赵　赵王刘友徙立二年。都邯郸。

代王刘恒立四年。都晋阳。

魏　梁王刘恢立四年。都定陶。

齐　齐王刘肥立九年。都临淄。

---

[1] 据《史记·朝鲜列传》，燕王卢绾亡入匈奴时（高帝十二年二月），卫满也逃亡出边塞，进入朝鲜，不久建立政权。惠帝、高后时，“辽东太守即约满为外臣”，建立起藩属关系。故暂定为惠帝元年。

[2] 王险城，故址在今平壤。参见周振鹤主编《中国行政区划通史·秦汉卷》上，第218页。

[3] 从此以后，韩国所在的颍川郡直属汉，不再设置王国。参见周振鹤《西汉政区地理》第二章第一节“颍川郡（前韩国）沿革”。从而，韩国地区，不再出现于本表。

燕　燕王刘建立三年。都蓟。

百越　闽越王无诸立十年。都东冶。

南越王赵佗自立十一年，封四年。都番禺。

南海王织立三年。都?

匈奴　冒顿单于自立十五年。都王庭。

朝鲜　卫氏政权自立二年。都王险城。

七月

汉　辛未，相国萧何薨。癸巳，曹参为相国。

某月

百越　闽越王无诸薨。子嗣。

前 192 年 · 惠帝三年

十月

汉　汉皇帝刘盈嗣立三年。都长安。

楚　楚王刘交立十年。都彭城。

吴王刘濞立四年。都广陵。

淮南王刘长立五年。都寿春。

长沙王吴回嗣立二年。都临湘。

赵　赵王刘友徙立三年。都邯郸。

代王刘恒立五年。都晋阳。

魏　梁王刘恢立五年。都定陶。

齐　齐王刘肥立十年。都临淄。

燕　燕王刘建立四年。都蓟。

百越　闽越王无诸子嗣立一年。都东冶。（前 193 年，惠帝二年某月嗣）

南越王赵佗自立十二年，封五年。都番禺。

南海王织立四年。都?

匈奴　冒顿单于自立十六年。都王庭。

朝鲜　卫氏政权自立三年。都王险城。

正月

汉　征发长安六百里内男女十四万六千人筑长安城，三十日罢。[1]

二月

汉　冒顿单于来信，廷议应对。[2]以宗室女为公主，和亲匈奴。

匈奴　冒顿单于送吕后信。

五月

汉　立闽越君摇为东海王。

百越　东海王摇立一年。都东瓯。

六月

汉　发诸侯王列侯徒隶二万人筑长安城。

前 191 年 · 惠帝四年

十月

汉　汉皇帝刘盈嗣立四年。都长安。壬寅，立皇后张氏。

楚　楚王刘交立十一年。都彭城。

吴王刘濞立五年。都广陵。

淮南王刘长立六年。都寿春。

长沙王吴回嗣立三年。都临湘。

赵　赵王刘友徙立四年。都邯郸。

代王刘恒立六年。都晋阳。

魏　梁王刘恢立六年。都定陶。

齐　齐王刘肥立十一年。都临淄。

燕　燕王刘建立五年。都蓟。

百越　闽越王无诸子嗣立二年。都东冶。

---

[1]《汉书·惠帝纪》，记始筑长安城事于惠帝“三年春”。又记“五年春正月，复发长安六百里内男女十四万五千人城长安，三十日罢”。准此，定始筑长安城为惠帝三年正月。

[2] 冒顿单于送吕后信，见于《汉书·匈奴传》，不记年月。《资治通鉴》系其事于惠帝三年春，“以宗室女为公主，嫁匈奴单于”事后，时间可从，暂系于二月。不过，从事理考虑，当先有书信往来，后有“以宗室女为公主，嫁匈奴单于”事。故系于来信事后。

东海王摇立二年。都东瓯。

南越王赵佗自立十三年，封六年。都番禺。

南海王织立五年。都?

匈奴　冒顿单于自立十七年。都王庭。

朝鲜　卫氏政权自立四年。都王险城。

三月

汉　皇帝冠（二十一岁），赦天下。除民挟书律。

前 190 年·惠帝五年

十月

汉　汉皇帝刘盈嗣立五年。都长安。

楚　楚王刘交立十二年。都彭城。

吴王刘濞立六年。都广陵。

淮南王刘长立七年。都寿春。

长沙王吴回嗣立四年。都临湘。

赵　赵王刘友徙立五年。都邯郸。

代王刘恒立七年。都晋阳。

魏　梁王刘恢立七年。都定陶。

齐　齐王刘肥立十二年。都临淄。

燕　燕王刘建立六年。都蓟。

百越　闽越王无诸子嗣立三年。都东冶。

东海王摇立三年。都东瓯。

南越王赵佗自立十四年，封七年。都番禺。

南海王织立六年。都?

匈奴　冒顿单于自立十八年。都王庭。

朝鲜　卫氏政权自立五年。都王险城。

正月

汉　复发长安六百里内男女十四万五千人筑长安城，三十日罢。

八月

汉　己丑，相国曹参薨。

九月

汉　长安城成。

前 189 年 · 惠帝六年

十月

汉　汉皇帝刘盈嗣立六年。都长安。王陵为右丞相，陈平为左丞相。

楚　楚王刘交立十三年。都彭城。

吴王刘濞立七年。都广陵。

淮南王刘长立八年。都寿春。

长沙王吴回嗣立五年。都临湘。

赵　赵王刘友徙立六年。都邯郸。

代王刘恒立八年。都晋阳。

魏　梁王刘恢立八年。都定陶。

齐　齐王刘肥立十三年。都临淄。辛丑，薨。子刘襄嗣。

燕　燕王刘建立七年。都蓟。

百越　闽越王无诸子嗣立四年。都东冶。

东海王摇立四年。都东瓯。

南越王赵佗自立十五年，封八年。都番禺。

南海王织立七年。都？

匈奴　冒顿单于自立十九年。都王庭。

朝鲜　卫氏政权自立六年。都王险城。

六月

汉　舞阳侯樊哙薨。留侯张良薨。复置太尉官，周勃为太尉。

某月

汉　朱建脱审食其狱事。[1]

---

[1] 朱建脱审食其出狱事，见于《史记·郦生陆贾列传》《汉书·朱建传》，不系年月。此事，《资治通鉴》不取，《汉纪》于吕后时倒叙。考审食其惠帝七年为典客，事发时及脱祸时，皆无典客之称，当在任典客前，故暂系于惠帝六年某月。

前 188 年 · 惠帝七年

十月

汉　汉皇帝刘盈嗣立七年。都长安。

楚　楚王刘交立十四年。都彭城。

吴王刘濞立八年。都广陵。

淮南王刘长立九年。都寿春。

长沙王吴回嗣立六年。都临湘。

赵　赵王刘友徙立七年。都邯郸。

代王刘恒立九年。都晋阳。

魏　梁王刘恢立九年。都定陶。

齐　齐王刘襄嗣立一年。都临淄。

燕　燕王刘建立八年。都蓟。

百越　闽越王无诸子嗣立五年。都东冶。

东海王摇立五年。都东瓯。

南越王赵佗自立十六年，封九年。都番禺。

南海王织立八年。都?

匈奴　冒顿单于自立二十年。都王庭。

朝鲜　卫氏政权自立七年。都王险城。

八月

汉　戊寅，帝崩于未央宫。张辟强说陈平，请用诸吕。

九月

汉　辛丑，葬惠帝于安陵。

某月

汉　审食其为典客。

前 187 年 · 高后元年

十月

汉　吕后称制一年。都长安。（前 187 年，高后元年十月称制）幼帝刘某立一年。（高后元年十月嗣立）[1] 廷议封诸吕为王，右丞相王陵反对，左丞相陈平赞同，太尉周勃附和。

楚　楚王刘交立十五年。都彭城。（前 201 年，高帝六年正月立）

吴王刘濞立九年。都广陵。（前 196 年，高帝十二年十月立）

淮南王刘长立十年。都寿春。（前 196 年，高帝十一年七月立）

长沙王吴回嗣立七年。都临湘。（前 193 年，惠帝二年十月嗣立）

赵　赵王刘友徙立八年。都邯郸。（前 194 年，惠帝元年正月，由淮阳王徙立）

代王刘恒立十年。都晋阳。（前 196 年，高帝十一年正月立）

魏　梁王刘恢立十年。都定陶。（前 196 年，高帝十一年三月立）

齐　齐王刘襄嗣立二年。都临淄。（前 188 年，惠帝七年十月嗣立）

燕　燕王刘建立九年。都蓟。（前 195 年，高帝十二年二月立）

百越　闽越王无诸子嗣立六年。都东冶。（前 193 年，惠帝二年某月嗣立）

东海王摇立六年。都东瓯。（前 192 年，惠帝三年五月立）

南越王赵佗自立十七年，封十年。都番禺。（前 203 年，汉四年自立。前 196 年，高帝十一年五月封）

南海王织立九年。都？（前 195 年，高帝十二年二月立）

匈奴　冒顿单于自立二十一年。都王庭。（前 207 年自立，秦二世三年自立）

朝鲜　卫氏政权自立八年。都王险城。（前 194 年，惠帝元年自立）

十一月

汉　右丞相王陵为太傅。左丞相陈平为右丞相，典客审食其为左丞相。御史大夫赵尧以罪免，任敖为御史大夫。[2]

---

[1] 由于历史的删改，吕后最初所立之惠帝子幼帝，史书上没有留下名字，只能称为幼帝刘某。其人其事，参见本书第五章五“刘吕联姻的成败得失”。

[2]《史记》《汉书》本纪不载月份。《汉书・百官公卿表》：“（高后）元年十一月甲子，右丞相王陵为太傅，左丞相陈平为右丞相，典客审食其为左丞相。”赵尧免职，任敖为御史大夫，当在同时。

十二月

汉　追尊故临泗侯吕公为吕宣王，故周吕侯吕泽为悼武王，欲以王诸吕为渐。[1]

四月

汉　鲁元公主薨，赐谥号鲁元太后。封四王十侯。[2]立张偃为鲁王、吕台为吕王、刘强为淮阳王、刘不疑为恒山王。

楚　鲁王张偃立一年。都鲁。[3]

淮阳王刘强立一年。都陈。

齐　吕王吕台立一年。都东平陵。

赵　恒山王刘不疑立一年。都真定。

某月

楚　长沙吴回薨，谥为哀王。子吴若嗣立。[4]

前 186 年・高后二年

十月

汉　吕后称制二年。都长安。幼帝刘某嗣立二年。

楚　楚王刘交立十六年。都彭城。

吴王刘濞立十年。都广陵。

淮南王刘长立十一年。都寿春。

长沙王吴若嗣立一年。都临湘。

---

[1]《资治通鉴》系此两事于正月前，合于事理。考十一月罢免王陵，扫除了王诸吕的障碍，随后有追封吕氏为王的行动，故系于十二月。

[2]《汉书・高后纪》系封四王十侯事于五月，误。《史记・吕太后本纪》《史记・汉兴以来诸侯王年表》与《汉书・异姓诸侯王表》皆载于四月，表且多记日，当从。关于四王十侯之封的详细情况，参见本书第五章四“新分封的政治平衡”。

[3] 张偃的鲁国，领有薛郡和城阳郡。薛郡，是新从刘交的楚国分割来的。城阳郡，是惠帝时从刘肥的齐国分割出来，封给张偃的母亲鲁元公主作为汤沐地（详见本书第五章四“新分封的政治平衡”）。鲁国以鲁为国名，其国都在鲁县，本为薛郡郡治。从而，表中将鲁国排列在楚国地区。

[4]《史记・汉兴以来诸侯王年表》：高后二年“恭王右元年”。《汉书・异姓诸侯王表》：高后二年“共王若嗣”。“右”字疑有缺坏，从汉表，作“若”。

鲁王张偃立二年。都鲁。

淮阳王刘强立二年。都陈。

赵　赵王刘友徙立九年。都邯郸。

代王刘恒立十一年。都晋阳。

恒山王刘不疑立二年。都真定。

魏　梁王刘恢立十一年。都定陶。

齐　齐王刘襄嗣立三年。都临淄。

吕王吕台立二年。都东平陵。

燕　燕王刘建立十年。都蓟。

百越　闽越王无诸子嗣立七年。都东冶。

东海王摇立七年。都东瓯。

南越王赵佗自立十八年，封十一年。都番禺。

南海王织立十年。都?

匈奴　冒顿单于自立二十二年。都王庭。

朝鲜　卫氏政权自立九年。都王险城。

十一月

汉　吕王吕台薨。子嘉嗣。

正月

汉　诏班序列侯位次，藏于高庙，世世无绝嗣。

二月

汉　地震，武都、羌道山崩。（武都大地震）

五月

汉　丙寅，封楚元王刘交子刘郢客为上邳侯，令入宿卫。封齐悼惠王子刘章为朱虚侯，令入宿卫。

七月

汉　改惠帝子襄成侯刘山名为义，封为恒山王。

赵　恒山王刘不疑薨。恒山王刘义立一年。都真定。

前 185 年 · 高后三年

十月

汉　吕后称制三年。都长安。少帝刘某嗣立三年。

楚　楚王刘交立十七年。都彭城。

吴王刘濞立十一年。都广陵。

淮南王刘长立十二年。都寿春。

长沙王吴若嗣立二年。都临湘。

鲁王张偃立三年。都鲁。

淮阳王刘强立三年。都陈。

赵　赵王刘友徙立十年。都邯郸。

代王刘恒立十二年。都晋阳。

恒山王刘义立二年。都真定。

魏　梁王刘恢立十二年。都定陶。

齐　齐王刘襄嗣立四年。都临淄。

吕王吕嘉嗣立一年。都东平陵。

燕　燕王刘建立十一年。都蓟。

百越　闽越王无诸子嗣立八年。都东冶。

东海王摇立八年。都东瓯。

南越王赵佗自立十九年，封十二年。都番禺。

南海王织立十一年。都?

匈奴　冒顿单于自立二十三年。都王庭。

朝鲜　卫氏政权自立十年。都王险城。

五月

汉　江水、汉水溢，流四千家。

八月

汉　伊水、洛水溢，流千六百余家。汝水溢，流八百余家。

前 184 年 · 高后四年

十月

汉　吕后称制四年。都长安。少帝刘某嗣立四年。

楚　楚王刘交立十八年。都彭城。

吴王刘濞立十二年。都广陵。

淮南王刘长立十三年。都寿春。

长沙王吴若嗣立三年。都临湘。

鲁王张偃立四年。都鲁。

淮阳王刘强立四年。都陈。

赵　赵王刘友徙立十一年。都邯郸。

代王刘恒立十三年。都晋阳。

恒山王刘义立三年。都真定。

魏　梁王刘恢立十三年。都定陶。

齐　齐王刘襄嗣立五年。都临淄。

吕王吕嘉嗣立二年。都东平陵。

燕　燕王刘建立十二年。都蓟。

百越　闽越王无诸子嗣立九年。都东冶。

东海王摇立九年。都东瓯。

南越王赵佗自立二十年，封十三年。都番禺。

南海王织立十二年。都?

匈奴　冒顿单于自立二十四年。都王庭。

朝鲜　卫氏政权自立十一年。都王险城。

四月

汉　废幼帝刘某。封十二列侯。

五月

汉　丙辰，立恒山王刘义为帝，更名为弘。立轵侯刘朝为恒山王。

赵　恒山王刘朝立一年。都真定。

某月

以平阳侯曹窋为御史大夫。有司请禁南越关市。

前 183 年 · 高后五年

十月

汉　吕后称制五年。都长安。少帝刘弘立二年。

楚　楚王刘交立十九年。都彭城。

吴王刘濞立十三年。都广陵。

淮南王刘长立十四年。都寿春。

长沙王吴若嗣立四年。都临湘。

鲁王张偃立五年。都鲁。

淮阳王刘强立五年。都陈。

赵　赵王刘友徙立十二年。都邯郸。

代王刘恒立十四年。都晋阳。

恒山王刘朝立二年。都真定。

魏　梁王刘恢立十四年。都定陶。

齐　齐王刘襄嗣立六年。都临淄。

吕王吕嘉嗣立三年。都东平陵。

燕　燕王刘建立十三年。都蓟。

百越　闽越王无诸子嗣立十年。都东冶。

东海王摇立十年。都东瓯。

南越王赵佗自立二十一年，封十四年。都番禺。

南海王织立十三年。都?

匈奴　冒顿单于自立二十五年。都王庭。

朝鲜　卫氏政权自立十二年。都王险城。

正月

楚　长沙　南越王赵佗发兵来袭。

百越　南越王赵佗称武帝，发兵攻击长沙国。

八月

汉　立壶关侯刘武为淮阳王。

楚　淮阳王刘强薨。淮阳王刘武立一年。都陈。

前182年·高后六年

十月

汉　吕后称制六年。都长安。少帝刘弘立三年。废吕王吕嘉，立吕产为吕王。

楚　楚王刘交立二十年。都彭城。

吴王刘濞立十四年。都广陵。

淮南王刘长立十五年。都寿春。

长沙王吴若嗣立五年。都临湘。

鲁王张偃立六年。都鲁。

淮阳王刘武立二年。都陈。

赵　赵王刘友徙立十三年。都邯郸。

代王刘恒立十五年。都晋阳。

恒山王刘朝立三年。都真定。

魏　梁王刘恢立十五年。都定陶。

齐　齐王刘襄嗣立七年。都临淄。

吕王吕产立一年。都东平陵。

燕　燕王刘建立十四年。都蓟。

百越　闽越王无诸子嗣立十一年。都东冶。

东海王摇立十一年。都东瓯。

南越王赵佗自立二十二年，封十五年。都番禺。

南海王织立十四年。都?

匈奴　冒顿单于自立二十六年。都王庭。

朝鲜　卫氏政权自立十三年。都王险城。

四月

汉　丁酉，封齐悼惠王子刘兴居为东牟侯，入宿卫。封吕后兄子吕通为腄侯。宣平侯张敖卒，赐嗣鲁元王。

六月

汉　城长陵。

前 181 年・高后七年

十月

汉　吕后称制七年。都长安。少帝刘弘立四年。

楚　楚王刘交立二十一年。都彭城。

吴王刘濞立十五年。都广陵。

淮南王刘长立十六年。都寿春。

长沙王吴若嗣立六年。都临湘。

鲁王张偃立七年。都鲁。

淮阳王刘武立三年。都陈。

赵　赵王刘友徙立十四年。都邯郸。

代王刘恒立十六年。都晋阳。

恒山王刘朝立四年。都真定。

魏　梁王刘恢立十六年。都定陶。

齐　齐王刘襄嗣立八年。都临淄。

吕王吕产立二年。都东平陵。

燕　燕王刘建立十五年。都蓟。

百越　闽越王无诸子嗣立十二年。都东冶。

东海王摇立十二年。都东瓯。

南越王赵佗自立二十三年，封十六年。都番禺。

南海王织立十五年。都?

匈奴　冒顿单于自立二十七年。都王庭。

朝鲜　卫氏政权自立十四年。都王险城。

正月

汉　己丑，日食，昼晦。吕后预感不良，开始布局身后事。召赵王友至长安，丁丑，囚禁饿死。

赵　赵王刘友死于长安。

二月

汉　徙梁王刘恢为赵王。徙吕王吕产为梁王，更国名为吕，不之国，以吕王留长安，为帝太傅。立惠帝子平昌侯刘太为吕王，更国名为济川。

赵　刘恢徙立为赵王一年。都邯郸。

魏　更梁国为吕国。吕王吕产立一年。都定陶。

齐　更吕国为济川国。济川王刘太立一年。都东平陵。

六月

汉　赵王刘恢自杀，废其嗣。遣使告代王刘恒，欲徙王赵，代王辞谢。田生说张释。

七月

汉　立吕媭婿（大）将军刘泽为琅邪王。立武信侯吕禄为赵王，领北军。以吕王吕产为相国，领南军。[1] 左丞相审食其免，为太傅。陈平免相赋闲？[2]

赵　赵王吕禄立一年。都邯郸。

齐　琅邪王刘泽立一年。都琅邪。

九月

汉　遣隆虑侯周灶将兵击南越。

燕　燕王刘建薨。国除。

前 180 年 · 高后八年

十月

汉　吕后称制八年。都长安。少帝刘弘立五年。辛丑，立东平侯吕通为燕王。

楚　楚王刘交立二十二年。都彭城。

吴王刘濞立十六年。都广陵。

淮南王刘长立十七年。都寿春。

长沙王吴若嗣立七年。都临湘。

鲁王张偃立八年。都鲁。

淮阳王刘武立四年。都陈。

---

[1] 《汉书 · 高帝纪》系“以梁王吕产为相国，赵王禄为上将军。立营陵侯刘泽为琅邪王”三事于五月前，不取，说见《史记志疑》。

[2] 汉朝的丞相制度，继承秦朝而来。丞相的设置，有两种方式，一是设左右两位丞相，共同掌握国家政务。一是只设相国一人，单独掌握国家政务。如今，吕产以吕王之尊，官拜相国，按照制度，左右丞相皆当罢免。左丞相审食其免职，正与制度相合，右丞相陈平免职，也当在制度运行中。详细的叙事，参见本书第五章六“陈平之深念”。

赵　赵王吕禄立二年。都邯郸。
代王刘恒立十七年。都晋阳。
恒山王刘朝立五年。都真定。
魏　吕王吕产立二年。都定陶。
齐　齐王刘襄嗣立九年。都临淄。
济川王刘太立二年。都东平陵。
琅邪王刘泽立二年。都琅邪。
燕　燕王吕通立一年。都蓟。
百越　闽越王无诸子嗣立十三年。都东冶。
东海王摇立十三年。都东瓯。
南越王赵佗自立二十四年，封十七年。都番禺。
南海王织立十六年。都?
匈奴　冒顿单于自立二十八年。都王庭。
朝鲜　卫氏政权自立十五年。都王险城。

三月

汉　吕后祓，过轵道，病。

四月

汉　丁酉，封鲁元子张侈为信都侯，鲁元子张受为乐昌侯，吕后昆弟子吕荣为祝兹侯。封大谒者张释为建陵侯，诸中宦者令丞皆为关内侯。

五月

汉　封吕通弟吕庄为东平侯。

七月

汉　吕后病甚。辛巳，吕后崩于未央宫。

八月

汉　丙午，齐王刘襄起兵。相国吕产遣灌婴击之。陈平周勃谋划政变，劫持郦商，令其子郦寄说吕禄交出北军。吕禄告诸吕，意见不一。

齐　齐王刘襄起兵诛诸吕。

九月

汉　诛吕之变爆发，吕氏一族被诛。

后九月

汉　废黜少帝刘弘，拥立代王刘恒。

西汉初年汉与列国大事年月表（下）

（文帝时期）

前 179 年 · 文帝元年

十月

汉　文帝即位一年。都长安。（前 179 年，文帝元年十月即位）庚戌，徙琅邪王刘泽为燕王。封赵幽王子刘遂为赵王。[1] 辛亥，皇帝即阼，谒高庙。右丞相陈平徙为左丞相，太尉周勃为右丞相，大将军灌婴为太尉。罢免左丞相审食其。诸吕夺齐楚故地，皆复与之。壬子，遣车骑将军薄昭迎皇太后于代。赏赐有功群臣。

楚　楚王刘交立二十三年。都彭城。（前 201 年，高帝六年正月立）

吴王刘濞立十七年。都广陵。（前 195 年，高帝十二年十月立）

淮南王刘长立十八年。都寿春。（前 196 年，高帝十一年七月立）

长沙王吴若嗣立八年。都临湘。（前 186 年，高后二年十月嗣）

赵　赵王刘遂立一年。都邯郸。（前 179 年，文帝元年十月立）

魏　吕（梁）国废。

齐　齐王刘襄嗣立十年。都临淄。（前 188 年，惠帝七年十月嗣立）

燕　燕王刘泽徙立一年。都蓟。（前 179 年，文帝元年十月由琅邪王徙）

百越　闽越王无诸子嗣立十四年。都东冶。（前 193 年，惠帝二年某

[1]《史记 · 吕太后本纪》系于高后八年九月戊辰。《汉书 · 文帝纪》系于文帝元年十二月。今暂从《史记 · 汉兴以来诸侯王年表》。系月的不同，当与诛吕之变的历史被不断改写有关。其详情，留待《秦崩楚亡汉兴考异》。

月嗣）

东海王摇立十四年。都东瓯。（前192年，惠帝三年五月立）

南越王赵佗自立二十五年，封十八年。都番禺。（前203年，汉四年自立。前196年，高帝十一年五月封）

南海王织立十七年。都?（前195年，高帝十二年二月立）

匈奴　冒顿单于自立二十九年。都王庭。（前207年，秦二世三年自立）

朝鲜　卫氏政权自立十六年。都王险城。（前194年，惠帝元年自立）

十二月

汉　尽除收孥诸相坐律令。

正月

汉　立太子刘启。乙巳，封车骑将军薄昭为轵侯。

三月

汉　立皇后窦氏。颁布惠民尊老令。

四月

汉　封齐王舅父驷钧为清郭侯，淮南王舅父赵兼为周阳侯。[1]陶青至代下与匈奴和亲。

楚　楚元王刘交薨。子刘郢客嗣。

六月

汉　封常山丞相蔡兼为樊侯。

八月

汉　辛未，右丞相周勃免，左丞相陈平专为丞相。

某月

楚　长沙王吴若薨。齐王刘襄薨。遣陆贾使南越。召河南守吴公为廷尉，引荐贾谊。贾谊为太中大夫，建议改革，兴汉制。

---

[1] 清郭，从《史记·孝文本纪》，地在齐国。封在四月，从《史记·惠景间侯者年表》。清郭地名之考证，参见马孟龙《西汉侯国地理》，第406页。

前 178 年 · 文帝二年

十月

汉 文帝即位二年。都长安。丞相陈平卒。周勃为丞相。颁列侯之国诏。

楚 楚王刘郢客嗣立一年。都彭城。

吴王刘濞立十八年。都广陵。

淮南王刘长立十九年。都寿春。

长沙王吴著嗣立一年。都临湘。[1]

赵 赵王刘遂立二年。都邯郸。

魏 吕（梁）国废。

齐 齐王刘则嗣立一年。都临淄。

燕 燕王刘泽徙立二年。都蓟。

百越 闽越王无诸子嗣立十五年。都东冶。

东海王摇立十五年。都东瓯。

南越王赵佗自立二十六年，封十九年。都番禺。

南海王织立十八年。都?

匈奴 冒顿单于自立三十年。都王庭。

朝鲜 卫氏政权自立十七年。都王险城。

正月

汉 开籍田。

三月

汉 乙卯，立赵幽王子刘辟强为河间王，朱虚侯刘章为城阳王，东牟侯刘兴居为济北王。立皇子刘武为代王，刘参为太原王，刘辑为梁王。[2]

赵 河间王刘辟强立一年。都乐成。

代王刘武立一年。都代。

---

[1] 从《汉书·异姓诸侯王表》。

[2] 从《史记》《汉书》之《文帝纪》。

太原王刘参立一年。都晋阳。

魏　梁王刘辑立一年。都定陶。

齐　城阳王刘章立一年。都莒。

济北王刘兴居立一年。都博。

五月

汉　除诽谤、妖言之罪。

九月

汉　赐天下民今年田租之半。

某月

燕　燕王刘泽薨。子嘉嗣。

前 177 年·文帝三年

十月

汉　文帝即位三年。都长安。

楚　楚王刘郢客嗣立二年。都彭城。

吴王刘濞立十九年。都广陵。

淮南王刘长立二十年。都寿春。

长沙王吴著嗣立二年。都临湘。

赵　赵王刘遂立三年。都邯郸。

河间王刘辟强立二年。都乐成。

代王刘武立二年。都代。

太原王刘参立二年。都晋阳。

魏　梁王刘辑立二年。都定陶。

齐　齐王刘则嗣立二年。都临淄。

城阳王刘章立二年。都莒。

济北王刘兴居立二年。都博。

燕　燕王刘嘉嗣立一年。都蓟。

百越　闽越王无诸子嗣立十六年。都东冶。

东海王摇立十六年。都东瓯。

南越王赵佗自立二十七年，封二十年。都番禺。

南海王织立十九年。都?

匈奴　冒顿单于自立三十一年。都王庭。

朝鲜　卫氏政权自立十八年。都王险城。

十一月

汉　颁第二道列侯之国诏。促丞相周勃带头之国。

十二月

汉　周勃免相，以太尉灌婴为丞相。

四月

汉　淮南王刘长杀辟阳侯审食其。

楚　淮南王刘长入京朝，杀辟阳侯审食其。

齐　城阳王刘章薨。子喜嗣。

五月

汉　匈奴侵入河南地。汉发兵。文帝之太原，见故群臣，复晋阳、中都三岁租。

匈奴　右贤王领军进入河南地。

七月

汉　济北王刘兴居反。文帝自太原返长安。

齐　济北王刘兴居反。

八月

汉　败济北王军。

齐　济北王刘兴居兵败自杀，国除。

前 176 年 · 文帝四年

十月

汉　文帝即位四年。都长安。

楚　楚王刘郢客嗣立三年。都彭城。

吴王刘濞立二十年。都广陵。

淮南王刘长立二十一年。都寿春。

长沙王吴著嗣立三年。都临湘。

赵　赵王刘遂立四年。都邯郸。

河间王刘辟强立三年。都乐成。

代王刘武立三年。都代。

太原王刘参立三年。都晋阳。

魏　梁王刘辑立三年。都定陶。

齐　齐王刘则嗣立三年。都临淄。

城阳王刘喜嗣立一年。都莒。

燕　燕王刘嘉嗣立二年。都蓟。

百越　闽越王无诸子嗣立十七年。都东冶。

东海王摇立十七年。都东瓯。

南越王赵佗自立二十八年，封二十一年。都番禺。

南海王织立二十年。都?

匈奴　冒顿单于自立三十二年。都王庭。

朝鲜　卫氏政权自立十九年。都王险城。

十二月

汉　丞相灌婴薨。

正月

汉　以御史大夫张苍为丞相。

二月

汉　以贾谊为长沙王太傅，之长沙。

五月

汉　封齐悼惠王五子为列侯。

某月

汉　周勃入狱。并代国与太原国为代国。徙太原王刘参为代王。徙代王刘武为淮阳王。

楚　淮阳王刘武徙立一年。都陈。

赵　代王刘参徙立一年。都晋阳。

前 175 年 · 文帝五年

十月

汉　文帝即位五年。都长安。

楚　楚王刘郢客嗣立四年。都彭城。

吴王刘濞立二十一年。都广陵。

淮南王刘长立二十二年。都寿春。

长沙王吴著嗣立四年。都临湘。

淮阳王刘武徙立二年。都陈。

赵　赵王刘遂立五年。都邯郸。

河间王刘辟强立四年。都乐成。

代王刘参徙立二年。都晋阳。

魏　梁王刘辑立四年。都定陶。

齐　齐王刘则嗣立四年。都临淄。

城阳王刘喜嗣立二年。都莒。

燕　燕王刘嘉嗣立三年。都蓟。

百越　闽越王无诸子嗣立十八年。都东冶。

东海王摇立十八年。都东瓯。

南越王赵佗自立二十九年，封二十二年。都番禺。

南海王织立二十一年。都?

匈奴　冒顿单于自立三十三年。都王庭。

朝鲜　卫氏政权自立二十年。都王险城。

四月

汉　除盗铸钱令，许民自铸钱。

某月

楚　楚王刘郢客嗣薨。子刘戊嗣。

前 174 年・文帝六年

十月

汉　文帝即位六年。都长安。

楚　楚王刘戊嗣立一年。都彭城。

吴王刘濞立二十二年。都广陵。

淮南王刘长立二十三年。都寿春。

长沙王吴著嗣立六年。都临湘。

淮阳王刘武徙立三年。都陈。

赵　赵王刘遂立六年。都邯郸。

河间王刘辟强立五年。都乐成。

代王刘参徙立三年。都晋阳。

魏　梁王刘辑立五年。都定陶。

齐　齐王刘则嗣立五年。都临淄。

城阳王刘喜嗣立三年。都莒。

燕　燕王刘嘉嗣立四年。都蓟。

百越　闽越王无诸子嗣立十九年。都东冶。

东海王摇立十九年。都东瓯。

南越王赵佗自立三十年，封二十三年。都番禺。

南海王织立二十二年。都?

匈奴　冒顿单于自立三十四年。都王庭。

朝鲜　卫氏政权自立二十一年。都王险城。

十一月

楚　淮南王刘长有罪死。淮南国除，属汉为郡。

某月

汉　冒顿单于来信。[1]文帝回复冒顿单于书。

匈奴　冒顿单于致书文帝，通告灭月氏，降服西域二十六国事。不久死。子老上单于嗣。

---

[1]《史记·匈奴列传》将这封来信放在济北王刘兴居起兵反事后，写作“其明年，单于遗汉书……”（《汉书·匈奴传》同）刘兴居反，在文帝前三年。若据此推算，单于此来信当在文帝四年。同传记载文帝之回复说：“孝文皇帝前六年，汉遗匈奴书曰……”，中间隔了整整一年，颇不合事理，《资治通鉴》将来信和回信都系于文帝六年，可从。开元按：冒顿单于在信中夸示了右贤王灭月氏，定楼兰、乌孙等二十六国诸事。文帝三年五月，匈奴右贤王入侵河南地，因汉军出动而退出。随即西进，开始攻灭月氏，降服乌孙等二十六国。合理推想，这一连串重大的军事行动，从文帝三年五月，右贤王退出河南以后开始，到文帝六年左右完成，成为冒顿单于来信的动机和底气。

前 173 年· 文帝七年

十月

汉　文帝即位七年。都长安。

楚　楚王刘戊嗣立二年。都彭城。

吴王刘濞立二十三年。都广陵。

长沙王吴著嗣立六年。都临湘。

淮阳王刘武徙立四年。都陈。

赵　赵王刘遂立七年。都邯郸。

河间王刘辟强立六年。都乐成。

代王刘参徙立四年。都晋阳。

魏　梁王刘辑立六年。都定陶。

齐　齐王刘则嗣立六年。都临淄。

城阳王刘喜嗣立四年。都莒。

燕　燕王刘嘉嗣立五年。都蓟。

百越　闽越王无诸子嗣立二十年。都东冶。

东海王摇立二十年。都东瓯。

南越王赵佗自立三十一年，封二十四年。都番禺。

南海王织立二十三年。都?

匈奴　老上单于嗣立一年。都王庭。

朝鲜　卫氏政权自立二十二年。都王险城。

某月

汉　文帝召见贾谊于宣室。不久，拜为梁怀王太傅。

前 172 年· 文帝八年

十月

汉　文帝即位八年。都长安。

楚　楚王刘戊嗣立三年。都彭城。

吴王刘濞立二十四年。都广陵。

长沙王吴著嗣立七年。都临湘。

淮阳王刘武徙立五年。都陈。

赵　赵王刘遂立八年。都邯郸。

河间王刘辟强立七年。都乐成。

代王刘参徙立五年。都晋阳。

魏　梁王刘辑立七年。都定陶。

齐　齐王刘则嗣立七年。都临淄。

城阳王刘喜嗣立五年。都莒。

燕　燕王刘嘉嗣立六年。都蓟。

百越　闽越王无诸子嗣立二十一年。都东冶。

东海王摇立二十一年。都东瓯。

南越王赵佗自立三十二年，封二十五年。都番禺。

南海王织立二十四年。都?

匈奴　老上单于嗣立二年。都王庭。

朝鲜　卫氏政权自立二十三年。都王险城。

五月

汉　封刘长子刘安为阜陵侯，刘勃为安陵侯，刘赐为阳周侯，刘良为东城侯。

前 171 年 · 文帝九年

十月

汉　文帝即位九年。都长安。

楚　楚王刘戊嗣立四年。都彭城。

吴王刘濞立二十五年。都广陵。

长沙王吴著嗣立八年。都临湘。

淮阳王刘武徙立六年。都陈。

赵　赵王刘遂立九年。都邯郸。

河间王刘辟强立八年。都乐成。

代王刘参徙立六年。都晋阳。

魏　梁王刘辑立八年。都定陶。

齐　齐王刘则嗣立八年。都临淄。

城阳王刘喜嗣立六年。都莒。

燕　燕王刘嘉嗣立七年。都蓟。

百越　闽越王无诸子嗣立二十二年。都东冶。

东海王摇立二十二年。都东瓯。

南越王赵佗自立三十三年，封二十六年。都番禺。

南海王织立二十五年。都?

匈奴　老上单于嗣立三年。都王庭。

朝鲜　卫氏政权自立二十四年。都王险城。

春

大旱。

前 170 年 · 文帝十年

十月

汉　文帝即位十年。都长安。

楚　楚王刘戊嗣立五年。都彭城。

吴王刘濞立二十六年。都广陵。

长沙王吴著嗣立九年。都临湘。

淮阳王刘武徙立七年。都陈。

赵　赵王刘遂立十年。都邯郸。

河间王刘辟强立九年。都乐成。

代王刘参徙立七年。都晋阳。

魏　梁王刘辑立九年。都定陶。

齐　齐王刘则嗣立九年。都临淄。

城阳王刘喜嗣立七年。都莒。

燕　燕王刘嘉嗣立八年。都蓟。

百越　闽越王无诸子嗣立二十三年。都东冶。

东海王摇立二十三年。都东瓯。

南越王赵佗自立三十四年，封二十七年。都番禺。

南海王织立二十六年。都?

匈奴　老上单于嗣立四年。都王庭。

朝鲜　卫氏政权自立二十五年。都王险城。

某月

汉　车骑将军薄昭自杀。

前 169 年·文帝十一年

十月

汉　文帝即位十一年。都长安。

楚　楚王刘戊嗣立六年。都彭城。

吴王刘濞立二十七年。都广陵。

长沙王吴著嗣立十年。都临湘。

淮阳王刘武徙立八年。都陈。

赵　赵王刘遂立十一年。都邯郸。

河间王刘辟强立十年。都乐成。

代王刘参徙立八年。都晋阳。

魏　梁王刘辑立十年。都定陶。

齐　齐王刘则嗣立十年。都临淄。

城阳王刘喜嗣立八年。都莒。

燕　燕王刘嘉嗣立九年。都蓟。

百越　闽越王无诸子嗣立二十四年。都东冶。

东海王摇立二十四年。都东瓯。

南越王赵佗自立三十五年，封二十八年。都番禺。

南海王织立二十七年。都?

匈奴　老上单于嗣立五年。都王庭。

朝鲜　卫氏政权自立二十六年。都王险城。

六月

楚　淮阳王刘武徙为梁王。淮阳国废，属汉为郡。

魏　梁王刘辑薨，无后。徙淮阳王刘武为梁王。

某月

齐　城阳王刘喜徙为淮南王。

前 168 年 · 文帝十二年

十月

汉　文帝即位十二年。都长安。

楚　楚王刘戊嗣立七年。都彭城。

吴王刘濞立二十八年。都广陵。

淮南王刘喜徙立一年。都寿春。[1]

长沙王吴著嗣立十一年。都临湘。

赵　赵王刘遂立十二年。都邯郸。

河间王刘辟强立十一年。都乐成。

代王刘参徙立九年。都晋阳。

魏　梁王刘武徙立一年。都定陶。

齐　齐王刘则嗣立十一年。都临淄。

城阳国废，属汉为郡。

燕　燕王刘嘉嗣立十年。都蓟。

百越　闽越王无诸子嗣立二十五年。都东冶。

东海王摇立二十五年。都东瓯。

南越王赵佗自立三十六年，封二十九年。都番禺。

南海王织立二十八年。都?

匈奴　老上单于嗣立六年。都王庭。

朝鲜　卫氏政权自立二十七年。都王险城。

二月

汉　出孝惠后宫美人，令得嫁。

三月

汉　除关，无用传。减今年租税之半。

---

[1]《史记·诸侯王表》“城阳国”栏：十一年“徙淮南，为郡，属齐”。“淮南国”栏：十二年“城阳王喜徙淮南，元年”。将同一事分记在两年里。前一年废，后一年立。这种方式，为同类记事的惯例。

某月

魏　梁　贾谊死。

前 167 年 · 文帝十三年

十月

汉　文帝即位十三年。都长安。

楚　楚王刘戊嗣立八年。都彭城。

吴王刘濞立二十九年。都广陵。

淮南王刘喜徙立二年。都寿春。

长沙王吴著嗣立十二年。都临湘。

赵　赵王刘遂立十三年。都邯郸。

河间王刘辟强立十二年。都乐成。

代王刘参徙立十年。都晋阳。

魏　梁王刘武徙立二年。都定陶。

齐　齐王刘则嗣立十二年。都临淄。

燕　燕王刘嘉嗣立十一年。都蓟。

百越　闽越王无诸子嗣立二十六年。都东冶。

东海王摇立二十六年。都东瓯。

南越王赵佗自立三十七年，封三十年。都番禺。

南海王织立二十九年。都?

匈奴　老上单于嗣立七年。都王庭。

朝鲜　卫氏政权自立二十八年。都王险城。

二月

汉　制农桑礼仪。缇萦上书，引发刑法改革。

六月

汉　除田租。

前 166 年 · 文帝十四年

十月

汉　文帝即位十四年。都长安。

楚　楚王刘戊嗣立九年。都彭城。

吴王刘濞立三十年。都广陵。

淮南王刘喜徙立三年。都寿春。

长沙王吴著嗣立十三年。都临湘。

赵　赵王刘遂立十四年。都邯郸。

河间王刘辟强立十三年。都乐成。

代王刘参徙立十一年。都晋阳。

魏　梁王刘武徙立三年。都定陶。

齐　齐王刘则嗣立十三年。都临淄。

燕　燕王刘嘉嗣立十二年。都蓟。

百越　闽越王无诸子嗣立二十七年。都东冶。

东海王摇立二十七年。都东瓯。

南越王赵佗自立三十八年，封三十一年。都番禺。

南海王织立三十年。都?

匈奴　老上单于嗣立八年。都王庭。

朝鲜　卫氏政权自立二十九年。都王险城。

冬

匈奴　老上单于十四万骑入朝那、萧关，杀北地都尉。汉军大发。

某月

赵　河间王刘辟强薨。子刘福嗣。

前 165 年 · 文帝十五年

十月

汉　文帝即位十五年。都长安。

楚　楚王刘戊嗣立十年。都彭城。

吴王刘濞立三十一年。都广陵。

淮南王刘喜徙立四年。都寿春。

长沙王吴著嗣立十四年。都临湘。

赵　赵王刘遂立十五年。都邯郸。

河间王刘福嗣立一年。都乐成。

代王刘参徙立十二年。都晋阳。

魏　梁王刘武徙立四年。都定陶。

齐　齐王刘则嗣立十四年。都临淄。

燕　燕王刘嘉嗣立十三年。都蓟。

百越　闽越王无诸子嗣立二十八年。都东冶。

东海王摇立二十八年。都东瓯。

南越王赵佗自立三十九年，封三十二年。都番禺。

南海王织立三十一年。都?

匈奴　老上单于嗣立九年。都王庭。

朝鲜　卫氏政权自立三十年。都王险城。

春

黄龙现成纪。鲁人公孙臣为博士，以为汉当土德，改制。丞相张苍以为水德。

某月

赵　河间哀王福薨，无后。

齐　齐文王则薨，无后。

前 164 年·文帝十六年

十月

汉　文帝即位十六年。都长安。

楚　楚王刘戊嗣立十一年。都彭城。

吴王刘濞立三十二年。都广陵。

淮南王刘喜徙立五年。都寿春。

长沙王吴著嗣立十五年。都临湘。

赵　赵王刘遂立十六年。都邯郸。

代王刘参徙立十三年。都晋阳。

魏　梁王刘武徙立五年。都定陶。

齐　齐王刘则薨，无后。

燕　燕王刘嘉嗣立十四年。都蓟。

百越　闽越王无诸子嗣立二十九年。都东冶。

东海王摇立二十九年。都东瓯。

南越王赵佗自立四十年，封三十三年。都番禺。

南海王织立三十二年。都?

匈奴　老上单于嗣立十年。都王庭。

朝鲜　卫氏政权自立三十一年。都王险城。

四月

汉　上郊渭阳五帝庙，新垣平为上大夫。议巡守、封禅。作《礼记·王制》。丙寅，徙淮阳王喜复为城阳王。分淮南国为三国，封淮南王刘长三子为王。分齐为六国，封悼惠王六子为王。

楚　淮南王刘安立一年。都寿春。

衡山王刘勃立一年。都邾。

庐江王刘赐立一年。都番阳。

齐　齐王刘将闾立一年。都临淄。

济北王刘志立一年。都博。

济南王刘辟光立一年。都东平陵。

淄川王刘贤立一年。都剧。

胶西王刘卬立一年。都高密。

胶东王刘雄渠立一年。都即墨。

城阳王刘喜徙立一年。都莒。

九月

汉　因新垣平之议，改元。

前 163 年·文帝后元元年

十月

汉　文帝即位十七年。都长安。诛新垣平，上醒悟。

楚　楚王刘戊嗣立十二年。都彭城。

吴王刘濞立三十三年。都广陵。

淮南王刘安立二年。都寿春。

衡山王刘勃立二年。都邾。

庐江王刘赐立二年。都番阳。

长沙王吴著嗣立十六年。都临湘。

赵　赵王刘遂立十七年。都邯郸。

代王刘参徙立十四年。都晋阳。

魏　梁王刘武徙立六年。都定陶。

齐　齐王刘将闾立二年。都临淄。

济北王刘志立二年。都博。

济南王刘辟光立二年。都东平陵。

淄川王刘贤立二年。都剧。

胶西王刘印立二年。都高密。

胶东王刘雄渠立二年。都即墨。

城阳王刘喜徙立二年。都莒。

燕　燕王刘嘉嗣立十五年。都蓟。

百越　闽越王无诸子嗣立三十年。都东冶。

东海王摇立三十年。都东瓯。

南越王赵佗自立四十一年，封三十四年。都番禺。

南海王织立自三十三年。都？

匈奴　老上单于嗣立十一年。都王庭。

朝鲜　卫氏政权自立三十二年。都王险城。

三月

汉　惠帝张皇后薨。

前162年·文帝后元二年

十月

汉　文帝即位十八年。都长安。

楚　楚王刘戊嗣立十三年。都彭城。

吴王刘濞立三十四年。都广陵。

淮南王刘安立三年。都寿春。

衡山王刘勃立三年。都邾。

庐江王刘赐立三年。都番阳。

长沙王吴著嗣立十七年。都临湘。

赵　赵王刘遂立十八年。都邯郸。

代王刘参徙立十五年。都晋阳。

魏　梁王刘武徙立七年。都定陶。

齐　齐王刘将闾立三年。都临淄。

济北王刘志立三年。都博。

济南王刘辟光立三年。都东平陵。

淄川王刘贤立三年。都剧。

胶西王刘卬立三年。都高密。

胶东王刘雄渠立三年。都即墨。

城阳王刘喜徙立三年。都莒。

燕　燕王刘嘉嗣立十六年。都蓟。

百越　闽越王无诸子嗣立三十一年。都东冶。

东海王摇立三十一年。都东瓯。

南越王赵佗自立四十二年，封三十五年。都番禺。

南海王织立三十四年。都?

匈奴　老上单于嗣立十二年。都王庭。

朝鲜　卫氏政权自立三十三年。都王险城。

六月

汉　遣使遗匈奴书，复与和亲。

赵　代王参薨。子刘登嗣。

八月

汉　丞相张苍老免，申屠嘉为丞相。

前 161 年・文帝后元三年

十月

汉　文帝即位十九年。都长安。

楚　楚王刘戊嗣立十四年。都彭城。

吴王刘濞立三十五年。都广陵。

淮南王刘安立四年。都寿春。

衡山王刘勃立四年。都邾。

庐江王刘赐立四年。都番阳。

长沙王吴著嗣立十八年。都临湘。

赵　赵王刘遂立十九年。都邯郸。

代王刘登嗣立一年。都晋阳。

魏　梁王刘武徙立八年。都定陶。

齐　齐王刘将闾立四年。都临淄。

济北王刘志立四年。都博。

济南王刘辟光立四年。都东平陵。

淄川王刘贤立四年。都剧。

胶西王刘卬立四年。都高密。

胶东王刘雄渠立四年。都即墨。

城阳王刘喜徙立四年。都莒。

燕　燕王刘嘉嗣立十七年。都蓟。

百越　闽越王无诸子嗣立三十二年。都东冶。

东海王摇立三十二年。都东瓯。

南越王赵佗自立四十三年，封三十六年。都番禺。

南海王织立三十五年。都?

匈奴　老上单于嗣立十三年。都王庭。

朝鲜　卫氏政权自立三十四年。都王险城。

二月

汉　上幸代。

某月

匈奴　老上单于死。子军臣单于嗣。

前 160 年 · 文帝后元四年

十月

汉　文帝即位二十年。都长安。

楚　楚王刘戊嗣立十五年。都彭城。

吴王刘濞立三十六年。都广陵。

淮南王刘安立五年。都寿春。

衡山王刘勃立五年。都邾。

庐江王刘赐立五年。都番阳。

长沙王吴著嗣立十九年。都临湘。

赵　赵王刘遂立二十年。都邯郸。

代王刘登嗣立二年。都晋阳。

魏　梁王刘武徙立九年。都定陶。

齐　齐王刘将闾立五年。都临淄。

济北王刘志立五年。都博。

济南王刘辟光立五年。都东平陵。

淄川王刘贤立五年。都剧。

胶西王刘印立五年。都高密。

胶东王刘雄渠立五年。都即墨。

城阳王刘喜徙立五年。都莒。

燕　燕王刘嘉嗣立十八年。都蓟。

百越　闽越王无诸子嗣立三十三年。都东冶。

东海王摇立三十三年。都东瓯。

南越王赵佗自立四十四年，封三十七年。都番禺。

南海王织立三十六年。都?

匈奴　军臣单于嗣立一年。都王庭。

朝鲜　卫氏政权自立三十五年。都王险城。

五月

汉　赦天下，免官奴婢为庶人。上幸雍。

前 159 年 · 文帝后元五年

十月

汉　文帝即位二十一年。都长安。

楚　楚王刘戊嗣立十六年。都彭城。

吴王刘濞立三十七年。都广陵。

淮南王刘安立六年。都寿春。

衡山王刘勃立六年。都邾。

庐江王刘赐立六年。都番阳。

长沙王吴著嗣立二十年。都临湘。

赵　赵王刘遂立二十一年。都邯郸。

代王刘登嗣立三年。都晋阳。

魏　梁王刘武徙立十年。都定陶。

齐　齐王刘将闾立六年。都临淄。

济北王刘志立六年。都博。

济南王刘辟光立六年。都东平陵。

淄川王刘贤立六年。都剧。

胶西王刘印立六年。都高密。

胶东王刘雄渠立六年。都即墨。

城阳王刘喜徙立六年。都莒。

燕　燕王刘嘉嗣立十九年。都蓟。

百越　闽越王无诸子嗣立三十四年。都东冶。

东海王摇立三十四年。都东瓯。

南越王赵佗自立四十五年，封三十八年。都番禺。

南海王织立三十七年。都?

匈奴　军臣单于嗣立二年。都王庭。

朝鲜　卫氏政权自立三十六年。都王险城。

正月

汉　上幸陇西。

三月

汉　上幸雍。

七月

汉　上幸代。

前 158 年 · 文帝后元六年

十月

汉　文帝即位二十二年。都长安。

楚　楚王刘戊嗣立十七年。都彭城。

吴王刘濞立三十八年。都广陵。

淮南王刘安立七年。都寿春。

衡山王刘勃立七年。都邾。

庐江王刘赐立七年。都番阳。

长沙王吴著嗣立二十一年。都临湘。

赵　赵王刘遂立二十二年。都邯郸。

代王刘登嗣立四年。都晋阳。

魏　梁王刘武徙立十一年。都定陶。

齐　齐王刘将闾立七年。都临淄。

济北王刘志立七年。都博。

济南王刘辟光立七年。都东平陵。

淄川王刘贤立七年。都剧。

胶西王刘印立七年。都高密。

胶东王刘雄渠立七年。都即墨。

城阳王刘喜徙立七年。都莒。

燕　燕王刘嘉嗣立二十年。都蓟。

百越　闽越王无诸子嗣立三十五年。都东冶。

东海王摇立三十五年。都东瓯。

南越王赵佗自立四十六年，封三十九年。都番禺。

南海王织立三十八年。都？

匈奴　军臣单于嗣立三年。都王庭。

朝鲜　卫氏政权自立三十七年。都王险城。

冬

汉　匈奴大军进入上郡、云中，烽火通于长安。汉军大发，备击匈奴。

匈奴　大军进入上郡、云中。

前 157 年 · 文帝后元七年

十月

汉　文帝即位二十三年。都长安。

楚　楚王刘戊嗣立十八年。都彭城。

吴王刘濞立三十九年。都广陵。

淮南王刘安立八年。都寿春。

衡山王刘勃立八年。都邾。

庐江王刘赐立八年。都番阳。

长沙王吴著嗣立二十二年。都临湘。

赵　赵王刘遂立二十三年。都邯郸。

代王刘登嗣立五年。都晋阳。

魏　梁王刘武徙立十二年。都定陶。

齐　齐王刘将闾立八年。都临淄。

济北王刘志立八年。都博。

济南王刘辟光立八年。都东平陵。

淄川王刘贤立八年。都剧。

胶西王刘印立八年。都高密。

胶东王刘雄渠立八年。都即墨。

城阳王刘喜徙立八年。都莒。

燕　燕王刘嘉嗣立二十一年。都蓟。

百越　闽越王无诸子嗣立三十六年。都东冶。

东海王摇立三十六年。都东瓯。

南越王赵佗自立四十七年，封四十年。都番禺。

南海王织立三十九年。都?

匈奴　军臣单于嗣立四年。都王庭。

朝鲜　卫氏政权自立三十八年。都王险城。

六月

汉　帝崩于未央宫，寿四十七。

某月

楚　长沙王吴著薨，无子，国除。

吕雉年表

前 238 年·秦王政九年

一岁。[1] 生于魏国单父县。[2] 嬴政亲政。嫪毐之乱。

前 237 年·秦王政十年

二岁。吕不韦免相，昌平君熊启为相。

前 236·秦王政十一年

三岁。吕不韦之河南就国。李斯出使韩国。

前 235 年·秦王政十二年

四岁。吕不韦自杀。秦助魏攻楚。

前 234 年·秦王政十三年

五岁。秦将桓齮攻赵。

---

[1] 关于吕雉的生年，史书没有记载，只能借助间接的线索做大致的推测。我所借助的间接线索有两条。第一条线索，吕雉与刘邦结婚的时间。我大致推定在秦灭齐之次年，也就是秦始皇二十七年（前 220）。根据有三：1. 惠帝刘盈生于始皇三十七年（前 210），这是吕雉结婚年的下限。2. 刘邦于始皇二十四年（前 223）出任秦泗水亭长，这是吕雉结婚年的上限。3. 沛县吕宅许婚的祥和气氛。沛县邻近齐国，许婚当在齐国和平统一之后。第二条线索，吕雉结婚时的年纪，我大致推定为十九岁。根据有二：1. 秦汉时代女子的许婚年龄，在十五到二十岁之间。2. 参照光武帝刘秀微时，娶十九岁的阴丽华为妻之例。从而，依据以上两条线索推算，吕雉当生于秦王政九年（前 238），比刘邦小十八岁，寿五十九。关于推算的详情，我另撰有《吕雉生年考》，收入《秦崩楚亡汉兴考异》，留待将来刊行。

[2] 单父县，东邻沛县，故址在今山东单县。古来是宋国的领土，宋灭后归于魏国。秦统一后成为砀郡单父县。

前 233 年·秦王政十四年

六岁。韩非入秦，自杀于狱。韩王称臣。

前 232 年·秦王政十五年

七岁。项羽生于楚国下相。秦军败于李牧。

前 231 年·秦王政十六年

八岁。韩南阳假守腾降秦。

前 230 年·秦王政十七年

九岁。秦攻韩，俘韩王安。韩国亡。

前 229 年·秦王政十八年

十岁。胡亥生。秦将王翦、杨端和攻赵。

前 228 年·秦王政十九年

十一岁。秦军破赵都邯郸，俘赵王安。赵公子嘉迁代。

前 227 年·秦王政二十年

十二岁。荆轲刺秦王未遂。

前 226 年·秦王政二十一年

十三岁。秦军攻取燕都蓟，燕迁辽东。

前 225 年·秦王政二十二年

十四岁。秦将王贲水淹大梁，魏王假降。魏国亡。

前 224 年·秦王政二十三年

十五岁。秦将王翦攻取楚都寿春，俘楚王负刍。项燕立昌平君熊启为楚王。

前 223 年·秦王政二十四年

十六岁。秦将王翦大破楚军，楚王熊启死，项燕自杀。楚亡。

前 222 年·秦王政二十五年

十七岁。秦将王贲攻辽东，俘燕王喜，燕国亡。攻代，俘代王嘉，赵国亡。

前 221 年·秦王政二十六年

十八岁。王贲攻齐，俘齐王建，齐国亡。统一天下。

前 220 年・秦始皇二十七年

十九岁。结婚。刘邦三十七岁。始皇帝第一次巡游。

前 219 年・秦始皇二十八年

二十岁。长女鲁元出生？始皇帝第二次巡游。

前 218 年・秦始皇二十九年

二十一岁。始皇帝第三次巡游。张良博浪沙刺杀未遂。

前 217 年・秦始皇三十年

二十二岁。秦军第一次侵攻南越。

前 216 年・秦始皇三十一年

二十三岁。始皇帝逢盗兰池。

前 215 年・秦始皇三十二年

二十四岁。始皇帝第四次巡游。蒙恬伐匈奴。

前 214 年・秦始皇三十三年

二十五岁。秦军第二次侵攻南越。

前 213 年・秦始皇三十四年

二十六岁。李斯六十八岁，为左丞相上言焚书。

前 212 年・秦始皇三十五年

二十七岁。刘邦到咸阳服役，遇始皇帝车骑出行。

前 211 年・秦始皇三十六年

二十八岁。迁三万户至北河、榆中。

前 210 年・秦始皇三十七年

二十九岁，捕入沛县狱。刘盈一岁。鲁元九岁。刘邦四十七岁。

始皇帝第五次巡游，死于沙丘平台宫。刘邦释放服役徒，亡命芒砀山。

前 209 年・秦二世元年

三十岁。刘盈二岁。刘邦起兵沛县，为楚沛公。

前 208 年・秦二世二年

三十一岁。刘盈三岁。刘邦为楚砀郡长，奉怀王之约，西进攻取关中。

前 207 年・秦二世三年

三十二岁。刘盈四岁。刘邦军攻破武关，进入关中。

前 206 年 · 汉元年

三十三岁。刘盈五岁。

秦王嬴婴降，秦亡。项羽分封天下。刘邦封汉王，之汉中就国。

前 205 年 · 汉二年

三十四岁。捕入项羽军中做人质。刘盈六岁。

刘邦彭城大败，道遇鲁元、刘盈，载归。

前 204 年 · 汉三年

三十五岁。在项羽军中做人质。刘盈七岁。

楚汉相持荥阳。韩信开辟北方战场。

前 203 年 · 汉四年

三十六岁。归汉。刘盈八岁。楚汉议和成功。

前 202 年 · 高帝五年

三十七岁。封皇后。刘盈九岁。

汉灭楚，刘邦即皇帝位。

前 201 年 · 高帝六年

三十八岁。在栎阳，辅佐太子刘盈。刘盈十岁。

楚王韩信废为列侯。大封功臣为列侯，封刘姓皇族为诸侯王。

前 200 年 · 高帝七年

三十九岁。在栎阳，辅佐太子刘盈。刘盈十一岁。

韩王信反。白登之围。

前 199 年 · 高帝八年

四十岁。在长安，辅佐太子刘盈。刘盈十二岁。

刘敬上和亲策，出使匈奴和亲。

前 198 年 · 高帝九年

四十一岁。为女婿张敖说情。刘盈十三岁。

废赵王张敖为宣平侯。徙齐楚大族及豪杰名家于关中。

前 197 年 · 高帝十年

四十二岁。在长安，辅佐太子刘盈。刘盈十四岁。

代相陈豨反。刘邦亲征。

前 196 年・高帝十一年

四十三岁。诱杀淮阴侯韩信。劝刘邦杀梁王彭越。淮南王英布反，劝刘邦亲征。刘盈十五岁。刘恒封代王，八岁。

前 195 年・高帝十二年

四十四岁。在长安，操持丧葬后事。刘盈十六岁。

刘邦与将相大臣皇亲国戚定白马之盟后，死去，寿六十二。

前 194 年・惠帝元年

四十五岁。惠帝十七岁，即皇帝位。吕后杀赵王如意。徙淮阳王刘友为赵王。

前 193 年・惠帝二年

四十六岁。惠帝十八岁。

相国萧何薨。曹参为相国。

前 192 年・惠帝三年

四十七岁。惠帝十九岁。

冒顿单于送吕后信。以宗室女为公主，嫁匈奴单于和亲。

前 191 年・惠帝四年

四十八岁。惠帝二十岁。

皇帝冠，亲政。立皇后张氏。除民挟书律。

前 190 年・惠帝五年

四十九岁。惠帝二十一岁。

相国曹参薨。长安城墙完成。

前 189 年・惠帝六年

五十岁。惠帝二十二岁。

王陵为右丞相，陈平为左丞相。舞阳侯樊哙薨。留侯张良薨。

前 188 年・惠帝七年

五十一岁。惠帝二十三岁。惠帝崩于未央宫。

张辟强说陈平，请用诸吕。

前 187 年・高后元年

五十二岁。立幼帝刘某。鲁元公主薨。

陈平为右丞相，审食其为左丞相，任敖为御史大夫。封四王十侯。

前 186 **年** · 高后二年

五十三岁。诏班序列侯位次。封齐悼惠王子刘章为朱虚侯，妻以吕禄女，令入宿卫。

前 185 **年** · 高后三年

五十四岁。江水、汉水溢，流四千家。

前 184 **年** · 高后四年

五十五岁。废幼帝刘某。立恒山王刘义为帝，更名为弘。

前 183 **年** · 高后五年

五十六岁。南越王赵佗称武帝，发兵攻长沙国。遣军击之。

前 182 **年** · 高后六年

五十七岁。废吕王吕嘉，立吕产为吕王。

前 181 **年** · 高后七年

五十八岁。赵王刘恢自杀。遣使告代王刘恒，欲徙王赵，代王辞谢。

前 180 **年** · 高后八年

五十九岁。崩于未央宫。

诛吕之变。代王刘恒进京继位。

刘恒年表

前 203 年 · 汉四年

一岁。生。[1] 汉军攻占成皋。刘邦与管夫人、赵子儿燕饮于成皋之灵台。[2] 召幸薄姬，生刘恒。

前 202 年 · 高帝五年

二岁。项羽垓下败死。刘邦即皇帝位。颁布高帝五年诏。

前 201 年 · 高帝六年

三岁。逮捕楚王韩信，废为列侯。大封功臣为列侯，封诸皇族为诸侯王。

前 200 年 · 高帝七年

四岁。韩王信反。白登之围。

---

[1] 关于刘恒的年寿，史书上有两种记载。一、《史记 · 孝文本纪》:“后七年六月己亥，帝崩于未央宫。”《集解》引徐广曰:“年四十七。”以此逆推，刘恒生于汉四年，二十四岁即位。二、《汉书 · 文帝纪》:“七年夏六月己亥，帝崩于未央宫。”师古注引臣瓒曰:“帝年二十三即位，即位二十三年，寿四十六也。”以此逆推，刘恒生于高帝五年。开元按:《汉书 · 外戚传》:“汉王四年，坐河南成皋灵台……遂幸（薄姬），有身。岁中生文帝，年八岁为代王。”明言刘恒生于汉王四年。从而，当以徐广说为优，本书从之。

[2]《史记 · 外戚世家》作“汉王坐河南宫成皋台”。该事件，发生在成皋县。成皋县有河南宫，不见其他记载。《汉书 · 外戚传》作:“汉王四年，坐河南成皋灵台。”《张家山汉简 · 秩律》有成皋县，属河南郡。成皋县，秦时属于三川郡，项羽分封天下，以三川郡封赵将申阳为河南王。汉二年十月，汉军攻灭河南国，置河南郡。两相比较之下，当以《汉书》所载为优，汉王与管夫人、赵子儿宴乐处，为河南郡成皋县灵台。

前 199 年 · 高帝八年

五岁。刘敬上和亲策，出使匈奴和亲。

前 198 年 · 高帝九年

六岁。徙齐楚大族及豪杰名家于关中。赵王张敖废为宣平侯。代王如意徙为赵王。

前 197 年 · 高帝十年

七岁。代相陈豨自立为代王，反。刘邦亲征。

前 196 年 · 高帝十一年

八岁。封代王。吕后诱杀淮阴侯韩信。刘邦捕杀梁王彭越。淮南王英布反。

前 195 年 · 高帝十二年

九岁。淮南王英布死。刘邦与将相大臣皇亲国戚定白马之盟后，死去。

前 194 年 · 惠帝元年

十岁。吕后杀赵王如意。徙淮阳王刘友为赵王。

前 193 年 · 惠帝二年

十一岁。相国萧何薨。曹参为相国。

前 192 年 · 惠帝三年

十二岁。冒顿单于送吕后信。以宗室女为公主，嫁匈奴单于和亲。

前 191 年 · 惠帝四年

十三岁。皇帝冠，立皇后张氏。除民挟书律。

前 190 年 · 惠帝五年

十四岁。相国曹参薨。长安城墙完成。

前 189 年 · 惠帝六年

十五岁。王陵为右丞相，陈平为左丞相。舞阳侯樊哙薨。留侯张良薨。

前 188 年 · 惠帝七年

十六岁。惠帝崩于未央宫。张辟强说陈平，请用诸吕。

前 187 年 · 高后元年

十七岁。陈平为右丞相，审食其为左丞相，任敖为御史大夫。封四王十侯。

前 186 年 · 高后二年

十八岁。诏班序列侯位次。封齐悼惠王子刘章为朱虚侯，妻以吕禄女，令入宿卫。

前 185 年 · 高后三年

十九岁。江水、汉水溢，流四千家。

前 184 年 · 高后四年

二十岁。废幼帝刘某。立恒山王刘义为帝，更名为弘。

前 183 年 · 高后五年

二十一岁。南越王赵佗称武帝，发兵攻长沙国。遣军击之。

前 182 年 · 高后六年

二十二岁。废吕王吕嘉，立吕产为吕王。

前 181 年 · 高后七年

二十三岁。赵王刘恢自杀。遣使告代王刘恒，欲徙王赵，代王辞谢。

前 180 年 · 高后八年

二十四岁。诛吕之变。进京。

前 179 年 · 文帝前元元年

二十五岁。即皇帝位。周勃为右丞相，陈平为左丞相。灌婴为太尉。

前 178 年 · 文帝前元二年

二十六岁。丞相陈平卒。周勃为丞相。颁列侯之国诏。除妖言诽谤之罪。

前 177 年 · 文帝前元三年

二十七岁。颁布第二道列侯之国诏。周勃免相之国，灌婴为丞相。济北王刘兴居反，兵败国除。

前 176 年 · 文帝前元四年

二十八岁。丞相灌婴薨。以御史大夫张苍为丞相。以贾谊为长沙王太傅。

前 175 年 · 文帝前元五年

二十九岁。除盗铸钱令，许民自铸钱。

前 174 年 · 文帝前元六年

三十岁。淮南王刘长有罪流死。匈奴冒顿单于来信，文帝回复。冒顿单于死。

前 173 年 · 文帝前元七年

三十一岁。匈奴老上单于嗣立。召见贾谊，拜为梁怀王太傅。

前 172 年 · 文帝前元八年

三十二岁。封故淮南王刘长四子为列侯。

前 171 年 · 文帝前元九年

三十三岁。

前 170 年 · 文帝前元十年

三十四岁。车骑将军薄昭有罪自杀。

前 169 年 · 文帝前元十一年

三十五岁。梁王刘辑薨。徙淮阳王刘武为梁王。

前 168 年 · 文帝前元十二年

三十六岁。徙城阳王刘喜为淮南王。贾谊死。出孝惠后宫美人，令得嫁。

前 167 年 · 文帝前元十三年

三十七岁。制农桑礼仪。缇萦上书。改革刑法。

前 166 年 · 文帝前元十四年

三十八岁。匈奴老上单于十四万骑入朝那、萧关，杀北地都尉。汉军大发。

前 165 年 · 文帝前元十五年

三十九岁。公孙臣为博士，以为汉当土德，鼓吹改制。丞相张苍以汉为水德，斥之。

前 164 年 · 文帝前元十六年

四十岁。封淮南王刘长三子为王。封齐悼惠王六子为王。

前 163 年 · 文帝后元元年

四十一岁。因方士新垣平之议，改元。

前 162 年 · 文帝后元二年

四十二岁。丞相张苍老免，申屠嘉为丞相。陶青为御史大夫。

前 161 年 · 文帝后元三年

四十三岁。匈奴老上单于死，子军臣单于嗣。

前 160 年 · 文帝后元四年

四十四岁。赦天下，免官奴婢为庶人。

前 159 年 · 文帝后元五年

四十五岁。

前 158 年 · 文帝后元六年

四十六岁。匈奴大入上郡、云中，烽火通于长安。汉军大发。

前 157 年 · 文帝后元七年

四十七岁。崩于未央宫。

参考论著举要

《汉兴：从吕后到汉文帝》，是《秦崩：从秦始皇到刘邦》《楚亡：从项羽到韩信》的续集，凡是列在《秦崩》和《楚亡》书后的参考书，都是本书参考过的，于是重新附在本书后面。不过，随着内容的推移，也随着新的发现和新的研究成果的公布，我对参考书目也相应做了一些补充，增添在原来的书目后面，希望保持一种连续性。

一、历史叙述类

1. 黄仁宇《万历十五年》，中华书局，1982年，2006年增订版。

2. 顾颉刚《秦汉的方士和儒生》，上海古籍出版社，1982年。

3. 西嶋定生《武帝之死》，载《日本学者研究中国史论著选译3》，中华书局，1993年。

4. 伏尔泰《路易十四时代》，吴模信等译，商务印书馆，1997年。

5. 吉本《罗马帝国衰亡史》，席代岳译，联经出版事业有限公司，2011年。

6. 盐野七生《ローマ人の物语》，新潮社，1992年。

7. 李开元《秦崩：从秦始皇到刘邦》，生活·读书·新知三联书店，2015年。

8. 李开元《楚亡：从项羽到韩信》，生活·读书·新知三联书店，2015年。

二、人物传记类

1．吴晗《朱元璋传》，人民出版社，2003 年。

2．林语堂《苏东坡传》，作家出版社，1995 年。

3．朱东润《张居正大传》，东方出版中心，1999 年。

4．安作璋、孟祥才《汉高帝大传》，河南人民出版社，1997 年。

5．张文立《秦始皇评传》，陕西人民出版社，1996 年。

6．鹤间和幸《秦の始皇帝》，吉川弘文馆，2001 年。

7．藤田胜久《司马迁とその时代》，东京大学出版社，2001 年。

8．堀敏一《汉の刘邦》，研文出版，2004 年。

9．佐竹靖彦《刘邦》，中央公论新社，2005 年。

10．普鲁塔克《希腊罗马英豪列传》，席代岳译，联经出版事业有限公司，2009 年。

11．李开元《秦谜——重新发现秦始皇》，上海人民出版社・世纪文景，2020 年。

三、古典类

1．司马迁《史记》，中华书局，1959 年。

2．班固《汉书》，中华书局，1962 年。

3．司马光《资治通鉴》，中华书局，1956 年。

4．洪兴祖《楚辞补注》，中华书局，1983 年。

5．梁玉绳《史记志疑》，中华书局，1981 年。

6．王先谦《荀子集解》，中华书局，1988 年。

7．王先谦《汉书补注》，中华书局，1983 年。

8．陈奇猷《韩非子集释》，上海人民出版社，1974 年。

9．张双棣《淮南子校释》，北京大学出版社，1997 年。

10．杨守敬、熊会贞《水经注疏》，江苏古籍出版社，1989 年。

11．顾祖舆撰，贺次君、施和金点校《读史方舆纪要》，中华书局，

2005 年。

12. 长泽规矩也解题《和刻本正史史记》，汲古书院，1972 年。

13. 王象之撰，赵一生点校《舆地纪胜》，浙江古籍出版社，2012 年。

14. 周振甫《周易译注》，中华书局，1991 年。

15. 苏东坡《苏轼文集》，中华书局，1986 年。

16. 韩兆琪《史记笺证》，江西人民出版社，2005 年。

17. 王叔岷《史记斠证》，中华书局，2007 年。

18. 闫振益、钟夏注《新书校注》，中华书局，2007 年。

19. 彭浩、陈伟、工藤元男主编《二年律令与奏谳书——张家山二四七号汉墓出土法律文书释读》，上海古籍出版社，2007 年。

20. 陈鼓应《黄帝四经今注今译》，商务印书馆，2007 年。

21. 陈鼓应《管子四篇诠释》，商务印书馆，2016 年。

四、专门史类

1. 马非百《秦集史》，中华书局，1982 年。

2. 杨宽《战国史》，上海人民出版社，1998 年。

3. 林剑鸣《秦史稿》，上海人民出版社，1981 年。

4. 王子今《秦汉交通史》，中央党校出版社，1994 年。

5. 霍印章《秦代军事史》(《中国军事史》第四卷)，军事科学出版社，1998 年。

6. 陈梧桐、李德龙、刘曙光《西汉军事史》(《中国军事史》第五卷)，军事科学出版社，1998 年。

7. 葛剑雄《西汉人口地理》，人民出版社，1986 年。

8. 林幹《匈奴通史》，人民出版社，1986 年。

9. 马新《两汉乡村社会史》，齐鲁书社，1997 年。

10. 李孝聪《中国区域历史地理》，北京大学出版社，2004 年。

11. 马长寿《北狄与匈奴》，广西师范大学出版社，2006 年。

12. 后晓荣《秦代政区地理》，社会科学出版社，2009 年。

13．马建《匈奴研究简史》，兰州大学出版社，2011年。

14．马孟龙《西汉侯国地理》，上海古籍出版社，2013年。

15．周振鹤主编《中国行政区划通史·秦汉卷》，复旦大学出版社，2016年。

16．周振鹤《西汉政区地理》，商务印书馆，2017年。

五、专题研究类

1．郭沫若《十批判书》，科学出版社，1962年。

2．劳榦《劳榦学术论文集》，艺文印书馆，1976年。

3．陈梦家《汉简缀述》，中华书局，1980年。

4．谭其骧《长水集》，人民出版社，1987年。

5．田余庆《秦汉魏晋史探微》，中华书局，1993年。

6．钱穆《先秦诸子系年》，河北教育出版社，2002年。

7．李开元《汉帝国的建立与刘邦集团——军功受益阶层研究》，生活·读书·新知三联书店，2000年。

8．辛德勇《历史的空间与空间的历史》，北京师范大学出版社，2005年。

9．蓝永蔚《春秋时期的步兵》，中华书局，1979年。

10．张传玺《秦汉问题研究》，北京大学出版社，1985年。

11．张大可《史记研究》，甘肃人民出版社，1985年。

12．林梅村《汉唐西域与中国文明》，文物出版社，1998年。

13．阎步克《从官本位到爵本位：秦汉官僚品位结构研究》，生活·读书·新知三联书店，2009年。

14．辛德勇《秦代政区与边境地理研究》，中华书局，2009年。

15．陈苏镇《“春秋”与“汉道”——两汉政治与政治文化研究》，中华书局，2011年。

16．陈苏镇《两汉魏晋南北朝史探幽》，北京大学出版社，2013年。

17．邢义田《治国安邦》，中华书局，2011年。

六、考古类

1. 袁仲一《秦始皇陵的考古发现与研究》，陕西人民出版社，2002 年。

2. 王学理《咸阳帝都记》，三秦出版社，1999 年。

3. 徐卫民《秦公帝王陵》，中国青年出版社，2002 年。

4. 王辉《秦出土文献编年》，新文丰出版公司，2000 年。

5. 刘庆柱、李毓芳《汉长安城》，文物出版社，2003 年。

6. 徐龙国《秦汉城邑考古学研究》，中国社会科学出版社，2018 年。

七、地理地图类

1. 谭其骧主编《中国历史地图集》第二册，地图出版社，1982 年。

2. 史念海主编《西安历史地图集》，西安地图出版社，1999 年。

3. 国家文物局主编《中国文物地图集》，陕西分册，西安地图出版社，1998 年。

4. 国家文物局主编《中国文物地图集》，河南分册，中国地图出版社，1991 年。

5. 国家文物局主编《中国文物地图集》，湖南分册，湖南地图出版社，1997 年。

6. 国家文物局主编《中国文物地图集》，山西分册，中国地图出版社，2006 年。

7. 国家文物局主编《中国文物地图集》，江苏分册，中国地图出版社，2008 年。

八、日文学术类

1. 增淵龍夫『中国古代の社会と国家』，岩波書店，1996 年。

2. 西嶋定生『中国古代国家と東アジア世界』，東京大学出版社，

1980 年。

3．守屋美都雄『中国古代の家族と国家』，東洋史研究会，1968 年。

4．佐藤武敏『司馬遷の研究』，汲古書院，1997 年。

5．栗原朋信『秦漢史の研究』，吉川弘文館，1986 年。

6．藤田勝久『“史記” 戦国史料の研究』，汲古書院，1997 年。

7．鶴間和幸『秦帝國の形成と地域』，汲古書院，2013 年。